新生代农民工就业偏好视阈下的
民营中小企业用工管理研究

贾冀南◎著

人民出版社

前　言

目前,民营中小企业占据了中国企业总量的99%,在中国经济增长中占有重要的地位,中国经济的迅猛发展很大程度上得益于民营中小企业的贡献。改革开放以来,东南沿海地区的民营中小企业如雨后春笋般地涌现,成为中国经济发展的开拓者和先锋队。近年来,中国内地民营企业也逐步兴起,可以说,民营中小企业已经在中国经济增长中撑起了一片天。但是,中国当前正面临着人口出生率不断下降的趋势,同时伴随着50后、60后劳动力逐渐退出劳动力市场,而80后、90后的劳动力供给速度又明显减慢的现实,这无疑给企业的劳动力用工市场带来不小的冲击。近年来,不仅在东南沿海地区出现了大规模的"民工荒"问题,而且在部分内地省份也相继出现了招工困难和用工不足的现象。中国目前已经成为世界第二大经济体,但是,当前中国经济正面临着新增劳动力不足的现实,而劳动力的供给不足已经严重地制约了民营企业的进一步发展。

据国家统计局《2016年全国农民工监测报告》的数据显示:1980年及以后出生的新生代农民工目前已逐渐成为农民工的主体,其比重已经占到了全国农民工总量的49.7%,比2015年提高1.2个百分点。可见,80后、90后新生代农民工已经成为职场的主力军,是企业用工的主要群体。新生代这一特殊群体出生在中国特定的时代,由于计划生育政策的实行,在城市家庭中大多以一个子女为主,而农村也大多呈现出少子女的家庭结构。而且,由于生活条件的不断改善,农村中的新生代现在已很少从事劳累的农业生产活动,而是更倾向于追求享受型、快乐型的生活方式。时代的进步使他们逐步形成了独特的生活价值观、工作价值观和鲜明的个性。因此,许多管理者都认为相比于老一代农民工而言,现在的新生代农民工管理难度较大。一时间,不能吃苦、情绪波动大、工作中不听指挥、随意辞职等都成为新生代农民工的代名词,这些都是当前社会及企业界给80后、90后打上的时代烙印。但是,新生代农民工自身同时也蕴含着一些宝贵的特征,如受教育程度较高、思维敏捷、朝气蓬勃、做事果断等等,而这些优秀特质对于民营中小企业的发展而言又是非常必要的。

据课题组做的大量调研结果显示,新生代农民工在就业选择上会更加具有偏好性。他们更偏好在国有企业、大型企业以及工作相对轻松的行业择业;在就业偏好因素选择上,他们不仅青睐于在工资福利好的企业就业,而且,培训环境、管理环境、企业文化环境、职业发展和工作环境等也是他们在择业时十分看重的因素,这就给民营中小企业的用工管理带来更大的挑战。从民营中小企业人力资源管理实践来看,许多民营中小企业依然还存在着独裁式、命令式、武断式的管理方式,而目前这种管理风格在管理新生代农民工的过程中就会出现明显的不适应性。一些民营中小企业的管理者感叹:现在是越来越不会做企业了,尤其是在管理员工方面,原先那种管理60后、70后的管理模式,如今拿来管理新生代农民工已经越来越不灵验,许多管理者积累了多年的员工管理经验在新生代农民工面前似乎逐渐失效了。因此,作为民营中小企业的管理者,是继续沿用原先管理60后、70后农民工的管理模式去管理新生代农民工,强行把他们"掰过来",让他们被动地去适应,还是积极适应新生代农民工的时代特征,主动掌握新的管理观念和方式去驾驭新生代农民工?这是摆在管理者面前的一个不容回避的难题。如果依然试图使用传统管理方式去约束和改造新生代农民工,这在表面上可能会表现得风平浪静,但这种不考虑新生代农民工自身特征的员工管理模式,最终不仅会导致管理失效,还会严重影响新生代农民工的工作积极性,导致企业生产效率的下降。因此,企业在管理员工时,需要全面考虑员工的成长背景、生活经历、自身特性和心理需求,进而设计全面、有效的用工管理模式,让他们成为企业持续发展的强大助推力。这就需要民营中小企业管理者要积极与新生代农民工进行有效沟通,真正了解和把握他们的工作和生活诉求,深入解读隐藏在他们内心深处的心理需求,积极引导他们树立正确的职业生涯观,最大限度地为他们提供和创造成功的机会和途径,以求最终实现民营中小企业与新生代农民工在市场经济大潮中同命运、共成长。

当前,中国经济已经步入经济新常态发展阶段,民营中小企业如何在经济新常态中生存、发展和壮大,乃是各级政府和企业自身不得不深入思考的关键问题。而企业的发展最终都离不开关键的生产要素——人力资本要素,舒尔茨曾说:人力资本是经济增长的最终推动力。因此,人力资本在经济增长中的重要性已经越来越被更多的企业管理者所认同。当前,80后、90后新生农民工俨然已经成为中国经济发展的主要劳动力组成部分,是宝贵的人力资本。不论现在的80后、90后新生代农民工有多少问题,企业的明天也必将是他们的。这就需要企业管理者认真探究新生代农民工的时代特点,设计恰当的用工管理制度,力求最大限度地调动新生代农民工的主观能动性,为企业和社会创造更多的财富。因此,深入研究民营中小企业的新生代农民工用工管理问题,不仅有利于民营中小企业人力资源管理实践的创新,从长远来看也有利于民营中小企业的健康持续发展。

本书在大量实地调研和前期成果的基础上,以绪论—理论—实证—用工困境与问题分析—经验—对策为研究主线,设计了招聘管理、培训管理、薪酬福利管理、管理环境管理、企业文化管理、职业生涯管理等层面作为研究视角,从而为民营中小企业新生代农民工的用工管理提出有效对策。

序

首先,我很高兴贾冀南教授的国家社会科学基金课题研究成果《新生代农民工就业偏好视阈下的民营中小企业用工管理研究》即将在人民出版社出版,在此向他表示祝贺,并感谢国家哲学社会科学规划办公室和人民出版社对此部著作出版的支持。前一段时间接到贾冀南的邀请,约我为其专著作序。我欣然答应,这不仅是因为作为他的博士生导师,看到学生能有不断的学术成果问世,感到很高兴,而且是因为这本书的研究内容极具理论和实践研究价值。

新生代农民工的用工管理问题既是人力资源管理的前沿问题,也是近年来政府和学术界特别关注和研究的热点问题。然而,研究这个问题难度很大,贾冀南教授能不畏困难,选择这一视角去做深入研究,并通过艰苦的努力取得了预想的成果实属不易。因此,贾冀南的努力也理所当然地得到了专家们的认可。

人力资本对经济增长的显著促进作用已经被社会普遍接受,而人力资本作为生产要素却存在极大的流动性。改革开放后,随着各种限制劳动力流动的政策藩篱被逐渐破除,中国出现了规模宏大的农民工流动现象,东南沿海地区经济的迅猛发展,对劳动力的需求十分旺盛,这也就吸引了大量的农民工向该区域流动。当前,由于中西部地区的经济的快速增长,对劳动力的需求也在日益增加,这便引发了在20世纪90年代后东南沿海地区普遍出现了"民工荒"问题。随着计划生育制度的推行和民众生育意愿的转变,80后、90后新增劳动力的供给出现了不断减缓的趋势,而企业的用工需求却一直在不断持续增加,这就造成了目前中国劳动力市场出现了一定的劳动力供需缺口,劳动力短缺现象已经在全国很多地方陆续上演,企业间的"抢人"大战也屡见不鲜。近年来中国的民营中小企业获得了快速发展,逐渐成为中国企业的主力军,为中国的经济增长做出了巨大的贡献。但是,当前许多民营中小企业不仅普遍存在着严重的缺工问题,而且还面临着员工离职率不断攀升的现实困境,这便给民营中小企业带来了较大的不利影响。因而,民营中小企业如何才能招聘到足够的员工?如何有效地做好新生代农民工的用工管理?这便是理论研究者和民营中小企业应该亟须深思的问题。

新生代农民工是中国劳动力市场的主要群体,与老一代农民工相比,他们具有鲜明个人特征和工作特征,文化水平相对较高,维权意识较强,城市融入感强烈,具有较强的创新意识是他们鲜明的个人特征,而缺乏吃苦耐劳精神,工作中情绪波动大,薪酬福利要求较高,工作执行力较差,工作环境要求较高等则是他们普遍存在的工作特征。在就业偏好上,他们更偏好到薪酬福利好、培训机会多、上下级关系融洽、工作和生活环境俱佳的企业就业,而民营中小企业在这些方面却很难满足他们的需求。同时,许多民营中小企业在用工管理上却依然沿袭着传统的管理方式,不能根据新生代农民工的特点去设计针对性的管理方案,从而致使企业的招工困难和新生代农民工的高离职率,这极大地影响了民营中小企业的快速发展。因此,深入研究和挖掘民营中小企业新生代农民工用工管理策略便是当前学术界和企业界的研究重点。

该书从三个层面对研究内容做了深入的研究:在理论研究层面,对关于民营企业新生代农民工的用工管理做了详尽的理论综述,从而可以从整体上把握该研究主题的研究基础,探索和挖掘研究的出发点;对新生代农民工的个人特征和职业特征进行了分析,以进一步甄别新生代农民工与老一代农民工的不同特征;同时该书挖掘与梳理了新生代农民工用工管理相关的理论,并根据中国的管理实践加以深入的分析。在实证研究层面,作者通过几年间的调研统计数据测算了1996—2016年的新生代农民工供需状况,估计了2017—2025年的新生代农民工的供需缺口状况,从而验证了民营中小企业用工不足的严峻形势;该书通过大量的问卷数据分析了新生代农民工的就业偏好情况和民营中小企业对新生代农民工的管理现状;同时对新生代农民工工作满意度的就业偏好因素进行了实证分析。在对策研究层面,该书创新性地从政府和行业协会视角去分析,拓宽了企业用工管理方面的相关研究领域。同时,文中用力最深,给人留下最深刻印象和最富启迪的部分是全方位设计了民营中小企业新生代农民工用工的管理对策,对策设计新颖实用,更加契合民营中小企业的管理实际现实。总之,该书内容丰富,文笔流畅,给人留下了深刻的印象。

《新生代农民工就业偏好视阈下的新生代农民工用工管理研究》是一部辛勤与智慧的著作,它是作者多年来的研究结晶。该书系统地设计了民营中小企业新生代农民工的管理路径,可谓是工作量巨大而浩繁。作者和课题组成员在几年间走访了中国二十多个省市去采集原始数据,体现了贾冀南教授做研究的严谨态度和刻苦精神。作者能够在短短几年内完成该著作实属不易,表明他是一个勤奋努力的学者。

这部书稿在经过几度修改后即将出版了,诚如作者本人所言,该书中还有部分观点值得进一步的商榷,样本的采集区域范围需要更加全面,问卷质量还需要进一步提高,更需要紧密跟踪新生代农民工就业偏好的变化而进行持续的深入研究,这也是作者在今后需要进一步做的工作。但从整体而言,瑕不掩瑜,该书是一本极具价值的力作。我对这部专著能及时出版有着由衷的期盼与赞许。

是为序。

王金营
2019 年 5 月 13 日于河北大学紫园

目　录

绪　论

一、研究的背景、目的、内容和意义

（一）研究背景

近年来,我国新增人口数量快速下降,加之人口老龄化进程的加快,中国人口红利正在逐渐消失。农民工总量增速逐年回落,2011—2015 年农民工总量增速环比分别下降了 1.0、0.5、1.5、0.5 和 0.6 个百分点,仅 2016 年增速比上年加快了 0.2 个百分点;2011—2016 年外出农民工人数增速环比分别下降了 2.1、0.4、1.3、0.4、0.9 和 0.1 个百分点[1]。可见,中国正面临着 60、70 后老一代农民工逐渐退出劳动力市场,而 80 后、90 后新一代农民工供给却明显不足的窘境。特别是民营中小企业的劳动力需求缺口尤为明显。目前,民营中小企业在数量上占绝对优势:截止到 2016 年底,在中国工商登记注册的企业超过 2000 万家,这其中 99.7% 为中小企业。中小企业作为技术创新的中坚力量,为国家创造了 70% 的发明专利,研发了 80% 以上的新产品。同时,中小企业还为城镇就业提供了广阔的渠道,中国 80% 以上的城镇就业机会均来自中小企业。可见,民营中小企业在促进我国经济发展和吸纳劳动力就业方面发挥着不可替代的作用。但是,许多民营中小企业在追求经济利益的同时往往忽视了对人力资源的有效管理,这就使使用工不足成为在民营中小企业中普遍存在的问题。

据国家统计局《2016 年全国农民工监测报告》的数据显示,2016 年全国

---

① 王春光:《新生代农村流动人口的社会认同与城乡融合的关系》,《社会学研究》2001 年第 3 期。

农民工总量达28171万人。分年龄段看,农民工以青壮年为主,16—20岁占3.3%,21—30岁占28.6%,31—40岁占22.0%,41—50岁占27.0%,50岁以上的农民工占19.1%。由此可见,80后、90后新生代农民工已经成为劳动力中的主要群体。受其生长环境影响,新生代农民工在工作中表现出了鲜明的特征。他们受教育程度较高,有较高层次的需求,渴望融入城市,希望在工作中提升自己的能力。对他们来说,"加薪"这种传统激励手段的激励效用正在逐渐递减。新生代农民工不再像他们的父辈那样仅仅只关注工资水平的高低,他们对于工作的要求越来越多,也越来越高。人性化的管理环境、宽松的劳动纪律、舒适的工作环境等都成为影响他们择业的主要偏好因素。而对于民营中小企业而言,由于受到企业规模、薪酬福利以及管理环境等条件的限制,它们对新生代农民工缺乏足够的吸引力,于是,民营中小企业员工的高离职率就成为常态化,民营中小企业用工不足的问题也就日益凸显出来。一旦民营中小企业面临劳动力持续短缺的局面,便将成为"无源之水",其自身发展也就无从谈起。所以,现实的要求就亟须了解和探究新生代农民工这一特殊群体的特点,以便设计出更加符合民营中小企业用工管理的创新模式,解决当前民营中小企业的用工不足问题。因此,面对新生代农民工这一特殊的群体,如何对他们进行有效的用工管理也就成为当前亟须解决的紧迫问题。

(二)研究目的

新生代农民工有着与老一代农民工不同的性格特征和工作特征,因此,他们在工作选择上也具有不同的就业偏好特征。而民营中小企业又是中国企业的主力,占据了企业总量的绝大多数。新生代农民工的用工管理效果将直接关系到民营中小企业自身的发展。因此,本书将重点破解以下几个关键问题:中国历年来新生代农民工供需状况如何?今后的劳动力供给尤其是新生代农民工的供需趋势又是什么?民营中小企业在新生代农民工的用工管理上还有哪些方面需要进一步的改进?引致新生代农民工工作满意度的关键因素又是什么?政府、行业协会和民营中小企业又该采取何种措施才能真正有效地管理好新生代农民工?等等。具体而言,本书由以下几个部分组成:

1.深入挖掘民营中小企业新生代农民工用工中亟须解决的问题。课题组在两年的时间里先后奔赴了中国 20 余个省市,走访了 100 余家民营中小企业,共获得新生代农民工调查问卷 2500 余份,管理层调查问卷 400 余份,采用了形式多样的现场访谈形式(小型会议访谈、工作现场访谈、员工宿舍访谈、员工餐厅访谈等),取得了大量第一手资料,以了解当前新生代农民工的就业偏好和工作诉求,这都为课题组探寻民营中小企业用工管理存在的问题提供了基础数据支持,也为本书的对策设计提供了可靠的依据。

2. 测算中国劳动力市场的劳动力供需状况及预测今后的供需趋势。课题组测算了 1996—2016 年中国新生代农民工的供需情况,估计了 2017—2025 年中国新生代农民工的供需缺口,可以看出中国长期以来存在着严重的劳动力尤其是新生代劳动力供给不足的问题。近年来中国正处于经济新常态发展阶段以及经济转型升级的攻坚关键时期,从长期看,中国经济长期向好,区域经济发展也更加均衡,对于劳动力尤其是新生代农民工的需求必然是在持续地不断增加,这就更需要我们去认真研判民营中小企业的用工形势,以便更好地为新生代农民工的用工管理储备政策工具。

3. 准确研判引致新生代农民工工作满意度的主要因素。新生代农民工工作要求较高、工作不踏实、离职率高等现实问题促使民营中小企业开始重新审视其在用工管理中存在的不足,而新生代农民工就业选择偏好与其工作满意度之间又有着密切的内在联系。因此,如何提高他们的工作满意度,使他们踏踏实实地为企业工作,就需要我们去深入了解和倾听他们的就业偏好和工作诉求,从而挖掘出影响新生代农民工工作满意度的关键因素。本书从招聘管理、培训管理、薪酬管理、管理环境管理、企业文化管理与职业生涯管理这 6 个层面着手,通过实证分析去检验这些因素与工作满意度的关系,从而挖掘出影响新生代农民工工作满意度的关键因素。

4. 全面和系统地提出民营中小企业新生代农民工的用工管理路径。本书分别从政府层面、行业协会层面和民营中小企业自身层面提出了相应的对策。管理好新生代农民工不仅仅是民营中小企业自身所面临的任务,同时也是政府部门应该做的重要工作之一,政府要努力为新生代农民工的就业提供政策支持和公共服务支持;行业协会也应发挥自身的管理优势,在诚信档案管理、联合培训及联合用工等方面发挥积极作用;对于民营中小企业而言,应该根据新生代农民工的不同就业偏好,针对用工中存在的问题,采取切实可行、富有成效的用工管理策略。

(三)研究内容

1. 理论研究:一是从新生代农民工就业偏好、企业用工管理影响因素以及企业新生代农民工用工管理对策三个层面梳理了国内外研究现状,在上述研究的基础上,对国内外学者的研究进行了简要的述评,并提出本书的意义所在,以便更好地把握新生代农民工的就业偏好特征及民营中小企业新生代农民工用工管理的对策思路;二是对新生代农民工的群体分类、个人特征和职业特征进行分析,以进一步甄别新生代农民工与老一代农民工的不同特征,而新生代农民工鲜明的工作特征会直接影响他们的就业选择偏好,这要求民营中小企业必须转变其用工管理思路;三是通过梳理国内外经典的人力资源管理理论,挖掘与新生代农民工用工管理相关的理论,并根据中国的管理实践加以深入的分析。

2. 实证研究:本书在实证研究方面主要做了以下三个方面的工作:一是实际测算了中国 1996—2016 年的新生代农民工供需状况,估算了中国 2017—2025 年的新生代农民工供需缺口状况,以此验证民营中小企业在今后用工不足的长期性和严峻性。二是对民营中小企业用工管理情况进行了深入的统计数据分析。本书就新生代农民工的就业偏好以及民营中小企业新生代农民工用工管理情况的调研数据进行了统计和分析,从而可以较全面地掌握新生代农民工的就业偏好情况和民营中小企业对新生代农民工的管理现状,从而为本书的对策设计提供可靠的依据。三是进行了新生代农民工工作满意度实证分析。通过研究假设提出、研究模型构建、预测试、量表修正、数据分析、假设验证以及实证结果分析等环节,实证检验影响新生代农民工工作满意度的就业偏好因素。

3. 对策研究:在大量访谈和问卷调研的基础上,分析了新生代农民工的就业偏好情况以及民营中小企业在管理新生代农民工中存在的问题,并从政府、行业协会、民营中小企业三个层面提出了新生代农民工的用工管理策略。一是提出了基于政府视角的新生代农民工用工管理策略。主要从社会福利制度、养老保险体系、职业技能培训、信息传递渠道、工资保证制度和民间组织建设等层面去探讨政府对新生代农民工应做出的管理和服务;二是设计了基于中小企业行业协会视角的新生代农民工用工管理思路。主要从行业建立诚信档案、联合培训、联合用工、联合建立培训设施等角度去论述行业协会在新生代农民工用工管理中应发挥的作用。三是提出了基于民营中小企业视角的新生代农民工用工管理路径。分别从招聘管理、薪酬管理、培训管理、管理环境管理、企业文化管理、职业生涯管理、工作环境管理、离职管理以及生产流程优化创新管理等方面提出了具体对策。

具体而言,本书共设计了绪论以及 5 篇内容,每一篇又包括了不同的章节:

绪论。包括本书的研究背景、研究目的、研究内容、研究意义、研究思路以及研究方法与文献综述等内容;本书的文献综述分别从新生代农民工就业偏好、企业用工管理影响因素和企业新生代农民工用工管理对策三个层面对国内外的研究成果进行梳理并对国内外研究进行了评述。

第一篇:理论篇。本篇包括第一章:新生代农民工的群体分类和特征分析。用 4 个标准对新生代农民工进行了群体分类,并对新生代农民工的个人特征和工作特征分别加以阐述;第二章:新生代农民工特征的理论阐述。本章从新生代农民工的特点出发,结合需要层次论、双因素理论、管理方格理论、领导生命周期理论、人际关系学说理论以及期望理论,阐释这些经典管理理论与新生代农民工特征之间的内在联系。

第二篇:实证篇。本篇包括第三章:新生代农民工供求分析与预测。本章实际估算了中国 1996 — 2016 年的新生代农民工供需状况,估算了 2017 — 2025 年新生代农民工的供需缺口状况,以此验证民营中小企业在今后用工不足的长期性和严峻性;第四章:民营中小企业新生代农民工用工管理统计数据分析。本章就新生代农民工的就业偏好以及民营中小企业新生代农民工用工管理情况的调研数据进行了统计和分析,从而可以较全面地掌握新生代农民工的就业偏好情况和民营中小企业对新生代农民工中的管理情况;第五章:新生代农民工工作满意度实证分析。通过研究假设提出、研究模型构建、预测试和量表修正、数据分析和假设验证以及实证结果分析等环节,实证检验影响新生代农民工工作满意度的就业偏好因素。

第三篇：用工困境与问题分析篇。本篇包括第六章：民营中小企业新生代农民工用工管理困境。本章从新生代农民工在工作中表现的特征出发，辅以实际访谈案例进行例证，分析民营中小企业在管理他们时所面临的管理困境；第七章：民营中小企业新生代农民工用工存在问题分析。本章主要是根据问卷调查所反映的数据，深入分析了民营中小企业在招聘管理、薪酬管理、培训管理、管理环境管理、企业文化管理和职业生涯管理等 6 个方面存在的问题。

第四篇：经验篇。本篇包括第八章：国际企业员工用工管理经验借鉴。本章以国际知名企业做案例，总结了它们在用工管理中的成功经验，并结合新生代农民工的特点进行了深入分析。第九章：国内企业员工用工管理经验借鉴。本章主要分析了部分国内民营中小企业的用工管理经验，以期为其他民营中小企业提供有益的经验借鉴。

第五篇：对策篇。本篇包括第十章：基于政府视角的新生代农民工用工管理策略。主要从社会福利制度、养老保险体系、职业技能培训、信息传递渠道、工资保证制度和民间组织建设等层面去探讨政府对新生代农民工应做出的管理和服务；第十一章：基于中小企业行业协会视角的新生代农民工用工管理思路。本章主要从行业协会建立诚信档案、联合培训、联合用工、联合建立培训设施等角度阐述了行业协会在新生代农民工用工管理中应发挥的作用；第十二章：基于民营中小企业视角的新生代农民工用工管理路径。这是本书的重中之重，分别从招聘管理、薪酬管理、培训管理、管理环境管理、企业文化管理、职业生涯规划管理、工作环境管理、离职管理以及生产流程优化创新管理等方面为民营中小企业提出了具体对策。

研究结论与研究展望（第十三章）：本章对本书的结论进行了总结，同时对于今后的研究做了进一步的设想和规划。

（四）研究意义

1. 理论意义

近年来，我国关于民营中小企业用工管理相关问题的研究逐渐增多，但是以新生代农民工就业偏好为视角去研究民营中小企业用工问题的文献还相对较少，对于民营中小企业如何更好地去适应新生代农民工就业偏好，如何更好地解决民营中小企业用工不足的问题也缺乏成熟的研究成果。因此,本书从新生代农民工就业偏好与民营中小企业用工管理相结合的角度切入,通过规范研究,揭示新、老两代农民工在择业中的各种偏好差异,阐释新生代农民工的就业偏好与民营中小企业用工缺口之间的联系,深入挖掘民营中小企业在用工管理方面存在的问题,进而设计出契合民营中小企业新生代农民工用工管理的对策方案,这在一定程度上可以丰富和拓展企业用工管理理论的研究范畴。

2. 实际意义

本书旨在通过对新生代农民工就业偏好的特征、成因及民营中小企业在用工管理方面存在的问题进行描述性分析,对影响民营中小企业新生代农民工用工工作满意度因素进行实证分析,进而研究如何改善和优化民营中小企业的用工管理策略。同时,针对新生代农民工的就业偏好,设计出契合民营中小企业自身特点的企业用工管理模式,以满足其用工需求,这就使本书的研究具有很强的现实针对性。因此,实践探究适合民营中小企业的用工管理模式,将有利于其有针对性地改进和优化用工策略,这对于民营中小企业而言具有积极的实践指导意义。

二、研究的思路和方法

(一)研究的思路

由于时代背景和生活环境的差异,新生代农民工有着与老一代农民工明显不同的典型特征,这些特征与劳动力市场环境、经济环境等外在因素共同作用影响了他们的就业偏好和工作诉求,进而对企业尤其是民营中小企业的用工管理产生了重大影响。因此,本书以此为研究主题,遵循"问题提出→理论分析→实证分析→问题分析→经验归纳→对策分析"的思路,层层深入、逐层剖析,为民营中小企业选择有效的用工管理方案提供理论与实证依据。具体研究思路如下:

新生代农民工就业偏好视阈下的民营中小企业用工管理研究

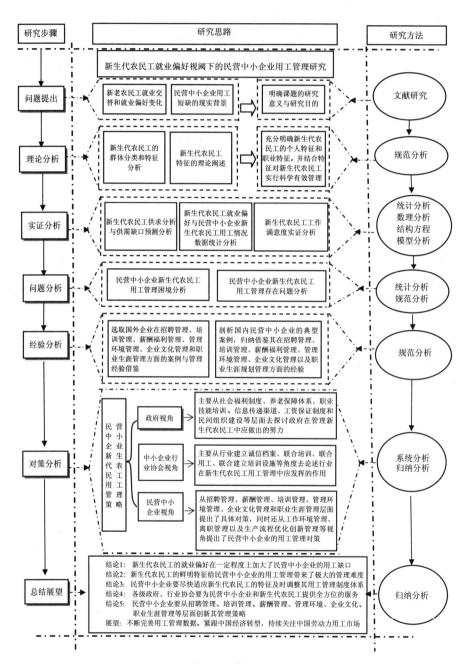

图1　本书框架图

（二）研究方法

1. 文献回顾法。主要是通过对已有研究成果的回顾与整理,确定研究问题,明确以往研究的不足,为本书的开展提供理论参考,以明确研究方向。同时在文献回顾的基础上系统梳理本文的研究思路,提炼出研究手段。

2. 问卷调查与深度访谈法。通过对不同地域、行业、企业性质、层次的人员进行问卷调查,从整体上把握新生代农民工的就业偏好,尤其是对新生代农民工和管理层展开深度访谈,以了解更为丰富的微观层面的主观认知和动机,以弥补定量分析的不足,增强对相关结果的解释。

3. 实证分析法。一是通过采用数理分析方法、归纳演绎法,依据历年统计数据和抽样调查结果,估算新生代农民工的供需水平等数据;二是对民营中小企业新生代农民工的管理现状进行了系统的数据统计分析;三是通过差异性分析,探析新生代员工基于人口统计学变量的就业偏好选择差异,通过相关分析和结构方程模型测算新生代员工工作满意度的路径系数。

4. 多学科研究相结合的方法。多学科研究方法可以提高研究者对所研究的主题有全方位和多角度的认知,由单面视角转变为多面视角、由单一研究方法发展为系统方法,可以促进不同学科之间的相互渗透,拓宽研究视角和研究思路。本书采用了统计学、组织行为学、人力资源管理、企业管理等多学科相结合的方法,系统研究了民营中小企业新生代农民工的用工管理问题。

三、研究对象

1. 深入研究新生代农民工的工作诉求。本书拟在研究民营中小企业的新生代农民工的用工管理问题,因此,全面了解新生代农民工的个人特征和工作特征,深入探究他们的工作诉求,以便更好地为后文的对策设计提供基础。

2. 设计民营中小企业新生代农民工用工管理方案。由于新生代农民工与老一代农民工具有不同的就业偏好,从而导致许多民营中小企业在管理新生代农民工时遇到了极大的管理困境,老一套的管理方式显然已经不适合管理他们了。因此,本文在深入调研的基础上,研究设计契合民营中小企业的新生代农民工用工管理方案。

四、文献综述

本书将从新生代农民工就业偏好、企业用工管理影响因素以及企业新生代农民工用工管理对策三个层面去梳理国内外研究现状,在上述研究的基础上,对国内外学者的研究进行了简要的评述,并提出本书的目的和意义所在,以便更好地把握新生代农民工的就业偏好特征及对策思路。

(一)关于新生代农民工就业偏好的研究综述

1. 新生代农民工就业区域偏好的研究

王春光首次提出,"新生代农村流动人口"这一概念。指出新生代农民工外出主要是为了改善生活状况和追求城市生活,他们普遍乐于到收入高、经济发展快的沿海地区就业。[1] 佟文英指出,我国东中西部地区的经济发展水平存在着明显差距,这就造成了不同地区收入水平的差异,使得包括青年农民工在内的农民工一般选择到人均收入高、经济发展速度快的东部地区就业。[2] 王兴周分析了我国新生代农民工希望在收入水平较高的珠三角和长三角地区就业。同时,他们对工作的期望值也很高。[3] 王志浩指出,新生代农民工主要侧重于在工资效益和预期工资收入较高的地区就业,中部地区和西部地区主要是农民工的流出地,而东部地区则为新生代农民工的主要流入地。[4] 杜书云等分析了河南省年轻农民工的调研数据,发现他们主要集中流向经济发达、城市集中的东部地区去寻找工作[5]。刘方媛认为,新生代农民工追求城市现代生活方式,希望和城市年轻人一样生活,一样发展,一样实现自己的梦想,他们会选择到工作机会多,收入高,且生活方式更加文明的大城市工作。[6] 张波等指出,新生代农民工在选择就业区域时,会首先选择收入水平较高的沿海发

① 王春光:《新生代农村流动人口的社会认同与城乡融合的关系》,《社会学研究》2001年第3期。
② 佟文英:《人力资源区域流动对西部大开发战略的影响》,《中南民族大学学报(人文社会科学版)》2003年第2期。
③ 王兴周:《结构转型、期望值与工作满意——对民工荒成因及对策的新视角》,《南方人口》2006年第2期。
④ 王志浩:《农民工流动就业的区域选择:模型与实证》,《统计与决策》2007年第8期。
⑤ 杜书云、张广宇:《农民工代际差异问题调查与思考》,《农村经济》2008年第2期。
⑥ 刘方媛:《基于"推—拉"力理论的农民工"候鸟式"流动就业研究》,《广东农业科学》2010年第5期。

达城市,其次是省会城市,再其次是区域中心城市,最后是所在地县城。[1] 张施等指出,新生代农民工对东部就业区域有明显偏好,他们乐于到经济发达的城市工作从而获取更高的薪资收入。[2] 胡远华等以杭州市为例进行实证研究,指出城乡收入差距是影响新生代农民工流动的显著因素,区域的经济收入水平越高,就业吸引力就越强,从而吸引着更多的新生代农民工流向那里。[3] 柳延恒以辽宁省新生代农民工为研究对象,构建了相应的模型,采用前后工作的收入水平来衡量新生代农民工的职业流动方向,结果显示:新生代农民工呈现向上水平的流动,会选择到工资收入水平较高的地区就业。[4] 谢勇分析了南京市新生代农民工的就业稳定性,发现工资的高低始终是新生代农民工更换工作的最主要原因,所以其在选择工作时更加乐于到收入高的大城市就业。[5] 彭鹏等根据新疆维吾尔自治区人才招聘的现状,调查主要以外省农业户新生代农民工为主,得出他们外出打工主要是为了寻求更好的发展空间以及增加经济收入,因此,他们更趋于向经济收入高的地区就业。[6] 李学灵通过分析安徽农民工外出就业的选择行为,发现东部地区的外出农民工主要以省内流动为主,而中西部地区以跨省流动为主,并且新生代农民工中有80%集中在长三角地区,这与长三角的收入较高有直接关系。[7] 姜英提出,尽管农民工拥有土地,但土地收入不足以保障新生代农民工对生活质量的要求,他们希望到就近的城市就业,这样既能方便照顾土地,享有土地收入,又能拥有工人

---

① 张波,李开宇,李呈琛:《西部新生代农民工城市就业特征与城市化的政策响应研究》,《西安财经学院学报》2012 年第 5 期。

② 张施、林欣怡:《新生代农民工就业偏好调查研究——基于 1752 名新生代农民工的调查》,《前沿》2013 年第 2 期。

③ 胡远华、柯慧飞:《区域吸引新生代农民工就业的影响因素研究——基于浙江省杭州市的实证》,《中国软科学》2013 年第 9 期。

④ 柳延恒:《从再次流动看新生代农民工职业流动方向:水平、向下抑或向上——基于主动流动方式视角》,《农业技术经济》2014 年第 10 期。

⑤ 谢勇:《基于人力资本和社会资本视角的农民工就业境况研究——以南京市为例》,《中国农村观察》2015 年第 5 期。

⑥ 彭鹏、朱峰、陈慧敏:《新疆乌鲁木齐市新生代农民工就业状况调查与分析》,《劳动保障世界》2016 年第 6 期。

⑦ 李学灵:《安徽农民工外出就业选择行为分析》,《现代经济信息》2016 年第 5 期。

身份享有工资性收入。① 韩健提出,经济发达地区因其基础设施完善、工作机会多、发展空间大,因而导致新生代流动人口大多流向了经济发达地区。他们不仅希望自身有良好的生活和就业环境,更希望为下一代提供更好的生活、教育和医疗环境。②

2. 新生代农民工就业行业偏好的研究

廉晓梅在研究人口流动对区域经济协调发展的影响时指出,农村青年劳动力大多选择向劳动密集型行业流动,例如制造业、运输业和服务业等。③ 吴鲁平等分析了城市青年农民工的特征,认为城市青年农民工大多以体力劳动为主,主要从事建筑业和制造业等行业,但随着时代的发展,其所从事的行业逐渐转向了第三产业。④ 袁兆亿指出,随着产业结构的升级,许多青年农民工更加喜欢到服务型行业就业,而在传统的机械制造业等行业务工的比例在逐渐减少。⑤ 朱明芬指出,新生代农民工容易学习新知识,掌握新技术,适应新环境,容易实现行业转型,所以他们在职业转移时一般会从低收入、低社会地位的职业转移到高收入、高社会地位的职业。⑥ 毕先萍等认为,传统农民工主要集中在制造业和建筑业,而这些行业的工作环境都比较差,因此,新生代农民工转而乐于在工作环境较好、相对体面的、有发展前景的批发零售业、住宿餐饮业以及居民服务业等行业就业。⑦ 黄立洪等分析了后金融危机时代下农民工的职业选择,指出受金融危机影响,传统的制造业、建筑业都受到了一定的影响,工资薪酬有所降低,这也导致新生代农民工在运输业、商业和服务业

---

① 姜英:《迁安市钢铁企业新生代农民工职业发展调查研究》,2017 年河北科技师范学院硕士论文。

② 韩健:《促进新生代流动人口就业精准化的财政政策研究》,《长白学刊》2018 年第 2 期。

③ 廉晓梅:《试析人口流动对地区间经济协调发展的影响》,《人口学刊》2002 年第 4 期。

④ 吴鲁平、俞晓程、闫晓鹏、郑丹娘:《城市青年农民工的弱势特征及其后果——对 1997—2002 年 43 篇学术论文的文献综述》,《中国青年研究》2004 年第 9 期。

⑤ 袁兆亿:《产业技术进步与务工群体结构变化探析》,《广东经济》2005 年第 11 期。

⑥ 朱明芬:《农民工职业转移特征与影响因素探讨》,《中国农村经济》2007 年第 6 期。

⑦ 毕先萍、杨敏:《青年农民工就业流动的特征及影响研究》,《当代青年研究》2008 年第 4 期。

就业的比重越来越大。① 王春超以珠三角新生代农民工为研究对象,指出他们在选择行业时主要考虑行业的工资收入高低、工作环境好坏及劳动权益保障是否到位等,所以越来越多的新生代农民工选择在服务行业、物流运输业等行业就业。② 郑慧娟分析了新生代农民工转移和就业的特点,指出新生代农民工就业时一般选择在劳动环境和就业条件较好的制造业和服务业就业,相比而言,在建筑行业就业的人数则正在逐渐下降。③ 解永庆等以 2009 年全国流动人口抽样问卷调查为基础,指出新生代农民工选择行业时,放弃了原有的个体商贩、建筑业工人和工匠等行业,而偏好于在轻体力且较为稳定的服务业就业。④ 何建华分析了广东省产业结构升级条件下的人力资源需求特征,指出目前新生代农民工在制造业从业的人员最多,其次是从事批发零售业、居民服务业及其他服务业,而从事建筑行业的新生代农民工正在逐渐减少。⑤ 徐宗琪认为,新时期我国面临产业结构调整,现阶段新生代农民工一般会选择电子厂工作,而女性大多进入到了服务行业,希望找到相对轻松的工作。⑥ 曹科岩通过对深圳地区新生代农民工就业质量进行实证调查发现,由于建筑行业相对劳动强度大、工作环境差,所以许多新生代农民工从内心而言不愿在建筑行业就业。因此,新生代农民工群体中选择从事建筑行业的占比较低,仅为2.4%,而第一代农民工从事建筑业比例却为 16.7%。⑦ 张欣通过实证研究发现新生代农民工就业行业分布不平衡,新生代农民工在第一、二产业的就业比重在逐渐下降,但其在第三产业就业的占比却在逐渐上升,其中从事批发和零

　　① 黄立洪、星艳铃、刘飞翔:《后金融危机时代下农民工职业选择实证研究——以福建省厦门市为例》,《山西农业大学学报(社会科学版)》2010 年第 2 期。
　　② 王春超:《农民工流动就业决策行为的影响因素——珠江三角洲地区农民工就业调查研究》,《华中师范大学学报(人文社会科学版)》2011 年第 2 期。
　　③ 郑慧娟:《我国新生代农民工转移、就业的主要特点和趋势》,《农业现代化研究》2011 年第 4 期。
　　④ 解永庆、缪杨兵、曹广忠:《农民工就业空间选择及留城意愿代际差异分析》,《城市发展研究》2014 年第 4 期。
　　⑤ 何建华:《广东省产业升级背景下新生代农民工职业培训路径分析》,《江西农业学报》2015 年第 8 期。
　　⑥ 徐宗琪:《试论农民工城市就业的渠道与路径》,《现代经济信息》2016 年第 7 期。
　　⑦ 曹科岩:《新生代农民工就业质量分析及对策》,《当代青年研究》2017 年第 3 期。

售业与居民服务、修理和其他服务的占比较大,而在其他行业就业的占比较低。① 黄莉芳等人指出,教育程度、家庭资本、职业发展空间和经济收入等是影响新生代农民工就业的主要因素,同时归纳总结了新生代农民工的就业行业分布特征,认为新生代农民倾向于在现代服务业就业。②

3. 新生代农民工薪酬福利偏好的研究

Ming Tsui 提出,"Y 一代"群体对企业福利产生不满通常是由于企业不具有完善的社会保障体系造成的,员工更希望到拥有健全的社会保障体系的企业工作。③ Fang Lee Cooke 认为,企业福利不佳是"Y 一代"群体离职的重要原因之一,"Y 一代"在选择工作时注重实现价值,有自己的追求,希望获得良好的待遇,受到尊重,所以员工会选择在拥有健全福利体系的企业就业。④

东方分析了现代企业怎样留住人才的问题,指出有竞争力的薪酬才是留住人才的重要因素,所以薪酬福利好的企业更受员工的欢迎。⑤ 杨燕绥分析了员工在就业选择上更加倾向到能够提供较好的福利待遇,包括养老保险、家庭补贴以及高工资、津贴、奖金和分红的企业就业。⑥ 谢小蓉等将新生代农民工分为经济型和生活型,新生代农民工的经历、文化水平和思想观念都发生了很大的变化,认为新生代农民工在就业时更加注重企业是否能够提供较高的薪酬福利待遇。⑦ 张敏分析了新生代农民工需求的变化,结合广东省民营中小企业用工的现状,指出新生代农民工喜欢在有健全的工资管理制度和较高

① 张欣:《我国城镇化建设中新生代农民工就业问题探究》,《合作经济与科技》2018 年第7 期。

② 黄莉芳、王芳、王爱华、徐立霞:《新生代农民工服务业就业及其影响因素》,《西北人口》2018 年第 2 期。

③ Ming Tsui, "Unemployment and Job Hunting in Urban China", *Pacific Affair*, 2002 (04), pp. 65-78.

④ Fang Lee Cooke, "The Changing Dynamics of Employment Relations in China, An Evaluation of the rising level of Labor Disputes", *Journal of Industrial Relations*, 2008 (08) pp. 89-107.

⑤ 东方:《现代企业怎样留住人才》,《改革与开放》2002 年第 4 期。

⑥ 杨燕绥:《员工福利计划激励员工的杠杆》,《中国社会保障》2003 年第 11 期。

⑦ 谢小蓉、王征:《广东新生代民工荒的根源与对策》,《华中农业大学学报(社会科学版)》2006 年第 4 期。

工资待遇的企业中就业。① 甄月桥等对比分析了 80 后大学生和农民工的就业观念、态度及求职路径等，指出 80 后农民工希望获得高报酬以满足自身多样化的社会需求，所以他们会选择在高报酬的企业就业。② 李娟以浙中地区为研究对象，指出新生代农民工在就业时希望企业给予的回报是加薪、提供免费的技术培训以及医疗、养老保险等，所以他们会选择到高薪酬的企业工作。③ 罗先智在劳动力市场分割理论的基础上，分析了新生代农民工薪酬公平问题。指出新生代农民工在选择企业时更加倾向到拥有公平的薪酬管理制度和较好福利待遇的企业就业，而实现新生代农民工的薪酬公平合理是个非常复杂的系统工程。④ 李亚青等在研究广东珠三角新生代农民工的流动时指出，企业的薪酬福利往往是影响其流动的主要因素，新生代农民工往往会选择去薪酬福利管理体系完善的企业工作。⑤ 窦德强等指出，造成新生代农民工离职的主要原因是薪酬低和福利少，所以在跳槽时就会选择到薪资水平高的企业就业。⑥ 汤爽爽等研究了新生代农村流动人口生活满意度，指出新生代农村流动人口在职业流动时偏向于到工作满意度高，薪酬福利待遇好的企业工作。⑦ 李健认为，从事技术型生产一线的新生代农民工对于自己的实际情况和所从事的工作任务不是很了解，在择业时往往偏好于到能够提供更高的薪酬待遇的企业工作，这种盲目入职行为将会造成他们今后对工作满意度的

① 张敏：《新生代农民工需求变化与广东民营企业人本管理模式构建》，《广东行政学院学报》2007 年第 4 期。

② 甄月桥、朱茹华：《"80 后"大学生与"80 后"农民工就业现象解读》，《山西青年管理干部学院学报》2009 年第 2 期。

③ 李娟：《新生代农民工就业观调查——以浙中地区为例》，《金华职业技术学院学报》2010 年第 1 期。

④ 罗先智：《新生代农民工薪酬公平问题研究——基于劳动力市场分割理论》，《吉林工商学院学报》2012 年第 3 期。

⑤ 李亚青、吴联灿、申曙光：《企业社会保险福利对农民工流动性的影响——来自广东珠三角地区的证据》，《中国农村经济》2012 年第 9 期。

⑥ 窦德强、薛磊：《我国中小企业新生代农民工离职原因及解决对策》，《晋中学院学报》2014 年第 4 期。

⑦ 汤爽爽、冯建喜：《新生代农村流动人口内部生活满意度差异研究——以江苏省为例》，《人口与经济》2016 年第 3 期。

降低甚至产生职业倦怠感。① 俞林研究了新生代农民工职业发展动力各驱动因素,指出薪资待遇福利、职业晋升机会等是他们选择职业的主要因素。② 时怡雯提出,在新生代农民工中,女性比男性、新生代农民工比传统农民工的短工化趋势更为明显,他们往往为追求更高的工资薪酬水平以及向往更好的城市生活而在地区间流动。③

4. 新生代农民工培训需求偏好的研究

陈星博分析了青年农民工的特点,指出青年农民工在流动时注重自身的发展,希望接受更好的教育,获得职业资格证书,希望企业能够提供良好的文化教育和技能培训。④ 甘满堂认为,新生代农民工具有年轻化和文化程度较高的特点,他们渴望获得知识和技能,所以他们会选择在能够提供专业的技能知识培训以及安全培训的企业就业。⑤ 于伟等认为,新生代农民工缺乏必要的工作实践能力和专业实践技能,因此他们希望企业能够提供内容丰富的培训机会。⑥ 刘芳等认为,学历水平越高,希望接受职业培训的意愿越大。相比于老一代农民工而言,新生代农民工的受教育程度普遍较高,所以他们更加希望企业提供更多的培训机会,以提高自己的专业知识和工作技能。⑦ 刘奉越认为,新生代农民工参加培训时会遇到费用欠缺,时间较少,交通不方便等问题,所以希望企业能提供免费培训和较多培训机会。⑧ 杨梅认为,新生代农民工受教育程度、职业期望值以及物质和精神享受要求均较高,他们更希望企业

① 李健:《制造领域新生代农民工职业发展研究》,2017 年河北科技师范学院硕士论文。

② 俞林:《新生代农民工市民化进程中职业发展驱动因素研究》,《西安财经学院学报》2018 年第 1 期。

③ 时怡雯:《新生代农民工的社会公平感研究:职业流动与相对经济地位的影响》,《同济大学学报(社会科学版)》2018 年第 1 期。

④ 陈星博:《区隔与阻断:青年农民工的"问题化"倾向——对我国城市流动人口社会转型过程问题的思考》,《当代青年研究》2003 年第 4 期。

⑤ 甘满堂:《社会学的"内卷化"理论与城市农民工问题》,《福州大学学报(哲学社会科学版)》2005 年第 1 期。

⑥ 于伟、秦玉友:《农民工教育培训状况及对策研究》,《东北师大学报(哲学社会科学版)》2007 年第 5 期。

⑦ 刘芳、张翌鸣:《农民工对职业教育的需求分析》,《中国职业技术教育》2008 年第 36 期。

⑧ 刘奉越:《农民工培训的障碍因素及对策分析》,《成人教育》2009 年第 2 期。

拥有良好的就业培训体系。① 王成辽研究了深圳市新生代农民工的培训意愿,指出有将近一半的新生代农民工最希望得到时间为 2—3 个月且具有实用性的职业技能培训,也有部分新生代农民工倾向于得到 2—3 年的学历培训教育,这反映了新生代农民工具有一定的培训意愿,而能够提供免费培训的企业更受新生代农民工的欢迎。② 郭明顺等以辽宁省为例,指出新生代农民工呈现"三高一低"的群体特征,他们更希望企业能够提供主题多元化、内容丰富化及形式多样化的培训,从而提高自身的劳动技能。③ 汪传艳研究了东莞市新生代农民工的调查数据,认为新生代农民工希望获得学历教育及技能培训,从而做好自己的职业规划,获得更好的发展,所以他们希望企业能为他们提供技能和知识培训。④ 周小刚等指出,新生代农民工希望企业提高培训的实用性和培训质量,拓宽免费培训覆盖面,从而提高他们的培训满意度。⑤ 李群等认为,新生代农民工求职时,企业的薪资福利以及培训机会是吸引他们的重要因素,培训机会多的企业更容易招聘到员工。⑥ 林旖旎提出,职业发展意识对深圳市新生代农民工职业技能培训参与意愿的影响最为显著,有着良好职业发展意识的新生代农民工,对于职业技能培训有着正确认识,参与职业技能培训的意愿也较为强烈。⑦ 吴琼提出,新生代农民工是职业技能培训的直接受益者,因而,部分新生代农民工参加职业技能培训意愿较为强烈。⑧

---

① 杨梅:《新生代农民工就业培训模式创新研究》,《产业与科技论坛》2010 年第 6 期。

② 王成辽:《新生代农民工培训供给需求与培训意愿综合关系实证研究——对深圳新生代农民工教育培训的调查》,《中国劳动关系学院学报》2011 年第 2 期。

③ 郭明顺、王玉:《新生代农民工就业培训需求现状与对策——基于辽宁省的调查》,《高等农业教育》2012 年第 5 期。

④ 汪传艳:《农民工参加教育培训意愿的影响因素分析——基于东莞市的调查》,《青年研究》2013 年第 2 期。

⑤ 周小刚、李丽清:《面向新生代农民工培训满意度改进决策的结构方程模型研究》,《中国社会科学院研究生院学报》2013 年第 4 期。

⑥ 李群、卢锐、杨东涛、陈郁炜:《基于整体公平感调节视角下的就业能力与留任意向关系研究——以"持学历"新生代农民工群体为样本》,《软科学》2015 年第 9 期。

⑦ 林旖旎:《新生代农民工职业技能培训参与意愿影响因素研究》,2017 年广东财经大学硕士论文。

⑧ 吴琼:《河北省新生代农民工职业技能培训探究》,《合作经济与科技》2018 年第 2 期。

5. 新生代农民工管理环境偏好的研究

Leslie T Szamosi 指出,"Y 一代"员工希望他们所在的中小企业是关心员工的、关注环境的和体察入微的,有形或无形的福利、授权和尊重、工作参与度、员工福利和管理者的支持等都是至关重要的因素。[①] Sue Shaw 指出,"Y 一代"员工受教育程度和学历都高于老一代,因此在工作需求方面与老一代员工有很大差异。他认为,对待"Y 一代"员工要采取更为科学的管理方法,要做到与时俱进;要建立更为有效的反馈机制;要丰富其工作内容和增加其工作挑战性。[②] Lynton Nandani 对中国城镇企业"Y 一代"员工进行了研究,认为管理"Y 一代"的管理者应该理解"Y 一代"并为"Y 一代"做出改变。"Y 一代"需要的是工作自主权,他们想要学习,但他们不希望被告知该做什么和如何做,他们希望领导信任自己;他们希望在人际交往和沟通方面进行培训,这样他们就可以更好地进行情感交流。[③] Di Marco Donatella, López - Cabrera Rocio 等人认为,新一代员工十分在意他人对自己的评价和看法,一些歧视或者隐性偏见在身体和精神方面都会对其产生负面影响。[④] 因此,新一代员工更加偏好在健康、包容、公平的管理环境中工作,以保护自身权益以及提高工作满意度。谢金山指出,员工在就业时注重企业管理环境的好坏、组织的公平性及领导风格的多样性,通常会乐意到上下级关系融洽、组织公平,领导管理宽松的企业工作。[⑤] 周亚越等认为,影响员工忠诚度的因素包括个人因素、企业因素和社会因素,员工希望企业能够提供宽松的管理环境,从而可以提高员工的忠诚度。[⑥] 董海军等认为,新生代农民工受教育程度高、职业期望值高、

---

① Leslie T Szamosi, "Just what are tomorrow's SME employees looking for?", *Education + Training*, 2006, 48, pp. 654-665.

② Sue Shaw, "Engaging a New Generation of Graduates", *Edueation & Training*, 2008, 50(05) pp. 366-378.

③ Lynton Nandani, "Working with China's Generation Y", *Business Week Online*, 2010(02), pp. 56-86.

④ Di Marco Donatella, López-Cabrera Rocio, Arenas Alicia, Giorgi Gabriele, Arcangeli Giulio, Mucci Nicola, "Approaching the Discriminatory Work Environment as Stressor" The Protective Role of Job Satisfaction on Health, *Frontiers in psychology*, 2016(07) pp. 102-114.

⑤ 谢金山:《中小企业领导风格评价》,2002 年浙江大学硕士论文。

⑥ 周亚越、俞海山:《员工忠诚的三维因素分析》,《理论月刊》2003 年第 3 期。

物质和精神享受要求高,所以他们更加希望在宽松的管理环境下工作,以实现自身的价值。[1] 彭静等研究了私企对新生代农民工的管理,认为"泰勒制"粗放的管理方式很容易引发新生代农民工的离职。所以新生代农民工希望企业能够加强对自己的沟通和了解,建立公平合理的激励机制,以"人"为中心进行管理。[2] 张力以80后员工为例,分析指出80后员工希望企业能够营造积极向上的组织氛围,员工之间、部门之间以及上下级之间能够注重沟通和信任。许志强认为,员工离职的原因之一就是企业的管理制度过于苛刻,不能充分发挥自己的优势,所以他们在就业时会更加注重企业管理制度的人性化和企业工作的愉悦性。[3] 周霞等认为,与60后、70后员工相比,80后员工受教育程度较高,对老一代员工的管理手段将不再适用于80后,80后员工偏好于在上下级沟通渠道顺畅、管理者能够及时了解员工需求和价值取向等良好管理环境的企业工作。[4] 刘凤香认为,新生代农民工的工作态度、工作价值观及行为方式都与传统农民工不同,他们希望企业的领导方式应该比较人性化,管理环境相对宽松。[5] 张达等认为,新生代农民工注重精神文化需求,对知识、技能和人际交往更加渴求,所以他们希望企业能够进行柔性化管理,尊重人格,员工之间能够和睦相处。[6] 申颖昊等指出,新生代农民工追求个性和自我价值的实现,希望企业能够创造尊重人格、有亲和力、能让员工出彩的管理环境,从而激发他们内心的归属感和认同感。[7] 余婉文等认为,新生代农民工文化程度较高,追求较高的生活质量,希望企业管理者能够制定柔性管理制度,

---

[1] 董海军:《镜像中的新生代农民工》,《中国青年研究》2006年第4期。

[2] 彭静、周文英:《私企对"新生代"农民工管理的对策思考》,《中国民营科技与经济》2006年第10期。

[3] 张力:《知识型员工的文化管理》,《铁道运输与经济》2008年第1期。

[4] 周霞、张剑、唐中:《"80后"员工的工作价值观对其工作绩效的直接与间接效应研究》,《生产力研究》2010年第9期。

[5] 刘凤香:《工作场所代际差异研究述评及整体模型构建》,《外国经济与管理》2010年第1期。

[6] 张达、姚莹:《论企业柔性管理下新生代农民工能动性的激励》,《山西财政税务专科学校学报》2012年第2期。

[7] 申颖昊、陈红媛:《新生代农民工对企业管理的挑战及对策研究综述》,《中国商贸》2013年第18期。

给予优秀员工激励奖励,并对员工的行为进行规范化管理。[①] 唐凯麟等分析中小企业"用工荒"问题,认为新生代农民工期望自己做工的企业有社会责任意识、领导能够给予员工更多的人文关怀。[②] 丁志慧,黎东升认为,新生代农民工的自尊心强,不愿接受太多的批评或责罚,他们崇尚自由,并敢于维权。所以,新生代农民工更青睐于包容型、魅力型的企业领导管理方式[③]。曹科岩提出,新生代农民工自我主体意识较强,希望企业能够树立"以人为本"的管理理念,渴望获得更为平等的上下级人际关系。[④]

6. 新生代农民工企业文化偏好的研究

叶少帅在研究建筑企业的企业文化时指出,企业精神、企业价值观、工地文化、"以人为本"的理念等能增强职工的集体观念、工作责任感以及对企业的信任感,因此,农民工希望到具有良好企业文化的建筑企业工作。[⑤] 李捷等指出,青年农民工希望企业拥有和谐的环境氛围和人际关系,这就使他们能够在工作中感受到乐趣,希望企业具有一定的向心力和凝聚力。[⑥] 陆林玲等认为,新生代农民工受过良好的教育,他们追求自由和梦想,在择业过程中更加倾向于到拥有良好的人文环境,人格受到尊重的企业就业。[⑦] 徐鹏指出,相比于老一代,新生代农民工更加注重企业的文化建设,并希望与企业的其他员工之间形成一种稳定的纽带,因此,他们更加注重公司企业文化的建设。[⑧] 王超恩等指出,新生代农民工选择职业时不仅仅只考虑收入的高低,有发展空间、能锻炼人、学到工作本领也是非常需要关注的因素。因此,他们会选择在拥有

① 余婉文、张燊:《新生代民工人文关怀与和谐劳资关系的构建》,《天津市工会管理干部学院学报》2014 年第 2 期。

② 唐凯麟、姜珂:《"用工荒"的伦理审视——对中小企业新生代农民工管理困境的分析》,《湖南师范大学社会科学学报》2015 年第 4 期。

③ 丁志慧、黎东升:《新生代农民工就业稳定性影响因素研究》,《长江大学学报(自科版)》2016 年第 3 期。

④ 曹科岩:《新生代农民工就业质量分析及对策》,《当代青年研究》2017 年第 3 期。

⑤ 叶少帅:《论建筑企业的企业文化建设》,《建筑经济》2003 年第 5 期。

⑥ 李捷、段新:《我国青年农民工职业发展对策分析》,《襄樊学院学报》2009 年第 12 期。

⑦ 陆林玲、朱红艳、史良红、徐育聪:《新生代农民工的就业影响因素研究——以江苏省南京市为例》,《农村经济与科技》2011 年第 5 期。

⑧ 徐鹏:《新生代农民工垂直流动问题研究》,2012 年四川省社会科学院硕士论文。

更好的发展空间和良好的企业文化的企业就业。① 俞烨研究表明新生代农民工对重复、简单的机械性劳动比较反感,因而在就业时更加关注拥有优秀企业文化的企业。② 江昭指出,新生代农民工相比于老一代农民工更注重自身的发展,他们在就业时比较看重企业的声望和文化因素。③ 吕效华指出,经济欠发达地区的新生代农民工在就业时更加注重企业的工作环境、精神文化生活以及企业对农民工的人文关怀等因素。④ 张笑秋指出,新生代农民工受教育程度越来越高,其在选择就业时不仅仅关注工资的高低,也越来越关注企业是否具有良好的企业文化,从而可以更好地激发工作积极性。⑤ 丁志慧、黎东升认为,新生代农民工关注他们在企业是否能得到充分的关怀和尊重,并乐于在工作中寻求成就感。因此,新生代农民工更偏好于在文化氛围良好的企业就业。⑥ 戴荣里提出,企业建立与农民工劳动量相适应的、科学的薪酬文化体系,是企业发展的必然选择,也是消除城乡差别,尊重个体劳动的必然体现。⑦ 赵勤认为,许多新生代农民工希望努力使自己融入城市生活圈,因此,他们希望就业的企业具有较好的企业文化,这便能将自身的发展与社会、企业文化需要结合起来,从而实现他们的人生价值。⑧

7. 新生代农民工职业生涯规划偏好的研究

Iles 指出,在现代组织的激烈竞争环境下,新一代员工比较注重继续学习,从而对动态组织环境做出有效的反应。因此,新一代员工希望组织能够提

---

① 王超恩、符平、敬志勇:《农民工职业流动的代际差异及其影响因素》,《中国农村观察》2013 年第 5 期。

② 俞烨:《企业文化与新生代农民工城市化问题研究——以福建省福州市为例》,《中共济南市委党校学报》2013 年第 6 期。

③ 江昭:《新生代农民工社会流动问题研究》,2014 年陕西师范大学硕士论文。

④ 吕效华:《经济欠发达地区新生代农民工就业区域选择研究》,《中国青年研究》2014 年第 5 期。

⑤ 张笑秋:《新生代农民工市民化意愿心理影响因素的理论框架》,《西北农林科技大学学报(社会科学版)》2015 年第 3 期。

⑥ 丁志慧、黎东升:《新生代农民工就业稳定性影响因素研究》,《长江大学学报(自科版)》2016 年第 3 期。

⑦ 戴荣里:《农民工薪酬文化与企业文化》,《中外企业文化》2018 年第 1 期。

⑧ 赵勤:《提升辽宁省新生代农民工精神文化生活质量的建议》,《沈阳工程学院学报(社会科学版)》2018 年第 1 期。

供培训和职业发展规划来支持其提高就业能力的期望。[1]

何瑞鑫等认为,新生代农民工具有强烈的自我意识和丰富的个性,更强调以自身需求为出发点,根据社会、市场、企业需求动态地进行发展,倾向于在能够使其学到技术、增长见识、增进才干,以完成其职业生涯目标的企业工作。[2]王正中指出,新生代农民工普遍有着通过外出务工学到致富本领,提高自身能力的愿望,如果企业提供的工资收入不能满足其要求,也没有明确职业发展前景,这样很可能促使其丧失工作的积极性。[3]朱海雅在研究农民工职业倾向时指出,新生代农民工的价值观和世界观都已发生变化,他们不再只追求生存需求的满足,而是更加注重自我发展机会,乐于根据职业倾向进行职业规划。[4]赖艳认为,小企业的新员工渴望企业在其职业发展上给予更多的关心,希望企业能够结合新员工以及小企业各自的特点,为新员工制定更具弹性的职业生涯管理规划。[5]郭淑贞指出,新生代农民工对职业的态度呈现出多元化,他们追求高社会地位的职业,但是对职业发展方向也感到很茫然,因此希望企业能够引导他们将个人职业发展目标与企业相结合,并有针对性地辅导培训。[6]张磊指出,在当今就业形势严峻的社会背景下,新生代农民工就业时更加倾向在能够为优秀人才提供良好的职业发展通道,创造良好的发展环境的企业就业,并且希望能够实现和企业共同成长,以提升自身价值。[7]何卫平通过实地调研发现由于生存压力和自身能力限制,新生代农民工的职业发展带有一定的盲目性和临时性,如今他们已经厌倦了这样的生活,就业时会优先选择在能够为其提供一种长远的职业规划,使其逐渐进入稳定的工作、生活状

---

① Iles, *Managing Staff 'Selection and Assessment*, Buckingham: Open University Press, 1999, 15 (06), pp. 319-320.

② 何瑞鑫、傅慧芳:《新生代农民工的价值观变迁》,《山东省青年管理干部学院学报》2005年第6期。

③ 王正中:《"民工荒"现象与新生代农民工的理性选择》,《理论学刊》2006年第9期。

④ 朱海雅:《农民工职业倾向与继续教育需求研究》,2007年华东师范大学硕士论文。

⑤ 赖艳:《为小企业新员工职业生涯管理建言》,《中小企业管理与科技(上旬刊)》2008年第10期。

⑥ 郭淑贞:《新生代农民工职业发展路径探究》,《陕西理工学院学报(社会科学版)》2011年第2期。

⑦ 张磊:《浅谈民营企业员工的职业生涯规划》,《科技资讯》2012年第15期。

态的企业工作。① 李勋华等通过问卷调研发现大部分新生代农民工学习意愿比较强，因此他们在择业的时候会着重考虑组织或者企业是否愿意为其提供相应的机会和指导，以帮助其实现职业发展。② 袁东升认为，大部分的新生代农民工即便在一家企业工作时间较长，也不会得到企业的重视和栽培，企业对新生代农民工职业规划和培育的缺失使其逐渐丧失工作热情。因此，在再次择业时新生代农民工会将企业是否会提供职业发展规划作为重要参考之一。③ 田立博等指出，高职业流动是新生代农民工的一大特点，"短工化"趋势不仅导致其经济上的困难，更不利于其职业发展，因此，他们倾向于选择在能够帮助其结合自身特点和公司条件为其制定一个长期的职业规划，从而摆脱"求职—就业—辞职—再求职"的就业循环。④ 姜英认为，新生代农民工入职以后如果发现岗位要求与自己的职业生涯规划基本一致，那么他们便会更加愿意为企业工作更长时间，同时还能保持较高的工作热情。⑤

8. 新生代农民工工作环境偏好的研究

Fletcher 认为，工作压力、长时间加班、有害的工作环境等会对个体的健康产生不利影响，长时间的工作容易造成农民工出现精神健康问题。而新生代农民工密切关注着工作的居住条件及工作环境等，希望在工作压力小，环境好的企业就业。⑥ Peggie Rothe 认为，不同年龄的员工对工作环境偏好存在差异，新一代员工对工作空间、建筑安全设施、室内气候(温度、湿度)、网络设施等的要求都比老一代员工的要求高。⑦

①　何卫平：《新生代农民工职业发展内卷化倾向及选择性城市融入——以新生代青年农民工 H 为个案的研究》，《西华师范大学学报(哲学社会科学版)》2013 年第 3 期。

②　李勋华、杨亚丽：《新生代农民工职业发展影响因素实证研究——基于重庆地区的经验数据》，《职业技术教育》2014 年第 16 期。

③　袁东升：《新生代农民工的就业困境与政策援助研究》，《农业经济》2015 年第 12 期。

④　田立博、赵宝柱、付晓娜：《从就业状况看新生代农民工职业发展》，《成人教育》2016 年第 1 期。

⑤　姜英：《迁安市钢铁企业新生代农民工职业发展调查研究》，2017 河北科技师范学院硕士论文。

⑥　Fletcher, "Cumulative Effect of Job Characteristics on Health", *Health Economics*, 2011, 20, pp. 553-570.

⑦　Peggie Rothe, "Work environment preferences does age make a difference?", *Facilities*, 2012, 30(1/2), pp. 78-95.

　　张双群等认为,建筑业中存在着安全问题,所以农民工希望企业提供安全保障,农民工希望在安全措施好的建筑企业就业。[①] 邓伟秀认为,员工所获得的报酬不仅仅是薪资和福利待遇,还有工作环境所带来的精神满足,与老一代农民工不同,新生代农民工择业除了对薪酬福利的要求较高外,更多看重企业的工作环境是否舒适。[②] 许涛通过调查湖北省 5 个城市 14 个行业中的 63 个企业的 2000 名农民工,并进行了数据分析,认为当农民工的生存需求满足后,他们开始关注自己的工作环境是否安全卫生,是否有毒、有害等。因此,他们在就业选择时比较看重工作环境的状况。[③] 吴培冠认为,新生代农民工更加重视在工作中的幸福感,在满足他们对薪酬福利要求的前提下,他们大部分还在意工作的愉悦性,他们认为良好的工作环境能带来愉悦和放松的心情,有利于提高他们的工作效率和企业忠诚度。[④] 李娟通过调查浙中地区模具加工、印刷包装及酒店服务等劳动密集型企业的 200 名新生代农民工的就业观,发现低工资和简陋的工作环境对于农民工尤其是新生代农民工已经失去了吸引力,反映出了新生代农民工对工作环境的高要求。[⑤] 夏晶等分析了影响新生代农民工幸福感的因素,指出工作和生活环境是其中的重要因素之一。因此,新生代农民工乐于在能够提供好的工作环境,住宿和食物都比较安全的企业就业。[⑥] 何亦名等深入研究了珠三角地区新生代农民工就业质量,指出新生代农民工更加看重休闲时间和生活质量,更加关注在工作中能否获取更高的物质保证和精神享受。[⑦] 冯菲菲等提出,随着工作条件的逐步改善,当今农民

---

① 张双群、张喜珍:《建筑安全工作存在的问题及对策》,《城乡建设》2002 年第 8 期。

② 邓伟秀:《以科学发展观推进农民工管理创新》,《肇庆学院学报》2005 年第 4 期。

③ 许涛:《农民工工作满意度的影响因素分析》,《南方人口》2008 年第 3 期。

④ 吴培冠:《人力资本流动对区域经济增长差异之影响》,《中山大学学报(社会科学版)》2009 年第 5 期。

⑤ 李娟:《新生代农民工就业观调查——以浙中地区为例》,《金华职业技术学院学报》2010 年第 1 期。

⑥ 夏晶、王婉娟、夏季:《新生代农民工幸福感的影响因素分析》,《湖北工业大学学报》2010 年第 6 期。

⑦ 何亦名、王翠先、黄秋萍:《珠三角新生代农民工就业趋势与就业质量调查分析》,《青年探索》2012 年第 1 期。

工越来越追求去工作相对体面、劳动强度较小、工作环境好些的行业择业。①于晓红采用因子分析法测度了我国农民工的工作满意度,研究指出:老一代农民工更加追求经济收入的高低,而新生代农民工则更希望获得更高的工作满意度。他们不仅注重工资收入和福利等物质因素,而且对工作环境、管理环境以及企业文化等非物质因素也非常关注。②韩远发现工作环境已成为影响新生代农民工离职的重要原因之一,他们在选择工作时,会首选舒适、安全和干净的工作环境,而不愿选择在高温、低温、噪声污染和粉尘污染等环境下工作。③赵蒙成以 SZ 市的新生代农民工为例进行研究,发现新生代农民工在择业时更倾向于选择相对安全、对影响健康不大的工作。④娄晨雁等根据所做的专项调查问卷数据,认为有 56.4% 的新生代农民工希望公司干净整洁,工作舒适度高,30.9% 的农民工希望公司没有安全隐患。新生代农民工认为工作环境对就业影响很大,因此,工作环境因素也是他们在选择工作时更加注重的因素。⑤

(二)关于企业用工管理影响因素的研究综述

1. 招聘管理影响因素的研究

John Holland 认为,应聘者人格的差异会给招聘管理带来很大的挑战,应聘者的个人价值观和求职动机直接决定着应聘者的工作态度和行动,这对招聘的有效性起着重要作用。⑥David Clarence McClelland 认为,胜任力是考察应聘者是否能够做好此工作的基本要素之一,招聘者由于缺乏对有关应聘者的认知能力、执行能力、行为技能等胜任力的把握,从而增加了招聘结果的不

---

① 冯菲菲、刘建涛、史春林:《农民工文化观念的代际差异研究》,《广西社会科学》2013 年第 2 期。

② 于晓红:《农民工工作满意度的再测度及代际差异分析》,《农业经济》2014 年第 5 期。

③ 韩远:《"民工荒"背景下新生代农民工离职原因分析及对策》,《价值工程》2015 年第 26 期。

④ 赵蒙成:《社会资本对新生代农民工就业质量影响的调查研究——SZ 市新生代农民工的案例研究》,《人口与发展》2016 年第 2 期。

⑤ 娄晨雁、朱志祥、周梦亚、颜早早、黄节、余晓菲:《新生代农民工就业流动性影响因素调查》,《合作经济与科技》2017 年第 12 期。

⑥ Rynes, "The importance of recruitment in job choice, A different way of looking", *Personnel Psychology*, 1991(44), pp. 487–521.

确定性,所以企业对应聘求职者胜任力的掌握程度是影响招聘的因素之一。[1] Rynes 通过研究发现,企业招聘者所具有招聘经验的丰富程度在一定程度上影响着对应聘者的选择。相比较于经验欠缺的招聘者来说,拥有丰富经验的招聘人员更容易给应聘者留下一个深刻的印象,也更容易使应聘者产生好感。[2] Philips 通过研究指出,求职者对于职位的期望是难以准确评估的。而造成这种情况的原因在于组织没有能够给求职者提供关于职位的准确信息,所以他表示要想提高组织招聘的有效性就需要给求职者提供包括职位的正面信息和负面信息,以及组织特征等信息来使求职者能够准确地认识组织。[3] Jean Marie Hiltrop 通过研究发现企业中员工流失率的居高不下是影响企业快速发展的一个重要因素。工作薪酬的高低、工作的难易程度、培训次数的多少、晋升机制的公平程度、职业发展前景的好坏等因素都是求职者所看重的,所以企业在招聘管理的过程中要从上述因素着手进行持续改善。[4] Edward Lazear 指出,管理者应从战略管理的角度出发,加强对员工的培训力度,提高员工对外部环境变化的应对能力,因此需要把招聘管理纳入企业的整个战略管理体系之中。[5] Edgar Schein 提出的职业锚理论指出,求职者在其选择职业的过程中会根据自身的情况确定一个无论在什么情况下都不会放弃的价值观,从而形成一个占据主导地位的职业锚,这个价值观就是求职者在寻找职位时的标杆,所以求职者的价值观是影响企业招聘的关键因素。[6] 马克·沃森认为,企业从发现岗位所需要的员工到最后招聘到岗位所需要的员工之间会

① David Clarence McClelland,"Testing for competence rather than for intelligence",*American Psychologist*,1973(28)pp. 1-14.

② Philips,"Effects of realistic job previews on multiple organizational outcome",*Ameta-analysis*,*Academy of Management Journal*,1998(41)pp. 673-690.

③ Philips,"Effects of realistic job previews on multiple organizational outcome",*Ameta-analysis*,*Academy of Management Journal*,1998(41)pp. 673-690.

④ Jean Marie Hiltrop,"The Quest for the Best:Human Resource Practices to Attract And Retain Talent",*European Management Journal*,1999(08)pp. 433-429.

⑤ Edward Lazear,*Strategy Human Resource Management*,Printiee-Hall international,Inc,2002,pp. 177-180.

⑥ Edgar·Schein,"Management theories are destroying good management practices",*Academy of Management Learning and Education*,2005,(04)pp. 75-91.

有相当一段时间的延迟,所以他指出要对人力资源需求进行有效的规划,妥善处理好两者之间在时间上的断层,避免两者之间的迟滞成为影响企业有效招聘的制约因素。① Mark A. Ciavarella 从中小企业员工配置的角度出发,指出知识、权利、责任和利益 4 个要素是中小企业员工配置模型中最为关键的要素,因此企业在招聘管理的过程中应尽可能地优化这 4 个基本要素的配置。② Peter F. Drueker 指出,企业战略决定了中小企业招聘管理的方向,是招聘管理的决定性影响因素。因此,对"Y 一代"员工的招聘管理需要遵循企业的发展战略。③ Lawrence S.Kleiman 指出,雇主在选择雇员时通常看重员工的一些基本能力,包括完成某项工作所需要的知识、技能等。雇主会对通过得到的信息进行分析比较,以便挑选最符合条件的求职者。所以求职者的职业素质是左右招聘有效性的影响因素。④

张德指出,招聘管理是企业人力资源开发与管理的重要组成部分,其难点在于如何能够有效地吸引求职者前来应聘,并从中选用能够满足企业用工需求的员工;故而企业对求职者是否有吸引力是决定企业招聘结果是否有效的影响因素。⑤ 曾昭毅、许丹丹指出,劳动力市场上供大于求的现象致使招聘企业没有能够摆正自己的姿态,企业处于这种"卖方市场"的地位导致其没能在思想上重视招聘工作,招聘时态度也比较傲慢,这最终导致招聘工作不能录用到企业所需要的人才。所以劳动力市场的供需状况和招聘单位的态度会影响招聘工作的效果。⑥ 张向前在其提出的人性假设 H 理论中指出,人性是善和恶的结合体,两者相互依存甚至某种情况下会相互转化;同时人除了具有动物的特性之外还具有创新性、能动性及社会性。这些特性都会影响招聘管理工

①　Mark Watson, "Recruitment rules", *Cabinet Maker*, 2007, (04) pp. 13-14.

②　Mark A, Ciavarella, "Human Resouree Management Perspeetiveat the Turn of the Century", *Publie Personne*l *Management* 2010, pp. 30-32.

③　Peter F, Drueker, "The Handbook of Employee Benefits", *Amacom* 2011, pp. 44-46.

④　Lawrence S.Kleiman, "Human Resource Management", A Managerial Tool for Competitive Advantage, *Atomic Dog*, 2012(02) pp. 56-79.

⑤　Lawrence S.Kleiman, "Human Resource Management", A Managerial Tool for Competitive Advantage, *Atomic Dog*, 2012(02) pp. 56-79.

⑥　曾昭毅、许丹丹:《中小企业如何做好招聘工作》,《中国人力资源开发》2003 年第 9 期。

作的进行,所以在招聘过程中要注意这些能够影响招聘结果的特性因素。① 杨文京指出,很多中小企业往往在人员紧缺或者人员发生流动的情况下才仓促地进行招聘工作,进而使得招聘工作缺乏成本预测和控制意识,即随意性较高的招聘活动将会导致一个仓促低效率的招聘结果。② 朱正亮、陈珍珠通过研究指出,现代中小企业受自身规模和条件的限制,在招聘方面往往会存在诸如招聘人员综合素质不太高、招聘程序不够科学、招聘渠道比较狭窄、招聘方式不够丰富、缺乏明确的招聘目标等问题。所以他们在研究中明确指出,要想提高招聘工作的有效性就必须要解决上述影响招聘工作的因素。③ 齐群伟指出,一个企业所拥有的文化氛围会影响求职者对该企业的心理印象,同时,企业所制定的招聘途径和招聘流程是否科学也是制约招聘有效性的影响因素。④ 饶惠霞以《劳动合同法》为依据分析了我国企业在招聘工作中存在的法律风险,指出企业往往疏忽保存完整的录用人员档案证据,从而带来解雇试用期员工的风险,进而降低了招聘管理的效率。⑤ 李友俊、张睿涵根据胜任力模型指出传统的招聘管理工作往往出现企业文化不符合、人岗不匹配、员工绩效预测性不强等问题,没能有效地利用胜任力模型是影响招聘管理工作的一大因素⑥。张鹤通过研究指出,我国中小企业在招聘管理中存在着一些"通病":如招聘体系不规范、招聘测评标准不统一、招聘理念存在误区、招聘者存在主观看法等。他认为,若要提升中小企业招聘管理工作的水平和效率,在面试这个重要的环节就需要着力改善。⑦ 王殿伟研究分析指出,目前我国中小企业对人才概念的认识比较片面,在招聘过程中抬高标准、滥用方法,招聘双方缺乏有效的交流沟通,这些做法都严重影响了中小企业的招聘管理过程。⑧ 龚

① 张向前:《人性假设H理论与和谐管理系统》,《江淮论坛》2005年第1期。

② 杨文京:《中小型企业怎样有效开展招聘工作》,《人才资源开发》2006年第4期。

③ 朱正亮、陈珍珠:《中小民营企业招聘效率低下的原因及对策》,《武汉理工大学报(信息与管理工程版)》2007年第3期。

④ 齐群伟:《企业人才招聘有效性分析》,《中国市场》2009年第31期。

⑤ 饶惠霞:《企业招聘管理中的法律风险及其规避》,《特区经济》2012年第7期。

⑥ 李友俊,张睿涵:《基于胜任力模型的石油企业招聘管理》,《油气田地面工程》2013年第5期。

⑦ 张鹤:《浅谈我国中小企业招聘面试现状与改进》,《经营管理者》2014年第3期。

⑧ 王殿伟:《中小企业人员招聘问题与对策研究》,《现代商业》2015年第3期。

文渊指出,民营中小企业在员工招聘中应该有计划地去开展招聘工作,明确招聘岗位要求,增强招聘渠道与甄选方法的多元性,提升招聘管理人员专业化水平等,从而解决影响招聘管理有效性的制约因素。① 张蕊认为,中小企业的人力资源招聘缺乏系统性和专业性、重外部招聘、轻内部招聘、招聘工作投入不足等因素都是影响招聘有效性的主要因素。② 赵金钺提出,对招聘工作不够重视、招聘渠道相对单一以及缺乏对招聘岗位的认识等因素是影响中小企业人才招聘有效性的主要因素。③ 林惠珠指出,用人理念存在误区、招聘基础工作有待完善、筛选简历的手段不够科学等因素是影响中小企业招聘质量和数量的主要因素。④

2.培训管理影响因素的研究

Austin C 认为,大多数企业出于成长和发展的需要,将如何完成生产指标和工作任务视为工作重点,未能注意到员工培训工作的重要性,如此便会导致员工的技能和素质不能及时满足企业发展的需要。即企业对员工的培训认识不足会影响有效培训的进行,这样不但影响员工素质的提高,也会对企业可持续性发展产生消极影响。⑤ Anna L 认为,在培训评估方面,大多数企业仅仅对员工在培训中所学的理论知识进行了测评,并未考察员工是否能将所学运用到实际工作中,所以无法掌握培训知识的掌握情况,这就导致了企业很难准确评定培训工作的效果。⑥ Anonymous 研究发现,一些企业总是过分强调缩短适应期,尽快进入生产,以创造效益,经常大幅度缩短员工的培训时间,这就导致了员工不能很好地掌握培训知识和工作要领,致使不少新员工在工作中经常差错不断。因此过分强调生产会在一定程度上忽视员工的培训学习,这样

①　龚文渊.:《中小民营企业员工招聘探析——以三和公司为例》,《人才资源开发》2016年第10期。

②　张蕊:《中小企业人力资源招聘管理的实践问题分析研究》,《中国管理信息化》2017年第18期。

③　赵金钺:《我国中小企业人才招聘现状分析》,《商业经济》2017年第6期。

④　林惠珠:《中小企业招聘工作存在的问题及其对策》,《劳动保障世界》2018年第3期。

⑤　Austin C,"Training farmworkers about pesticide safety: issues of control",*Journal of Health Care for the Poor and Underserved*,2001,12(02),p.236.

⑥　Anna L,"Migrant Care Workers or Migrants Working in Long-Term Care? A Review of Australian Experience",*Journal of Aging & Social Policy*,2009,21(04),p.374.

就会影响培训效果。① Stephen Denning 认为,一些企业现代培训管理模式较差,其举办的一些培训活动中教师往往是从一些学校招募的义务讲师,他们培训的内容往往缺乏专业性和针对性,导致培训效果不尽如人意。因此,培训师资队伍专业性差这一因素影响着教育培训的水平。② Adel Elgharbawy,Magdy Abdel-Kader 认为,许多企业往往忽视培训工作,很少根据市场需求的变化去设置相应的培训课程,使得员工并不能学以致用。同时,培训工作还存在授课地点和培训时间安排缺乏灵活性等诸多问题。这也就导致了员工对培训逐渐失去了兴趣。③ Nyangara Asaka Charles 等认为,许多企业管理层只是敷衍完成上级要求的培训任务,很少注重培训效果,也就对培训过程、培训质量、培训效果缺乏有效的监督和考核机制,在这种情况下,很难保证培训的有效性。④

李志远、朱建文认为,政府劳动保障部门在新生代农民工培训中发挥着重要作用,而能否可提供足够的资金在一定程度上决定着师资和设备的水平,从而影响着培训管理效果的好坏。可见,经费问题是农民工技能培训供给和健康发展的直接影响因素。⑤ 刘平青、姜长云研究发现在单纯追逐利润最大化的这一动机的影响下,很多企业仅简单地把新生代农民工作为普通的劳动力,基本上不进行职业培训;很显然,利润最大化动机这一影响因素在一定程度上会限制培训的进行⑥。朱海伦等认为,培训是一种人力资本投入,可以使人力资本得到增值,但是由于存在着员工跳槽行为,培训投入大的企业最终不一定能够获得培训所带来的收益。⑦ 因此,农民工的频繁跳槽使得企业的培训收

① Anonymous,"Poor education and training fuels reliance on migrant construction workers ", *NewsRx Health & Science*,2010,(05),pp. 214−223.

② Stephen Denning, "Successfully implementing radical management at Salesforce", *Strategy & Leadership*,2011,39(06),pp. 4−10.

③ Adel Elgharbawy,Magdy Abdel-Kader,"Enterprise governance and value-based management:a theoretical contingency framework",*Journal of Management & Governance*,2013,17(01),pp. 99−129.

④ Nyangara Asaka Charles, Patrick B Ojera, Oima David, " Factors influencing choice of strategic management modes of small enterprises",*Journal of Innovation and Entrepreneurship*,2015,4 (01).

⑤ 李志远、朱建文:《解决"三农"问题重在农民教育》,《农业经济问题》2004 年第 7 期。

⑥ 刘平、姜长云:《我国农民工培训需求调查与思考》,《上海经济研究》2005 年第 9 期。

⑦ 朱海伦、谢捷琼:《农民工职业教育培训的市场运作机制》,《职业技术教育》2005 年第 31 期。

益得不到保障,这便会降低民营中小企业培训管理的积极性。乔仁洁、于金翠通过调查研究发现,农民工培训管理是一项系统性很强的工作,但由于企业在培训监管中存在着监管和督查职能行使不到位等问题,使得农民工的培训效果并不是十分理想。因此,培训监管机构在管理职能上的混乱影响了各部门、各方面人员的积极性,使得有效培训难以进行。① 周青鹏指出,农民工受经济条件、工作性质和劳动时间等限制,培训的积极性原本不高,参加人数少,加之他们多选择以业余技能短训的学习方式为主,这些新生代农民工自身方面的因素都制约着民营中小企业从宣传、师资配备到具体教学的安排,因此培训管理的有效性受到了一定的限制。② 高春景指出,在农民工的培训管理方面,我国并没有出台相应的政策来保证其有效、规范地进行。因此,规范制度不完善使得新生代农民工整体的培训管理效果较差。③ 王玉宝认为,许多民营中小企业仅仅对员工在培训中所学的理论知识进行了初步的测评,并未考察员工是否能将所学的培训技能运用到实际工作中,也就很难准确评定培训的效果。因此,培训评估工作会影响培训工作的有效性。④ 刘艳磊指出,大多数民营中小企业加强了针对新生代农民工的职业培训,但培训的内容并未能与实际工作岗位需求很好地衔接,使得员工并不能学以致用。同时,由于经济条件的限制,大部分农民工不会选择收费过高的培训课程,尽管这些课程有很高的技术含量。⑤ 郑耀洲指出,目前的民营企业农民工培训教学仍旧停留在比较落后的阶段,教学形式呆板,师生间缺乏交流,大多授课老师并不能做到因材施教。而新生代农民工较老一代农民工思维活跃,接受新生事物能力强,所以对统一的培训模式已不适应。因此,教学模式单一,缺乏师生互动就使得培训效果受到影响。⑥ 高山艳指出,培训管理中的职业资格证书没有很好地发挥联系培

---

① 乔仁洁、于金翠:《对当前我国农民工培训的思考》,《职教论坛》2007 年第 1 期。

② 周青鹏:《农民工培训与中小企业人才培养》,《湖北广播电视大学学报》2007 年第 1 期。

③ 高春景:《中小企业农民工职业培训需求研究》,《国土资源高等职业教育研究》2009 年第 1 期。

④ 王玉宝:《新生代农民工教育培训的困境及对策》,《中国成人教育》2010 年第 20 期。

⑤ 刘艳磊:《新生代农民工教育培训问题研究——以山东省滨州市为例》,2011 年西南大学硕士论文。

⑥ 郑耀洲:《基于异质性特征的新生代农民工培训研究》,《经济管理》2011 年第 2 期。

训和就业的中介作用,且其中的薪酬差异在培训前后差别不大,培训后的职业资格的经济效应并不明显,这就严重削弱了新生代农民工参与培训的积极性。[①] 王强、王树娟、娄玉花研究发现不少农民工进城打工只是以赚钱为目的。他们大多只考虑到现阶段的经济利益,并无长远的职业发展规划,培训意识也较弱,甚至对培训抱有抵触心理。因此,农民工普遍培训意识较差这一影响因素降低了其进行培训的积极性,导致企业培训的有效组织也较难进行。[②]刘翠英认为,企业管理者缺乏对培训专业知识的认识,因此,很多的培训课程仅仅是习惯性地单纯讲授,例如民营中小企业大多采用的是静态培训形式,机械地进行知识灌输,单向教学没有互动,从而导致培训效果并不十分理想。[③]董杰、梁志民在大量调研的基础上认为,对新生代农民工需求的培训分析工作是最基础的工作。而许多民营中小企业管理者只是为了培训而培训,片面追求培训的形式,并没有意识到培训内容要结合自身的实际需求,最终导致培训内容并不能使员工运用到实际工作中,培训效果不尽如人意。[④] 柳亚飞通过对新生代农民工培训意识的调查研究发现,一些新生代农民工并没有很强的培训意识,也并不十分了解培训的重要性和积极作用,因而其参与培训就有一定的随机性与自由度,这便直接导致了企业组织培训的积极性并不是很高。[⑤]胡类明、许海燕通过实证研究得出,影响新生代农民工职业培训满意度的因素有培训与工作的关系度、培训内容的深浅、培训的实践与针对性等,而培训与工作的关系度是影响农民工培训满意度最重要的因素。[⑥] 勒伟的调查显示,我国民营中小企业中培训经费占公司销售收入 3‰—5‰以上的仅为 8.7%,而占到销售收入 0.5‰的有 48.2%。可见民营中小企业在新生代农民工培训

---

① 高山艳:《新生代农民工职业培训的困境及制度障碍分析——基于河南省四市的调查》,《职业技术教育》2013 年第 28 期。

② 王强、王树娟、娄玉花:《中小企业对新生代农民工需求及培训意愿调查》,《中国成人教育》2014 年第 20 期。

③ 刘翠英:《浅析中小企业人力资源战略管理之道》,《科技资讯》2015 年第 23 期。

④ 董杰、梁志民:《新生代农民工的个体特征分析——基于对江西省的调查数据》,《农村经济与科技》2015 年第 11 期。

⑤ 柳亚飞:《新生代农民工职业培训问题研究》,2015 年辽宁大学硕士论文。

⑥ 胡类明、许海燕:《武汉市新生代农民工职业培训实证研究》,《职教论坛》2016 年第12 期。

方面资金投入力度较小,这将会影响培训的有效组织与进行。① 任畅研究了 JY 公司员工的培训管理后指出,培训需求分析不足、培训形式单一、缺乏合理规划等因素造成了该公司培训效果不理想。因此,如何优化培训管理方案已经成为公司亟待解决的问题。② 孔丹丹提出,缺乏正确的员工培训观、员工培训的目的性不强,培训缺乏统筹规划、员工参与培训积极性不高、培训效果评估体系不完善等是影响中小企业员工培训工作顺利展开的主要因素③。陈洪杰提出,管理阶层培训观念的局限性、培训体系不完善等是影响中小企业员工培训工作的主要因素。④

3. 薪酬管理影响因素的研究

Smith E 指出,医疗机构薪酬的影响因素有教育水平、性别和工作职责、用人单位的地理位置、组织性质以及组织的所有权等。⑤ Rudman & Davey 探讨了员工薪酬水平的影响因素,研究结果表明受教育程度和组织的规模是影响员工的薪酬水平的重要因素。⑥ Russell & Callanan 指出企业特征,诸如企业规模、人力资本状况、企业偿债能力、支付应付款项能力等对薪酬都有一定的影响。就企业规模而言,规模较大的企业拥有较多的薪酬管理专业人才,因而其薪酬水平也较高。⑦ Brown & Campbell 探讨了技术如何对员工的薪酬结构产生影响,研究发现在美国薪酬结构的影响因素中,技术变革仅仅占了小部分。⑧ 约瑟夫·马尔托奇·奥等认为,存在很多制约薪酬管理的因素,其中企

---

① 勒伟:《城镇化进程中新生代农民工就业培训问题研究》,《成人教育》2016 年第 8 期。

② 任畅:《JY 公司员工培训管理优化方案研究》,2017 年郑州大学硕士论文。

③ 孔丹丹:《我国中小企业员工培训存在的问题及对策研究》,《现代商业》2017 年第 23 期。

④ 陈洪杰:《中小企业员工培训的问题与对策》,《中国管理信息化》2017 年第 10 期。

⑤ Smith E, "CFO compensation influenced by organizational size, ownership, Health care financial management", *Journal of the Healthcare Financial Management Association*, 1995, 49(10), pp. 48-50.

⑥ Rudman & Davey, "Does gender make a difference? Factors that influence salary level in health information management", *Topics in health information management*, 1998, 18(04), pp. 89-90.

⑦ Russell & Callanan, "Firm‐Level Influences on Forms of Employment and Pay in Russia", *Industrial Relations:A Journal of Economy and Society*, 2001, 40(04), pp. 627 – 634.

⑧ Brown & Campbell, "The Impact of Technological Change on Work and Wages", *Industrial Relations:A Journal of Economy and Society*, 2002, 41(01), pp. 1 – 33.

业的薪酬管理水平与企业的外部竞争性存在一定的关联,一般而言,公司的外部竞争性越高,公司的薪酬管理水平就越高。① P.M.A. Eichholtz et al 对英国上市房地产公司进行研究发现,对薪酬影响最大的因素是企业规模,其次是管理风格,这两方面都对企业的薪酬管理激励作用产生了直接的影响。② Brown,Duncan 研究发现员工的薪酬水平与企业的规模呈正向相关的关系,在给定的年份,企业的规模越大,员工的薪酬水平越高;反之,企业规模越小,员工的薪酬水平越低。③ Mariam Farooq,Omer Farooq 提出,薪酬管理的公平性在一定程度上影响了企业的薪酬管理水平。由于员工非常关注企业内部薪酬的差距,所以员工的工资和福利水平的公平性会对其行为产生一定的影响,因此薪酬水平的公平性是企业对员工进行薪酬管理时应考虑的重要因素。④

于冬梅认为,企业目标、组织结构、市场环境等因素对薪酬管理体系的设置起决定性作用,按照科学的薪酬管理程序制定出的与本企业相匹配的薪酬管理体系可以更有效地吸引人才,也可以更好地调动员工的工作积极性。⑤ 沈小琴认为,工作特征和企业文化对企业的薪酬管理有一定的影响,工作特征主要影响薪酬的内部公平性,而企业文化的不同会导致企业在薪酬分配观念和薪酬分配制度上的不同,也就间接地影响着企业的薪资水平。⑥ 岳颖通过研究和对比美国与欧洲公司的管理自主权问题,认为管理自主权对薪酬管理有一定的影响。美国公司拥有比欧洲公司更大的管理自主权,因而其薪酬水平也较高。由此看出,企业拥有的管理自主权越大,其薪酬水平也就越高。⑦

---

① Joseph Martocchi, *Strategic salary*, *Human resource management*, Social Science Academic Press,2002.

② P.M.A,Eichholtz et al,"Executive Compensation in UK Property Companies", *Real Estate Finan Econ*,2008(36),pp.405-426.

③ Brown,Duncan,"The Future of Reward Management:From Total Reward Strategies to Smart Rewards", *Compensation & Benefits Review*,2014,46(03),pp.147-151.

④ Mariam Farooq,Omer Farooq,"Organizational justice,employee turnover,and trust in the workplace:A study in South Asian telecommunication companies", *Global Business and Organizational Excellence*,2014,33(03),pp.56-62.

⑤ 于冬梅:《企业薪酬体系设计探讨》,《学术交流》2004 年第 4 期。

⑥ 沈小琴:《影响薪酬设计的相关因素分析》,《湖南经济管理干部学院学报》2005 年第 4 期。

⑦ 岳颖:《国际化背景下薪酬环境扫描与薪酬制度选择》,《经济问题探索》2006 年第 4 期。

许颖等提出,薪酬管理的主要功能是激励员工,但是公司中个人所得税的征收范围主要是员工的工资、年终加薪、补贴以及与任职有关的其他收入,这就抑制了薪酬管理的激励作用,在一定程度上打击了员工的积极性和创造性。①吴晋雯分析指出规模较大的企业为降低员工的离职率、激励员工以及维护公司形象会提供较高的薪酬水平。在其他因素相同的情况下,如果企业规模比较大,那么企业的薪酬水平也就会比较高。因此,企业规模与企业的薪酬水平具有正向相关的关系。②汤晓丹认为,中小企业的规模相对较小,实力较弱,抵御市场风险的能力较差,这给企业的薪酬管理造成了一定的障碍,同时由于缺乏薪酬管理方面的专业人才,也制约了中小企业薪酬管理作用的充分发挥。因此中小企业较小的企业规模和相对匮乏的管理人才降低了其薪酬管理的有效性。③雷丽丹指出,薪酬管理影响因素主要包括外在环境因素、组织内在因素和个人因素。其中影响作用较大的是组织内在因素和个人因素,组织内在因素主要有企业自身的财务能力、薪酬政策、企业规模以及公平因素等;个人因素主要涉及个人年资、绩效、受教育程度等方面。④姚文霞认为,企业薪酬管理与企业经营战略的脱钩或错位会导致企业薪酬管理缺乏明确的方向,而尚未完善的绩效管理系统无法为薪酬管理提供准确的依据,从而难以有效地激励员工。由此可知企业经营战略与绩效管理系统是在企业层面影响薪酬管理的重要因素。⑤张旖认为,中小企业薪酬管理的首要影响因素是公平性,公平性意味着要保持薪酬政策的内部一致性,内部一致性强调不同工作、技能薪酬之间的相互协调,同时还要综合考察工作的内容和技能对企业薪酬管理的影响。⑥秦娜、范晓东立足于现代企业人力资源管理实际,分析了影响企业薪酬管理的个人因素,包括个性差别、收入预期、人力资本差别以及个人的偏好与需求等因素,由于个体之间存在着个性差别和个体偏好差异,从而导致了薪

① 许颖、刁婕、赵翠红:《浅析个人所得税在公司薪酬设计中的应用》,《商场现代化》2007年第28期。
② 吴晋雯:《影响薪酬体系建立的企业内部因素分析》,《商场现代化》2008年第3期。
③ 汤晓丹:《中小企业薪酬设计的制约因素探讨》,《法制与经济(下旬)》2010年第4期。
④ 雷丽丹:《企业人力资源薪酬管理》,《中外企业家》2014年第11期。
⑤ 姚文霞:《试析薪酬管理在人力资源管理中的作用》,《人力资源管理》2015年第8期。
⑥ 张旖:《浅谈中小企业薪酬结构的设计思路》,《人力资源管理》2016年第2期。

酬管理的效用存在一定的差异性。① 汪士钦认为,企业薪酬水平受到政府的政策与立法、当地经济发展状况、劳动力市场供求状况等外部因素的影响,同时还受到企业经济实力、劳资双方协定以及员工工资绩效等内部因素的影响。② 贾惠棱、李维刚认为,薪酬管理缺少透明度和科学性、薪酬评定缺少公平度等因素影响了企业的薪酬管理效率。③ 魏锁焕研究了科技型中小企业的薪酬管理指出,薪酬机制与公司战略目标不一致、薪酬机制缺乏科学性、薪酬机制缺乏动力等是影响企业薪酬管理的主要因素。④

4. 管理环境管理影响因素的研究

Mcfillen 指出,主管的权力是影响上下级关系的重要因素。⑤ Davis 等人分别对男、女两组领导者—下属对于愤怒的发泄形式进行了调查研究,结果显示,愤怒的情绪对于女性领导者—下属的关系的影响要大于男性领导者—下属的关系。⑥ Schoorman & Champagne 邀请 62 名本科志愿者试验模拟了主管—下属就有争议的事件进行讨论的场景,结果发现讨论争议会影响下级对上级的信任程度,从而影响了上下级关系。⑦ Adkins & Russell 对于领导—下属的价值观和员工行为的关系进行了实证研究,指出领导—下属的价值观对于员工的行为没有决定性作用,而组织公平对下属的行为有着重要的影响。⑧ Yrle 等人对领导者沟通风格与领导交换(LMX)的关系进行了实证分析,指出

① 秦娜、范晓东:《现代企业劳动工资及其薪酬管理研究》,《河北企业》2016 年第 4 期。

② 汪士钦:《发挥薪酬杠杆作用提高人力效率》,《人才资源开发》2016 年第 12 期。

③ 贾惠棱、李维刚:《中小企业人力资源薪酬管理存在的问题及解决路径》,《中国商论》2017 年第 12 期。

④ 魏锁焕:《科技型中小企业中层管理人员薪酬激励机制改进研究》,《全国流通经济》2017 年第 26 期。

⑤ Mcfillen, "Supervisory power as an influence in supervisor-subordinate relations", *Academy of Management Journal*, 1978, 21(03), pp. 419-433.

⑥ Davis. M. A, Larosa. P. A, Foshee. D. P, "Emotion work in supervisor-subordinate relations: Gender differences in the perception of angry displays", *Sex Roles*, 1992, 26(11), pp.513-531.

⑦ Schoorman & Champagne, "Managers as informal third parties: The impact of supervisor-subordinate relationships on interventions", *Employee Responsibilities and Rights Journal*, 1994, 7(01), pp. 73-84.

⑧ Adkins & Russell, "Supervisor-Subordinate Work Value Congruence and Subordinate Performance: A Pilot Study", *Journal of Business and Psychology*, 1997, 12(02), pp. 205-218.

领导的交流方式、员工感知的差异以及员工的参与程度对管理环境有着重要影响。[①] Xin & Pelled 指出,下级感知到的上级情绪是影响上下级关系的重要因素。[②] Feys 等人认为程序公平是影响上下级关系和谐的关键因素。[③] Martinez 等人实证检验了工会的力量与上下级关系的关系,结果表明工会的力量是影响上下级关系的关键因素之一。[④] Tse & Troth 以两个公司的 25 名全职员工为研究对象,对员工的角色认知和领导—员工交换体验与上下级关系进行了实证研究,指出员工的角色认知和领导—员工交换体验有利于构建和谐的管理环境。[⑤] Zhang X A,Li N,Harris T B.指出,在中国情境下,领导与员工的私人关系对工作场所的管理环境有着重要影响。[⑥] Zhang L,Deng Y,Zhang X,et al.对中国企业的上下级关系进行了质性研究,结果表明领导对下属的支持、下级对上级的印象等是影响管理环境的主要因素。[⑦]

谢金山认为,上下级关系、组织支持和管理层次与领导风格有显著的交互作用。正能量的领导行为与其下属的行为存在着显著的正相关关系,而负能量的领导行为与其下属的行为呈现出负相关的关系,而且下属行为对个体绩效和公司绩效也有显著作用。[⑧] 赵克诚指出,管理者的管理理念、管理者对员工的期望是否明确、管理者能否公平地对待所有员工等都是影响领导与员工

---

① Yrle A C,Hartman S,Galle W P,"An investigation of relationships between communication style and leader-member exchange",*Journal of Communication Management*,2002,6(03),pp.257-268.

② Xin & Pelled,"Supervisor-subordinate conflict and perceptions of leadership behavior:a field study",*Leadership Quarterly*,2003,14(01),pp.25-40.

③ Feys M,Libbrecht N,Anseel F,et al.,"Supervisor-subordinate relationship quality as a moderator in the relationship between procedural justice and feedback reactions in performance appraisal",*Gedrag En Organisatie*,2008,21(04),pp.430-450.

④ Martinez A D,Fiorito J,Ferris G R,"Relationship between union strength and supervisor-subordinate power relations",*Journal of Managerial Psychology*,2012,27(02),132-142.

⑤ Tse & Troth,"Perceptions and emotional experiences in differential supervisor-subordinate relationships",*Leadership & Organization Development Journal*,2013,34(03),271-283.

⑥ Zhang X A,Li N,Harris T B,"Putting non-work ties to work:The case of guanxi in supervisor-subordinate relationships",*Leadership Quarterly*,2015,26(01),pp.37-54.

⑦ Zhang L,Deng Y,Zhang X,et al.,"Why do Chinese employees build supervisor-subordinate guanxi? A motivational analysis",*Asia Pacific Journal of Management*,2016,33(03),pp.1-32.

⑧ 谢金山:《中小企业领导风格评价》,2002 年浙江大学硕士论文。

关系的关键因素。① 李哲对 KB 公司上下级关系管理中的沟通问题进行了研究,指出员工关系管理工作的重点主要是人际关系管理、劳动关系管理、沟通与交流管理、民主参与、企业文化和企业精神管理。② 承友明对管理环境的沟通与协调问题进行了探讨与分析,指出影响管理环境协调的障碍主要包括:社会角色(角色位差、角色期望)方面的障碍、人际知觉方面的障碍、个性品质方面的障碍等。③ 蒋福容指出,领导者与下属的关系分为正式关系和非正式关系,其中正式关系受职位因素、奖惩因素的影响,非正式关系受领导者的品德因素、知识和才能、情感和心理等因素的影响。④ 王志祥对中州移动公司上下级信任关系进行了调查研究,结果表明:领导能力、人品、对下属的态度、领导不良行为、领导责任感、关心下属等因素在上下级信任关系中发挥着重要作用。⑤ 余梦娇认为,领导者的能力能否被下属认可、领导者是否能尊重下属的意愿、领导者能否对下属时常进行关怀和支持、领导者能否有意愿并成功发展下属、领导者是否能够与下属进行团结协作并能进行良好的沟通以及领导者的工作投入程度的大小等因素都会影响上下级之间的信任关系。⑥ 张家瑞对民营企业领导—员工关系进行了研究,指出领导—员工关系与分配公平、程序公平、互动公平、工作满意度和情感承诺等相互作用。⑦ 西沉指出,上下级关系对立现象的成因主要有:上级心术不正、处事不公、刚愎自用、生性多疑、刻薄寡恩、越俎代庖、独断专行、心胸狭隘、自我封闭和缺乏涵养。⑧ 李秀晖指出影响管理环境的因素有:企业管理体制机制、沟通机制和意识、人文关怀、企业的诚信等。⑨ 王献强指出,不少企业在有关员工的切身利益政策制定过程中,

① 赵克诚:《员工关系的影响因素及其对策》,《企业经济》2003 年第 8 期。
② 李哲:《KB 公司员工关系管理中沟通问题研究》,2005 年西北大学硕士论文。
③ 承友明:《论上下级关系的沟通与协调》,《安徽农学通报》2007 年第 1 期。
④ 蒋福容:《从领导者与下属关系谈领导激励》,《商业文化(学术版)》2007 年第 8 期。
⑤ 王志祥:《中州移动公司上下级信任关系的调查研究》,2008 年北京邮电大学硕士论文。
⑥ 余梦娇:《国有企业影响上下级信任关系的领导行为研究》,2009 年北京邮电大学硕士论文。
⑦ 张家瑞:《民营企业领导—员工"关系"对员工工作态度的影响研究》,2011 年西南财经大学硕士论文。
⑧ 西沉:《上下级关系对立现象的成因透析》,《领导科学》2012 年第 36 期。
⑨ 李秀晖:《企业员工关系管理相关问题探讨》,《人才资源开发》2014 年第 22 期。

基本不会与工人进行说明以及沟通,这样会使得工人产生抵触的情绪,从而导致了员工对工作的积极性降低,进而影响工作效率。因此,有效沟通是影响上下级管理环境的主要因素。[1]

5. 企业文化管理影响因素的研究

YooMin Nam,HakSu Kim 通过以半导体产业组织文化类型为例研究企业文化与工作满意度和组织承诺间的关系,分别采用工作满意度和组织承诺作为因变量,认为高水平的情感承诺和低水平的规范性承诺对企业文化类型中的群体文化、理性文化以及发展文化均有一定的影响。[2] 美国麻省理工学院教授 Edgar.H.Schein 指出,企业文化的产生依靠的是企业中的成员,并随着新成员的不断涌入,企业文化也在不断地丰富和发展。企业文化若要为广大员工所接受和学习,也受员工的相互作用的影响。[3] Adle 指出,企业在不断地发展,随着企业发展阶段的不断变化,企业文化也在逐步地丰富,因而影响企业文化的因素也在逐渐增加。例如随着企业的首要目标和竞争战略的调整,企业文化也会随之进行相应的改变。他还概括出国际事务、产品研发以及市场等因素都会影响企业文化。[4] Colin Silverthorne 以台湾地区的中小型企业为例,探讨了企业文化与组织契合度和组织承诺之间相互影响的关系。研究表明,企业文化对企业组织中的员工心理契合度和组织承诺具有重要的影响,而企业员工心理的契合度和自身的承诺水平又对企业文化产生了一定的影响。[5] Robert J. Taormina 通过采用线性回归分析和结构方程模型的方法对各种组织中的 156 名全职员工进行了实证研究,指出了企业组织文化(官僚、创新、支持)主要受企业领导者的领导风格、企业对

①　王献强:《浅谈企业管理中管理者与员工有效沟通的技巧》,《低碳世界》2018 年第 2 期。

②　YooMin Nam,HakSu Kim, "Influences of Organizational Culture Characteristics on Job Attitudes of Organizational Members in Semiconductor Industry", *Procedia Computer Science*, 1972, 56 (02), pp. 106-110.

③　Edgar H. Schein, *Organizational Culture and Leadership*, San Francisco:Jossey-Bass, 1985.

④　Adler, *International Dimentions of Organizations Behaior*, Boston:PWS-Kent Publishing, 1991.

⑤　Colin Silverthorne, "The impact of organizational culture and person-organization fit on organizational commitment and job satisfaction in Taiwan", *Leadership & Organization Development Journal*, 2008, 39(04), pp. 27-36.

员工的激励机制以及企业社会化程度等因素的影响。[①] Hakan Erkutlu 以土耳其的 10 所企业 618 名员工为例探讨了企业文化与组织公平和员工行为之间的关系,认为企业取得成功的一个重要因素就是成熟的企业文化,企业文化的培育主要取决于其是否能够满足员工的个体需求、提供可支持性的工作环境、营造组织公平环境等因素。[②] Angelos Pantouvakis,Nancy Bouranta 探讨了不同服务型企业学习企业文化的情况,采用结构化问卷调查了港口、超市和汽车维修服务等部门中的 437 个一线员工,认为企业职员的工作技能水平和对企业的认可度是影响企业文化建设的重要因素。[③]

王重鸣、刘小平认为,企业员工与企业的价值匹配对情感承诺、持续承诺和继续承诺都有显著的正相关关系。企业文化能否得到员工的认同以及在何种程度上得到认同,都将直接影响到企业文化能否真正发挥目标导向、自我约束、内在凝聚和持续激励的管理功能。[④] 秦梦华指出,企业文化建设是中小企业发展的“灵魂”,但是在民营中小企业进行文化建设的过程中,往往存在“领导的主观性太强”,即企业文化“人治性”的问题。这种“人治性”的领导风格在一定程度上影响着企业文化建设的科学性与民主性。[⑤] 吴政认为“人”的影响因素将成为企业文化建设的主要影响因素。他指出,任何建设都离不开“人”的作用,企业文化亦是如此。只有为广大成员所接受的企业文化,才是成熟和合格的企业文化。因此,需要尊重员工的文化需求,使其促进企业文化

---

① Robert J,Taormina, "Organizational socialization: the missing link between employee needs and organizational culture", *Journal of Managerial Psychology*,2009,24(07),pp.650-676.

② Hakan Erkutlu,"The moderating role of organizational culture in the relationship between organizational justice and organizational citizenship behaviors", *Leadership &amp, Organization Development Journal*,2011,32(6),pp.532-554.

③ Angelos Pantouvakis,Nancy Bouranta,"The link between organizational learning culture and customer satisfaction:Confirming relationship and exploring moderating effect", *The Learning Organization*,2013,20(20),pp.48-64.

④ 王重鸣、刘小平:《中西方文化背景下的组织承诺及其形成》,《外国经济与管理》2002 年第 1 期。

⑤ 吴政:《我国中小企业文化建设问题研究》,2004 年河海大学硕士论文。

的丰富和发展。① 王晓玲认为,家族企业是我国民营中小企业的主要组成部分,在企业运营和管理上都有较强的家族管理色彩,而这些错综复杂的裙带关系使得很多家族外的员工很少有机会得到奖赏或晋升。新生代农民工喜欢公平自由的工作环境,渴望得到企业的尊重与认可,而这种专制的裙带企业文化与新生代农民工的愿景背道相驰,已经成为影响企业文化建设的重要因素。② 黄跃辉从企业人力资源管理的角度认为,企业的文化建设与企业的人力资源管理活动息息相关,在中小企业的运营过程中,往往存在着企业选聘用人标准与企业价值观念结合不充分、企业培训中不能贯穿企业文化的内容、绩效考评中关于企业文化部分的要求不能较好地融入员工实际考评中等问题,这些人力资源管理方式与企业文化的冲突和对抗将会影响企业文化的建设效果。③ 吴怀鹏通过研究计算机网络技术对企业文化建设的影响,指出网络计算机正在深刻地改变着企业的生产运作方式,对企业文化的建设产生着深远影响。新生代农民工生长在互联网快速发展的网络社会,受其影响较大,网络文化日益成为影响企业文化建设的一个新的因素。④ 张坤、陶裕春从提升民营中小企业竞争力问题的角度研究了企业文化的影响因素。他认为由于绝大多数民营中小企业的所有者和经营者为同一人,其把员工与企业之间的关系视为员工与自己的简单劳资关系,推行"家长制",而新生代农民工对这种权威文化比较反感。因此,这种"家长制"的文化理念已经成为阻碍企业文化建设的主要因素。⑤ 刁颖奇、马晓琳等指出,一些民营中小企业将文化建设看成是企业的 CIS 系统,侧重于企业的对外宣传和 LOGO 的设计,但其只是企业形象的一种对外宣传手段,不能等同于企业文化。企业文化的建设,更多地还要考虑到

　①　王晓玲:《中小型家族企业存在的问题及原因分析》,《大陆桥视野》2005 年第 2 期。

　②　黄跃辉:《关于企业人力资源管理与企业文化》,《经济与管理研究》2005 年第 11 期。

　③　吴怀鹏:《刍议网络经济下企业文化建设》,《现代商业》2007 年第 17 期。

　④　张坤、陶裕春:《中小企业以企业文化为导向的人力资源管理体系的构建》,《科技广场》2008 年第 2 期。

　⑤　张坤、陶裕春:《中小企业以企业文化为导向的人力资源管理体系的构建》,《科技广场》2008 年第 2 期。

企业的核心价值观、员工对企业的文化建设是否产生共鸣等因素。① 魏旭江指出,民营中小企业的文化建设必须要以培育企业精神和经营理念为核心,而建设良好的企业文化需要培养员工树立正确的职业道德观、价值观,将企业的经营之道转化为员工的理想追求。可见,良好的企业精神及经营理念已经成为企业文化建设的主要影响因素。② 吴熹认为,大多数民营中小企业没有看到文化创新对企业文化建设和企业经济效益的提升带来的益处。在文化创新的内容上,往往趋于雷同,缺少鲜明特点和突出主题,这种企业文化建设的表面化和形式化问题已经严重影响了企业文化建设的质量和成效。③ 刘忠认为,民营中小企业不同于一般的大型企业,由于民营中小企业普遍存在着经营和资金规模较小和员工文化素质较低的特点,这就导致部分高层管理者对企业文化的理解存在一定的认识误区。一些管理者并不能深刻认识到企业文化的重要性以及产生的积极影响,创建优秀企业文化的能力也较弱。④ 郭保伟认为,民营中小企业的文化建设虽已具备了雏形,形成了一定的规模层次,但从整体上看,还缺乏对企业文化理念体系的认识。文化理念体系是一个系统完整的企业理念宣言,包括远景、使命、宗旨、价值观、经营理念等,对企业的文化建设以及战略发展方针的制定具有重大的影响。⑤ 陈靖莲认为,部分民营中小企业虽然能意识到企业文化的积极作用,但是仍旧不能形成良好的企业文化,这是因为在文化建设过程中,部分企业只懂得照搬其他企业的经验和做法,并未很好地结合企业自身实际情况,这种盲目模仿影响了企业自身文化的个性和特色。⑥ 陈英峰认为,企业文化建设机制的建立和实施、企业文化的发展方向的指引和规划以及企业员工参与建设的积极性等因素是企业文化建设的主要影响因素。⑦ 陈辉认为,缺乏对企业文化建设的重视、企业文化缺乏自

---

① 刁颖奇、马晓琳、梅云:《对中小企业文化建设误区的认识及对策》,《现代经济信息》2009 年第 23 期。
② 魏旭江:《中小企业文化建设探析》,《中小企业管理与科技(下旬刊)》2010 年第 4 期。
③ 吴熹:《中小企业文化创新与技术创新研究》,2012 年成都理工大学硕士论文。
④ 刘忠:《论我国民营中小企业的文化建设》,2013 年华中师范大学硕士论文。
⑤ 郭保伟:《民营企业文化建设探析》,《商场现代化》2014 年第 17 期。
⑥ 陈靖莲:《浅析中小企业文化建设误区及改进对策》,《北极光》2015 年第 9 期。
⑦ 陈英峰:《加强企业文化建设 促进企业健康发展》,《经济师》2016 年第 5 期。

我创新等因素阻碍着许多中小企业的企业文化建设。① 张莉提出,企业文化
意识淡薄、企业文化建设滞后等因素是阻碍我国中小企业发展企业文化建设
的主要因素。②

6. 职业生涯规划管理影响因素的研究

Frank Parsons 撰写的《职业选择》中首次提出"职业指导"的概念,并引出
了职业生涯管理理论,其核心内容是强调企业在为员工制定职业生涯规划时,
要将员工能力、兴趣、资源、条件、行业需求、发展空间、优势和成长机会作为影
响因素。③ D.E.Super 将职业生涯规划分为成长、探索、建立、维持和衰退 5 个
阶段,针对这 5 个阶段,私营企业应重视企业观念、员工特点、兴趣、员工家庭
环境、制度的公平性和市场环境等因素,这有利于私营企业为员工开展更符合
员工职业愿景的职业生涯规划。④ E.H.Schein 研究发现不同时期的员工所制
定的职业生涯规划不同,企业应根据员工的工作年限来对员工进行阶段性规
划,主要分为新进、中期和后期,并以员工不同的工作时期作为企业制定员工
职业生涯规划的影响因素,从而有助于设计的职业生涯规划会更切合员工实
际情况和发展需求。⑤ Herriot P,Gibbons P 对影响职业生涯规划管理的因素
进行了实证分析,结果发现员工的公平感和企业发展战略对影响私营企业员
工职业生涯管理满意度具有显著作用。⑥

洪建玲指出,组织观念、生涯通道和信息畅通对新生代员工的归属感、职
业晋升和职业生涯修正具有显著作用,而由于多数民营中小企业的领导者的
观念陈旧、晋升渠道单一和信息披露不透明,使得新生代员工职业规划与企业
实际情况大相径庭,从而挫伤了新生代员工积极向上和实现自我价值的愿

---

① 陈辉:《我国中小企业文化建设中存在的问题及解决措施研究》,《人力资源管理》2017
年第 8 期。

② 张莉:《中小企业人力资源管理存在的问题及对策分析》,《中国国际财经(中英文)》
2018 年第 2 期。

③ Frank Parsons,*Choosing an Occupation*,America,Boston Vocational Bureau,1909.

④ D.E.Super,"Vocational Development:A Frame work for Research",*American Psychologist*,1953.

⑤ E.H.Schein,*Caree Dynamics*,America,MIT,1978.

⑥ Herriot P,Gibbons P,"An empirieal model of man-agerial careers in Organizations",*British Journal of Management*,1994(05),pp. 113-121.

望。① 郭冬生在对民营中小企业新生代员工职业生涯规划的研究中发现,上下级沟通情况、培训效果、晋升制度、新老员工关系和员工个人期望值是民营中小企业为新生代员工制定完善的职业生涯规划管理的主要影响因素。② 高晓芹、郝占刚发现多数民营中小企业为新生代员工设计职业生涯规划时多存在上级领导支持力度不足、培训缺乏个性化、奖惩方式缺乏公平性以及员工对职业倾向了解不足等问题,因而其指出上级支持、培训发展、企业内部公平性和员工职业倾向对新生代员工职业规划具有重要的影响。③ 王舜华指出,为新生代员工制定职业生涯规划时,民营中小企业应提前了解新生代员工职业愿景、职业兴趣和特长,这有利于企业为新生代员工安排的岗位实现人与岗的最佳匹配,继而使新生代员工体验到备受重视的感觉,促进民营中小企业员工职业生涯规划管理顺利实施。④ 杨雨馨在研究中发现管理者认知度较高、绩效考核较公平等因素有利于企业对新生代员工职业生涯规划的设计。因此,民营中小企业新生代员工职业生涯规划的设计受管理者的认知度和企业绩效考核制度的影响较大。⑤ 李万山认为,若要防止民营中小企业新生代农民工流失,则需重视其职业生涯规划,而影响民营中小企业为新生代农民工开展职业生涯规划的因素包括:人力资源管理制度(培训管理、薪酬管理、工作环境和晋升管理)、中高管理层的支持度以及新生代农民工教育程度和工作经验。⑥ 张绮、赵亚楠指出,多数民营中小企业存在管理者缺乏系统的人力资源管理知识和企业文化,从而使得新生代员工的职业生涯规划难以获得民营中小企业具有针对性和差异化的设计。对此,管理者的人力资源管理知识结构和企业文化是影响新生代员工职业生涯规划管理有序开展的重要因素。⑦ 余

---

① 洪建玲:《谈中小企业员工职业生涯发展》,《华东经济管理》2001 年第 3 期。

② 郭冬生:《不可忽视民营中小企业的员工过度流动》,《企业导报》2004 年第 11 期。

③ 高晓芹、郝占刚:《中小企业员工职业生涯管理现状调查研究——基于烟台市中小企业调查数据分析》,《山东工商学院学报》2009 年第 3 期。

④ 王舜华:《浅论中小企业员工职业生涯规划管理》,《河北企业》2010 年第 9 期。

⑤ 杨雨馨:《中小企业基层员工个人职业生涯规划管理现状调查研究》,《科技信息》2011 年第 7 期。

⑥ 李万山:《中小企业基层员工流失的成因及其对策探讨》,《中国外资》2013 年第 15 期。

⑦ 张绮、赵亚楠:《供电企业新进员工职业生涯规划管理策略研究》,《中国电力教育》2014 年第 25 期。

威骁、孙雨燕研究发现经济形势疲软的社会环境和企业转型升级的企业环境是影响民营中小企业新生代员工职业生涯规划的重要因素，同时新生代员工的兴趣爱好、特长、价值观、职业倾向与企业战略发展的融合情况也是影响新生代员工职业生涯规划管理的因素。① 刘宝臣指出，是否开展职业生涯规划已成为新生代农民工择业的标准之一，然而部分民营中小企业由于缺乏人性化和科学化的人才管理机制，致使制定的职业规划难以满足新生代农民工的实际需求，这就导致了他们选择离职或另择他业，因此，完善的人才管理机制是开展职业生涯规划的影响因素之一。② 姚艳芳发现部分民营中小企业由于考虑成本、短期收益和家庭成员在企业的地位等问题，很少根据新生代员工职业需求和员工个性进行设计职业生涯规划设计，从而使得大多新生代员工难以明确晋升空间和获得个性化的培训，进而选择跳槽。因此，晋升空间和技能培训是企业更加有效地提高职业生涯规划管理水平的影响因素。③ 魏琪在对工程类民营中小企业的研究中发现，职业生涯规划制度缺失，职业生涯规划不明确，企业文化无特色，使得民营中小企业难以为新生代农民工制定出针对性较强的职业生涯规划。因而，生涯规划制度、职业发展通道和企业文化是影响民营中小企业为新生代农民工开展职业生涯规划的影响因素。④ 王新芳、王晓华、董莉丽认为，民营中小科技企业中的新生代农民工不仅仅只重视物质报酬，他们更看重自身的职业发展空间，然而由于民营中小企业往往对员工重使用而轻规划，从而导致新生代农民工对自身的定位和发展感到迷茫。⑤ 赵帅提出，当前中小企业新生代员工职业生涯规划管理存在的影响因素有：缺乏长期的职业生涯管理的投资理念、规划方案的制定过于倚重企业岗位需求、信息披露不清晰等。⑥

---

① 余威骁、孙雨燕：《浅析企业对员工进行职业生涯规划管理的重要性》，《企业导报》2015 年第 1 期。

② 刘宝臣：《论科技型中小企业科技人才供给体系的构建》，《西藏科技》2015 年第 11 期。

③ 姚艳芳：《关于我国中小企业员工职业生涯规划的研究》，《财经界（学术版）》2016 年第 6 期。

④ 魏琪：《论工程类企业员工职业生涯规划》，《经营管理者》2016 年第 23 期。

⑤ 王新芳、王晓华、董莉丽：《中小科技企业人才流失的风险分析》，《新西部（理论版）》2016 年第 10 期。

⑥ 赵帅：《中小企业新生代员工职业生涯规划管理策略研究》，《现代营销（下旬刊）》2017 年第 8 期。

（三）关于企业新生代农民工用工管理对策的研究综述

1. 招聘管理对策的研究

Joseph 研究了许多关于人力资源管理的典型案例,认为当前还没有建立一套专门适合中小企业"Y 一代"员工管理的人力资源管理与实践理论。因此,中小企业必须要紧密结合"Y 一代"员工的自身特征和社会环境来做好企业的招聘工作。[①] Klaus 提出了标志性体验理论,指出企业在招聘时要重点考察员工的人生价值观和文化水平,以判断其是否符合招聘岗位的要求。[②] Peter F. Drueker 指出,中小企业"Y 一代"员工的员工管理应同企业的长期发展战略管理吻合,"Y 一代"员工的招聘工作应服从组织的整体战略。[③] SD Smith,Q Galbraith 指出,要求图书馆应充分了解"千禧一代"员工的个性特征、价值观等方面的特点,创新人才招聘观念,规范招聘流程,运用科学有效的方法,开拓创新思维,以满足图书馆发展对新一代人才的需求。[④]

伍晓奕通过研究发现,新生代员工与老一代员工相比,他们拥有鲜明的个性特征,多变的职业观念,同时也身具积极和消极两种工作态度。因此在招聘时要真诚对待新生代员工,实事求是地向其介绍公司的实际情况和福利待遇等。[⑤] 苏华、肖坤梅对"80 后"员工的工作特点及管理措施研究后发现,企业如果总是因为没有工作经验而不愿意接纳新人,时间一久就会降低"80 后"员工对企业的好感。所以企业招聘管理观念要与时俱进,在招聘管理中需大胆引进没有工作经验的新人,科学地采用针对"80 后"员工特征的甄选方法"选好种子"。[⑥] 程建岗结合自身在企业的工作经历指出,现在的新生代员工都拥有强烈的自我意识,他们比较在意工作和生活之间的平衡,拥有强烈的上进心,所以在招聘管理中就需要从实处着手,在员工的遴选阶段就必须重视对员

① Joseph,*Human Resource Management*,The Prentiee Hall,2005,pp. 114–116.

② Klaus,"Reeruitment soures and post-hire outcomes:themediathing role of unmet expectations",*International Journal of Seleetion & Assessment*,2010,13(03),pp. 188–197.

③ Peter F.Drueker,*The Handbook of Employee Benefits*,Amacom,2011,pp. 44–46.

④ SD Smith,Q Galbraith,"Motivating Millennials:Improving Practices in Recruiting,Retaining,and Motivating Younger Library Staff",*Journal of Academic Librarianship*,2012,38(03),pp. 135–144.

⑤ 伍晓奕:《新生代员工的特点与管理对策》,《中国人力资源开发》2007 年第 2 期。

⑥ 苏华、肖坤梅:《论"80 后"员工的工作特点及管理》,《当代青年研究》2008 年第 4 期。

工基本素质、修养和价值观的考察,要着重选取那些自律、上进和有职业道德的员工。① 杨富云通过研究指出,当前社会上的新生代员工已经成为企业发展的中坚力量,对新生代员工的管理是否到位、是否科学关系到企业今后的战略发展。他指出企业的人力资源管理是从招聘管理开始的,所以就需要制定科学有效的测评体系来甄别优秀员工,严把第一关,从源头上解决问题。② 张小才在结合新生代员工的五大职场特点之后指出,在新生代员工的人力资源管理中容易发生诸多类似缺勤离职、人际关系紧张、工作效率低等问题。认为在招聘管理上需要企业在严格把控招聘关卡的同时,也需要针对新生代员工的特点采取个性化的招聘管理方式。③ 刘向阳以 P 公司"80 后"的员工为研究对象,在对该公司的人力资源管理中出现的问题进行仔细研究后指出,为了避免员工在工作中出现各种问题,这就需要从源头上抓起,也就是在招聘管理上认真评估员工的工作价值观、兴趣爱好和理想抱负是否和公司的价值观一致。④ 姚缘、张广胜分析了辽宁省新生代农民工的就业数据,认为新生代农民工对职业信息的获取有较高的需求,企业在招聘新生代农民工时需要努力增加信息获取方法、建立适合新生代农民工求职的网络平台、合理引导他们进行网络求职。⑤ 窦德强指出,在针对目前新生代农民工较高的离职率的状况下,中小企业必须要改变其管理策略,在招聘管理制度方面要主动出击,改变以往"农民工无限多"的思路,人资部门要主动参与招聘计划的制订,招聘渠道的拓展,制定科学合理的招聘方案。⑥ 杨芳从招聘管理工作的角度提出,由于大型企业的生产环节大部分的工人都是新生代,所以在招聘时需要根据企业自身的企业文化制度进行挑选,同时根据员工的实际条件了解其发展特征,做到

---

① 程建岗:《管好新生代员工,赢得竞争主动》,《人力资源》2010 年第 9 期。
② 杨富云:《新生代员工人力资源管理的问题及对策》,《中国商贸》2011 年第 36 期。
③ 张小才:《新生代员工人力资源管理的问题及对策》,《中小企业管理与科技》2012 年第 1 期。
④ 刘向阳:《企业新生代员工管理问题研究——以 P 公司"80 后"员工的人力资源管理为例》,《价值工程》2013 年第 5 期。
⑤ 姚缘、张广胜:《信息获取与新生代农民工职业流动——基于对大中小城市新生代农民工的调研》,《农业技术经济》2013 年第 9 期。
⑥ 窦德强:《兰州市中小企业新生代农民工用工管理策略研究》,《全国商情》2014 年第 9 期。

能提前预知问题的出现并准备好解决方案。[①]

2. 培训管理对策的研究

Michael Waldman 指出,民营中小企业需要在内部建立一个劳动力竞争市场,这样便会促使新一代员工不断地参加培训和学习专业知识,提高专业技能,从而保证内部晋升机制发挥积极作用。[②] FAC Hurt 指出,在对"千禧一代"员工进行培训时,首先应注意要结合企业自身实际情况来确定培训的内容,在对不同岗位的员工进行培训时,培训内容要有所区分,同时还要结合员工的职业规划进行培训内容的选择。[③] E.Scully-Russ 等指出,培训要有针对性,对于不同的人群培训内容理应有所不同。例如,管理层和基础层员工的培训内容是不同的,前者应以提高其管理能力为目的,而对后者的培训则多以技术培训为主。同时,对不同人群的培训方法也应不尽相同,企业要做到因材施教,以确保培训的效果。[④]

郑耀洲通过研究认为,为了解决新生代农民工培训投资力度不足的问题,民营中小企业也可更多地争取政府的支持,吸纳政府的各项扶持资金,积极开拓更多的资金来源渠道;同时,政府可划拨专项新生代农民工培训资金,为新生代农民工提供免费或廉价的培训。[⑤] 王世官、黄莉花等认为,在企业对新生代农民工的培训上,不应只选择一些岗位和职业技能,而其他的一些职业安全知识也非常重要。因此各企业也应积极响应各相关政府部门要求,做好安全培训工作,以全面提高农民工安全素质和安全生产技能,减少安全生产事故发生。[⑥] 和震、李晨认为,拓展企业培训的资金来源,在保障企业按照职业教育

① 杨芳:《探究新生代员工人力资源管理的问题及对策》,《商场现代化》2016 年第 20 期。

② Michael Waldman, "Ex-ante Versus Ex-post Optimal Promotion Rules:The Case of Internal Promotion", *Economic Inquiry*, 2003, 41(01), pp.27–41.

③ FAC Hurt, "Training the Millennial Generation:Implications for Organizational Climate", *Journal of Organizational Learning & Leadership*, 2014, 3(02), pp. 169–187.

④ E.Scully-Russ, M Cseh, S Williams, S Turnbull, "Developing the Next Generation of Globally Responsible Leaders:Generation Y Perspectives and the Implications for Green HRD", *Advances in Developing Human Resources*, 2015, 17(04), pp. 504–521.

⑤ 郑耀洲:《基于异质性特征的新生代农民工培训研究》,《经济管理》2011 年第 2 期。

⑥ 王世官、黄莉花等:《上海新生代农民工培训的特点与规律研究》,《农民科技培训》2012 年第 12 期。

法规规定足额提取职工工资的 1.5%—2.5%用于新生代农民工员工培训之外,探索将失业保险金等多渠道资金用于其培训的可行性,在企业层面进行整合使用。① 徐卫研究认为,作为技能培训直接受益者的民营中小企业首先要进行思想上的转变,正确认识到培训的重要性,然后要结合自身企业的特点(文化背景、战略目标等)选择合适的培训内容,要加强对员工尤其是技术工人的培训,以增强员工的技能素质和修养,更好地服务于企业。② 李觉认为,对于员工的培训要注重培训的考核,要建立健全考核评价机制,并及时反馈效果,同时要对培训内容进行及时更新。他指出,民营中小企业需要建立培训考核评价机制,包括对领导的考核,对培训职能部门的考核,以及对各有关部门、分公司的考核,对员工的考核等。③ 石宏伟、尹昕认为,首先各企业要针对新生代农民工的心理特点,采取一定的措施激发其参加培训的热情,例如可以使其工资待遇与技能水平挂钩。同时在培训时要配备齐全的培训设施并提供优良的培训师资,以确保良好的培训效果。④ 王琳玮研究认为,现阶段民营中小企业应营造一种浓厚而强烈的学习氛围,使员工认识到培训的重要性,要在培训活动中激发员工的学习热情;同时还可以定期举办技术比赛,通过竞争的方式调动员工培训的积极性。⑤ 张洪迎认为,良好的培训管理要以选取优秀教师为前提,他提出可以通过与高校教师资源共享的方式,充分利用教师资源,选用优秀教师为员工培训;同时指出,不能单纯地进行理论培训,要切实结合实际,在实践中提升员工的素质和技能,要选取灵活的授课时间,以确保培训时间的连续性。⑥ 林旖旎提出,要加强职业技能培训宣传,强化新生代农民工的职业发展意识,完善新生代农民工职业技能培训体系,强化对新生代农民工

――――――――

　　① 和震、李晨:《破解新生代农民工高培训意愿与低培训率的困局——从人力资本特征与企业培训角度分析》,《教育研究》2013 年第 2 期。

　　② 徐卫:《新生代农民工职业培训研究》,2014 年武汉大学博士论文。

　　③ 李觉:《"90 后"农民工培训内容需求分析》,《科技经济市场》2014 年第 10 期。

　　④ 石宏伟,尹昕:《新生代农民工的教育培训问题探析》,《改革与开放》2015 年第 1 期。

　　⑤ 王琳玮:《新生代农民工职业培训质量提升的困境与突围》,《经济研究导刊》2016 年第 24 期。

　　⑥ 张洪迎:《沈阳市新生代农民工培训问题浅析》,《人力资源管理》2016 年第 3 期。

职业技能培训的支持力度。① 张元昭提出,成人高等院校应积极探索有效的新生代农民工培训管理模式,如:分析职业培训策略,规划未来发展蓝图;提供有效的制度保障和激励机制;健全新生代农民工培训多元化投入机制等。②

3. 薪酬管理对策的研究

Fang Lee Cooke 认为,工作和生活环境差是"Y 一代"群体离职的重要原因之一,所以企业应从工作、生活和娱乐等各个方面建立完善的企业各项薪酬福利政策以吸引"Y 一代"员工。③ J.Ferri-Reed 指出,企业在建立现代企业薪资体系时不仅要符合企业内部战略需求,同时要符合市场需求与员工的个性特征,并针对"千禧一代"员工的差异化需求,重视设计全面化与多元化的薪酬管理体系。④ K.Piwowarsule 提出,在进行"Y 一代"员工薪酬管理时要遵循公平性、保障性、效率性、灵活性、参与性、个人与团队激励相结合和合法性的原则,在全面实施薪酬管理时要注意做好前期准备和过程控制工作。⑤

刘继红等指出,新生代农民工十分在意薪酬待遇,企业可以通过设立激励性的薪酬机制,调动其工作的积极性,同时,要注意保证工资分配的公平性,避免员工产生不公平感,降低其工作热情。⑥ 何亦名等提出,新生代农民工择业的重要标准是薪酬与福利待遇水平。他通过对珠三角企业的分析,认为企业需要建立合理的薪酬机制,同时还要保证绩效考核的公平,以提升员工工作的积极性,进一步增强新生代农民工的满意度与幸福感。⑦ 李国富认为,为了激发和提高新生代员工的责任心,应采取柔性的薪酬机制——绩效薪酬,企业应

---

① 林旖旎:《新生代农民工职业技能培训参与意愿影响因素研究》,2017 年广东财经大学硕士论文。

② 张元昭:《宁波市成人高等院校参与新生代农民工培训研究》,2017 年宁波大学硕士论文。

③ Fang Lee Cooke, "The Changing Dynamics of Employment Relations in China:An Evaluation of the rising level of Labor Disputes", *Journal of Industrial Relations*, 2008(03), pp. 123–154.

④ J.Ferri-Reed, "Motivate your millennial employees", *Supervision*, 2010, pp. 169–187.

⑤ K.Piwowarsulej, "Factors Inmotivating Generation Y Employees-Polish Realities", *Economy & Business Journal*, 2014, 8(01) pp. 3–10.

⑥ 刘继红、李敏:《心理契约履行与情绪耗竭的关系研究》,《广东商学院学报》2011 年第5 期。

⑦ 何亦名、王翠先、黄秋萍:《珠三角新生代农民工就业趋势与就业质量调查分析》,《青年探索》2012 年第1 期。

使员工的工资水平与工作绩效挂钩,同时应注重保证绩效考核的公平性,这便可以激发员工的工作积极性,产生较高的工作绩效。① 张可认为,企业可以通过提升薪酬的竞争力来吸引新生代员工。通过提高工资水平来提升企业薪酬的外部竞争力,通过建立合理的薪酬机制和公平的绩效评价机制,提高企业薪酬的内部竞争力。② 闫新燕提出,建立健全绩效考评和薪酬激励制度,应遵循公平、公开、公正、透明的原则,避免高层管理人员的介入或暗箱操作,对各个区域、岗位的责任权利特点进行职位分析,从而构建因地制宜、科学的绩效考核的薪酬激励制度,以激励新生代员工的工作积极性。③ 余高雅提出,组织在薪酬、培训、福利待遇上既要严格坚守规范性,又要注重公平性和竞争性。规范性要求岗位细分以及评判标准的确定,公平性要求绩效考核要兼顾员工的工作业绩和工作态度,竞争性要求本企业员工的薪酬收入要不低于同行业员工的平均收入水平。④ 韩琳认为,企业要注重了解市场薪酬水平,低于市场的工资水平会导致员工的大量流失。但过高薪资支出又会影响企业的利润,因此,企业应结合自身实际,制定合理的薪酬标准,建立完善的薪酬体系。⑤ 陈丽贞通过分析"90 后"新生代员工的特点指出,较高的薪资水平对他们有着极大的吸引力。因此,企业可以通过提高工资待遇的方式,吸引和留住优秀的新生代员工,同时,还要注重薪酬分配和工资绩效的公平性,以激发其工作积极性。⑥ 盖万军提出,企业要从人本管理理念和新生代农民工的特点出发,对其福利体系进行设计,要加强商业保险、爱心互助基金、多样化的津贴与实物等福利项目的设计和实施,以实现共创企业与员工的双赢。⑦ 金深帆等人提出,

---

① 李国富:《新生代员工差别化人力资源管理策略研究》,《安徽科技学院学报》2012 年第 1 期。

② 张可:《企业与新生代员工心理契约之构建》,《学术交流》2013 年第 5 期。

③ 闫新燕:《新生代员工法律意识觉醒对企业管理的启示》,《经营与管理》2014 年第 12 期。

④ 余高雅:《新生代员工心理契约与离职倾向关系的实证研究》,《江西社会科学》2015 年第 8 期。

⑤ 韩琳:《浅谈新生代农民工的薪酬激励问题》,《经营管理者》2016 年第 35 期。

⑥ 陈丽贞:《90 后新生代员工管理激励探析》,《现代营销(下旬刊)》2017 年第 3 期。

⑦ 盖万军:《浅析新生代农民工的职业福利设计——基于人本管理视角》,《时代金融》2018 年第 5 期。

企业应建立合理的正确的工资福利体系,以增强企业对新生代农民工的吸引力。[①]

4.管理环境管理对策的研究

Yamamura James W.指出,企业领导应该以合作者的态度尊重和理解新一代员工的价值观以及对工作环境的偏好,并以此为依据对领导与成员的关系进行改善,从而降低新一代员工的流动率。[②] Sue Shaw 指出,"Y 一代"员工的受教育水平要高于老一代,因此两者的需求也有很大不同。在对"Y 一代"员工的管理上,不能仅停留在以前的管理方法,要懂得创新,要结合其心理特点和内心需求创造针对性的管理方法;同时还要丰富其工作的内容,并增加其工作的挑战性。[③]

李燕萍、杨婷等在构建包容性领导模型时指出包容性领导如何处理与新生代员工的关系:一是引入平衡式授权,平衡自身和新生代员工对权威不同程度的需求;二是加强走动式管理,与新生代员工零距离接触,满足他们的沟通和情感交流的需要;三是推进渐进式创新,兼顾富有创造力的新生代员工和企业组织结构的稳定。[④] 吴超指出,对新生代员工应以关系管理为重点,加强管理的个性化,从而实现员工的个人价值;创建和谐的工作关系,实现有效的领导;构建合适的薪酬制度;建立与员工价值观共鸣的企业文化。[⑤] 谭诗亭指出,企业领导要想留住人才,提高管理水平和企业竞争力,可以从以下几个方面来改善对新生代员工的管理:一是要尊重新生代员工的个性特征和工作特征;二是要对新生代员工树立温馨关怀的领导风格;三是要对新生代员工实行

[①] 金深帆、吴泳涛、程铭达:《新生代农民工工资差异程度的实证分析——基于成都市的调研数据》,《农村经济与科技》2018 年第 1 期。

[②] Yamamura James W, "Generational Preferences for Work Environment Fit: Effects on Employee Outcomes", *Career Development International*, 2007, 12(02), pp. 150–161.

[③] Sue Shaw, "Engaging a New Generation of Graduates", *Edueation & Training*, 2008, 50(05), pp. 366–378.

[④] 李燕萍、杨婷等:《包容性领导的构建与实施——基于新生代员工管理视角》,《中国人力资源开发》2012 年第 3 期。

[⑤] 吴超:《真诚型领导对新生代员工工作绩效的作用机制研究》,2013 年华南理工大学硕士论文。

个性化激励,提高其自我效能感。① 谢玉华,陈佳指出,要从以下三方面做好管理环境:一是要适应新生代员工的喜好,改权威家长式领导为教练式领导;二是要重视上级和下属之间的沟通;三是要根据新生代员工对上级授权的倾向性,在合适的情境下进行适当授权。② 张琪琛,李冰以心理契约为研究视角,指出做好新生代农民工管理环境的策略有:建立合理的薪酬制度、进行人性化管理、构建和谐的企业人际关系和改变现有的激励方式。③ 蒲晓芳指出,要重视新生代知识型员工的管理,一是满足员工的成就需要,明确公司未来发展目标与员工职业生涯规划;二是要强化精神激励,了解与满足员工的知识和技能学习需求;三是重视双向激励机制,领导者要采取不同类型的激励措施,员工积极工作也会激起领导的学习动机和创新意识。④ 王堰琦认为,领导应正视新生代员工之间冲突的影响,并正确处理和化解危机;领导也要转变其领导风格,对管理方面的技能进行不断的充实和突破;同时,领导也可以寻求改变授权方式,给予新生代员工充分的信任。⑤ 李镇江指出,可以从以下几个方面处理领导和新生代员工的关系:一是管理者要采用合适的领导风格;二是要引导新生代员工的成长和性格培养;三是建立高质量的领导成员交换关系;四是建立更易于新生代员工接受的建言体系。⑥ 钱士茹、赵斌斌在研究真实性领导对工作绩效的影响关系中提出:一要加强真实性领导的培养;二要构建完善的交流机制和平台,使新生代员工的诉求能够得到快捷有效的表达;三要对新生代员工给予足够的关心,以增强新生代员工的组织认同感。⑦ 杨景鹏认

---

① 谭诗亭:《领导风格对新生代员工工作嵌入的影响研究》,2014 年湖南师范大学硕士论文。

② 谢玉华、陈佳:《新生代员工参与需求对领导风格偏好的影响》,《管理学报》2014 年第9 期。

③ 张琪琛、李冰:《心理契约视角下新生代农民工员工关系的构建》,《中外企业家》,2015年第 7 期。

④ 蒲晓芳:《变革型领导对新生代知识型员工创新行为的影响研究》,2015 年山东大学硕士论文。

⑤ 王堰琦:《领导风格对新生代员工冲突的影响研究》,2015 年东北师范大学硕士论文。

⑥ 李镇江:《家长式领导对新生代员工建言行为的影响:领导成员交换与中庸思维的作用》,2016 年华南理工大学硕士论文。

⑦ 钱士茹、赵斌斌:《真实型领导与新生代员工工作绩效的关系研究》,《青年探索》2016 年第 3 期。

为,领导者应该给予新生代农民工明确而清晰的指导,明确告知员工应该做什么、怎么做,以帮助新生代农民工迅速成长。当员工有意愿但缺乏相应的技能时,领导者应该为员工提供指导和帮助,通过关心下属使其快速成长。[①]

5. 企业文化管理对策的研究

Eversole,B.A.W.研究发现,"Y一代"员工的价值观和工作方式与老员工截然不同,企业需要对中层管理人员进行激励和培训,建立良好的企业文化来促使"Y一代"员工继续留职并为组织发展尽职尽责。[②] Marian J.等通过建立模型,评估工作效率、企业文化及员工行为之间的关系,指出企业应打造出"以德为先"的用人理念、"以人为本"的管理制度和积极向上的工作氛围等良好内部文化以吸引、激励和保留"千禧一代"员工,此外,企业的知名度和美誉能够建立公益、能够增强"千禧一代"员工的忠诚度。[③] Y Xie 等指出,企业要注重企业文化的建设。首先要注重塑造团队凝聚力,要建立团结和谐的氛围;其次要注重企业内部的民主性,建立民主的沟通模式,打造和谐的上下级关系;同时,要注重员工的参与性激励,塑造员工勇于为公司奉献的企业文化。[④]

徐建平认为,应将企业文化融入到新生代农民工的培训体系中,特别是将员工的团结合作、积极进取、公平竞争等优秀的组织文化纳入其中,这在很大的程度上能够激发新生代农民工的进取欲望,净化人格品质。[⑤] 陈莹莹采用实证分析的方法研究了企业文化对新生代员工工作满意度的影响关系,指出企业在对企业文化进行调整时,要多尊重员工的意见,要考虑到不同个体之间的差异,做出合理适当的调整,创建优良的企业文化。[⑥] 李召旭认为,加强企

[①] 杨景鹏:《新生代农民工就业能力提升路径——基于情境领导模型》,《当代经济》2017年第19期。

[②] Eversole,B.A.W,"Creating a Flexible Organizational Culture to Attract and Retan Talented Workers Across Generations",*Advances in Developing Human Resources*,2012,14(04),pp.607-625.

[③] Marian J,"Mitigating Multigenerational Conflict and Attracting,Motivating,and Retaining Millennial Employees by Changing the Organizational Culture:A Theoretical Model",*Charon Journal of Psychological Issues in Organizational Culture*,2013,pp.45-156.

[④] Y Xie,J Chen,P Chen,"Influence of Organization Cultural Internal Integration Perception on New Generation Employees' Job Satisfactio",*Journal of Hunan University*,2014(02),pp.152-157.

[⑤] 徐建平:《融入企业文化培养高素质人才》,《中国高等教育》2008年第20期。

[⑥] 陈莹莹:《企业文化对新生代员工工作满意度影响研究》,2013年湖北大学硕士论文。

业文化教育的课程实施可以有效培养新生代农民工的文化素养。企业可以通过企业文化课、学科渗透、文化案例教育以及文化讲座等多种途径向新生代农民工介绍企业文化的理论知识,使其真正领悟到企业文化的真正内涵。① 俞烨认为优秀的企业文化是改善劳资关系、提升新生代农民工城市化进程的有效手段。这就需要制定全面具体的文化建设方案,方案要全面听取企业各方的建议和意见,并经组织内部专家探讨和审议,以保障企业文化的有效实施。② 俞建勋认为,良好的企业文化可以帮助新生代农民工更好地处理现实与理想之间的关系,通过聘请研究农民工的社会学家、心理学家,以上课和座谈相结合的方式帮助他们开阔视野,拓展知识面,有计划地开展主题企业教育活动,将企业的核心价值观渗透在他们身上。③ 尤秀渊等指出,企业文化的建设不能忽视新员工,他们刚刚入职更需要企业文化的熏陶,应以新入职的员工为重点对象,使其在进入企业的那一刻起,就成为企业文化载体的组成部分。具体通过案例学习、拓展训练、做游戏等培训方法增强其自愿遵从和维护企业制度、文化的感悟。④ 杨红娟等通过对新生代员工职场特征和日本企业文化深入的剖析,认为加强企业文化建设,要在继承中国传统文化的基础上,积极发挥集体智慧,推广团队理念,发挥集体优势,采用个性化的领导方式,同时汲取他人之所长,营造平和互助创新的企业文化氛围。⑤ 傅红等探讨了企业文化变革与新生代员工工作压力间的相关关系,认为企业物质文化应蕴含文化性,应在企业的工作环境和企业标识中多做文章,使之便于推广应用,进而达到推行新文化的目的。⑥ 沈宇飞指出,企业文化是企业核心决策的精髓,对新

① 李召旭:《企业文化融入职业院校新生代农民工培训的思考与实践》,《广东农工商职业技术学院学报》2013 年第 2 期。

② 俞烨:《企业文化与新生代农民工城市化问题研究——以福建省福州市为例》,《中共济南市委党校学报》2013 年第 6 期。

③ 俞建勋:《关爱新生代农民工 培育特色企业文化》,《中国水文化》2014 年第 3 期。

④ 尤秀渊、周靖:《基于企业文化的新员工入职培训计划的制定与实施——以常州恐龙园股份有限公司的实践与反思为例》,《企业改革与管理》2014 年第 22 期。

⑤ 杨红娟、胡静:《日本企业文化对新生代员工忠诚度管理的启示》,《中国商贸》2014 年第 22 期。

⑥ 傅红、周贺、段万春、刘梦琼:《企业文化变革对新生代员工工作压力影响的实证研究》,《昆明理工大学学报(自然科学版)》2015 年第 6 期。

入职员工的意义重大。要将企业文化的培训内容从突出企业历史侧重点平衡到新员工的个人职业生涯发展上来,将培训教材从单一的员工手册节选转变为企业文化彩页、多媒体播放等形式。① 李旭峰等以问卷和访谈的形式调查了新生代农民工的业余文化生活状况,指出企业应通过精神文化硬件建设,诸如员工文化生活馆、员工篮球场、图书馆等设施的建设,促进新生代农民工的身心健康发展。② 易婷认为,加强企业文化建设,需要帮助新生代农民工树立正确人生价值观和营造富有亲和力的企业文化环境,从而使新生代农民工对企业产生归属感和认同感。③

6. 职业生涯规划管理对策的研究

Adrienne Barnett 对就业于科学中心的"千禧一代"员工的职业发展进行了系统的调查研究,指出科学中心应为其确定具体职业发展目标、提供提升技能的长远计划,使其明确自己处于什么阶段应该做什么事。④ A Mathew 通过对印度 IT 行业的"千禧一代"员工职业生涯期望和组织承诺关系的研究,得出领导对"千禧一代"员工适度放权赋权,为其规划人才发展和提升人才质量的战略人力资源实践可以满足其职业发展期望,从而提高其参与度、组织承诺以及对公司的信任。⑤

张娴在全国首届职业生涯规划调查中发现,多数新生代农民工更加关注个人未来职业发展的前景。对此,民营中小企业可通过区分员工工作阶段来稳定就业,职业初期需根据员工兴趣、特长予以安排工作,职业中期为员工提供与其岗位付出对等的薪酬,职业后期为员工创造实现自我价值的平台和机

① 沈宇飞:《浅谈新形势下企业文化在新员工入职培训中的应用》,《科学大众(科学教育)》2016 年第 7 期。

② 李旭峰、张娟:《新生代农民工的文化生活现状调查及对策研究——以黄河三角洲地区为例》,《内蒙古科技与经济》2016 年第 18 期。

③ 易婷:《企业管理关于新生代农民工的挑战和对策研究》,《西部皮革》2017 年第 2 期。

④ Adrienne Barnett, *Catch Them If You Can*, *Building Career Pathways for Millennials in Science Centers/Museums*, John F.Kennedy University, 2011, pp. 78-112.

⑤ A Mathew, "Career Expectations and Organizational commitment of Millennials in Indian IT industry-An SHRM perspective", *International Journal of Business & Management*, 2016, (04), pp. 207-225.

会。① 刘记红发现家族式的管理模式往往会阻断员工的职业晋升通道,尤其对于个性强、职业期望较高和城市融入感强的新生代农民工更是沉重的打击。因此,民营中小企业应加强企业管理模式的改革力度,并对员工实行多重职业发展通道,具体分为:管理类、技术类、销售类、生产类和服务类等发展通道。② 张雨,郭正模指出,新生代农民工普遍缺乏对职业生涯规划的了解,因此,民营中小企业应加强新生代农民工对职业生涯规划的认知,具体可结合农民工身边的成功案例让新生代农民工重视职业规划对自身的作用,并通过扩大宣传来强化职业生涯规划的意识,从而逐渐形成自身职业发展的蓝图。③ 孙航发现,多数民营中小企业在为新生代农民工制定职业生涯规划时,更多是以企业需求为中心,很少考虑新生代农民工的就业需求和性格特征。对此,为稳定新生代农民工就业,民营中小企业应结合新生代农民工实现自我价值的需求,适当给新生代员工提供能力范围以上的工作岗位以及自我表现的平台。④ 鲁银梭,李文川指出,民营中小企业为新生代农民工设计的职业规划应以拓宽职业发展通道作为吸引和稳定新生代农民工的切入点,除设立职务发展通道外,还应设立能力阶梯晋升通道,如初级工、中级工、高级工或初中高技师等,并给予相应的工资等级,从而体现出民营中小企业对知识型员工的重视。⑤ 窦德强,薛磊在研究民营中小企业如何为新生代农民工制定出针对性强、满意度高的职业生涯规划中,构建出确立企业发展战略、测评员工兴趣特长、设计员工职业发展通道和推行在岗培训的职业生涯规划体系,同时强调管理者的观念是决定该体系成效的关键,认为应将提高管理者的支持度作为首要任务。⑥ 李松指出,详细的职业生涯规划方案是决定新生代农民工教育培训质量的重要

① 张娴:《哪条道路通罗马——全国首届职业生涯规划调查》,《职业》2006 年第 6 期。
② 刘记红:《中小企业员工职业生涯规划的设计》,《人才资源开发》2008 年第 4 期。
③ 张雨、郭正模:《第二代农民工职业生涯规划问题探讨》,《决策咨询通讯》2010 年第 5 期。
④ 孙航:《新生代向中小企业这样走来》,《人力资源》2012 年第 8 期。
⑤ 鲁银梭、李文川:《职业发展视角的新生代农民工心理资本开发》,《职教论坛》2013 年第 18 期。
⑥ 窦德强、薛磊:《兰州市中小企业新生代农民工管理策略研究》,《全国商情(理论研究)》2014 年第 9 期。

影响因素之一。因此,民营中小企业需建立"新生代农民工的职业生涯指导中心",从而辅助他们明白"自己是什么样的人?""适合什么工作和职业发展途径是什么?"等问题,帮助他们树立自身的职业愿景。① 闫爱敏认为,应拓展民营中小企业新生代员工职业生涯规划的培训形式,注重培训的多样化和个性化,如进行交际能力的培训、自我减压的培训、防骚扰培训和理财培训等,从而避免员工对培训产生"培训就是生产技能培训"的传统思维模式,这将有助于满足他们崇尚个性和多样化的培训需求。② 黄睿认为,民营中小企业应对不同工龄的新生代农民工实行阶段性的职业生涯规划,如新进员工,要利用绩效评价法、个人资料法和心理测试法等方法来测评员工职业偏好,并结合岗位轮换和技能培训予以辅助,而对想走管理类发展通道的新生代农民工而言,应加强对其计划能力、组织能力、协调能力和交际能力等方面的培养。③ 王荣指出,民营中小企业为新生代农民工制定职业生涯规划要实行梯队分类,如重点培养人才列为第一梯队,业务拓展人员列为第二梯队,具有较好潜质而需进一步培养的列为第三梯队,并分别为其提供针对性较强的技能培训、岗位轮换和职业信息④。刘欣等发现,多数民营中小企业存在员工职业生涯规划执行效果不佳的现象。因而,民营中小企业在实行职业生涯规划时,要动态地向新生代员工提供企业战略发展所需人才、职位变动的信息,并根据新生代农民工的发展变化与时俱进地更新新生代农民工的职业生涯规划。⑤ 王培华认为,由于新生代农民工职业生涯规划知识缺乏且风险承受能力较小,因此在对其职业生涯规划进行管理时应强化其职业生涯规划意识,解决其职业生涯规划中

---

① 李松:《新生代农民工教育培训策略》,《中国成人教育》2014 年第 23 期。

② 闫爱敏:《中小企业新员工职业生涯管理策略研究》,《中小企业管理与科技(上旬刊)》2015 年第 2 期。

③ 黄睿:《员工职业生涯规划对构建中小企业培训体系的影响》,《中国管理信息化》2015 年第 10 期。

④ 王荣:《新生代农民工市民化下中小企业人力资源成本管理研究》,《会计之友》2016 年第 12 期。

⑤ 刘欣、吴文艳、许晓娟、吴小玉:《浅析中小型企业"90 后"员工高离职率的原因及对策》,《企业导报》2016 年第 1 期。

的问题,并加大教育和培训力度,提高其职业生涯规划的主动能力。[①] 李健认为,新生代农民工应树立正确的职业发展认知,强化职业规划意识,做好职业发展规划。通过职业生涯规划,有计划地提升自身的知识和劳动技能,从而逐步实现新生代农民工人生的短期目标和长期目标。[②] 黄建荣,李国梁认为,要提高新生代农民工的职业规划能力,就需要企业增强新生代农民工的职业规划意识,使他们认识到职业生涯规划的重要性。[③]

(四)文献评述

国内外研究者从"新生代农民工就业偏好"、"企业用工管理影响因素"和"企业新生代农民工用工管理对策"等视角进行了深入的研究,研究成果颇丰。但是,在目前的研究中还存在着以下不足:

1. 关于"新生代农民工"的研究。由于国外鲜有"农民工"这个概念,因此,对于"农民工"及"中国新生代农民工"的相关研究十分稀少,有限的研究也大多限于研究"Y 一代"人群,国外"Y 一代"人群与中国新生代农民工有部分相似的特点,但是由于国外"Y 一代"缺乏"农民工"的色彩,因此,国外对"Y 一代"的研究成果虽然比较丰富,但用来借鉴研究中国新生代农民工问题还略显不足。

2. 关于"新生代农民工就业偏好"的研究。国外关于"新生代农民工就业偏好"的研究依然十分稀缺,而国内研究中对于新生代农民工就业偏好的研究大多也集中在关于就业区域偏好、薪酬福利方面偏好和管理环境偏好的研究中,而对于就业行业偏好、培训需求偏好、企业文化偏好、职业生涯规划偏好及工作环境偏好等领域的研究还比较少,研究的内容也不够深入。而在课题组的调研过程中,新生代农民工在上述方面的就业偏好又在日益增强,所以本书需要加强对新生代农民工多层次就业偏好问题进行深入研究。

---

①　王培华:《供给侧结构性改革背景下新生代农民工职业规划问题研究》,《武汉商学院学报》2016年第6期。

②　李健:《制造领域新生代农民工职业发展研究——以秦皇岛地区两企业为例》,2017 年河北科技师范学院硕士论文。

③　黄建荣、李国梁:《新生代农民工职业发展的自我干预策略:困境与能力培育》,《学术论坛》2017年第5期。

3. 关于"企业用工管理影响因素"的研究。目前国内外相关研究比较丰富,但归纳起来,相关的研究大多也都集中在"企业"用工管理影响因素的层面上,而对于"民营中小企业"用工管理影响因素的研究还比较少。同时,研究"企业新生代农民工用工管理影响因素"的文献更加稀缺。由此可见,以往和当前的研究大多集中在了"企业用工影响因素"的研究中,研究范围过宽,研究的人群还不够细化。但是"民营中小企业"又有着与国有企业、大型企业和外资企业迥然不同的特点,"新生代农民工"的用工管理又与"员工"的用工管理不同。所以,在本书的研究中需要对"民营中小企业新生代农民工用工管理"展开深入的研究。

4. 关于"企业新生代农民工用工管理对策"的研究。关于这方面的研究国外研究依然较少,而国内的研究中却十分丰富,研究层次和研究水平也较高。但是,以往及当前的研究也大多还局限在"企业新生代农民工用工管理"的层面上,而对于"民营中小企业新生代农民工用工管理"方面的研究,一方面研究得比较少,另一方面研究的深度还不够,尤其是对于民营中小企业新生代农民工培训管理、薪酬管理、企业文化管理和职业生涯规划管理的研究更为薄弱;在对策设计研究方面还存在着研究成果的实用性和操作性不强的问题。因此,本书需要在"民营中小企业"层面加强对新生代农民工用工管理的研究,同时拓展新生代农民工用工研究领域,在培训管理、薪酬管理、企业文化管理和职业生涯规划管理等层面进行深入的研究。

由此可见,目前国内外在关于"新生代农民工就业偏好"、"企业用工管理影响因素"和"企业新生代农民工用工对策"的研究都达到了一定的水准,研究成果也比较丰富,但是在"民营中小企业新生代农民工用工管理"视角上去细化研究的还比较少,研究成果也略显不足,因此,关于此方面的研究还有进一步探讨和挖掘的空间。

第一章　新生代农民工的群体分类和特征分析

本章将对新生代农民工的群体分类、个人特征和职业特征进行归纳和分析,以进一步甄别新生代农民工与老一代农民工的不同特征。由于新生代农民工鲜明的工作特征深刻影响着他们的就业选择偏好,在工作诉求方面也与老一代农民工有着迥然的差异,这就要求民营中小企业必须转变其传统用工管理思路,以更好地管理好新生代农民工。

第一节　新生代农民工的群体分类

一、按照年龄段分类:"80后"和"90后"

"80后"是出生在1980—1989年之间的新生代农民工,这个时期正处于我国全面实施计划生育时期,城市家庭中基本是独生子女家庭,农村家庭也多是少子女家庭,而且独生子女家庭也占了一定比例。他们从小到大大多都备受家庭关爱。与老一代农民工相比,他们的自我意识更加强烈,这也使得他们在工作中往往不循规蹈矩,对于新鲜事物喜欢尝试新做法和发表自己的不同见解,喜欢追求自我,讲究公平竞争,并通过努力展示自身的能力来获得领导的认可和肯定。此外,与"90后"相比,他们在面对困难和挫折时,更多地会选择与人交流,拥有比较强的团队合作意识和能力。

"90后"是出生在1990—1999年之间的新生代农民工,独生子女比例相对于"80后"而言更高,他们更加受家庭关爱,较少吃苦,这使得他们大多进入社会后面对困难和挫折的抗压能力较差。但他们会更加容易接触和接受新鲜事物,更加追求工作的愉悦性和生活环境的舒适性。此外,与"80后"相比,"90后"在工作中以自我为中心的意识往往较强,一般缺乏团队协作意识。

二、按照掌握技术水平分类:基础型和技术型

基础型新生代农民工是指基本没参加过专业技能培训机构培训或很少经过实践技能训练的人群。他们的整体文化水平较低,主要集中在小学或初中文化水平以下。由于专业技能知识较缺乏,使得他们主要从事劳动密集型和技术含量较低的职业(如:建筑业、采掘业以及一些服务业等),他们就业的选择面较窄,往往从事生产第一线岗位,劳动强度较大,在企业的职业晋升空间和机会较小。

技术型新生代农民工是指经过专业技能机构的培训、接受过职业技术学校的教育或经过实践技能训练的人群。他们主要是高中及职高毕业,文化水平相对较高,由于专业技能水平较高,他们往往会受到诸多企业的欢迎,主要从事工作技能要求较高的职业和工种,其中部分技术型的新生代农民工能够积极主动地学习和参加培训,并将所学技能运用到工作中,工作中创造性较强。因而,其职业晋升空间和机会相对较多。

三、按照家庭富裕程度分类:贫困型和富裕型

贫困型新生代农民工大都家庭出身比较贫苦,主要集中在我国中西部地区。由于家庭贫困,家庭收入只能满足基本的日常生活甚至难以维持正常的日常开支,因此,他们受教育水平也相对较低;在选择工作时一般不会过分挑剔,收入高的工作是他们的首选,并且不会太在意工作环境和工作强度;由于家庭原因,他们在实际生活中大都比较节俭;省下来的的钱主要用于老家建房、结婚、子女上学、给父母看病等。

富裕型新生代农民工大都出自于经济比较富裕的家庭,他们主要分布在我国东部地区。由于家庭收入较高,他们的整体生活质量较高,受教育水平也较高;他们一般会偏好选择相对轻松的工作,对劳动环境、管理环境也有相当的要求,追求工作中的愉悦性;由于从小的生活环境较优越,家庭本身也并不需要他们打工挣钱来支持,甚至家里还要每月给他们补贴,因此,他们在生活中的消费观念比较开放,购买力较强,收入基本上都用在自己消费或者交友上了。

四、按照工作态度分类:踏实型和随意型

踏实型新生代农民工对待工作和生活的态度大多都比较踏实、稳重。在工作中,他们会任劳任怨,踏踏实实完成自己的任务。工作中比较"听话",领导布置的任务一般会按部就班地完成,对于加班的怨言较少;与工友之间的关系也比较融洽,他们是领导眼中的"好孩子",经常会受到领导赏识。

随意型新生代农民工在工作和生活中表现出来的行为举止往往会使人感觉不严谨和不稳重。在工作中,对工作岗位比较挑剔,经常会抱怨各种"不公";对工作的认真态度较低,经常不遵守岗位纪律和规定,同时也不太注重领导对自己的看法,对工作敬业度和企业归属感均较低,因此他们会经常跳槽;他们是领导眼中的"刺儿头",管理起来难度较大。

第二节　新生代农民工的特征分析

一、个人特征

(一)文化程度相对较高

2009 年,在外出务工的农民工中,初中文化程度、高中文化程度、中专及以上文化程度占分别占比 64.8%、13.1% 和 10.4%;而 2016 年,外出务工的农民工中,初中文化程度和高中文化程度分别占比 59.4% 和 17%。初中文化程度的比重降低了 5.4%,而高中文化程度提高了 3.9%[①]。这其中很大程度上是因为新生代农民工受教育年限提升了,使农民工整体的学历水平相应得到提高。因此,他们具有一定文化知识,更容易接受新事物,工作能力也有所提高。

(二)维权意识较强

当前,人们的生活越来越富足,新生代农民工不再仅仅追求物质的满足,不再只关注工资水平的高低,也更加注重自我的发展和更高质量的精神生活,有着更强的维权意识。对于老一代农民工,他们长期依附土地,只要进城务工

---

①　国家统计局:《2016 年农民工监测报告》。

的收益比在家务农的收益高,他们就很满足了,加之他们普遍文化程度较低,因此在面对社会和工作中的不公平待遇和歧视时,他们往往会选择委曲求全;而新生代农民工不同,他们普遍在文化程度、职业期望、自身素质和眼光视野上均比老一代农民工较高,而且随着普法教育的不断深入,使得新生代农民工具有更强的平等意识和维权意识,在面对企业的不公平待遇时,不少会选择法律等手段来维护自己的合法权益。

(三)对薪酬福利的期望值较高

相比老一代农民工,新生代农民工的经济条件和生活条件都较好,务农技能和经验较少,很少经历过挫折和困难。由于他们的文化水平也普遍较高,这使得他们对于未来薪酬福利的期望值较高,他们不希望像老一代农民工一样因文化水平较低而迫不得已地从事"脏、苦、累、差"的工作。他们进城务工也与老一代农民工有着截然不同的目的,老一代农民工进城务工主要是养家糊口,最终他们中的大部分会选择再次回到家乡,而很多新生代农民工进城务工不仅是为了改变当前的生活状况,更多的是为了融入到城市中,与城市居民享有同等的权利和尊重。

(四)消费观念较开放

新生代农民工大多从学校毕业就直接进城打工或从小跟随进城务工的父母来到城市生活,由于受城市生活影响,他们的眼界更开放,更容易接受新事物。新生代农民工的现代消费观念也逐渐形成,他们不像老一代农民工一样,花销仅仅用于满足基本衣食住行即可。他们需要购买手机、电脑、电器、品牌衣物,去网吧、去饭店聚餐、看电影、去 KTV 也是必需的,并向往尽快购买汽车和在城里买房子。可见,城市消费观念和方式已经深深地融入了新生代农民工的日常生活。

(五)城市融入感强烈

新生代农民工出生在改革开放后,尽管新生代农民工大多出生在农村,但多数新生代农民工都没有太多的农村生活经历,普遍缺乏农业生产技能和经验,乡土情结较淡薄,其在教育和成长过程中,更多地接触和了解了城市的生活和消费方式。同时,由于进城打工的收入远远高于在农村的收入,因此,他们更愿意在城市生活和发展,更加向往城市中的生活,希望可以通过自己的努力定居在城市,有着强烈的融入城市的愿望。

(六)自我意识较强

新生代农民工大多出生在独生子女家庭或者少子女家庭,他们从小就是家庭关注的焦点,很少经历挫折和困难。同时,他们的空闲时间大多用来上网,较少参加集体活动,主要通过微信、QQ等社交平台来交流,他们主要沉浸在自我的空间,对外界事物的变化适应力较差;此外,他们无须承担过多的来自家庭的生存压力和责任,习惯根据自己的想法、情感倾向和意愿做事,因此,他们较多以自我为中心,具有强烈的自我意识。

(七)接受新鲜事物能力较强

新生代农民工相较于老一代农民工有着更高的教育水平,并且随着互联网的发达和普及,他们有着更加便捷地获取知识的渠道。他们对新鲜事物充满了好奇心,会刻意去了解事物,他们思维活跃,领悟能力和接受能力较强,为了追求更好的工作环境和更高的工资水平,他们往往会参加技能培训班以提高自身的职业技能,他们希望通过学习新鲜事物来提升自己的工作能力,以改变自身的境地和获取自己所需的发展契机。

二、职业特征

(一)缺乏吃苦耐劳精神

随着工作经验和工作能力的不断提高,以及受周围环境的影响,新生代农民工不再是原来面朝黄土背朝天的普通农民,而是逐渐走向职业化工人的蜕变。所以新生代农民工已经慢慢摘掉了廉价劳动力这个标签,他们大多数不愿从事工作条件较差和劳动强度大的工作,而是对职业和未来发展的期望较高,但现实中的待遇与心理期望值往往会出现偏差,使得他们对工作满意度降低,在工作中的抱怨不断增加。此外,企业往往会安排员工加班,员工长时间在生产线上进行单调枯燥的重复操作,他们往往难以承受高强度和枯燥的工作,更容易表现出偷懒甚至离职的现象,从而反映出新生代农民工缺乏吃苦耐劳的精神。

(二)工作中情绪波动较大

新生代农民工大多在家人的宠爱中长大,很少受到过批评,使得他们较为爱面子,自尊心较强,心理承受能力较差,这导致了他们在工作中很难承受批评,容易产生不满情绪;同时他们还比较在意别人对自己的评价,哪怕是一个眼神或一句话,也可能使他们的心情发生巨大变化。此外,新生代农民工还像"没断奶"的孩子,心情愉悦的时候,他们很愿意去做些工作,而心情糟糕的时候,哪怕多做一点事,也会表现出十分的不乐意。如果他们在工作中获得领导和同事的肯定和赞扬,就会更加乐意并且卖力地去工作,而如果自己的工作没有获得赞许,他们往往会持消极的态度对待工作。因此,新生代农民工的心理敏感度较强,工作中极易发生情绪变化和波动。

(三)工作中服从度较低

新生代农民工对于工作中的不顺心或者遇到不喜欢的领导,他们往往会在工作中与之保持对立状态,从而容易导致工作不用心,对领导的工作安排不以为然,出现故意拖延甚至不执行领导安排的现象,对领导的要求执行度较低。此外,新生代农民工的维权意识较强,当他们的权益受到侵犯时,他们不少会采用法律手段来解决,部分新生代农民工往往还会选择离职或与领导对峙和争吵来解决问题。因此他们如果在工作中遇到不如意的事,他们敢于拒绝领导的安排或要求,敢于与领导辩解甚至会通过辞职来发泄自己的不满之情。

(四)职业稳定性较差

新生代农民工都比较挑剔工作的性质和岗位,对于艰苦的工作往往持有抵触心理,当从事的工作岗位达不到自己的期望值时,他们往往会选择一走了之。此外新生代农民工即使与企业签订了劳动合同,对他们的约束也较小,因为他们不在乎缴纳违约金,加之自身的判断能力较差,往往会轻信同事、老乡的意见,从而容易出现盲目跳槽现象。当他们向企业提出加薪、升职或者改善生活条件等要求时,如果企业不能及时满足,则会很快跳槽到另一个企业去做工。从深圳市总工会所做的调查数据中发现,2010 年在深圳,老一代农民工在同一个工作岗位最长工作时长为 7 年,而新生代农民工为 3 年,新老农民工每年平均更换工作的次数分别为 0.63 次和 0.26 次,这个数据表现出新生代农民工的职业稳定性要比老一代农民工差很多[①]。

（五）对工作环境的要求较高

工资是保证新生代农民工基本生活的保障，因此，他们在择业时依然会比较看重企业的工资水平。此外，新生代农民工对企业的工作环境也比较看重，只要工资能达到他们基本要求，他们往往会偏好选择工作环境好的企业或者岗位去做工。同时，他们现在更加注重自身形象，他们不仅要努力工作挣钱，而且还要时刻保持自身外表整洁干净，这就导致了他们对工作环境的要求较高。他们认为如果长期从事脏苦累差的工作，就很容易患职业病，会影响身心健康和家庭正常生活。因此，许多新生代农民工对于工作环境的要求越来越高，往往会对工作环境较差的工作避而远之。

（六）创新能力较强

由于新生代农民工的文化程度较高，他们在解决某个问题或学习操作某项设备时，会结合自身已学过的知识，创新出一些工作方法。此外，部分新生代农民工在入职前受过专业技术学校或培训机构的技能培训，因此他们往往在某一领域掌握了相对较高的技能水平，在入职后，他们不仅能在较短时间内进入工作状态，而且在结合企业中的实践经验后，易使他们在工作过程中探索出新的工艺流程、技巧和经验，从而提高了其工作效率。

（七）注重技能培训

随着新生代农民工阅历的增加和心智的成熟，他们逐渐意识到掌握一门专业技能的重要性，这不仅能够提高他们择业的能力，而且还会改善他们的福利待遇和工作环境，使得他们在以后的工作中更加舒适愉悦。当前企业对技能型劳动力的需求越来越多，给出的待遇也越来越好。一些新生代农民工为获得薪酬福利较好的工作，就不得不继续学习专业技能知识，不断地提高自己的技术水平和积累工作经验，从而成为企业急需的技术型人才。因此，无论是要应对企业对招聘员工的技能要求还是自己想改善工作现状，当前的新生代农民工会更多地注重自身的技能培训。

（八）缺乏职业生涯规划

由于新生代农民工大多受教育水平比老一代农民工要高出很多，他们对

---

① 全国工会新闻：《深圳新生代农民工在一个单位们平均工作 3 年》，人民网。

于自己今后的发展充满了希望,期待自己能有一份好的工作,在工作中能得到晋升机会,以实现自身价值。因此,他们比较看重他们自身职业生涯,希望做工的企业能给他们提供机会。但是由于他们的心智发展尚不成熟,思想尚不稳定,身份认同尚不清晰,面对复杂的社会环境,还不能准确地做出自己职业生涯规划。他们对于职业生涯规划中所包含的人生目标、晋升目标、职业发展渠道等还缺乏较明确的认识。此外,部分企业还未意识到员工职业生涯规划的重要性,职业生涯规划大多流于形式,很少能根据新生代农民工的自身特点和个人兴趣去设计他们的职业发展路径,从而导致新生代农民工在平时的生活和工作中表现得比较迷茫,缺乏清晰、有序的职业生涯目标和规划。

第二章　新生代农民工特征的理论阐述

国内外经典的人力资源管理理论已经指出了企业的用工管理应该根据不同人群的性格特点和职业特征去组织他们的用工管理活动。本章将系统梳理和挖掘这些与新生代农民工用工管理相关的理论,并根据新生代农民工的具体特点,阐述民营中小企业新生代农民工用工管理的基本思路。

第一节　新生代农民工的需求与需要层次理论

马斯洛的需求层次理论把需求分成由较低层次到较高层次5个层级,即生理需求、安全需求、社会需求、尊重需求和自我价值实现需求。一是生理需要。这种需要一般体现在对物质的追求方面,在人类各种需要中是最基本的需要,也是人类社会发展的动力,正是由于对物质的需求,人们才会不断地寻求更舒适的物质享受,物质社会的发展才会日新月异。只有生理需求得到了满足,人们才会有更高层次的追求。二是安全的需要。该理论认为人们都希望自身的生命和财产安全得到保障。三是社交需要。即归属和爱的需要,该理论认为一个社会人需要有感情的寄托,这里的感情包括人们生活中的亲情、爱情、友情和师生情等一系列的精神情感。人们都需要爱和被爱,离不开与他人的交流。四是尊重的需要。包括内部尊重和外部尊重。内部尊重即自尊,人们需要尊重自己、相信自己并有独立自强的能力。外部尊重是指人们能得到他人的尊重,希望得到他人的认可甚至是崇拜。五是自我实现的需要。是指人们可以通过自己的努力实现自身价值,体现在人生价值的追求上。该理论认为,只有当低层次的需要得到满足之后才会追求更高的需要,同时也指出,低层次的需要一旦得到满足,就会转而追求更高层次的需要。①

新生代农民工的成长环境和经历与老一代农民工有显著差别,城市生活在潜移默化地影响和改变着他们。在新生代农民工看来,城市不再是以往那样简单地代表工作地,更象征着体面的生活。尤其是智能手机这类科技产品的不断普及,使得新生代农民工也逐渐变"潮"了,网购、去 KTV、订外卖等时尚事物也出现在他们的日常生活中,衣着打扮,言谈举止也与城市大众无异。他们越来越多地融入到城市生活当中,在美丽繁华的城市中,同样也享受着社会进步带来的方便与快乐。他们渴望融入城市,实现个人的人生价值。新生代农民工享受型的生活理念和开放型的消费观念,以及较强的维权意识使得他们的需要层次相对老一辈农民工的需要层次更高,在生理需要和安全需要已经基本满足后,较强的自我权利意识和维权意识使得他们相对更看重社会需要和尊重需要。总体来讲,新生代农民工渴望通过真正融入城市,满足他们的社会需要和尊重需要,之后最终实现个人的人生价值,从而达到需要层次理论中的最高层级需要:自我实现的需要。

由于新生代农民工的需要层次更加高级和多元化,企业能够提供的激励因素也应该更加多元化。随着时间的推移,需要在发生改变,激励因素的有效性也在发生着变化。因此,民营中小企业在对新生代农民工进行管理的过程中,应该充分了解新生代农民工的需要层次,要清楚新生代农民工的主要诉求,根据他们不同的需要层次进行激励管理,进而实现企业的高效用工管理。要从多角度满足新生代农民工的社会需要和尊重需要:重视新生代农民工的维权意识,完善企业薪酬福利制度、做到"同工同酬";积极创造有利于新生代农民工个人价值的环境条件,避免新生代农民工"用脚投票"而引起企业的员工流失;积极帮助新生代农民工实现平等的就业权、社会保障权、权益维护权、教育和发展权(特别是子女的受教育权)、意见话语权以及政治参与权等权利。此外,在企业要积极为新生代农民工提供良好的职业成长环境,为他们提供融入城市的机会,满足新生代农民工社会需要和尊重需要,帮助他们实现个人价值。

---

① 黎宇东:《论马斯洛自我实现理论及其管理学意义》,2011 年华中师范大学硕士论文。

第二节　新生代农民工的工资激励与双因素理论

赫茨伯格(Fredrick Herzberg)在20世纪50年代末提出"双因素理论",该理论认为,引起人们工作动机的因素有两种:激励因素和保健因素。赫兹伯格认为,一些需求的满足可以激发人们工作的积极性,他将这些因素称为激励因素;但另一些需求的满足则并不会起到激励作用,相反,如果这些需求得不到满足还会引起人们的不满,起到消极作用,他将这些因素称为保健因素。他指出,激励因素的满足可以激发员工工作的积极性,使其感到满足;而保健因素的满足并不会起到任何激励作用,但如果缺失就会引起员工的不满。[①] 该理论的核心意义在于,要深刻认识到激励因素带来的激励效应,而保健因素不管如何改善都不能起到激励作用。因此管理的关键在于如何区分和协调两种因素在管理中的作用,并结合两种因素的效力提出合理的管理策略。因此,在对新生代员工进行管理时管理者需要明晰:对新生代而言何种因素是激励因素,何种因素是保健因素,要充分了解激励因素和保健因素对员工工作热情的影响,进而实现对新生代农民工的有效激励。

新生代农民工在择业时关注的关键因素依然是企业的工资待遇因素,因此,民营中小企业若要提高新生代农民工工作热情和工作积极性,就必须要充分了解新生代农民工的工资诉求,采用有效的薪酬机制去激励员工的工作热情。对于企业的工资制度来讲,基本工资待遇就好比是保健因素,而绩效工资则是激励因素。企业在满足新生代员工需求时,必须充分明确哪些因素属于保健因素、哪些因素属于激励因素。新生代农民工比老一代农民工更加注重公平和平等,"基本工资+绩效工资"是平等和公平的一个象征,平等意味着同类员工的工资待遇都是相同的;公平则更加强调劳动价值论,根据劳动者自身劳动价值来获得相应水平的工资待遇。即可以将基本工资和绩效工资分别视为保健因素和激励因素。因此,民营中小企业涉及工资制度时,必须严格遵循

---

① 　Fredrick Herzberg, *Incentive Factors of Work*, World Press, 1959.

公平和公正原则,避免发生"同工不同酬"的情况。同时,还要设计合理的绩效工资制度,使工作能力强、踏实肯干、为企业做出贡献的新生代农民工获得更高的工资收益,从而更好地激励新生代农民工。

第三节 新生代农民工的自我意识与管理方格理论

管理方格理论是由美国行为学家罗伯特·布莱克(Robert R.Blake)和简·莫顿(Jane S.Mouton)提出的,该理论主要针对更关心生产和更关心人这两种领导关系做了深入的研究。[①] 该理论认为,企业领导在工作中往往出现一些极端的方式:强调以"生产"为中心,以 X 理论为依据监督员工工作,或者以 Y 理论为依据,强调以管理"人"为工作重心。管理方格理论采用坐标方格图来研究领导方式。该理论坐标方格图的横纵坐标分别等分成 9 个区域,其中纵坐标表示对人的关心,而横坐标则指对生产的关心。随着坐标的增加关心程度也在递增,由此,(1,1)表示对两者都极为不关心,很显然这种领导者是不合格的领导者;(9,9)则表示对两者都极其关心,这是一种理想主义的领导者;(1,9)则表示只关心员工不关心生产;(9,1)则指只关心生产不关心员工;(5,5)则是对生产和员工都有着适度的关心。该理论强调企业或组织的领导在管理下属的时候,要根据员工特性和工作特征,分别将企业对员工与对生产的关心程度进行归类,从而形成管理方格中明确的一个方格,以这样一种关心组合去开展生产活动和员工管理活动。

新生代农民工大多具有较强的自我意识、往往以自我为中心,原因可以归结为:一是家庭的宠溺导致了新生代农民工以自我为中心的意识。较好的成长环境使他们经历的挫折和打击较少,从而很容易养成自我意识较强的个性;二是网络的飞速发展时代增强了新生代农民工的自我意识。新生代农民工成长在网络发达的时代,网络聊天、微信等是他们交流的主要工具,他们较少参

---

① Robert R.Blake,Jane S.Mouton,*Management Grid Theory*,Gulf Pub. 1978.

加团队活动,这便使他们较容易形成以自我为中心的观念。并且,新生代农民工较少承担生存压力和家庭责任,他们更喜欢按照自己的理想、爱好、情感和利益需求等进行职业选择;他们习惯从自我角度进行思考,具有强烈的占有欲,缺少和别人分享和担当的精神,这就形成了新生代农民工较为强烈的自我意识。这使得他们在工作中心理较为敏感,需要领导给予更多的关心和理解,这在一定程度上对企业的用工管理提出了更高的要求。

根据管理方格理论,在企业生产管理中,不能片面地只关心生产效率,也不能过分关注员工个人的感受,应该将关心生产和关心员工同时纳入用工管理的范畴,将关心生产和关心员工的管理方式充分融合,在关心生产的同时,不能忽视对新生代农民工的关心,从而确保员工有较好的心理感受。因此,在企业用工管理过程中,企业需要科学利用管理方格理论,在关心生产和关心人的协调组合中,企业可以采用更为有效的协作管理方式:在生产各要素进行配置时,不仅要重视生产的进行,同时也必须要对新生代农民工进行关爱,在确保工作能够顺利完成的同时,对新生代农民工的合理诉求也要给予必要的关注,以提高新生代农民工的工作积极性,进而实现"关心人"和"关心工作"的双重目标,从而最终达到最佳的企业用工管理效果。

第四节　新生代农民工的工作任性与领导生命周期理论

保罗·赫西(Paul Hersey)和肯尼斯·布兰查德(Ken Blanchard)提出的领导生命周期理论认为,领导者应该根据员工不同的成熟度(readiness)而采取相应的领导风格。成熟度指的是员工对工作的负责程度,其又分为工作和心理两方面。前者主要指员工的工作能力,主要指对在无须他人的帮助下对工作的完成程度,这主要与员工掌握的工作技能以及熟练程度有关;后者则主要是指员工对工作的负责程度,主要表现为其在没有很强的外部激励的条件下是否乐意完成工作。根据员工成熟度的不同,划分了四种领导方式:命令式、说服式、参与式和授权式。① 该理论认为:根据组织所面临的环境,随着下属逐渐成长和走向成熟,管理者不仅要逐渐减少对下属活动的严格控制,而且也要陆续减少对下属的直接帮助。即当下属成熟度较高时,领导者只需要明确告知其工作目标和要求,便可以由员工自主和独立完成;而当下属成熟度不高时,领导者要给予明确的指导和严格的控制。

新生代农民工由于具备较高的教育水平,学习能力较强,对新技能新知识的掌握较快,因而他们具有相对较高的工作成熟度和潜能。然而在心理成熟度方面,他们还不能很好地控制自己的情绪波动,对情绪的控制能力还有待提高。但是,随着工作年限和社会阅历的增加,新生代农民工的心理成熟度和工作成熟度都会得到提高。根据领导者生命周期理论,随着被管理者的工作成熟度和心理成熟度不断提高,领导的管理风格也必须随之变化。具体而言,在员工成熟度较低的时期倾向于采用指导型的领导风格,在成熟度较高的时期,参与式和授权式的领导风格可能更加适合他们。针对新生代农民工较强个性导致的工作中情绪波动大、服从度低、职业稳定性差等职业特征,民营中小企业在管理他们时,就需明确不同员工在不同工作时期的心理成熟度和工作成熟度,并针对不同成熟度的员工采用不同的领导方式,科学地使用领导生命周期理论来指导企业的用工管理策略。

第五节 新生代农民工的社会身份他人认同需求与人际关系学说理论

梅奥的霍桑实验进行了 4 个阶段的实验:第一阶段,照明实验(1924 年 11 月至 1927 年 4 月)劳动绩效与照明无关;第二阶段,福利实验(1927—1932 年)人际关系是比福利措施更重要的因素;第三阶段,访谈实验(1928—1931 年)工作绩效与在组织中的身份和地位、人际关系有关;第四阶段(1931—1932 年),"非正式群体"。根据霍桑实验的结果,梅奥(1933)发表了《工业文

---

① Paul Hersey, Ken Blanchard, *He Power of Moral Management*, William Morrow, 1988.

明中的人》一书；提出了人际关系学说的基本要点：第一，工人不是"经济人"而是"社会人"；第二，企业中普遍存在着大量的"非正式组织"；第三，企业的领导能力体现在能否提高员工的满意度。人际关系学说第一次把管理研究的重点从重视工作和物质的因素转到重视人的因素上来，并把对员工的人文关怀作为企业的一项重要职责。人际关系学说理论认识到人是以"社会人"的角色参加社会生产活动，与他人的关系会直接影响工作的效率，人际关系成为企业生产效率的又一大影响因素，因此在此后的企业用工管理中，应该提高对员工人际关系和非正式组织的重视。①

　　新生代农民工有着更加鲜明的群体特征，他们接受过更多的学校教育，更加渴望被他人认可，更加希望能够成为"社会人"，而不仅仅是一台工作机器，因此他们对于人际关系的和谐度要求也更高。对于新生代农民工而言，成为"社会人"角色的需求使得他们更加看重上下级之间的相处融洽度。因此，企业在对他们进行管理的时候应该更加重视企业内部员工之间以及上下级之间的人际关系，一是应该根据新生代农民工不同于老一代的需求期望，了解他们的心理需要和人文关怀需要；二是要重视企业中存在的各种非正式组织，从正面积极引导和发挥企业非正式组织的功能，以增加新生代农民工的凝聚力；三是通过营造和谐的工作环境，多元化地满足新生代农民工的需要，让他们感受到企业对他们的重视，同事对他们的认可，稳固员工之间与上下级之间的和谐关系，以增加他们的企业归属感。针对越来越"社会人"化的新生代农民工，他们对良好人际关系的渴求更加强烈，良好的人际关系能够在很大程度上提高员工的满意度和工作积极性。

第六节　新生代农民工的工作期许与期望理论

　　期望理论是美国心理学家弗罗姆（V.H.Vroom）于1964年提出的。该理论提出激励力量（motivation）为期望值（expectancy）和效价（valence）的乘积，

---

①　George Elton Mayo, *Social problems of industrial civilization*, Wolters Kluwer, 1945.

用公式表示为 M=V×E。弗罗姆认为,人在任何时期都有一个目标,他们会朝这个目标不断努力,以期实现自身的目标。因此,从某种意义上而言,在追求目标实现的过程中,对目标的追求也是一种激励力量。因此,激励员工要让员工明确知道:第一,工作的目标与其内心的追求相一致,也就是说,通过工作能够得到他们想要的;第二,工作绩效和其追求相联系,只有提升工作绩效才能得到其追求的目标;第三,只有通过努力,才能提升绩效。后来此公式被修订为动机(M)=效价(V)×期望值(E)×工具性。工具性是指一些非个人因素,如环境和任务工具等。由于每个人所处环境的不同,其需求也就有所不同,因此其追求的目标也会有所差异。因此,在考虑激励作用时,有必要将工具性考虑在内。

新生代农民工的工作期望除了获得基本的工资福利之外,还期望企业具备较好的工作环境(软工作环境和硬工作环境)。企业的工作硬环境和软环境决定着企业能否满足新生代农民工对工作环境的需求,只有当工作硬环境(工作环境、安全条件等)达标,他们才更愿意为企业工作;企业的工作软环境主要包括企业的发展潜力、员工间的相处氛围和企业文化等,这些隐性环境对企业吸引新生代农民工来说是非常重要的。此外,为了满足创新能力的需要,新生代农民工往往需要展现自己的创新能力,期望企业能为他们提供机会,帮助他们实现创新能力的愿望。

对于新生代农民工而言,增强工作动机可以从提高效价、提高期望和增加工具性三方面着手。第一步是提高效价。动机效价分为"工作内"效价和"工作外"效价。根据新生代农民工工作期望的多元性,企业可以采取多种激励措施来提高员工工作的积极性:一是积极完善企业的工作环境,满足新生代农民工的工作环境高要求,从而对他们进行"工作内"激励,以提高他们的工作积极性;二是鼓励新生代农民工积极发挥创新能力。企业可以通过建立"工作外"激励措施(如被尊重、被认可、被接受等)去激发他们的工作热情,从而以"工作外"目标去提高新生代农民工的工作积极性。第二步是提高工作期望。期望是指能够完成某项效价的可能性,为此,企业组织可以完善有关规章制度,明确告诉员工,只要认真工作,就很可能实现工作目标。第三步是提高工具性。工具性是指能帮助个人实现的非个人因素,如环境、任务工具等。对于新生代农民工而言,要想实现某种目标效价,需要通过特定的行为来达到目的。例如要尊重他们,肯定他们的工作业绩、适当赋予必要的权利等。通过加强动机效价、提高期望和工具性,最终提升新生代农民工的工作动机。因此,民营中小企业应该充分把握新生代农民工的需要和期望,采用不同的激励手段对新生代农民工进行激励,进而激发他们的工作积极性。

第三章　新生代农民工供求分析与预测

本章通过对我国1996—2016年新生代农民工劳动力供需数量的测算,分析了此时期新生代农民工的供需缺口情况及形成原因,结果显示中国新生代农民工的供需特点表现为两个阶段:1996—2009年的供给大于需求阶段与2010—2016年的需求大于供给阶段。同时本书采用灰色预测的方法和就业弹性系数法对2017—2025年我国新生代农民工供需总量进行预测和分析,预测结果呈现出新生代农民工的需求大于供给且供需缺口逐步增大的趋势。通过测算和估计新生代农民工的供需缺口,可以使民营中小企业及政府相关部门认清新生代农民工劳动力市场的供需形势,以便更好地对新生代农民工进行用工管理。

第一节　1996—2016年新生代农民工
供需测算及缺口分析

一、1996—2016年新生代农民工供给测算

劳动力供给是指在一定劳动报酬条件下,劳动力供给主体对劳动使用权的让渡,衡量劳动力供给规模的常用指标是适龄劳动人口。国际上通常以16—64岁的人口作为适龄劳动人口的统计口径。因此,本书将新生代农民工初始年龄设定为16周岁。要研究我国新生代农民工劳动力市场的供给规模,应该从我国总体人口规模出发,结合户籍、年龄和受教育情况来对新生代农民工供给规模进行测算。本书采用以下方法进行计算:

$$NS_t = (NA_t - NAE_t) \times (1 - PN_t) \qquad\qquad (1)$$

其中：NS_t 为 t 年份新生代农民工供给总量，NA_t 为 t 年新生代农村人口，NAE_t 为 t 年新生代农村在校生总数，PN_t 为 t 年新生代农村人口中减去新生代在校生后从事农林牧渔产业的比例。

（一）新生代农村人口（NA）的测算

本书将 1980 年后出生的农村人口界定为"新生代农民"，由于新生代农民工为年满 16 周岁的农村人口，所以 1996 年时第一批新生代农民进入劳动力市场成为新生代农民工，即 1996 年的新生代农民为 1980 年出生的农村人口（由于新生代中农村人口死亡率很小，所以不考虑死亡人口），依此类推，2016 年新增新生代农民为 2000 年出生的农村人口。根据 1980—2000 年《中国统计年鉴》中年末农村人口、农村人口比重和出生率的数据可以计算出 1996—2016 年新生代农民的数量。如表 3-1 所示：

表 3-1　1996—2016 年新生代农民数量

年　份	新生代农民 年增量	新生代农民 年龄段	新生代农民 总量
1996	1154.24	16	1154.24
1997	1328.30	16—17	2482.54
1998	1404.04	16—18	3886.58
1999	1268.75	16—19	5155.33
2000	1236.93	16—20	6392.25
2001	1289.57	16—21	7681.83
2002	1367.23	16—22	9049.05
2003	1413.71	16—23	10462.76
2004	1354.69	16—24	11817.45
2005	1311.57	16—25	13129.02
2006	1288.88	16—26	14417.90
2007	1209.75	16—27	15627.66
2008	1119.63	16—28	16747.29
2009	1107.21	16—29	17854.50
2010	1079.92	16—30	18934.42

续表

年 份	新生代农民年增量	新生代农民年龄段	新生代农民总量
2011	1040.88	16—31	19975.30
2012	1014.56	16—32	20989.86
2013	959.97	16—33	21949.83
2014	877.47	16—34	22827.30
2015	793.96	16—35	23621.26
2016	734.10	16—36	24355.37

资料来源:1980—2000 年《中国统计年鉴》。

(二)新生代农村在校生(NAE)数量的测算

由于《中国统计年鉴》中并没有对农村人口各级各类在校生人数的统计,因此,无法直接获得新生代农村在校生(NAE)的数据,本书根据新生代年龄推算新生代在校生所包含的年级,假设每个年级在校生人数相等,以此计算新生代在校生的人数,并逐年推算新生代在校生数量。例如,1996 年新生代在校生年龄为 16 周岁,假设 16 周岁在校生所在年级为高中一年级,且高中包括普通高中和中等职业中学。假设每个年级在校生人数相等,因此,1996 年新生代在校生的计算公式是:

$$NE_{1996} = (SE_{1996} + ME_{1996}) \times \left(\frac{1}{3}\right) \tag{2}$$

其中 NE_{1996} 为 1996 年新生代在校生总数,SE_{1996} 为 1996 年高中在校生总人数,ME_{1996} 为 1996 年中等职业在校生总数。

根据年龄推移法,2002 年新生代劳动年龄人口在校生的年龄段为 16—22 岁,则 2002 年新生代在校生包含高一至普通高等学校全部年级的在校生,因此,2002 年新生代在校生的数量的计算公式如下:

$$NE_{2002} = ME_{2002} + SE_{2002} + HE_{2002} \tag{3}$$

其中,NE_{2002} 为 2002 年新生代在校生总数,ME_{2002} 为 2002 年中等职业学校在校生总数,SE_{2002} 为 2002 年普通高中学校在校生总数,HE_{2002} 为 2002 年普通高等学校在校生总数。

本文将新生代农民工的学历限定为高中及高中以下学历,且 2003 年开始新生代中的第一批大学在校生已经毕业,所以2003年及以后年份的大专及以上毕业人数需要从当年新生代总量中剥离出去(假设当年毕业生为上一年普通高等学校本科大四或高职大三年级在校生)。例如,2003年新生代在校生包含高一至普通高等学校全部年级的在校生和2003年毕业的新生代普通高等学校毕学生(即2002年普通高等学校大四在校生),公式为:

$$NE_{2003} = ME_{2003} + SE_{2003} + HE_{2003} + AE_{2003} \qquad (4)$$

其中,NE_{2003} 为2003年新生代在校生总数,ME_{2003} 为2003年中等职业学校在校生总数,SE_{2003} 为2003年普通高中学校在校生总数,HE_{2003} 为2003年普通高等学校在校生总数,AE_{2003} 为2003年新生代普通高等学校毕业生总数。

根据上述方法,计算得出1996—2016年新生代在校生的数量。

假设新生代在校生中农村在校生占全部新生代在校生的比例与农村人口占总人口的比例相同[即农村新生代在校生比例(Pa_t)=农村人口比例],并根据

$$NAE_t = NE_t \times Pa_t \qquad (5)$$

计算得出历年农村新生代在校生(NAE)总数,如表3-2所示:

表3-2　1996—2016年各级各类在校生数量及农村新生代在校生数量

单位:万人,%

年　份	普通本专科	高职(专科)	普通高中	中等职业教育	新生代在校生	农村人口比例	农村新生代在校生
1996	302.10	—	769.30	1031.60	600.30	74.19	445.36
1997	317.40	—	850.10	1351.01	1467.41	73.79	1082.80
1998	340.90	—	938.00	1535.02	2473.02	73.59	1819.90
1999	413.40	—	1049.70	1516.57	2669.62	73.06	1950.42
2000	556.09	100.87	1201.26	1075.21	2604.95	72.54	1889.63
2001	719.07	146.79	1404.97	984.95	2720.32	72.01	1958.90
2002	903.36	193.41	1683.81	1134.31	2503.80	71.49	1789.97
2003	1108.60	394.53	1964.80	1229.36	3363.71	70.96	2386.89
2004	1333.50	595.65	2220.40	1390.00	4784.80	69.52	3326.39
2005	1561.78	712.96	2409.09	1600.04	5829.86	68.09	3969.55

年　份	普通 本专科	高职 （专科）	普通高中	中等职业 教育	新生代 在校生	农村人口 比例	农村新生 代在校生
2006	1738.80	795.50	2514.50	1809.89	6812.16	66.65	4540.31
2007	1884.90	860.59	2522.40	1987.01	7724.25	65.22	5037.75
2008	2021.02	916.80	2476.28	2087.09	8625.12	63.78	5501.10
2009	2144.66	964.81	2434.28	2195.17	9564.51	62.34	5962.51
2010	2231.79	966.18	2427.34	2238.50	10524.71	60.91	6410.60
2011	2308.51	958.85	2454.82	2205.33	11525.66	59.47	6854.31
2012	2391.32	964.23	2467.17	2113.69	12540.05	58.24	7303.32
2013	2468.07	973.64	2435.88	1922.97	13527.08	57.01	7711.79
2014	2547.70	1006.60	2400.40	1755.30	14543.69	55.66	8095.02
2015	2625.30	1048.60	2374.40	1656.70	15601.14	54.11	8441.78
2016	2695.80	1082.90	2366.60	1599.00	16698.76	53.01	8852.01

数据来源：1997—2017年《中国统计年鉴》。

注：①1996—1999年专科在校生数据缺失；②由于统计口径变化，1996—2004年新生代在校生数据由普通中学在校生和初中在校生数据推算而得、1996—2004年中等职业教育数据结合2004年《中国统计年鉴》职业中学、普通中学在校生数据推算而得。

（三）新生代农村人口中非在校生从事农林牧渔产业比例（PN）的测算

新生代农村适龄劳动人口中减去继续上学接受教育和外出进入劳动力市场之外，还有相当一部分比例新生代农村适龄劳动人口在农村从事农林牧渔产业当中工作。在农村从事农林牧渔产业的农村人口由于没有离开土地，且从事的产业为第一产业，并不符合本书对于新生代农民工所在行业的界定为第二、三产业就业的新生代农村人口。因为统计年鉴数据中并没有新生代农民工从事农林牧渔产业的数据，所以，根据农村人口结构和农村从业人员数据计算新生代农村人口中非在校生从事农林牧渔产业比例的测算（PN），公式如下：

$$PN_t = PNN_t \times PNA_t \qquad (6)$$

其中，PN_t 为 t 年新生代农村人口中非在校生从事农林牧渔产业比例，PNN_t 为 t 年农村从业人员中从事农林牧渔产业比例，PNA_t 为 t 年新生代农民占农村适龄劳动力比例。

根据相关数据和公式（6）计算得出1996—2008年农村新生代非在校生

从事农林牧渔产业比例。如表 3-3 所示：

表 3-3　1996—2008 年农村新生代非在校生从事农林牧渔产业比例

单位:%

年　份	农村从业人员中从事农林牧渔产业比例	新生代农民占农村适龄劳动比例	新生代农民农林牧渔产业比例
1996	71.23	3.27	2.33
1997	70.68	6.16	4.35
1998	70.27	9.00	6.32
1999	70.18	11.69	8.21
2000	68.38	14.32	9.79
2001	67.29	16.73	11.26
2002	65.92	27.21	17.93
2003	63.83	21.07	13.45
2004	61.57	23.17	14.26
2005	59.49	25.21	15.00
2006	57.71	27.21	15.70
2007	55.68	29.23	16.28
2008	54.52	31.68	16.57

数据来源:根据 2008 年《中国农村统计年鉴》、1997—2008 年《中国统计年鉴》、第五次全国人口普查数据、第六次全国人口普查数据整理、计算而得。

（四）新生代农民工供给总量测算

上述三个步骤已经计算得出 1996—2016 年新生代农民和新生代在校生的数量以及农村新生代非在校生从事农林牧渔产业比例,根据公式(1)可以计算得出 1996—2016 年新生代农民工供给数量。如表 3-4 所示：

表 3-4　1996—2016 年新生代农民工供给总量　　单位:万人,%

年　份	新生代农民总量	新生代农村在校生总量	新生代农民非在校生总量	新生代农民农林牧渔比例	新生代农民工供给总量
1996	1154.24	445.36	708.88	2.33	692.36
1997	2482.54	1082.80	1399.74	4.35	1338.85

年　份	新生代 农民总量	新生代农村 在校生总量	新生代农民 非在校生总量	新生代农民 农林牧渔比例	新生代农民工 供给总量
1998	3886.58	1819.90	2066.68	6.32	1936.07
1999	5155.33	1950.42	3204.91	8.21	2941.79
2000	6392.25	1889.63	4502.62	9.79	4061.81
2001	7681.83	1958.90	5722.93	11.26	5078.53
2002	9049.05	1789.97	7259.08	17.93	5957.53
2003	10462.76	2386.89	8075.87	13.45	6989.67
2004	11817.45	3326.39	8491.06	14.26	7280.23
2005	13129.02	3969.55	9159.47	15.00	7785.55
2006	14417.90	4540.31	9877.59	15.70	8326.81
2007	15627.66	5037.75	10589.91	16.28	8865.87
2008	16747.29	5501.10	11246.19	16.57	9303.97
2009	17854.50	5962.51	11891.99	16.73	9902.46
2010	18934.42	6410.60	12523.82	16.88	10409.80
2011	19975.30	6854.31	13120.99	17.03	10886.49
2012	20989.86	7303.32	13686.54	17.19	11333.82
2013	21949.83	7711.79	14238.04	17.34	11769.16
2014	22827.30	8095.02	14732.28	17.49	12155.60
2015	23621.26	8441.78	15179.48	17.65	12500.30
2016	24355.37	8852.01	15503.36	17.80	12743.76

数据来源：根据表3-1、表3-2、表3-3整理计算而得。

注：由于统计口径变化，2008年以后《中国农村统计年鉴》中不再统计农村从业人员中从事农林牧渔产
　　业的人数，因此2009—2016年的新生代农民牧渔比例数据由移动平均法获得。

由表3-4和图3-1可知，1996—2016年我国新生代农民和新生代农村在校生呈现出增长态势，自1996年以来，中国新生代农民工的供给数量由1996年的692.36万人增长到2016年的12743.76万人，增长了18.41倍，年均增长率为15.68%；新生代农民工年增加量呈现出"先高速后低速"的增长状态，2004年以前年增长量在600万以上，由于高校扩招，新生代在校生人数增多导致2004年以后新生代农民工年增量骤减到400万—600万之间，且增长的幅度在逐年放缓。

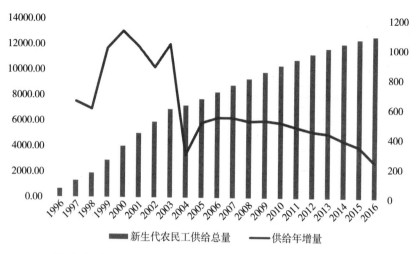

图 3-1 1996—2016 年新生代农民工供给总量和年增量数据

二、1996—2016 年新生代农民工需求测算

劳动力需求是指企业和社会再生产所能吸纳的劳动力容量。劳动力需求总量以国家统计局公布的就业人员指标近似代替,就业人数在一定程度上能够反映劳动力的需求。因此本文在对劳动力需求进行分析和预测时采用就业需求量这个指标。

(一)2008—2016 年新生代农民工需求测算

为全面、及时、准确地反映农民工数量、流向、结构、就业、收支、居住、社会保障等情况,国家统计局于 2008 年底建立了农民工统计监测调查制度,随后每年定期公布我国农民工流动的详细数据,这为我们研究我国农民工群体的整体规模、结构以及变动趋势提供了有力的数据支撑。2008—2016 年《农民工监测调查报告》相关数据如表 3-5 所示:

表 3-5 2008—2016 年农民工总量及各年龄段年龄结构

单位:万人,%

年 份	农民工总量	16—20 岁	21—30 岁	31—40 岁	41—50 岁	51—60 岁
2008	22542	11.46	37.26	23.78	17.08	10.42
2009	22978	10.70	35.30	24.00	18.60	11.40

续表

年　份	农民工总量	16—20 岁	21—30 岁	31—40 岁	41—50 岁	51—60 岁
2010	24223	8.50	35.80	23.60	19.90	12.20
2011	25278	6.50	35.90	23.50	21.20	12.90
2012	26261	6.30	32.70	22.70	24.00	14.30
2013	26894	4.90	31.90	22.50	25.60	15.10
2014	27395	3.50	30.20	22.80	26.40	17.10
2015	27747	3.70	29.20	22.30	26.90	17.90
2016	28171	3.30	28.60	22.00	27.00	19.20

数据来源:国家统计局 2008—2016 年《农民工监测调查报告》。

由表 3-5 可知,2008—2016 年农民工在总量上呈现逐年上升的趋势,农民工总量由 2008 年的 22542 万人增加到 2016 年的 28171 万人,涨幅为 24.97%,但年增长率由 2009 年的 1.93%下降到 2016 年的 1.53%,可见虽然农民工总量逐年增加但是涨幅呈下降趋势。在农民工年龄结构上,16—30 岁年龄段的农民工比例呈明显下降的态势,由 2008 年的 48.72%下降为 2016 年的 31.90%,降幅为 16.82%;21—40 岁年龄段的农民工比例虽略有下降,由 2008 年的 61.04%下降到 2016 年的 50.60%,但仍然是农民工群体的主力军;41—60 岁农民工比例则在 9 年间逐年增加,由 2008 年的 27.50%上升到 2016 年的 46.20%。因此,2008—2016 年,我国农民工在需求总量呈现出增速放缓的增加态势;在年龄结构上由 2008 年的正"金字塔"结构逐渐转变为 2016 年的倒"金字塔"结构,如 2008 年 21—30 岁农民工比例最大,随着年龄的增大这一年龄段农民工比例逐渐减小,而 2016 年 41—60 岁年龄段农民工比例逐年扩大,已经达到全部农民工比例的 46.20%。因此未来一段时间,农民工需求总量将会有缩小的趋势。

由于 1996 年第一批新生代农民首次进入劳动力市场成为新生代农民工,随着时间的推移新生代农民工年龄范围逐年扩大,具体数据见表 3-6。结合当年新生代农民工年龄段和 2009—2016 年《农民工监测调查报告》的农民工各年龄段结构比例,并假设数据中各农民工年龄段内的每个年龄比例相等(16—20 岁年龄段中包含 5 个年龄层次,每个年龄的农民工比例相等为 16—

20 岁年龄段比例的五分之一），以此推算出新生代农民工占农民工总量的比例，进而推算出 2008—2016 年新生代农民工需求数量。如表 3-6 所示：

表 3-6　2008—2016 年新生代农民工需求数量

单位:万人,周岁,%

年　份	农民工总量	新生代农民工年龄段	新生代农民工比例	新生代农民工需求总量
2008	22542	16—28	41.27	9302.82
2009	22978	16—29	42.47	9758.76
2010	24223	16—30	44.30	10730.79
2011	25278	16—31	44.75	11311.91
2012	26261	16—32	45.81	12030.16
2013	26894	16—33	48.05	12922.57
2014	27395	16—34	49.66	13604.36
2015	27747	16—35	50.74	14078.83
2016	28171	16—36	51.70	14564.41

数据来源:根据国家统计局 2008—2016 年《农民工监测调查报告》计算而得。

（二）1996—2007 年新生代农民工需求测算

虽然 2008 年以前我国并没有专门针对农民工的统计数据,但可根据我国人口结构进行推算。根据 2008—2016 年《农民工监测调查报告》的数据结合年末农村就业人员数,可以得出农民工比例(即农民工/年末农村就业人数);同时根据推算得出的当年新生代农民工年龄段,从而可以得出新生代农民工占全体农民工的比例,进而推算出 1996—2007 年新生代农民工需求数量。如表 3-7 所示:

表 3-7　1996—2007 年新生代农民工需求数量　　单位:万人

年　份	年末农村就业人员数	农民工比例	农民工数量	新生代农民工比例	新生代农民工需求数量
1996	49028.00	0.28	13524.07	0.05	619.75
1997	49039.00	0.29	14270.75	0.09	1261.59
1998	49021.00	0.31	15049.74	0.13	1921.20

续表

年 份	年末农村就业人员数	农民工比例	农民工数量	新生代农民工比例	新生代农民工需求数量
1999	48982.00	0.32	15864.45	0.16	2591.39
2000	48934.00	0.34	16720.18	0.20	3267.14
2001	48674.00	0.36	17545.63	0.23	4077.85
2002	48121.00	0.38	18299.88	0.26	4813.67
2003	47506.00	0.40	19059.16	0.30	5645.36
2004	46971.00	0.42	19880.48	0.32	6397.98
2005	46258.00	0.45	20655.02	0.35	7250.62
2006	45348.00	0.47	21361.83	0.37	7940.44
2007	44368.00	0.50	22049.15	0.40	8751.00

数据来源:2017年《中国统计年鉴》、2008—2016年《农民工监测调查报告》。

(三)1996—2016年新生代农民工需求测算

由表3-6和表3-7,可以得到1996—2016年的新生代农民工需求数量。如表3-8所示:

表3-8 1996—2016年新生代农民工需求数量

单位:万人,周岁

年 份	农民工总量	新生代农民工年龄段	新生代农民工比例	新生代农民工需求数量
1996	13524	16	0.05	619.75
1997	14271	16—17	0.09	1261.59
1998	15050	16—18	0.13	1921.20
1999	15864	16—19	0.16	2591.39
2000	16720	16—20	0.20	3267.14
2001	17546	16—21	0.23	4077.85
2002	18300	16—22	0.26	4813.67
2003	19059	16—23	0.30	5645.36
2004	19880	16—24	0.32	6397.98
2005	20655	16—25	0.35	7250.62
2006	21362	16—26	0.37	7940.44

续表

年　份	农民工总量	新生代农民工 年龄段	新生代农民工 比例	新生代农民工 需求数量
2007	22049	16—27	0.40	8751.00
2008	22542	16—28	0.41	9302.82
2009	22978	16—29	0.42	9758.76
2010	24223	16—30	0.44	10730.79
2011	25278	16—31	0.45	11311.51
2012	26261	16—32	0.46	12030.16
2013	26894	16—33	0.48	12922.57
2014	27395	16—34	0.50	13604.36
2015	27747	16—35	0.51	14078.83
2016	28171	16—36	0.52	14564.41

数据来源：国家统计局 2008—2016 年《农民工监测调查报告》及根据此报告的估算而得。

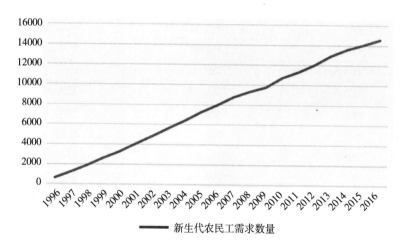

图 3-2　1996—2016 年新生代农民工需求总量

　　由表 3-8 和图 3-2 可知，1996 年以来，中国农民工总量、新生代农民工占农民工总数的比例和新生代农民工需求总量均呈现出逐年上升的趋势，其中农民工总量由 1996 年的 13524 万人上升到 2016 年的 28171 万人，年均增速为 3.74%；新生代农民需求数量由 1996 年的 619.75 万人上升到 2016 年的 14564.41 万人，年均增速为 17.10%；新生代农民工比例也由 5% 增长到 52%，总增幅为47%。

三、1996—2016年新生代农民工供需缺口分析

根据表3-1至表3-8可以得出1996—2016年新生代农民工供给和需求的规模,新生代农民工供需总量及折线图如表3-9和图3-3所示:

表3-9　1996—2016年新生代农民工供需数量　　　　　　单位:万人

年　份	新生代农民工 供给数量	新生代农民工 需求数量
1996	692.36	619.75
1997	1338.85	1261.59
1998	1936.07	1921.20
1999	2941.79	2591.39
2000	4061.81	3267.14
2001	5078.53	4077.85
2002	5957.53	4813.67
2003	6989.67	5645.36
2004	7280.23	6397.98
2005	7785.55	7250.62
2006	8326.81	7940.44
2007	8865.87	8751.00
2008	9303.97	9302.82
2009	9902.46	9758.76
2010	10409.80	10730.79
2011	10886.49	11311.91
2012	11333.82	12030.16
2013	11769.16	12922.57
2014	12155.60	13604.36
2015	12500.30	14078.83
2016	12743.76	14564.41

由图3-3可知:我国新生代农民工的供给和需求总量都在逐年上升,且

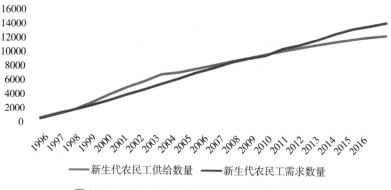

图 3-3　1996—2016 年新生代农民工供需总量

上升的也较为迅速,其中新生代农民工的供给数量从 1996 年的 692.36 万人增加至 2016 年的 12743.76 万人,增长了 18.41 倍,劳动力市场对于新生代农民工的需求也从 1996 年的 619.75 万上升到 2016 年的 14564.41 万,增长了 23.50 倍。由此,中国新生代农民工的供需特点表现出了两个阶段:1996—2009 年的供给大于需求阶段,2010—2016 年的需求大于供给阶段。

(一)第一阶段(1996—2009 年)

此阶段总体表现为供给和需求双增长,新生代农民工劳动力供给大于需求的现象。根据供给和需求的增长情况,本阶段又可分为如下两个阶段:

1. 1996—2003 年

此阶段新生代农民工供给和需求表现为高速增长的趋势,供给大于需求且供需缺口呈现逐年增大的情况。新生代农民工供给在这一阶段由 1996 年692.36 万人增长到 2003 年的 6989.67 万人,年均增长率为 39.14%;新生代农民工需求由 1996 年 619.75 万人上升到 2003 年的 5645.36 万人,年均增长率为 37.11%。在供给方面,由于新生代农村户口适龄劳动者年龄范围的增大,同时教育水平较低导致适龄劳动人口中在校生规模较小,且农业机械化水平有限,土地束缚了大量农村劳动力,这些因素共同作用导致了这一阶段新生代农民工供给总量较低的状况;随着时间的推移,新生代农民工年龄范围逐年增大,使得新生代农民工供给总量呈高速增长的态势。在需求方面,此阶段由于中国经济增长正处于经济快速增长阶段,因此对新生代农民工需求的增速较快。所以,供求曲线最终呈现出供给和需求两方的总量都比较小,但增速都比较快,且表现为需求小于供给的特点。

2.2004—2009 年

此阶段具体表现为供给大于需求且供给和需求双增长,但供需缺口缩小现象。这一阶段,新生代农民工供给由 2004 年的 7280.23 万人增长到 2009 年的 9902.46 万人,年均增速为 6.35%,与此同时,新生代农民工需求由 6397.98 万人增长到 9758.76 万人,年均增速为 8.81%。供给方面,一是由于高校扩招,使得读大学的门槛降低,导致大量适龄农村劳动力在高中毕业以后选择继续读书深造,虽然新生代农民工供给呈逐年上升的趋势,但新生代农民工供给总量增速放缓;二是老一代农民工由于年龄的增长逐渐不再适应高强度的体力劳动,陆续开始返乡创业或者务农;三是随着科技水平的逐渐提高,农民工所从事的工作并不只是简单的体力劳动,而是需要使用一些新的机器、接触一些新的技术。此时,新生代农民工的年龄优势和这一代人接受新鲜事物的能力使得他们比老一代农民工在劳动力市场上更受欢迎。在需求方面,这一时期的中国经济持续高速增长,使得新生代农民工的需求也持续增加。所以,这一阶段表现为供给大于需求且供给和需求双增长,但供需缺口缩小现象。

因此,第一阶段总体呈现供给大于需求的趋势,其中 1996—2003 年新生代农民工供给大于需求,新生代农民工供给和需求表现为高速增长的趋势,供给大于需求且供需缺口呈现逐年增大的情况;2004—2009 年表现为供给大于需求且供给和需求双增长,但供需缺口缩小现象。

(二)第二阶段(2010—2016 年)

此阶段表现为新生代农民工供给和需求双增长,且需求大于供给,出现了需求和供给缺口的现象,缺口较上一阶段略有增大。这一阶段,新生代农民工供给总量由 2010 年的 10409.80 万人上升到 2016 年的 12743.76 万人,年增幅为 3.43%,新生代农民工需求由 2010 年的 10730.79 万人上升到 2016 年的 14564.41 万人,年均增幅为 5.22%。造成这一现象的主要原因是:在供给方面,由于多年来的计划生育政策人口抚养成本的增加,导致生育人口率逐年降低,随着新增适龄劳动力人口的逐渐减少,新生代农民工供给数量增速也逐渐放缓;而在需求方面,中国 2010 年成为世界第二大经济体,中国经济持续增长的同时逐步形成了"三二一"的产业结构,第二、三产业吸纳了大量的劳动力,从而使得新生代农民工的需求持续增加。因此,这一阶段,新生代农民工供需曲线呈现出供给与需求双增长,但需求增速大于供给增速的情况,所以,本阶段呈现出需求大于供给且供需缺口逐年增大的情况。

总体而言,1996—2016 年新生代农民工供给和需求总量都呈现出增长的趋势,而就供需关系而言,新生代农民工供给和需求经历了由供给大于需求(1996—2009 年)到供给小于需求(2010—2016 年)两个阶段。

第二节　2017—2025 年新生代农民工供需预测及缺口分析

一、2017—2025 年新生代农民工供给预测
(一)供给预测方法介绍
1.自回归滑动平均模型

自回归滑动平均模型(ARMA 模型)是新西兰著名统计学家彼得·惠特尔在 1951 年首次提出的。自回归滑动平均模型是将自回归模型(简称 AR 模型)与滑动平均模型(简称 MA 模型)联立得到的,由于这种模型简便易行,计算方便,成为研究时间序列模型的重要方法。该模型被引入到短期人口预测方面取得的效果都非常显著,但是在长期预测时,由于长期人口增长的非线性特点,在进行长期人口预测时,该模型会出现一定的偏差。

2.人工神经网络模型

人工神经网络的概念是由心理学家麦卡洛克和数理逻辑学家皮茨在 1943 年提出的。人工神经网络是在处理信息时模拟人类大脑神经突触联结和信息传递及处理时而得名的数学模型,这种数学模型具备自学习、联想存储、能同时处理定量和定性知识以及高速寻找优化解的能力。将神经网络应用于人口预测模型研究,人口预测的神经网络模型具有客观性、精度高、易操作的特点,而人工神经网络模型同时存在体系结构通用性差、难以分析神经网

络各项性能指标的缺点。

3. 灰色预测模型

灰色理论是 1982 年由中国著名学者邓聚龙教授提出的,并在灰色理论的基础上,建立了灰色模型 GM(1,1)。这种模型可以通过较少的、不完全的信息来对事物的长期发展规律做出模糊性的描述。GM(1,1)利用原始数据数列经累加生成新的序列,在一定程度上消除了序列的随机性,序列能在累加的基础上呈现出一定的规律,并以此建立微分方程。在人口预测领域中,灰色模型凭借只需考虑自身的时间序列,避免了繁杂的数据和影响因素,可以大大简化计算量,因而得到了迅速的发展和广泛的应用。在实际人口预测过程中,与其他预测方法相比,灰色模型在短期人口预测中会有较小的误差。

(二)新生代农民工供给预测方法比选

由于自回归滑动平均模型属于线性模型,而人口的增长不一定是线性的,在进行人口预测时,该模型会出现较大偏差。而人工神经网络模型所要优化的目标函数非常复杂导致运算速度慢,网络训练失败的可能性较大,难以解决应用问题的实例规模和网络规模间的矛盾等问题,所以在预测新生代农民工供给问题上解决效率较低;而灰色预测模型所需要的数据量比较少,样本分布不需要有规律性,计算简便,检验方便,预测比较准确,精度较高。所以本文采用灰色预测模型对新生代农民工供给总量进行预测。

(三)灰色预测模型介绍

本部分采用灰色预测模型,预测的总体思路是:采用灰色预测 GM(1,1)模型预测新生代农民工供给数量。

灰色数学研究的对象是"小样本""贫信息"的不确定信息,对数据及其分布的限制要求小,一般利用时间序列数据,通过 GM(1,1)模型进行预测。该方法不但预测精度高,而且可以进行长期预测,用累加生成拟合微分方程,符合能量系统的变化规律。本文决定采用灰色预测模型 GM(1,1)预测 2017—2025 年我国新生代农民工的供给数量。

建立 GM(1,1)模型需要一个数列 x。数列 x 的微分方程形式为:

$$\frac{dx}{dt} + ax = u \text{(白化形式微分方程)} \tag{7}$$

建模步骤如下：

1.设原始数列：$x^{(0)}(t) = x^{(0)}(1), x^{(0)}(2), x^{(0)}(3), \cdots, x^{(0)}(n), n = 1, 2, \cdots n$。

2.对序列 $x^{(0)}$ 进行一阶累加，生成序列 $x^{(1)}(n)$

$$x^{(0)}(t) = \sum_{i=1}^{k} x^{(0)}(i), (k = 1, 2, \cdots n) \tag{8}$$

3.利用最小二乘法求解方程(1)的参数 a, u 为

$$\hat{a} = \begin{bmatrix} a \\ u \end{bmatrix} = (B^T B)^{-1} B^T y_n \tag{9}$$

式中：

$$B = \begin{pmatrix} -\dfrac{1}{2}[x^{(1)}(1) + x^{(1)}(2)] & \cdots & 1 \\ \vdots & \ddots & \vdots \\ -\dfrac{1}{2}[x^{(1)}(n-1) + x^{(1)}(n)] & \cdots & 1 \end{pmatrix} \tag{10}$$

$x^{(1)}$ 的灰色预测 GM(1,1)模型为：

$$\hat{x}^{(0)}(k+1) = \hat{x}^{(1)}(k+1) - \hat{x}^{(1)}(k) \quad k = 1, 2, \cdots, n \tag{11}$$

根据上述模型的步骤运用 R 软件编写 GM(1,1)预测模型的程序进行操作得出如下结果：

表 3-10　R 软件计算灰色预测检验结果

发展系数 灰色作用量	$a = -0.02653314$ $u = 11349.97$
残差	0　－37.545853　0.953815　0.65752　－41.14426
相对残差	0　0.003190206　0.002546578　0.004052355　0.003228591
残差平方和	6626.863
平均相对误差	0.3254432%
相对精度	99.67456%
后验差比值检验	C 值 = 0.03820442 C 值<0.35
GM(1,1)预测精度等级为	好

(四)2017—2025 年新生代农民工供给总量预测

根据以上计算得到 2017—2025 年新生代农民工供给总量预测结果,如表 3-11 所示:

由表 3-11 可知,2017—2025 年新生代农民工供给总量由 13128.63 万人增长到 16233.23 万人,年均增幅为 2.69%。随着时间的推移,虽然劳动年龄人口和农民工逐年减少,但是由于新生代农民工的年龄群体逐步扩大,所以新生代农民工供给总量仍然呈现出逐年增加的态势。

表 3-11　2017—2025 年新生代农民工供给总量预测结果　　单位:万人

年　份	新生代农民工供给总量
2017	13128.63
2018	13481.63
2019	13844.13
2020	14216.38
2021	14598.63
2022	14991.16
2023	15394.25
2024	15808.17
2025	16233.23

二、2017—2025 年新生代农民工需求预测

(一)需求预测方法介绍

1. 线性回归模型

回归模型是一种预测性的建模技术,它研究的是因变量和自变量之间的关系。这种模型大多应用于对数据的预测和寻找时间序列模型以及发现因自变量之间相互影响的关系。回归分析是对存在因果关系的影响因素和预测对象进行的统计分析处理。这种模型必须建立在因变量与自变量确实存在因果关系的基础上,这样得出的回归模型才有实际意义。因此,因自变量是否具有相关关系、相关关系的强度以及判断这种相关程度的把握性多大是回归分析所要解决的三个问题。在进行相关分析的研究时,一般以相关系数

的大小来判断因自变量之间的相关程度。在对劳动力需求进行预测时,考虑GDP作为回归方程的因变量,因此线性回归模型只考虑了经济增长对就业的影响。

2. 柯布—道格拉斯模型

生产函数是美国数学家柯布(C. W. Cobb)和经济学家保罗·道格拉斯(Paul H. Douglas)在共同探讨投入和产出的关系时而创造出的一种函数。柯布—道格拉斯(Cobb-Douglas)生产函数是在生产函数的一般形式上引入了技术资源这一因素。柯布—道格拉斯模型是经济学领域常用的生产函数形式,在计量经济学研究中拥有重要的地位。柯布—道格拉斯生产函数与其他代数方程相比,具有可线性化、参数估计和计算比较方便等特点。因此,该模型广泛应用于经济计量分析。

3. 就业弹性系数法

"奥肯定律"是美国的经济学家阿瑟·奥肯在1962年通过对美国历史数据的研究,发现经济周期波动中的经济增长率和失业率之间呈反向变动的关系,当实际GDP增长相对于潜在GDP增长上升2%时,失业率下降大约1%。"奥肯定律"揭示的经济增长与失业率负相关,与就业率正相关的结论已被大多数国家所证实,尽管在不同的国家和时期这一数值会有所不同。就业弹性系数法通过就业弹性系数把经济增长率和就业增长率联系在一起,进而可以根据对GDP的预测达到对劳动力需求的预测。就业弹性系数法考虑了经济增长对就业的拉动情况,但并未考虑到经济结构对就业的影响,尤其是经济增长对农民工就业的影响。

(二)新生代农民工需求预测方法比选

由于要对2017—2025年新生代农民工需求总量进行预测,经济增长和经济结构是影响新生代农民工总量需求的主要因素,而线性回归模型只能考虑经济增长的影响而较少考虑经济结构对劳动力需求的影响,且在样本量较小的情况下误差较大;对于柯布—道格拉斯模型,虽然引进了技术资源因素对生产模型进行了改进,但这种模型仍然需要较大的样本量。因此,综合考虑经济结构和经济增长对新生代农民工就业的影响后,本书最终选用就业弹性系数对新生代农民工需求总量进行预测。

（三）就业弹性系数法介绍

从宏观角度看,劳动力需求是一个国家或一个社会对劳动力需求总的状况。影响劳动力需求的因素很多,不同的经济理论考察劳动力需求的影响因素侧重会有所不同。从我国的实际情况来看,影响劳动力需求的因素主要有两类,即经济增长(GDP)因素和经济结构变动因素。本文的研究也将从这两个角度综合考虑进行劳动力需求预测。

本文采用就业弹性系数法对新生代农民工需求数量进行预测,即通过测算经济增长的就业弹性或万元产值就业比,再结合未来经济增长率推算出就业需求量的变化。一般认为,经济的快速增长会扩大对劳动力的需求,而劳动力的充分就业又会进一步促进经济的增长,从而形成两者之间的良性循环。经济增长的就业弹性是衡量这种关系最常用的指标。就业弹性是指经济增长对劳动力的吸纳能力,即当影响经济增长的其他因素不变时,经济变动 1 个百分点所引起就业变化的比率,本文采用公式(12)来刻画二、三产业增加值与新生代农民工需求数量的关系:

$$E = \frac{\Delta L/L}{\Delta G/G} \tag{12}$$

其中 E 为新生代就业弹性系数, $\Delta L/L$ 表示新生代农民工增长率, $\Delta G/G$ 表示第二、三产业增加值增长率。

（四）就业弹性系数测算

1. 2017—2025 年 GDP 增长率预测

经济增长是就业需求的最重要影响因素。如何合理判断我国中长期潜在经济增长率? 从国内看,随着资源、环境对经济增长约束的强化以及劳动力、土地等生产要素成本的上升,依靠低成本优势支撑经济高速增长的方式也必须改变。当前,中国供给侧结构性改革初见成效,实体经济提质增效效果有了显著提升。为了真实反映 GDP 增长情况,GDP 增速为可比价格增速,扣除了价格因素。基于以上分析,本书对中国 2017—2025 年 GDP 的增长率做如下假定:将 2017 年 GDP 增长率设定为 6.90%,自 2018 年起 GDP 增速以每年 0.01% 的速度增长,即 GDP 增速由 2018 年的 6.91% 增长到 2025 年的 6.98%。从而计算得出 2017—2025 年 GDP(可比价格)。如表 3-12 所示:

表 3-12　2017—2025 年中国 GDP（可比价格）预测值　单位:万元,%

年　份	GDP(可比价格)(不变价格)	GDP 增长率
2017	686848.46	6.90
2018	734309.68	6.91
2019	785123.91	6.92
2020	839533.00	6.93
2021	897796.59	6.94
2022	960193.45	6.95
2023	1027022.92	6.96
2024	1098606.42	6.97
2025	1175289.14	6.98

2.2017—2025 年中国第二、三产业占 GDP 比重预测

改革开放以来,我国的经济一直处于高速发展的阶段,国民生产总值(GDP)增长速度一直位居世界前列。但是在 GDP 高速增长的背后,也存在着产业结构不够合理、传统能源行业过剩、环境污染严重等问题。为了促进经济的可持续发展就需要在经济新常态下优化产业结构,不单单要追求 GDP 的高速发展,更要注重产业结构的合理性。当前,我国已经从传统的农业大国向侧重第二、三产业发展的经济结构转变。根据《中国统计年鉴》数据显示,至 2016 年底,中国第二、三产业占 GDP 比重已由 1978 年的 72.30% 增长到 91.40%,并且随着供给侧结构性改革政策的实施,中国产业结构将会不断优化升级。由于 2012 年至 2016 年这 5 年的第二、三产业占 GDP 比重的平均增速为 0.20%,且第二、三产业占 GDP 比重逐年增加。因此,本书将 2017—2025 年第二、三产业占 GDP 比重设定为以每年 0.20% 的速度增长。

3.2017—2025 年新生代农民工就业弹性系数预测

就业弹性是反映经济增长率与就业增长率之间关系的。本文反映将第二、三产业增长率与新生代农民工增长率之间关系的指标称为新生代农民工就业弹性。不同的产业对就业的弹性是不同的,根据已有研究和产业经济学理论,第三产业的就业弹性最高,其次是第二产业,第一产业最低,甚至是负

值。由于农民工就业多从事第二、三产业的工作,所以公式(12)考虑了二、三产业增加值增速与新生代农民工增长率和之间的关系。由于1996年新生代农民工首次进入劳动力市场,因此新生代农民工就业增长率数据由1997年开始。结合1997—2016年中国GDP增长率、经济结构变化计算得出1997—2016年新生代农民工就业弹性,如表3-13所示:

表3-13 1997—2016年中国GDP二、三产业产值及新生代农民工就业弹性

单位:元,%

年 份	GDP（可比价格）	GDP增长率	二、三产业增加值比重	二、三产业增加值增长率	新生代农民工需求增长率	新生代农民工就业弹性
1997	40397.0	9.24	82.10	10.46	103.57	9.9009
1998	43566.6	7.85	82.80	8.72	52.28	5.9968
1999	46904.5	7.66	83.90	8.59	34.88	4.0612
2000	50886.7	8.49	85.25	9.59	26.08	2.7207
2001	108639.2	8.30	86.00	9.88	24.81	2.5113
2002	118561.9	9.13	86.70	10.17	18.04	1.7734
2003	130463.2	10.04	87.70	11.19	17.28	1.5439
2004	143657.8	10.11	87.10	10.67	13.33	1.2494
2005	160027.0	11.39	88.40	12.23	13.33	1.0895
2006	211147.7	12.70	89.40	32.31	9.51	0.2943
2007	241195.8	14.23	89.70	15.53	10.21	0.6574
2008	264472.8	9.65	89.70	15.54	6.31	0.4060
2009	289329.9	9.40	90.20	10.14	4.90	0.4834
2010	320102.6	10.64	90.50	19.92	9.96	0.5000
2011	452429.9	9.50	90.60	11.27	5.42	0.4808
2012	487976.0	7.86	90.60	40.34	6.35	0.1574
2013	525835.4	7.76	90.70	8.20	7.42	0.9053
2014	564194.4	7.29	90.90	8.14	5.28	0.6483
2015	603212.1	6.92	91.20	7.60	3.49	0.4593
2016	644928.13	6.50	91.40	7.19	3.45	0.4800

数据来源:根据1996—2016年《中国统计年鉴》、中经网统计数据库整理计算而得。

注:由于统计口径变化,2001年、2011年第二、三产业增加值增速由相邻两年平均值计算而得。

根据1997—2016年测算所得数据,新生代农民工就业弹性系数呈下降趋势,但近两年有所回升(由2015年的0.4593上升到2016年的0.4800)。随着第一产业向第二、三产业转移的潜力充分释放,第二、三产业 GDP 增长的新生代农民工就业弹性系数将有所上升。由于2008—2016年新生代农民工就业弹性系数的平均值为0.50,且中国未来一段时间新生代农民工就业弹性将会保持稳定,所以本书预计2017—2025年就业弹性系数为0.50,并且在这一水平上保持不变。

(五)2017—2025年新生代农民工需求预测

根据上述步骤,预测得出2017—2025年新生代农民工需求总量,如表3-14所示:

表3-14　2017—2025年新生代农民工需求数量预测值　单位:万元,%

年　份	GDP	GDP增长率	二、三产业增加值比重	二、三产业增加值	二、三产业增加值增长率	新生代农民工就业弹性	新生代农民工增长率	新生代农民工需求
2017	686848.46	6.90	91.60	629153.18	7.13	0.50	3.57	15083.63
2018	734309.68	6.91	91.80	674096.29	7.14	0.50	3.57	15622.38
2019	785123.91	6.92	92.00	722314.00	7.15	0.50	3.58	16181.11
2020	839533.00	6.93	92.20	774049.43	7.16	0.50	3.58	16760.59
2021	897796.59	6.94	92.40	829564.05	7.17	0.50	3.59	17361.62
2022	960193.45	6.95	92.60	889139.14	7.18	0.50	3.59	17985.03
2023	1027022.92	6.96	92.80	953077.27	7.19	0.50	3.60	18631.68
2024	1098606.42	6.97	93.00	1021703.97	7.20	0.50	3.60	19302.48
2025	1175289.14	6.98	93.20	1095369.48	7.21	0.50	3.61	19998.34

由表3-14可知,经济新常态阶段下,随着产业结构的逐步升级进而带动经济增长,产业结构上第二、三产业占 GDP 比重也稳步上升,虽然经济增长的增幅有限,但也对扩大劳动就业有明显的作用,尤其体现在新生代农民工需求的拉动上。2017—2025年新生代农民工需求由2017年的15083.63万人增长到2025年的19998.34万人,年增速也由3.57%上升到3.61%。

三、2017—2025年新生代农民工供需缺口分析

根据灰色预测GM(1,1)模型预测得出的2017—2025年新生代农民工供给总量和根据弹性系数法预测的2017—2025年新生代农民工需求总量如表3-15和图3-4所示:

表3-15　2017—2025年新生代农民工供需预测及缺口数量估计单位:万人

年　份	新生代农民工 供给数量	新生代农民工 需求数量	供需缺口数量
2017	13128.63	15083.63	1955.00
2018	13481.63	15622.38	2140.75
2019	13844.13	16181.11	2336.98
2020	14216.38	16760.59	2544.21
2021	14598.63	17361.62	2762.99
2022	14991.16	17985.03	2993.87
2023	15394.25	18631.68	3237.43
2024	15808.17	19302.48	3494.31
2025	16233.23	19998.34	3765.11

由表3-15和图3-4可以看出:从总量上看,2017—2025年新生代农民工供需趋势仍将呈现出双增长但需求增速大于供给增速的态势,新生代农民工供给总量从2017年的13128.63万人增长到2025年的16233.23万人,增幅为3104.60万人,年均增速为2.69%;新生代农民工需求总量从2017年的15083.63万人增长到2025年的19998.34万人,增幅为4914.71万人,年均增速为3.59%。供需关系上仍然表现为新生代农民工供给小于需求,且供求缺口逐年增大,缺口总量由2017年的1955.00万人增长到2025年的3765.11万人,供需缺口增幅为1810.11万人,缺口年增速为8.54%。随着劳动力需求增速的加快和供给增速的放缓,劳动力供求缺口呈现出逐年扩大的态势。从年增量上看,新生代农民工需求和供给增长数量都是逐年增加的,2025年新生代农民工已经成为整个农民工群体的中坚力量,占全部农民工群体的一大部分,从而使得今后新生代农民工增量仍然呈现出在增长的态势。在需求方

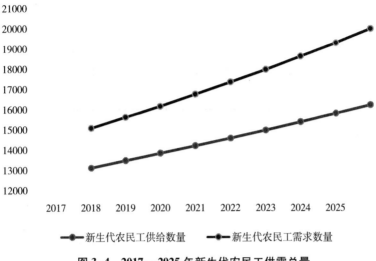

图 3-4　2017—2025 年新生代农民工供需总量

面,随着我国供给侧结构性改革而发生的产业结构的优化和升级,并且在经济新常态下,中国经济仍然呈现出中高速增长,工业更加集约化和现代化,并且新生代农民工在服务业的就业比重会有所增加,经济增长的方式不断转型升级使得劳动力市场对于新生代农民工的需求逐年增加。

　　由于今后的中国新生代农民工的供需仍然存在较大的缺口,而且这种缺口还在逐渐扩大。因此,对于蓬勃发展的民营中小企业而言,今后必将面临日益严峻的劳动力供给不足的状况,进而会影响到企业的未来发展。对于民营中小企业而言,今后不仅要在招工方面加大力度,而且还要尽量降低新生代农民工的流失率,这就需要民营中小企业必须改变传统的用工管理制度,采用富有针对性的新生代农民工用工管理策略,从而吸引和留住新生代农民工。

第四章　民营中小企业新生代农民工用工管理统计数据分析

本书的研究目的是通过研究民营中小企业在新生代农民工用工管理中存在的问题，为民营中小企业提供具有针对性的措施。因此，数据的采集和分析便是研究的基础。为保障所研究的问题透彻清晰、数据的真实可靠，课题组自2014年7月开始进行了多阶段的调研，先后赴上海、浙江、江苏、广东、河南、四川、重庆、安徽、河北、陕西、山西等省市，就民营中小企业新生代农民工问题进行深入调研，并在广泛收集文献资料的基础上，整理得到了民营中小企业新生代农民工用工管理的基本数据资料，从而在整体上基本掌握了民营中小企业新生代农民工用工的总体状况。

第一节　问卷设计

本书以全国各省市民营中小企业中的新生代农民工为研究对象，主要采用问卷调查、重点企业实地访谈以及"问卷星"网络链接等三种方式进行调研。因此在问卷设计的环节也是紧紧围绕这三种方式展开的。民营中小企业新生代农民工用工管理问卷的调研主要分为预调研和正式调研两个阶段。其中，2014年7月—2014年10月，为问卷的预调研阶段。预调研的问卷按照管理层和新生代农民工层两个层面进行设计，管理层问卷从企业的招聘方式、培训管理、薪酬福利、企业文化等方面共设计50个题项，新生代农民工层问卷从人力资源管理的主要模块方面共设计了80个题项。通过对预调研问卷的回收与整理,问卷设计的内容基本上覆盖了民营中小企业新生代农民工的工作现状。但在后续的分析中,发现部分选项的设计还需进一步地完善和补充。故在此基础上对预调研问卷的部分选项进行了重新设计,并增加了部分选项,于 2015 年 1—12 月开始了本书的正式调研。正式调研的问卷设计也是分为管理层问卷和新生代农民工层问卷。管理层问卷共设计了 60 个题项,主要从招聘管理、培训管理、薪酬福利管理、管理环境管理、企业文化管理、职业生涯规划管理划以及离职管理等方面来设计管理层的问题。新生代农民工层问卷分为两部分,第一部分为新生代农民工的基本情况,包括性别、年龄、婚姻、受教育程度、所处行业、理想收入和工作区域偏好、行业选择偏好、收入水平偏好、企业性质偏好、企业规模偏好等 12 个题项。第二部分分为人力资源管理的八大模块,共计了 83 个题项,亦涵盖了招聘管理、薪酬福利、培训管理、管理环境管理、企业文化管理、职业生涯管理、工作环境管理、离职管理等内容。其中,第一模块为招聘管理,包括企业招聘渠道、招聘方式、招聘信息等 10 个题项;第二模块是薪酬福利,主要在新生代农民工工资、绩效、福利等方面设计题项,该部分共设计了 12 个题项;第三模块为培训管理,主要从培训内容、培训方式、效果评估等方面设计了 9 个选项;第四模块是管理环境管理,主要从新生代农民工与领导的上下级关系、领导的管理方式及风格等方面设计了 12 个题项;第五模块为企业文化管理,主要从企业文化的设计、执行、文化载体形式以及文化活动等方面设计了 10 个选项;第六模块是职业生涯管理,从职业生涯规划、晋升渠道、新生代农民工权利等方面设计了 11 个题项;第七模块为工作环境管理,主要从新生代农民工的工作场所、加班情况以及工作劳动强度等方面设计了 10 个题项;第八模块为新生代农民工离职管理,侧重于新生代农民工离职原因、离职频率、离职倾向等方面,共设计了 9 个题项。为了更好地研究新生代农民工的就业偏好问题,拟采用实证分析的方法对问卷数据进行挖掘分析,为本书的路径分析奠定实证基础。而新生代农民工的就业选择偏好与工作满意度有着密切的关系,故就新生代农民工工作满意度的问题进行了第三阶段的调研。调研时间从 2015 年 3—5 月,主要从"问卷星"采集数据。第三阶段的问卷主要以量表的形式进行设计,整体分为三部分:卷首语、基本信息统计以及测量量表的具体问题。量表具体问题从招聘、培训、薪酬、管理环境、企业文化以及职业生涯规划6个方面进行设计。量表均采用李克特五级评分法,它要求被调查者对每一项问题的陈述进行符合程度的判断。其中"完全不符合"赋值为1、"比较不符合"赋值为2、"一般符合"赋值为3、"比较符合"赋值为4、"完全符合"赋值为5,从1到5分别代表事情符合程度的逐渐递进,且完全由被调查者根据自己的工作感知、工作体验以及工作知觉进行问卷填写。

第二节　问卷的发放与回收

一、问卷发放方法

问卷发放的方法有多种形式,诸如送发式发放、邮寄式发放、人员访问式发放以及网上发放等形式。在此次调查中,课题组主要选择了以下三种方式进行问卷的发放。一是采用抽样调查的形式发放问卷。从整体调查对象中选取部分进行调查,据此估计和推测整体研究对象。该方法可以在一定程度上减少调查的工作量,调查内容可以求多、求全或求专,能够保证调查对象的完整性。同时还可快速地提高整理样本数据的速度,保证调查的时效性。此次抽样调查,从区域上覆盖了中国东中西部主要省份的民营中小企业,从行业上涵盖了制造业、建筑业、物流业、餐饮业等行业。二是对重点企业进行实地的走访。调查者与被访问者进行面对面的交谈,系统地收集叙述材料,达到样本能够准确说明总体的一种方式。访谈调查法主要具有直接性、灵活性、准确率高等特点。在对民营中小企业实地访谈的过程中,主要采用召开座谈会、重点访谈以及深度访谈等形式进行了调查。三是采用"问卷星"网上调查法发放。"问卷星"能够帮用户快速收回问卷,是集调查、测评、投票为一体的功能强大的平台。并且与传统的调查方式相比,"问卷星"能够在短时间内以最低的成本获得宝贵的资料,极大地节省了调研耗费的人力、物力、财力。采用"问卷星"网上调查的方法为课题组节约了大量的时间和精力。因此,本次调研采取的发放方法比较全面,所得数据真实可靠,具有一定的完整性和全面性。

二、问卷的发放与回收

本次问卷调查共分三个阶段进行:预调研阶段、正式调研阶段和实证数据调研阶段。三个阶段均采用匿名的方式进行。预调研阶段和正式调研阶段问卷调研主要采用两种方法进行:一是课题组成员组队亲自深入新生代农民工群体,当面发放、填写并回收问卷;二是课题组把就读经济管理专业的本科生分成了60多个不同的调研小组,利用寒暑假在家乡(基本覆盖了中国绝大部分省区市)的民营中小企业发放问卷,这在一定程度上更加保证了调研数据的真实性和广泛性。预调研阶段共发放问卷200份,其中管理层50份,新生代农民工层150份。通过预调研数据和访谈反映出来的问题,将预调研问卷进行了进一步的补充和完善,从而形成了正式调研问卷。正式调研问卷共发放3000份,包括新生代农民工层问卷2500份和管理层问卷500份。新生代农民工层回收2400份,其中有效问卷2358份,有效率达到了98.25%;管理层问卷回收了500份,其中有效问卷439份,有效率达到了87.80%。在新生代农民工问卷数据中,男性和女性的比例为62.91%和37.09%;80后和90后的比例分别为46.72%和53.28%;"未婚"和"已婚"的比例分别为60.86%和39.14%。实证数据调研阶段主要采用了"问卷星"数据采集方式,共发放问卷630份,回收618份,有效问卷598份,有效率为96.76%。

第三节　问卷的区域选择及行业选择

一、区域选择

在区域选择上,由于中国的东部地区民营中小企业众多,集聚度较高,同时也是新生代农民工的主要流入地。因此,课题组主要选择了中国经济发展较快的长三角地区、珠三角地区和京津冀地区,调研人员主要走访了上海市浦江镇,广东省东莞市虎门镇、大朗镇、广东省深圳市南山区、龙岗区,浙江省绍兴市柯桥镇、东湖镇,江苏省昆山市高开区、陆家镇,北京市通州区、房山区,天津市宝坻区、西青区,山东省青岛市胶州市、即墨市,河北省邯郸市高开区、磁县、广平县,邢台市隆尧县,平乡县,石家庄辛集市等区域。而中西部地区的一

些省市(如河南、四川、重庆、安徽、贵州等)是主要的劳动力输出省份,课题组
也选择到河南省安阳市的汤阴县、殷都区,安徽省阜阳市的太和县、阜南县
和重庆巴南区进行了走访调研;虽然西部部分省份(新疆、西藏、青海、内蒙
古)和东北地区部分省份选择样本企业数量较少,但课题组也选派了家乡
在该区域的硕士生、本科生利用寒暑假的时间进行了广泛的调研。问卷区
域选择的重点就是要具有代表性和集中性,在有限时间、有限的人力及物力
的条件下,重点调研那些具有代表性的区域。这样才能确保调研数据的真
实性和准确性。因此,此次问卷调查的区域选择严格贯彻了代表性和集中
性的特点。

二、行业选择

我国民营中小企业数量较多,规模较小,地区发展差异比较明显。目前,
在工商注册登记的企业中,中小企业占比99%,已经成为拉动区域经济发展
的新的增长点。民营中小企业的范围较广,包括制造业、建筑业、物流业、餐饮
业、零售业、采矿业等行业。其中,制造业划分的种类比较多,包括农副食品加
工业;食品制造业;酒、饮料和精制茶制造业;烟草制品业;纺织业;纺织服装、
服饰业;皮革、毛皮、羽毛及其制品和制鞋业;木材加工和木、竹、藤、棕、草制品
业;家具制造业;造纸和纸制品业;印刷和记录媒介复制业;文教、工美、体育和
娱乐用品制造业;石油加工、炼焦和核燃料加工业等31个行业,是农民工流入
较多的行业之一。建筑业是围绕建筑的设计、施工及与之相关的装潢、装修的
行业。近年,我国建筑行业出现招工难现象,80后、90后的新生代农民工从事
建筑行业比例在不断下降。在建筑行业中,劳务人员的年龄在40岁以上的占
有较大的份额,劳务人员老龄化的程度不断加深。物流业是一个新兴产业,随
着互联网的普及,其发展前景日益受到人们的关注,从事物流业的人员(包含
新生代农民工)逐年增加。而随着零售业、餐饮业的日渐兴起,近年来也吸引
了大量的新生代农民工在此行业就业。鉴于新生代农民工在不同行业的分布
情况,在对行业进行选择时,课题组重点选择了制造业、建筑业、零售业、餐饮
业、物流业、采矿业等相关或相近行业作为调研对象。

第四节　问卷的基本情况统计

一、新生代农民工行业分布情况分析

（一）新生代农民工所属行业分布情况

表4-1　新生代农民工的行业分布调查样本情况

新生代农民工行业分布	频数（人）	比例（%）
采矿业	58	2.46
建筑业	203	8.61
零售业	251	10.64
餐饮业	297	12.60
物流业	338	14.33
制造业	1211	51.36
合计	2358	100

如表4-1所示，此次所调研的新生代农民工半数是从事于制造业行业，占总体比例的51.36%，其次是物流业和餐饮业，分别占总体比例的14.33%和12.60%，采矿业占总体的比例仅为2.46%，这主要是由此次调研的行业选择以及制造业所处的地位和作用决定的。其地位和作用主要体现在以下两个方面：第一，制造业是我国国民经济发展的支柱产业，是我国经济增长的主导部门和经济转型的重要力量，在过去的30多年中，制造业的快速发展是我国综合国力提高的主要标志，"中国制造"已遍布于世界各个主要国家和地区，因此，从事于制造行业的人员所占比例普遍比其他行业的人员要高；第二，制造业的范围比较广，种类比较多。制造业主要分为31类，诸如农副食品加工业、食品制造业、纺织业及其通用设备制造业等等。因此，在所有调研的新生代农民工中，从事制造业的新生代农民工所占比例相对高于从事其他行业的新生代农民工。

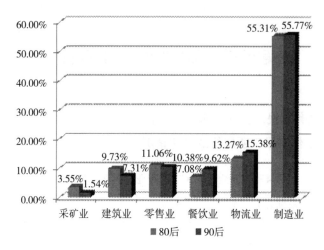

图4-1 年龄与新生代农民工所在行业的基本情况

（二）新生代农民工的年龄与其所在行业的基本情况

如图4-1所示,80后、90后等新生代农民工已经成为我国劳动力大军的中坚力量,是社会财富的主要创造者。在本次调研的样本选择中,80后在采矿业占比3.55%,建筑行业占比9.73%,零售业占比11.06%,餐饮业占比7.08%,物流业占比13.27%,制造业占比55.31%;90后在采矿业占比1.54%,建筑行业占比7.31%,零售业占比10.38%,餐饮业占比9.62%,物流业占比15.38%,制造业占比55.77%。

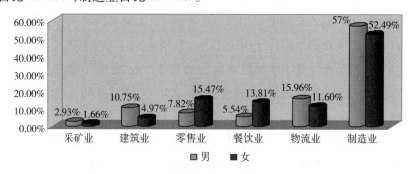

图4-2 性别与新生代农民工所在行业的基本情况

（三）新生代农民工的性别与其所在行业的基本情况

如图4-2所示,采矿业、建筑业、制造业、物流业4个行业中男性所占比例总体高于女性。男性在采矿业的比例为2.93%,建筑业的比例为10.75%,

零售业的比例为 7.82%，餐饮业的比例为 5.54%，物流业的比例为 15.96%，制造业的比例为 57.00%；女性在采矿业的比例为 1.66%，建筑业的比例为 4.97%，零售业的比例为 15.47%，餐饮业的比例为 13.81%，物流业的比例为 11.60%，制造业的比例为 52.49%。以上数据表明，在一些工作强度较大的行业中，男性从业人数明显多于女性，工作强度一般或较小的行业中，女性从业人数高于男性人数。

（四）新生代农民工受教育情况与新生代农民工所在行业的双向对比的情况

表 4-2　不同行业新生代农民工受教育情况与新生代
农民工所在行业的基本情况（%）

学历 / 行业	从未上过学	小学	初中	高中（职高）
采矿业	24.71	22.30	2.52	1.82
建筑业	31.64	4.70	7.58	6.06
零售业	8.23	1.20	9.49	10.90
餐饮业	10.11	3.60	11.70	6.67
物流业	8.25	35.40	12.60	16.40
制造业	17.06	32.80	56.11	58.15

表 4-3　同一行业新生代农民工受教育情况与新生代
农民工所在行业的基本情况（%）

学历 / 行业	从未上过学	小学	初中	高中（职高）
采矿业	1.01	16.60	56.40	25.99
建筑业	0.76	22.80	62.54	13.90
零售业	0.92	12.81	59.49	26.78
餐饮业	0.56	14.74	53.22	31.48
物流业	0.89	15.70	49.62	33.79
制造业	0.73	11.12	56.08	32.07

新生代农民工受教育水平的不同也会间接影响到其所处的行业。在结合表 4-2 和表 4-3 的基础上，通过对两表进行仔细分析，可以看出各个行业的

新生代农民工受教育情况:从事制造业和物流业的新生代农民工受教育状况较好,其他行业较差。首先,在采矿业中,新生代农民工学历以初中学历为主,占到整个行业比例的56.40%,其次是高中和小学学历,分别占整个行业比例的25.99%、16.60%,从未上过学的新生代农民工比例较低,为1.01%。该比例比较真实地反映了新时期新生代农民工的受教育情况,自从实行九年义务教育以来,新生代农民工的受教育水平有所提高;在建筑业中,新生代农民工的学历水平以初中水平为主,占到整个行业比重的62.54%,其次是小学和高中水平,分别占整个行业的22.80%和13.90%,从未上过学的比例为0.76%。零售业和餐饮业的新生代农民工整体受教育水平大致相同,都是以初中学历为主,分别所占的比例为59.49%、53.22%;在物流业和制造业中,占比最高的学历均是初中学历,分别占其行业总比例的49.62%、56.08%,表明新生代农民工的教育水平整体有所提高。

(五)新生代农民工所在企业规模的分布情况

表4-4　新生代农民工所在的企业规模分布情况

所在企业规模	频数(人)	比例(%)
中型企业	1282	54.37
小型企业	817	34.65
小微型企业	259	10.98
合计	2358	100

表4-4显示,80后、90后新生代农民工所在的企业以中型企业为主。其中小微型企业占到10.98%、小型企业占到34.65%、中型企业占到54.37%,其所在的企业规模一般以中小型为主,占统计问卷数据的89.02%,其次是小微型企业,所占比例为10.98%。本次调研在企业样本的选择上以中小型企业为主,由于部分小微型企业的用工管理体系尚未建立或者非常不完善,如果选择过多的小微型企业便会影响数据的完整性和准确性。因此,本次调研的样本企业以民营中小型企业为主,以少量的小微型企业为辅。

二、新生代农民工就业偏好情况分析

（一）新生代农民工对企业性质的偏好情况

如表 4-5 所示，新生代农民工偏好在国有企业、民营企业、三资企业和个体就业的比例分别为 48.52%、22.73%、15.86% 和 12.89%。国有企业凭借其用工管理体系较成熟、工作较稳定等优势受到了越来越多 80 后、90 后的青睐，因此，新生代农民工更加偏好在国有企业就业。

（二）新生代农民工对企业规模的偏好情况

如表 4-6 所示，新生代农民工偏好在大型企业、中型企业、小型企业以及小微型企业就业所占的比例分别为 62.69%、29.30%、6.36% 和 1.65%。大型企业所占的比例有 62.69%，这些数据表明新生代农民工都比较看重企业的规模，大中型企业更能吸引新生代农民工。

表 4-5　新生代农民工对企业性质的偏好情况

偏好的企业性质	频数（人）	比例（%）
国有企业	1144	48.52
民营企业	536	22.73
三资企业	374	15.86
个　　体	304	12.89
合　　计	2358	100

表 4-6　新生代农民工对企业规模的偏好情况

偏好的企业规模	频数（人）	比例（%）
大型企业	1478	62.69
中型企业	691	29.30
小型企业	150	6.36
小微型企业	39	1.65
合　　计	2358	100

（三）新生代农民工对择业因素的偏好情况

表 4-7　新生代农民工对择业因素的偏好情况

择业看重因素	80 后		90 后	
	频数（人）	比例（%）	频数（人）	比例（%）
企业培训	87	7.89	132	10.52
薪酬福利	690	62.55	685	54.58
管理环境	102	9.25	120	9.56
企业文化	103	9.34	130	10.36
职业生涯管理	121	10.97	188	14.98

表 4-7 显示，无论是 80 后农民工，还是 90 后农民工，在择业时都更加偏好于企业的薪酬福利因素，但 80 后农民工的偏好程度更高一些，其所占的比例分别为 62.55%、54.58%。从自身的职业发展来看，90 后农民工比 80 后农民工更加偏好于企业培训和职业生涯管理因素，90 后农民工偏好于培训的比例为 10.52%，偏好于职业生涯管理因素的比例为 14.98%，均高于 80 后农民工。可见，90 后农民工的择业观念正在发生转变，正在由传统的追逐薪酬福利向追求自身职业发展转变。

（四）新生代农民工对薪酬水平的偏好情况

表 4-8　新生代农民工对薪酬水平的偏好情况

预期月收入水平	80 后		90 后	
	频数（人）	比例（%）	频数（人）	比例（%）
2000—2999 元	108	9.80	136	10.83
3000—3999 元	116	10.52	217	17.27
4000—4999 元	237	21.51	240	19.11
5000 元以上	641	58.17	663	52.79

表 4-8 调查数据显示，90 后新生代农民工期望工资在 5000 元以上的人在总人数的占比为 52.79%，而 80 后期望工资在 5000 元以上的人在总人数的

占比为 58.17%，普遍较高。80 后由于工作时间较之 90 后工作时间要长，且部分已经结婚生子，生活花费较大，因此，其期望工资也相对较高。

（五）新生代农民工对工作区域的偏好情况

根据表 4-9 数据，新生代农民工的工作区域分为东部地区、中部地区和西部地区三大部分，但是绝大部分的新生代农民工更加偏好于东部地区。由于各个区域经济发展速度不同，新生代农民工在择业时存在区域偏好，劳动力容易向经济发达的区域转移，以获取更高薪酬。从表 4-9 所列的数据中可以看出籍贯在北京、上海、天津、浙江的新生代农民工，选择理想工作地点在东部地区的比例都超过了 90%，籍贯在其他省份的新生代农民工的工作意向也大多选择在东部地区。可见，东部地区以其独特的经济发展优势，加之老一代农民工主要在东部经济发达地区就业的传统影响，使得大部分的新生代农民工选择工作区域时更加偏好于经济发达的东部区域。

表 4-9　新生代农民工对工作区域选择的偏好情况（%）

籍　贯	工作区域偏好情况		
	东部地区	中部地区	西部地区
北京	94.21	4.09	1.70
天津	90.72	6.92	2.36
河北	79.89	14.76	5.35
黑龙江	81.42	12.28	6.30
吉林	71.27	28.03	0.70
辽宁	86.67	11.03	2.30
上海	95.43	4.57	2.00
江苏	87.02	8.02	4.96
浙江	90.54	8.46	1.00
山东	83.67	13.23	3.10
山西	88.10	7.14	4.76
河南	71.72	24.83	3.45
陕西	78.18	8.18	13.64
甘肃	66.93	29.74	3.33

籍　贯	工作区域偏好情况		
	东部地区	中部地区	西部地区
内蒙古	61.45	32.55	6.00
重庆	74.67	23.03	2.30
湖北	72.91	17.09	10.00
湖南	85.16	12.44	2.40
安徽	76.33	20.10	3.57
福建	72.67	25.92	1.41
广西	70.69	25.81	3.50
江西	79.23	13.08	7.69
贵州	76.17	11.33	12.50
四川	63.08	19.23	17.69
云南	82.22	13.33	4.45

三、新生代农民工就业区域选择偏好情况分析

(一)民营中小企业新生代农民工样本区域选择情况

表 4-10　新生代农民工样本区域选择情况

工作地点	频数(人)	比例(%)
北京	208	8.82
天津	172	7.30
河北	97	4.11
黑龙江	35	1.48
吉林	40	1.70
辽宁	16	0.68
上海	199	8.44
江苏	186	7.89
浙江	183	7.76
山东	143	6.06
河南	73	3.10

续表

工作地点	频数(人)	比例(%)
山西	69	2.93
陕西	35	1.48
内蒙古	11	0.47
湖北	145	6.15
湖南	25	1.06
广东	195	8.27
江西	103	4.37
福建	104	4.41
云南	30	1.27
贵州	99	4.20
四川	93	3.94
其他	97	4.11
合计	2358	100

此次调研的涉及领域比较广,但重点调研的省份仍选择在新生代农民工的主要流入地,如珠三角、长三角与京津冀地区。正如调研问卷数据所显示,在本阶段的调研中,重点覆盖北京、天津、江苏、上海、浙江、广东、福建、山东、河北等省市。从调研数据中能够清晰地看到,北京、上海、广东等省市的新生代农民工所占比例较高,所占比例分别为 8.82%、8.44%、8.27%,其次是江苏、浙江、天津等省份,其所占的比例分别为 7.89%、7.76%、7.30%。同时,课题组也在西部地区和东北地区做了部分调研。

(二)新生代农民工期望工作区域选择情况

通过对图 4-3 的数据分析,可以看出在选择工作区域时,90 后新生代农民工的选择更加偏好于外省,选择在外省工作所占的比例为 62.38%。而 80 后新生代农民工选择在本省、本市、毗邻市、本县以及毗邻县的比例均高于 90 后新生代农民工。由此可见,以 90 后为代表的新生代农民工更希望到省外就业,其工作地点范围也更加广泛。

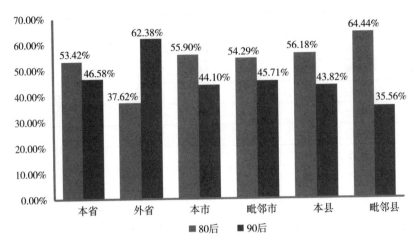

图4-3　新生代农民工希望工作区域选择情况

第五节　用工管理情况调查与分析

一、新生代农民工招聘情况调查与分析

（一）新生代农民工层面

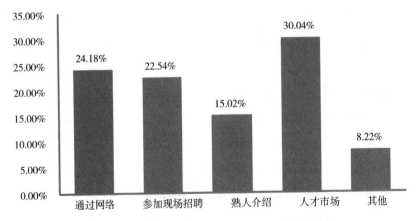

图4-4　新生代农民工获取企业招聘信息方式情况

1. 新生代农民工获取企业招聘信息渠道统计情况

图 4-4 显示,新生代农民工在寻找企业招聘信息的过程中,往往会到人才市场寻找相关的招聘信息,其比例为 30.04%,其次是通过网络途径获取企业的招聘信息,其比例为 24.18%。而通过参加现场招聘以获得招聘信息的比例为 22.54%,经熟人介绍获取招聘信息的比例为 15.02%。总体而言,在新生代农民工获取招聘信息的渠道中,传统的人才招聘渠道与人才市场寻找工作比例相当,可以看出新生代农民工在寻找企业招聘信息时,越来越重视互联网这一信息渠道。

2. 影响新生代农民工求职因素情况统计

表 4-11　新生代农民工求职影响因素情况

新生代农民工求职影响因素	频数(人)	频率(%)
薪酬福利	542	22.99
企业规模声望	190	8.06
工作环境	423	17.94
与家乡的空间距离	217	9.20
工作地生活成本	147	6.23
企业文化	340	14.42
家庭因素	64	2.71
管理环境	242	10.26
培训管理	193	8.19
合计	2358	100

如表 4-11 所示,新生代农民工求职过程中考虑的首要因素仍然是企业的薪酬福利待遇,其比例达到 22.99%;对工作环境的要求比例为 17.94%、企业文化的要求比例为 14.42%;从这两组数据可以看出,新生代农民工对工作环境和企业文化比较重视,这与新生代更加在意工作舒适性和企业文化环境的态度有很大的联系。此外,新生代农民工对企业管理环境的重视占10.26%、对培训管理的重视占 8.19%,表明了新生代农民工对管理环境及培训管理的重视。

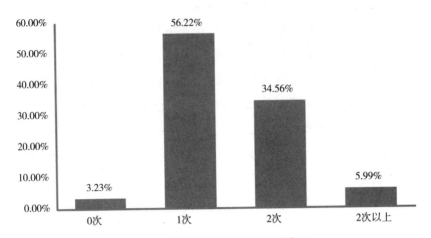

图 4-5　新生代农民工面试次数情况

3. 新生代农民工面试次数统计情况

从对被应聘者的统计结果可以看出,56.22%的新生代农民工在求职的过程中只经历了一次面试,34.56%的新生代农民工经历了两次面试,3.23%的被应聘者没有参加过面试直接参加企业的生产经营活动,只有5.99%的新生代农民工在求职过程中经历了2次以上的面试。通过与企业人员进一步的深入访谈发现,经历一次面试的主要是人力资源部门进行的一轮面试,经历两次及以上面试的是企业的人力资源部门和相关职能部门共同面试,且这种多部门共同面试的人员与企业所缺岗位更加匹配。

4. 新生代农民工获取招聘信息难易情况

表 4-12　新生代农民工获取招聘信息难易情况

农民工获取招聘信息难易程度	频数(人)	频率(%)
容易获得	793	33.63
能获得	1083	45.93
不容易获得	407	17.26
很难获得	75	3.18
合计	2358	100

表 4-12 显示,有 33.63%的新生代农民工表示很容易获得企业的招聘信息;45.93%的新生代农民工表示能够获得民营中小企业的招聘信息;17.26%的新生代农民工表示不容易获得企业的招聘信息,其中 3.18%的被调查者表示很难获得企业的招聘信息。由于企业招聘宣传信息的宣传方式和宣传地点不同,招聘信息被新生代求职者获知的概率也各不相同,进而导致有超过 1/5 的新生代农民工不容易或很难获得企业的招聘信息。

(二)管理层层面

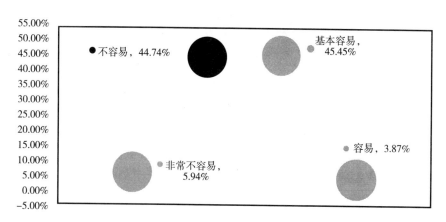

图 4-6　企业招聘新生代农民工难易程度情况

1. 企业招聘新生代农民工难易程度情况

由图 4-6 可知,45.45%的被调查企业认为新生代农民工的招聘基本容易,44.74%的被调查企业认为新生代农民工的招聘管理工作相对不容易,即超过 1/3 的被调查企业认为民营中小企业招聘新生代农民工存在一定困难,5.94%的被调查企业认为招聘新生代农民工非常不容易,仅有 3.87%的被调查企业认为招聘新生代农民工较容易。不同的企业具有不同的招聘方法和渠道,从整体来看企业在招聘新生代农民工时面临着一定的困难。

2. 民营中小企业招聘新生代农民工所占的比例情况

图 4-7 显示,民营中小企业所招聘的新生代农民工人数占企业员工总数 40%—50%的比例最高,达到了 49.67%,新生代农民工所占比例为 50%—60%的企业比例为 30.72%。而新生代农民工所占比例为 20%—30%的企业

比例仅为 4.58%。由此可以看出,新生代农民工逐渐成为民营中小企业人员构成的主要部分,民营中小企业的人员构成愈加年轻化。

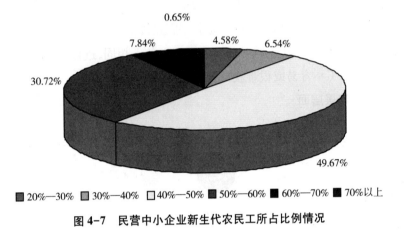

图 4-7 民营中小企业新生代农民工所占比例情况

3. 民营中小企业招聘新生代农民工的学历要求情况

表 4-13 民营中小企业对新生代农民工的招聘学历要求情况

新生代农民工招聘的学历 要求情况	频数(人)	频率(%)
小学及以上	47	10.71
初中及以上	141	32.12
高中(职高)及以上	117	26.65
没有要求	134	30.52
合计	439	100

表 4-13 显示,有 32.12% 的民营中小企业要求新生代农民工的学历为初中水平,26.65% 的民营中小企业要求新生代农民工的学历为高中或者职高学历,另有 30.52% 的民营中小企业在招聘新生代农民工时对其学历不做任何要求。从招聘学历水平要求的不同可以看出,民营中小企业会因企业性质和技术工种的不同对新生代农民工的学历水平要求也会呈现出一定的差异。

4. 招聘新生代农民工过程中的面临困难情境分析

根据图 4-8 的统计结果,29.15% 的企业招聘人员认为新生代农民工对工作环境的要求较高,47.43%的企业招聘人员认为新生代农民工在面试过程中对工资薪金的要求较高;16%的企业招聘人员认为招聘的难题主要是熟练工人和有工作经历者较少。

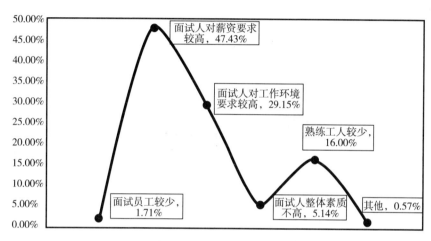

图 4-8　招聘新生代农民工面临困难因素图

5.企业招聘新生代农民工录用统计情况

表 4-14　新生代农民工招聘录用标准统计情况

新生代农民工招聘 录用标准	频数(人)	频率(%)
接受能力强	138	31.43
吃苦耐劳	109	24.83
服从领导安排	106	24.15
拥有专项技能	82	18.68
其他	4	0.91
合计	439	100

根据中小企业招聘新生代农民工的用工标准可以看出,民营中小企业仍然比较看重新生代农民工具有接受能力较强和吃苦耐劳的精神,其所占的比例分别为 31.43% 和 24.83%,其次是服从领导安排,其所占的比例为 24.15%,再

次是对专有技能的要求,其所占的比例为 18.68%。由于新生代农民工吃苦耐劳的精神、接受组织领导以及服从安排不如老一辈农民工,管理起来相对较为困难。所以,在招聘的过程中,民营中小企业希望能够招聘到易于管理的新生代农民工,因而在设置招聘标准时对吃苦耐劳、服从领导安排等做出了明确的规定。

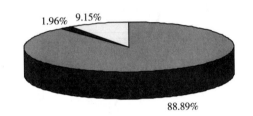

图 4-9　招聘计划是否与相关职能部门共同拟定图

6. 招聘计划是否与相关职能部门共同拟定

如图 4-9 所示,民营中小企业制订招聘计划时,与其职能相关部门共同拟定的比例较高,占总体比例的 88.89%。可见通过与企业的有关生产职能部门沟通,对拟招聘的标准进行设定、对求职者的素质进行共同挑选,是企业有效招聘的前提。招聘计划与相关职能部门没有共同拟定的比例较低,其所占比例仅为 1.96%。企业制订招聘计划与其他职能部门相互拟定已经成为大多数企业所使用的招聘手段。

7. 民营中小企业集中招聘时间段统计情况

根据图 4-10 统计结果可以看出,被调查的民营中小企业中,53.85%的民营中小企业的招聘主要以常年招聘为主,常态化的招聘为企业提供源源不断的新生代农民工;19.87%的民营中小企业将企业的集中招聘时间段设置在 3 月份到 5 月份,19.23%的民营中小企业在每年的 6 月份到 11 月份进行招聘,还有 7.05%的民营中小企业将招聘时间设置在每年的 12 月份到次年的 2 月份。以上数据表明,由于近年来企业招工普遍困难以及企业离职率较高成为常态化,较多的民营中小企业都是采用常年招聘的方式招聘新生代农民工。

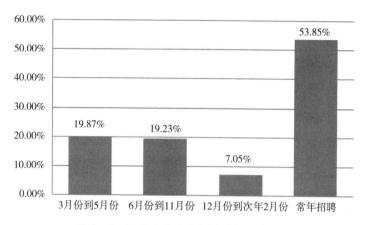

图 4-10　民营中小企业招聘时间段情况

二、新生代农民工培训情况调查与分析

（一）新生代农民工层面

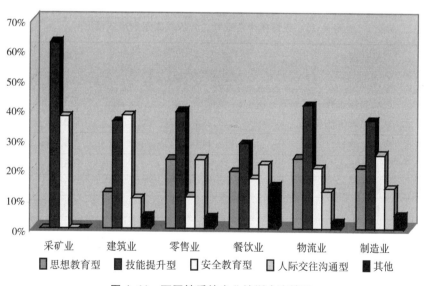

图 4-11　不同性质的企业培训内容情况

1. 不同性质的企业培训内容情况

图 4-11 显示,采矿业的培训内容为技能培训和安全教育培训并以技能培训为主;建筑业培训内容是以技能提升及安全教育为主,分别占 36% 和

38%,以思想教育及人际沟通为辅;零售业最主要是技能培训,占比39.29%,思想教育与人际交往沟通同等重要,占比为23.21%,安全教育次之;餐饮业以技能提升及人际交往沟通为主,思想教育、安全教育次之;物流业技能培训最重要,占比41.57%,思想教育、安全教育、人际交往沟通分别占比23.60%、20.22%、12.36%;制造业技能提升占比36.44%,思想教育与安全教育比重较高为20.41%和24.78%,人际交流占比13.70%。可见,上述行业都把技能培训作为培训的重点。

2.民营中小企业新生代农民工的培训形式

如表4-15所示,企业培训形式虽然多种多样,但大多以传统的现场操作指导与课堂讲授为主,其所占的比例分别为93.51%、81.26%,其次为音像教学与聘请讲师,分别所占总培训形式的23.45%和22.99%,而素质拓展训练、参观学习和外派培训的培训形式所占的比例均较少。由此可见,许多且目前的培训仍是以师傅传帮带式的现场操作和传统的课堂讲授培训为主。

表4-15　民营中小企业新生代农民工培训形式情况

培训形式	频数(人)	频率(%)
课堂讲授	1916	81.26
现场操作指导	2205	93.51
素质拓展训练	238	10.09
外派培训	115	4.88
音像教学	553	23.45
聘请讲师	542	22.99
参观学习	258	10.94
其他	159	6.74

3.民营中小企业新生代农民工的培训效果情况

图4-12显示,培训取得的效果一般占到了60%,培训效果很好的比例占到了28.80%,培训没有效果的占11.20%。可见,新生代农民工认为培训效果一般的比例依然很大,还有相当比例的新生代农民工认为培训根本没有什么效果。

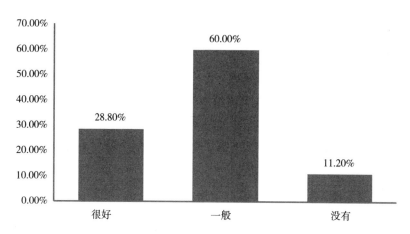

图 4-12　民营中小企业新生代农民工培训效果情况

(二)管理层层面

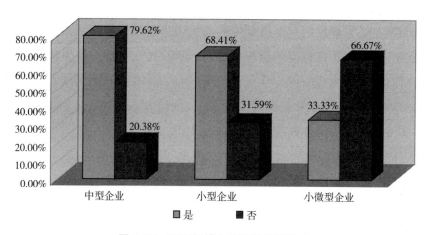

图 4-13　不同规模企业组织培训情况

1.不同规模的企业组织培训情况

图 4-13 显示,中型企业组织新生代农民工进行培训的比例为 79.62%,小型企业组织新生代农民工进行培训的比例为 68.41%,小微型企业组织新生代农民工培训的比例仅为 33.33%。而没有组织新生代农民工进行培训的比例中,中型企业所占的比例为 20.38%,小型企业所占的比例为 31.59%,小微型企业所占的比例为 66.67%。由此可见,组织企业新生代农民工培训与

企业的规模大致呈正相关关系,企业规模越大,就越重视企业新生代农民工的培训工作。

2. 企业管理层对企业培训持有的态度

表4-16 企业管理层对培训持有的态度

选项	频数(人)	频率(%)
绝对支持	288	65.60
支持	129	29.39
比较支持	16	3.64
不支持	6	1.37
合计	439	100

通过表4-16可以看出,民营中小企业的管理层对于新生代农民工培训的态度较好。管理层绝对支持新生代农民工进行培训的比例为65.60%,支持对新生代农民工进行培训的比例为29.39%,比较支持对新生代农民工进行培训的比例为3.64%,不支持对新生代农民工进行培训的比例仅为1.37%。

3. 企业培训资金的来源情况

表4-17 培训资金来源

选项	频数(人)	频率(%)
企业独自承担	410	93.39
企业与个人共同承担,企业比例大	19	4.33
个人承担	10	2.28
合计	439	100

表4-17显示,有93.39%的新生代农民工的培训资金是由企业独自承担的,由企业和个人共同承担培训费用的新生代农民工所占的比例为4.33%,由新生代农民工个人承担培训费用的新生代农民工所占的比例为2.28%。

由此可见,企业是培训费用承担的主体。

4. 企业制定培训方案的依据

表4-18　企业制定培训方案依据

选项	频数(人)	频率(%)
企业发展计划	226	51.48
新生代农民工需求	68	15.49
企业需求	142	32.35
随大溜	3	0.68
合计	439	100

表4-18显示,民营中小企业制定培训方案时,主要以企业发展计划为依据,其所占的比例为51.48%,其次是企业需求制定培训方案,其所占的比例为32.35%,按企业新生代农民工需求制定培训方案的比例仅为15.49%,而随大溜制定企业培训方案的较少,其所占的比例仅为0.68%。

5. 企业进行新生代农民工培训需求分析及确定需求方式情况

通过表4-19和表4-20可以看出,有91.34%的中小企业在对新生代农民工进行培训前,都会对新生代农民工进行培训需求分析,8.66%的企业不进行培训需求分析。(在实践中,大多数的企业在培训前,会对新生代农民工的培训需求进行了解,从而有针对性地进行培训,只有8.66%的企业不进行培训前的需求分析。)而确定新生代农民工培训的方式主要是运用专业的培训需求确定方法,其所占比例为48.52%,21.64%和19.59%的民营中小企业分别采用管理层反映和新生代农民工谈话的方式进行确定,10.25%的企业采用问卷调查的方式进行新生代农民工培训需求确定。

表4-19　新生代农民工培训需求分析情况

选项	频数(人)	频率(%)
进行	401	91.34
不进行	38	8.66
合计	439	100

表4-20 企业确定新生代农民工培训需求的方式情况

选项	频数(人)	频率(%)
问卷调查	45	10.25
新生代农民工谈话	86	19.59
管理层反映	95	21.64
专业的培训需求确定方法	213	48.52
合计	439	100

三、新生代农民工薪酬情况调查与分析

(一)薪资情况

1. 新生代农民工平均月收入水平

从图4-14整理的数据结果来看,新生代农民工的平均月收入在3000—3999元之间的人数最多,占到调查总样本的35.40%;月收入在2000—2999元的次之,所占的比例为28.78%;月收入在4000元以上的和在2000元以下的比重较低,其所占的比例分别为19.46%和16.36%。可以看出新生代农民工月收入大多集中于2000—4000元之间,2000以下或是4000以上所占的比重较小。经整理计算,在此次所调研的全体新生代农民工中,其月平均收入约为3209.50元。

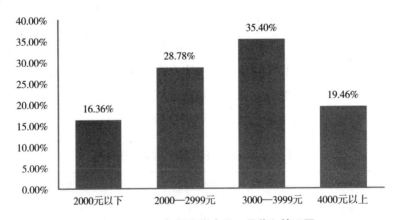

图4-14 2015年新生代农民工月收入情况图

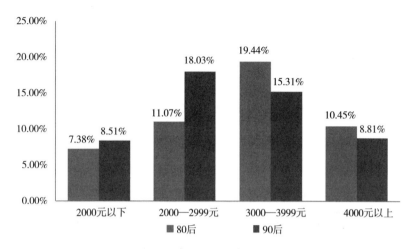

图 4-15 新生代农民工月工资收入与年龄关系图

2. 新生代农民工月工资收入与自身年龄的关系

如图 4-15 显示,2000 元以下的月收入区间,80 后与 90 后新生代农民工比例相当;在 2000—2999 元工资段区间,90 后新生代农民工比例较高;但是,在 3000—3999 元以及 4000 元以上的工资水平中,80 后新生代农民工所占比例较大。80 后新生代农民工的平均月收入为 3319.73 元,高于新生代农民工平均月收入水平;90 后新生代农民工的平均月收入为 3099.27 元,比新生代农民工平均月收入低 110.23 元。总体来说,80 后新生代农民工平均月收入高于 90 后新生代农民工。

3. 新生代农民工工资满意度情况

表 4-21 新生代农民工工资满意度情况

月收入满意度情况	频数(人)	频率(%)
满意	148	6.28
基本满意	1142	48.43
不满意	930	39.44
非常不满意	138	5.85
合计	2358	100

如表 4-21 所示,新生代农民工对于自身月收入表示满意的比例较低,占样本总体的 6.28%,对于自身月收入表示基本满意的频率最高,所占比例为 48.43%。然而有较多的新生代农民工对目前的工资表示不满意,其所占的比例达到了 39.44%。同时,有 5.85% 的新生代农民工对目前的工资表示非常不满意。综上,达到基本满意程度的比例为 54.71%,不满意的比例为 45.29%。

4. 新生代农民工理想的工资情况

表 4-22　新生代农民工理想工资水平情况

理想工资水平情况	频数(人)	频率(%)
2000—2999 元	281	11.92
3000—3999 元	667	28.29
4000—4999 元	562	23.83
5000 元以上	848	35.96
合计	2358	100

理想月工资是新生代农民工根据自身工作岗位、工作地点的消费水平、与同行业同岗位人员的比较及自身能力和生活情况所设想的报酬预期值。新生代农民工的理想月收入的平均值为 4158.51 元,其中理想月收入在 2000—2999 元、3000—3999 元、4000—4999 元以及 5000 元以上 4 个工资段所占的比重依次为 11.92%、28.29%、23.83% 和 35.96%,理想工资为 5000 元以上的比重最大,3000—3999 元的比重次之,最少的是 2000—2999 元理想工资段比重。

5. 新生代农民工理想月收入与其年龄的关系情况

80 后新生代农民工的理想月收入为 4219.63 元,略高于新生代农民工理想平均月收入,而 90 后新生代农民工的理想月收入为 4114.62 元,略低于新生代农民工理想平均月收入,80 后新生代农民工的预期收入平均值比 90 后新生代农民工高 105.01 元。

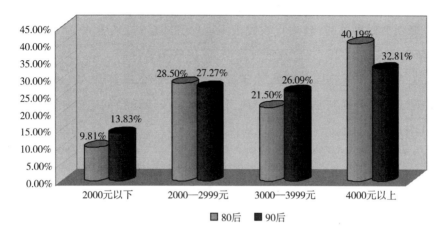

图 4-16　新生代农民工理想月收入与年龄关系图

6. 新生代农民工被拖欠工资现状

表 4-23　拖欠新生代农民工工资情况

拖欠工资情况	频数（人）	频率（%）
经常	53	2.25
偶尔	566	24.00
无	1739	73.75
合计	2358	100

表 4-24　新生代农民工对于拖欠工资问题的解决方式

拖欠工资解决方式	频数（人）	频率（%）
无能为力	99	4.20
通过媒体	293	12.42
通过法律	954	40.46
自己讨要	1012	42.92
合计	2358	100

　　目前,民营中小企业拖欠工资情况有所好转,大多数新生代农民工反映没有被拖欠过工资。但是,拖欠工资问题依然存在,仍有 2.25% 的新生代农民

工表示经常被拖欠工资,24.00%的新生代农民工偶尔会遇到拖欠工资的情况。遇到类似事件时,新生代农民工采取的方式多样,从表4-24中可以看出,新生代农民工有了一定的维权意识,但仍然不是很高。42.92%的新生代农民工表示如果遇到拖欠工资,会选择自己解决,不依靠其他;40.46%的新生代农民工想到要通过法律手段解决,但也顾虑法律途径的成本;当然,还有12.42%的新生代农民工期望通过媒体的压力来使企业给工钱;另外有4.20%的新生代农民工表示他们无能为力,只能选择承受。

7. 工资管理与民营中小企业战略发展匹配情况

如表4-25数据表明,只有16.17%的民营中小企业管理者认为企业工资管理与企业长期发展战略有很大关系,有65.15%的企业认为企业的工资管理与其发展战略有一定的相关性,更有18.68%的企业管理者认为两者之间没有必然联系。可见,企业管理者在制定工资战略时,在一定程度上忽视了工资制度与企业长期发展战略的关系。

表4-25　企业工资管理与发展战略的相关性

工资制度与企业发展战略相关性	频数(管理者)	频率(%)
有很大相关性	71	16.17
有一定相关性	286	65.15
没有相关性	82	18.68
合计	439	100

8. 民营中小企业设定绩效考核机制以及执行情况

表4-26　民营中小企业设定明确绩效考核机制情况

考核机制情况	频数(人)	频率(%)
有	1729	73.32
无	629	26.68
合计	2358	100

表4-27 企业内部考核机制的执行力度情况

考核机制执行情况	频数（人）	频率（%）
不执行	92	3.90
偶尔执行	723	30.66
严格执行	1543	65.44
合计	2358	100

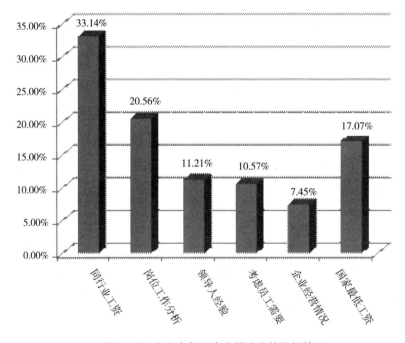

图4-17 企业内部工资金额设定的依据情况

  表4-26、表4-27以及图4-17共同反映着民营中小企业绩效考核及执行情况,有73.32%的企业设定了明确绩效考核机制,却仍有26.68%没有明确的考核机制;有考核机制的民营中小企业只有65.44%在严格执行,偶尔执行与不执行的比例分别是30.66%和3.90%,这也反映了民营中小企业在进行绩效考核时有一定的随意性。图4-17显示,33.14%的企业根据同行业的工资水平来设定本公司的工资水平;20.56%的企业根据岗位工作分析,判断工

作量后,制定岗位工资水平;11.21%的企业会根据领导者自身的经验进行工资设定;只有10.57%的企业会考虑在进行工资水平设定时会将新生代农民工的需求考虑在内;还有7.45%的企业进行工资设定时会考虑企业经营情况,企业效益不好时,工资水平也会降低。

9.民营中小企业就新生代农民工提出加薪请求的反应及沟通情况

表4-28　新生代农民工加薪请求反应情况

新生代农民工加薪请求反应情况	频数(人)	频率(%)
没有提出请求	956	40.54
忽视请求	272	11.54
各种理由拒绝	288	12.21
核实工作表现	842	35.71
合计	2358	100

表4-29　新生代农民工加薪请求沟通情况

新生代农民工加薪请求沟通情况	频数(人)	频率(%)
没有沟通	252	10.69
班组长临时沟通	1591	67.47
指定专门人员进行沟通	204	8.65
领导亲自沟通	311	13.19
合计	2358	100

当新生代农民工向领导表示了加薪的请求时,民营中小企业中有35.71%会在核实此人工作表现后确定是否加薪;然而,有23.75的企业用各种理由搪塞或者直接忽视新生代农民工的请求,对于新生代农民工的加薪请求缺乏重视和尊重。在沟通环节,只有13.19%领导者亲自与新生代农民工沟通;8.65%的企业指定专门人员进行沟通,更多情况下是班组长或者基层领导临时询问或征求新生代农民工对于工资管理的意见或建议;还有10.69%

的民营中小企业没有和基层新生代农民工进行过沟通。

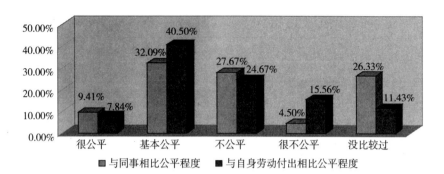

图4-18　企业工资管理公平情况

10. 企业工资管理公平性的基本情况

图4-18显示,在与同事的工资水平相比,仅有9.41%的新生代农民工认为很公平,32.09%的新生代农民工感觉基本公平,却有27.67%的新生代农民工感觉不公平以及4.50%的新生代农民工感觉很不公平。另外,由于部分企业工资保密,有26.33%的新生代农民工无法比较或没有考虑过公平问题;与自身劳动付出—回报的程度来看,仅有48.34%的新生代农民工认为自己的付出得到了应有的薪酬,其余51.66%的新生代农民工认为没有得到与之付出成正比的工资金额。

11. 企业不同岗位间工资的差异情况

表4-30　企业不同岗位间工资差异情况

企业不同岗位间 工资差异情况	频数(人)	频率(%)
差异过大	531	22.52
差异过小	517	21.93
差异适当	778	32.99
没有差异	532	22.56
合计	2358	100

表4-30显示,22.52%的新生代农民工认为岗位工资差异过大;21.93%

的新生代农民工认为差异过小,22.56%的新生代农民工认为没有差异,他们工作努力与否,在工资水平上体现不出来。有32.99%的新生代农民工认为差异适当,另有44.49%的新生代农民工认为差异小或者没有差异反映了企业缺乏激励性的工资制度。

12. 企业内部工资晋升途径情况

表4-31　企业内部工资晋升途径情况

企业内部工资 晋升途径情况	频数(人)	频率(%)
职位晋升	1124	47.67
工作能力评定升级	812	34.44
工作年限	350	14.84
其他	72	3.05
合计	2358	100

表4-31显示,47.67%的企业仅以职位晋升作为调整工资水平的依据,有34.44%的企业仅以能力水平的高低评定工资水平,14.84%的企业会根据工作年限来调整工资水平。综合看来,民营中小企业内部工资的晋升主要以职位晋升来提升工资,但忽略了依据新生代农民工工作能力等因素来调整工资水平。

(二)福利情况

1. 法定福利供给现状

表4-32　民营中小企业为新生代农民工投保情况

企业为新生代农民工 投保情况	频数(人)	频率(%)
三险一金	1261	53.48
五险一金	885	37.53
没有投保	212	8.99
合计	2358	100

通过民营中小企业为新生代农民工的投保情况,可以看出新生代农民工的投保情况还是相对较低的。如表4-32数据所示,民营中小企业为新生代农民工缴纳五险一金(养老保险、医疗保险、失业保险、工伤保险、生育保险,住房公积金)的比例仅为37.53%,缴纳三险一金(养老保险、医疗保险、失业保险、住房公积金)的比例为53.48%,稍高于五险的投保比例。但是仍有8.99%的民营中小企业没有给新生代农民工投缴任何社会保险。可见,民营中小企业为新生代农民工的投保情况不容乐观。

2.新生代农民工对企业福利的了解情况

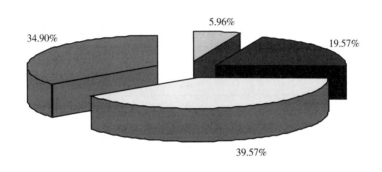

图4-19　新生代农民工对企业福利的了解程度情况

如图4-19所示,新生代农民工对于企业的福利管理制度非常清楚的比例较低,占总体比例的5.96%,新生代农民工对企业福利制度清楚的比例为19.57%,对企业内部福利管理制度基本清楚的比例为39.57%,还有34.90%的新生代农民工对企业福利管理制度一无所知,不清楚企业内部有哪些福利项目。

3.新生代农民工工作餐的情况

图4-20数据显示,新生代农民工认为企业饭菜质量很高的比例仅为7.44%,而认为企业饭菜质量一般的比例高达69.30%,认为饭菜质量差和非常差的比例分别为15.12%、8.14%。可见,民营中小企业的工作餐质量有待提高。

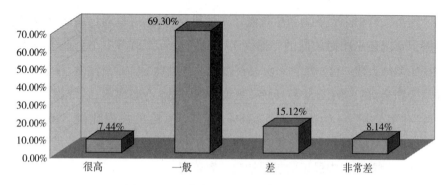

图4-20　民营中小企业工作餐质量情况

4. 节假日新生代农民工陪伴子女情况

表4-33　新生代农民工节假日陪伴子女情况

节假日陪伴子女情况	频数(人)	频率(%)
经常	46	4.98
偶尔	94	10.19
从来没有	783	84.83
合计	923	100

在此次调研的新生代农民工群体中,已婚的新生代农民工所占的比例为39.14%,共923人。如表4-33数据显示,在节假日放假期间,已婚的新生代农民工经常或偶尔陪伴自己子女所占的比例仅为15.17%,而有84.83%的新生代农民工无法陪伴子女一起过节假日。

5. 节假日为新生代农民工提供慰问品情况

表4-34　节假日为新生代农民工提供慰问品的情况

节假日为新生代农民工 提供慰问品情况	频数(人)	频率(%)
经常	1216	51.57
偶尔	1050	44.53
从来没有	92	3.90
合计	2358	100

从表4-34可以看出,民营中小企业经常在节假日为新生代农民工发放慰问品的比例为51.57%,偶尔发放慰问品的比例为44.53%,企业从来没有发放慰问品的比例为3.90%,长期发放的比例不高。这也反映出民营中小企业在进行福利管理时没有长期的规划和机制,发放慰问品具有一定的短期性和随机性。

6.福利供给的公平性与激励性现状

表4-35　企业内部福利发放公平情况

对企业发放福利的公平感知	80后		90后		合计(%)
	频数(人)	频率(%)	频数(人)	频率(%)	
很公平	288	12.21	262	11.11	23.32
基本公平	356	15.10	336	14.25	29.35
偶尔有偏袒现象	189	8.00	411	17.44	25.44
经常偏袒	13	0.55	189	8.00	8.55
没感觉	189	8.00	126	5.34	13.34

从表4-35可以看出,仅有23.32%的新生代农民工认为民营中小企业发放福利很公平,却有33.99%的新生代农民工认为企业发放福利存在不公平的现象,表明民营中小企业在福利发放上有一定的偏袒性。其中,90后相较于80后对于公平的认知更为敏感,抑或90后晚于80后步入职场,在认为企业出现偏袒现象时,90后的比例远大于80后的比例。

7.企业内部岗位间福利发放的差别情况

图4-21数据表明,在民营中小企业中就同一岗位发放福利相同的比例较高,占到总体比例的91.61%,而福利发放不同所占的比例较低,仅为8.39%。由此表现出企业在同岗位发放福利比较公平。但从不同岗位发放福利的统计数据来看,恰恰与同岗位发放福利的情况相反,其中有82.58%的新生代农民工认为不同岗位发放的福利不一样,仅有17.42%的新生代农民工认为不同的岗位发放的福利是相同的。

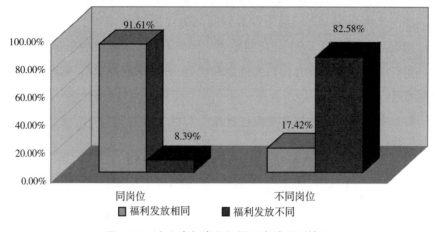

图 4-21　企业内部岗位间福利发放差别情况

8. 企业内部福利发放的依据

表 5-36　企业内部福利发放的依据情况

企业内部发放福利的依据	频数(人)	频率(%)
岗位	668	28.33
技能	573	24.30
工作年限	781	33.12
学历、职称	336	14.25
合计	2358	100

在发放福利的依据方面,33.12%的民营中小企业以工作年限为依据,28.33%的企业认为需要考虑岗位的因素,24.30%的民营中小企业考虑技能因素,还有 14.25%的少数企业以学历、职称为依据。

9. 福利供给类型与满意度情况

表 4-37　企业提供福利的类型情况

企业内部发放福利类型	频数(人)	频率(%)
五险一金	885	9.93

续表

企业内部发放福利类型	频数(人)	频率(%)
三险一金	1261	14.14
带薪休假	1121	12.57
节假日慰问金	765	8.58
免费旅游	639	7.17
组织娱乐活动	972	10.90
提供职工宿舍	2015	22.60
节假日慰问品	1216	13.64
集体购买火车票	42	0.47
合计	8916	100

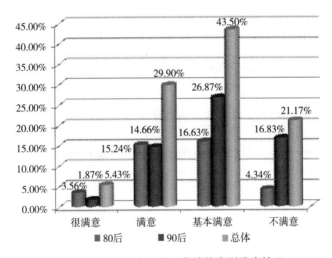

图4-22　企业福利发放的类型满意情况

结合表4-37以及图4-22可以看出,在法定福利中,只有9.93%的新生代农民工享受到了"五险一金"、14.14%的新生代农民工享受"三险一金"、仅12.57%的新生代农民工有带薪休假;自发性福利方面,相对较多的形式是节假日慰问品、提供职工宿舍以及组织娱乐活动。此外,新生代农民工整体对企业发放福利的情况表示基本满意,90后新生代农民工相对于80后新生代农民工而言,对福利要求较高一些。

10. 企业福利管理制度的执行情况

表 4-38　民营中小企业福利制度的执行力情况

企业福利制度执行情况	频数(管理者)	频率(%)
是	383	87.24
否	56	12.76
合计	439	100

表 4-38 数据表明,企业福利制度执行较好的比例为 87.24%,仍有 12.76% 的民营中小企业没有较为严格地执行福利管理制度。可见,在民营中小企业中,较多的企业制定并较好实行了福利制度,但也存在一些企业没有执行既已制定的福利制度,福利制度的执行力度尚待加强。

四、新生代农民工管理环境情况调查与分析

(一)新生代农民工层面

1. 新生代农民工对企业管理环境满意度情况分析

表 4-39　新生代农民工对企业管理环境的满意度调查情况(%)

		不满意	没有不满意	基本满意	非常满意	其他
80后	男	12.28	14.77	51.12	15.58	6.25
	女	13.26	15.17	44.69	21.51	5.37
	总体	20.56	3.7	57.22	15.74	2.78
90后	男	10.59	10.94	49.90	26.98	1.59
	女	12.17	36.96	33.48	15.22	2.17
	总体	1.77	19.47	53.98	21.24	3.54
总体		3.54	11.95	62.39	18.14	3.98

表 4-39 显示,目前新生代农民工对企业管理环境的满意度处于“基本满

意"的水平达到62.39%，"非常满意"所占百分比为18.14%。按年龄段统计，80后新生代农民工对企业管理环境的满意度水平相对较高，"基本满意"和"非常满意"两项所占的比例达到72.96%，90后新生代农民工的满意度水平略低于80后；按性别统计，女性的满意度水平低于男性，其中，80后和90后的女性的满意度水平均低于男性，尤其是80后的女性，其"不满意"比例达到了13.26%。

2. 新生代农民工与直接上司的关系调查情况

由表4-40数据可以看出，在总体上，80后农民工与直接上级的关系要优于90后农民工，其在与直接上司的关系处于"畅所欲言，无所不谈"所占的比例分别为28.71%、24.34%，在与直接上司处于"保持距离，敬而远之"的关系中，80后农民工所占的比例仅为6.93%，而90后农民工所占的比例为33.91%。同时，不论是80后还是90后的新生代女性农民工，其与直接上司的关系都不如男性农民工，在与直接上司的关系处于"只限于工作方面配合良好"的比例中，80后、90后女性农民工的比例分别为44.12%、25.53%。可见，男性农民工与直接上司的关系要优于女性农民工。

表4-40　新生代农民工与直接上司的关系调查情况（%）

		保持距离，敬而远之	只在某些方面比较融洽	只限于工作方面配合良好	有较多的私人交情	畅所欲言，无所不谈
80后	男	8.70	23.91	17.39	2.17	47.83
	女	5.88	26.47	44.12	5.88	17.65
	总体	6.93	21.78	39.61	2.97	28.71
90后	男	28.13	9.68	17.19	10.43	34.57
	女	44.68	14.89	25.53	6.38	8.52
	总体	33.91	12.17	19.98	9.60	24.34
总体		20.72	17.57	29.27	6.31	26.13

3. 新生代农民工对管理者领导方式满意度方面的调查情况

表4-41　新生代农民工对领导行为方式的满意度调查情况（%）

		非常不满意	不满意	基本满意	满意	非常满意
80后	男	3.59	13.21	67.78	5.89	9.53
	女	34.78	6.52	36.96	4.35	17.39
	总体	15.18	8.93	61.61	1.78	12.5
90后	男	5.7	20.52	48.52	11.56	13.7
	女	6.12	28.57	51.02	2.04	12.25
	总体	5.61	20.56	60.74	3.74	9.35
总体		10.31	15.25	60.99	2.69	10.76

表4-41显示,大多数新生代农民工对领导行为方式的满意度处于"基本满意"的水平,所占的总体比例为60.99%,其次是"不满意","非常满意"和"非常不满意",其所占的比例分别为15.25%、10.76%、10.31%。90后对领导行为方式"不满意"的比例高于80后,尤其是90后女性,其"不满意"所占的比例高达28.57%,约是80后女性"不满意"所占比例的5倍。

4. 领导行为方式调查情况

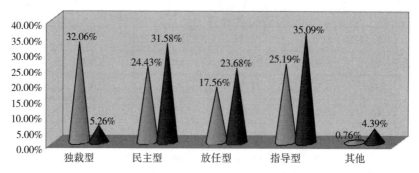

图4-23　领导行为方式调查情况

图4-23数据表明,目前新生代农民工认为民营中小企业的领导行为方式是独裁型、指导型以及民主型的占比重分别为32.06%、25.19%、24.43%;但从新生代农民工希望的领导行为方式来看,新生代农民工最希望的领导行为方式主要体现为指导型和民主型,这两种领导行为方式所占比重分别为35.09%和31.58%,而对于独裁型的领导行为方式是最不受新生代农民工所欢迎的,其所占的比例仅为5.26%。

5. 对直接上司的认可度调查情况

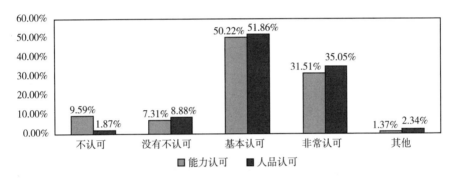

图4-24　新生代农民工对直接上司的认可度调查情况

由图4-24可以看出,新生代农民工对于直接上司的能力和人品的认可水平主要集中在"基本认可",其所占的比例分别为50.22%、51.86%。其次是对直接上司的能力和人品非常认可,所占比重均分别为31.51%、35.05%。可见,新生代农民工对直接上司的能力和人品都还是比较认可的,但也存在部分新生代农民工对直接上司的能力不认可。

6. 上下级沟通方式调查情况

由图4-25可以看出,民营中小企业上下级沟通方式以双向沟通为主。其中,上下级双向沟通的频率为"经常"所占的比例最大,占到总体比例的57.41%;其次为"偶尔"沟通,所占比重为32.72%;"几乎不"沟通和"很少"沟通的比例较少,其分别所占的比例为1.23%、2.47%。由此可见,一半以上的新生代农民工认为企业内部上下级沟通方面较为顺畅,但是还有为数不少的新生代农民工认为上下级沟通还是不够。

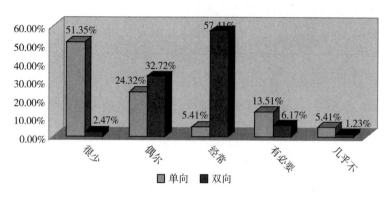

图4-25　沟通方式调查情况

7. 非正式沟通频率调查情况

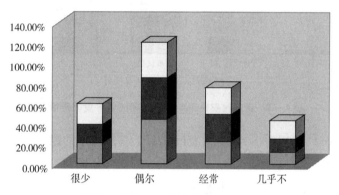

图4-26　非正式沟通频率调查情况

图4-26显示,"领导与下属举办联谊、聚餐等非正式活动""领导与下属在走廊、休息室等非正式场所交流""领导与下属通过聊天软件进行交流"这三项"偶尔"发生所占的比例最大,其所占的比例依次为44.29%、41.36%、35.16%;其次是领导与下属"经常"进行非正式的沟通,三种方式所占的比例分别是22.37%、27.27%、26.03%;"很少"和"几乎不"的比例达到了1/3。

8.新生代农民工与领导沟通不畅原因调查情况

表4-42   新生代农民工与领导沟通不畅原因调查情况(%)

		担心别人说闲话	担心"言多必失"	担心暴露自己缺点	认为沟通于事无补	为避免冲突	畏惧领导	其他
80后	男	8.70	43.48	2.17	8.70	13.04	0.00	23.91
	女	2.63	31.58	0.00	15.79	15.79	2.63	31.58
	总	18.87	33.02	0.94	10.38	12.26	1.89	22.64
90后	男	6.07	26.26	4.04	44.45	10.09	4.04	5.05
	女	0.00	8.89	17.78	18.89	21.11	18.89	14.44
	总	1.80	13.17	10.78	23.35	14.97	11.98	23.95
总体		8.3	23.11	6.86	18.77	13.72	7.94	21.30

由表4-42可以看出,新生代农民工与领导沟通不畅的原因主要是"担心'言多必失'",所占比重为23.11%;其次是"其他",根据我们的访谈深入了解到"其他"很大程度上是指新生代农民工的性格原因;80后的主要原因分布区域与90后不同,80后与领导沟通不畅的另一种原因是"担心被人说闲话"。其次是第四种原因和第五种原因,分别是"为避免冲突"和"认为沟通于事无补";90后第一大原因是"其他",依次是"认为沟通于事无补"、"为避免冲突"和"担心'言多必失'"。总体上,女性的主要原因区别于男性。其中,80后女性的原因区别于90后女性的原因,80后女性的主要原因是"其他"和"担心言多必失",90后女性的主要原因是"为避免冲突"、"认为沟通于事无补"和"畏惧领导";80后男性的主要原因又区别于90后男性,80后男性的主要原因在于"担心'言多必失'",90后男性的主要原因在于"认为沟通于事无补"。

9.在沟通方面新生代农民工希望领导为其所做努力情况调查

通过表4-43可以看出,总体上,在沟通方面希望领导为其所做的努力排在前三位的依次是"采取非正式沟通方式"、"有话直说"和"认真倾听新生代农民工的意见或建议";按年龄统计,80后希望领导为其所做的努力名列前三的与总体排名前三的次序一致,90后与80后有所差异,其希望领导做出努力的方面排名依次为"有话直说"、"采纳自己的意见或建议"和"认真倾听新生代农民工的建议或意见"。可见,80后和90后的侧重点有所不同,90后更希望得到上司的认可与尊重,希望自己的意见或建议得到倾听并采纳。

表 4-43　在沟通方面新生代农民工希望领导为其所做努力情况(%)

选　　项	80 后	90 后	总体
无所谓	4.10	2.78	3.31
主动找自己沟通	4.10	2.78	3.31
采取正式沟通方式	3.28	6.25	7.72
采取非正式沟通方式	28.69	6.94	23.16
认真倾听新生代农民工的意见或建议	27.05	17.36	15.44
采纳自己的意见或建议	8.20	18.05	13.60
有话直说	13.92	29.17	21.69
说话时委婉,尤其是批评自己时	9.02	13.89	9.56
其他	1.64	2.78	2.21

10. 民营中小企业赋予职权调查情况表

表 4-44　新生代农民工希望被授权情况

新生代农民工希望被授权的频度	频数(农民工数量)	频率(%)
非常希望	612	25.95
希望	828	35.11
偶尔	306	12.98
不希望	207	8.78
非常不希望	405	17.18
合计	2358	100

通过表 4-44 数据分析显示,新生代农民工非常希望被授权的比例是 25.95%,希望被授权的比例是 35.11%,偶尔希望占 12.98%,这三者占达到 74.04%。可见,大部分的新生代农民工渴望被授权,所以所调查的样本企业

要重视"授权"的意义,做好授权的统筹安排。

表 4-45　实际授权机会情况(%)

新生代农民工被授权的频度	频数(农民工数量)	频率(%)
经常	489	20.74
偶尔	1108	47.00
很少	218	9.22
几乎不会	152	6.45
只有非常必要时才会	391	16.59
合计	2358	100

表 4-45 显示,"偶尔"授权所占的比例最大,所占比例为 47.00%,其次是"经常"被授权的比例是 20.74%,"很少"和"几乎不会"两项分别占比 9.22%和 6.45%。通过表 4-44 和表 4-45 对比发现,企业新生代农民工的实际授权机会情况与渴望授权情况仍有一定差距。

11. 企业对个人发展支持方面的情况调查

表 4-46　企业对个人发展支持方面情况(%)

企业对个人发展支持情况	领导会创造机会让新生代农民工发展自己的特长	领导会给予新生代农民工适当的教育与辅助
很少	12.07	4.74
偶尔	30.17	29.39
经常	35.78	42.65
只有非常必要时才会	9.05	11.85
几乎不	12.93	11.37

由表 4-46 可以看出,有 35.78%的民营中小企业的领导会"经常"创造机会让新生代农民工发展自己的特长,有 42.65%的民营中小企业的领导会

给予新生代农民工适当的教育与辅导,但均未超过半数;而"很少""偶尔""只有在非常必要时才会"和"几乎不"四项的比例和超过了半数,甚至2/3。由此表明民营中小企业在促进新生代农民工能力提升方面亟须加大力度。

12.新生代农民工参与决策方面情况

表4-47　新生代农民工参与企业决策方面情况

新生代农民工与 企业决策情况	领导在做决策前 征求自己的意见、 建议(%)	自己的意见、建议 得到积极倾听 并及时做出反馈(%)
几乎不	6.02	3.33
偶尔	34.14	29.26
很少	12.05	12.96
只有非常必要时才会	30.52	33.70
经常	17.27	20.75

由表4-47显示,在企业领导拟准备做出决策时,征求新生代农民工的意见或建议和"偶尔"得到积极倾听并及时做出反馈的比例较高,分别占到总体的34.14%、29.26%,而领导在做决策前"经常"征求或倾听下属的意见或建议的比例不及1/5,"很少"和"几乎不会"这两项所占的比重之和超过了15%。从表中我们了解到,新生代农民工希望自己的意见或建议被倾听或被采纳,由此可见,新生代农民工在企业决策方面的参与度较低。

（二）管理层方面

1.管理者对上下级关系的满意度情况

如图4-27所示,管理者目前对上下级关系的满意度水平主要集中在基本满意,所占比重为51.66%;其次是非常满意,所占比重为45.03%;与表4-41数据比较,可以看出对于企业领导与新生代农民工间关系的满意度,管理者的感受与新生代农民工的感受略有差别。在领导者与新生代农民工间的上下级关系表示"非常满意"的情况中,领导所占的比例大于新生代农民工所占的比例。

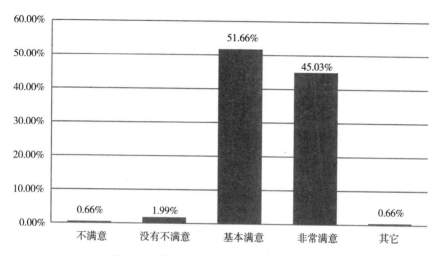

图 4-27 管理者对上下级关系的满意度情况

2. 管理者与新生代农民工的关系情况

表 4-48 管理者与新生代农民工的关系情况

管理者与新生代农民工 关系情况	频数（人）	频率（%）
保持距离，敬而远之	8	1.82
只在某些方面比较融洽	51	11.62
只限于工作方面配合良好	158	35.99
有较多的私人交情	65	14.81
畅所欲言，无所不谈	157	35.76
合计	439	100

表 4-48 表明，民营中小企业管理者与新生代农民工间的关系主要处于"只限于工作方面配合良好"和"畅所欲言，无所不谈"两种情况，其分别所占的比例为 35.99%、35.76%；其次是管理者与新生代农民工间存在一定的私人交情，其所占的比例为 14.81%。管理者与新生代农民工间保持距离，敬而远之的关系情况所占最低，所占比例仅为 1.82%。可见，企业新生代农民工更加倾向于与管理者保持比较融洽的关系。

3. 领导者行为方式的情况调查

表 4-49　领导行为方式情况调查（%）

领导行为方式	会做出改变	不会做出改变	觉得没必要改变	觉得改不了	总体
独裁型	0.00	0.00	0.00	0.00	0.00
民主型	50.00	31.88	16.67	0.00	31.98
参与型	16.67	18.74	33.33	0.00	19.19
指导型	33.33	29.38	50.00	0.00	30.23
成就型	0.00	20.00	0.00	0.00	18.60
放任型	0.00	0.00	0.00	0.00	0.00
总体	4.00	92.00	4.00	0.00	100

由表 4-49 可以看出,有 31.98% 的管理者认为自己是"民主型"领导风格,有 30.23% 的管理者认为自己是"指导型"领导风格,没有人认为自己是"独裁式"的领导风格。这一结果与图 4-23 新生代农民工调查数据得出的结论有些差异,显然,管理者的行为方式不能被新生代农民工正确地感知。为了更好的管理新生代农民工,管理者的领导行为方式"会做出改变"的比例为 4%;"不会做出改变"的比例最大,为 92%;"觉得没必要改变"和"觉得改不了"的比例分别为 4% 和 0%。"民主型"的领导行为方式在"会做出改变"这个选项上的比重最大,为 50%;"参与型"的领导行为方式在"觉得没必要改变"这个选项上的比重最大,为 33.33%;"指导型"的领导行为方式在"觉得没必要改变"这个选项上的比重最大,为 50%;"成就型"的领导行为方式在"不会做出改变"这个选项上的比重最大,为 20%。

4. 民营中小企业与新生代农民工沟通调查情况图

由图 4-28 显示,企业能够与新生代农民工进行经常性交流的比例较高,所占比例为 65%,其次是企业偶尔与新生代农民工进行沟通交流,所占的比例为 22.33%,但还有一部分的新生代农民工很少或几乎不能够经常性地与企业进行沟通交流。可见,民营中小企业里管理者与新生代农民工沟通交流的情况尚存在一定的问题,亟须给予关注与研究。

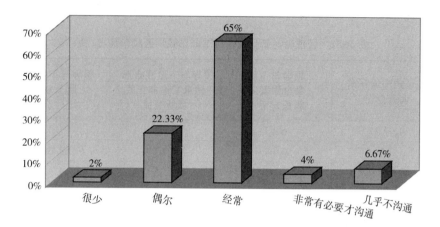

图 4-28　民营中小企业与新生代农民工沟通调查情况图

5. 管理者与新生代农民工沟通方式与沟通频率调查情况

表 4-50　管理者与新生代农民工沟通方式与沟通频率情况（%）

沟通方式与频率	单向	双向	其他	总体
几乎不	5.26	0.00	0.00	6.67
偶尔	10.53	21.95	75.00	22.33
很少	0.00	1.63	12.50	2.00
只有非常必要时才沟通	5.26	3.25	12.50	4.00
经常	78.95	73.17	0.00	65.00
总体	12.58	81.46	5.96	100

如表 4-50 所示,民营企业上下级沟通方式以双向为主,大多数领导会"经常"进行沟通,双向沟通以及经常进行沟通所占的比例分别为 81.46%、65.00%。上下级之间采用单向沟通的方式时,其沟通频率为经常的比例较高,占到总体比例的 78.95%,其次是偶尔进行沟通,其所占的比例为10.53%;采用双向沟通时,沟通频率以经常沟通为主,占比为 73.17%,其次是偶尔沟通,占比为 21.95%;其他的沟通方式和沟通频率所占的比例较低。

6. 管理者与新生代农民工非正式沟通频率情况调查

表 4-51　管理者与新生代农民工非正式沟通频率情况（%）

非正式沟通频率调查情况	领导与下属举办聚餐等非正式活动	领导与下属在走廊、休息室等非正式场所交流	领导与下属通过聊天软件进行交流
几乎不	6.67	5.33	7.33
偶尔	50.67	46.67	68.01
很少	17.33	7.33	19.33
经常	25.33	40.67	5.33

表 4-51 显示,有一半的管理者认为领导"偶尔"会与下属举办联谊、聚餐等非正式活动,所占的比例为 50.67%。但"很少"和"几乎不"所占的比例也超过了 1/5；领导"经常"与下属在走廊、休息室等非正式场所交流的比例将近一半,所占比例为 40.67%；有超过 1/4 的领导"很少"或"几乎不"与下属通过聊天软件进行交流。可见,部分民营中小企业管理者应该加强与新生代农民工的非正式沟通。

7. 企业领导授权给新生代农民工的样本情况

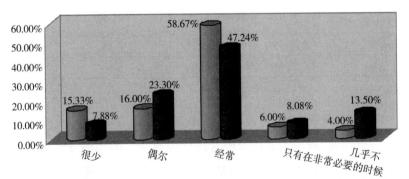

图 4-29　民营中小企业授权新生代农民工调查情况图

如图 4-29 显示,管理者"经常"会适当授权给下属的比例最大,所占的比例为 58.67%,"偶尔"和"很少"授权给下属的比重依次排在第二和第三位,其比例分别为16%和15.33%;而管理者"经常"给下属尝试用自己的方式去处理问题的机会所占比重最大,比例为47.24%,其次依次为"偶尔"和"几乎不",所占总体的比例依次为23.30%、13.50%。可见,在授权方面,管理者做出的努力与下属的感知存在一定的距离。

8.民营中小企业支持个人发展方面的情况

表4-52　民营中小企业支持个人发展方面的情况(%)

民营中小企业 支持个人发展情况	创造条件让下属充分 发挥自己的特长	创造机会为下属提供 学习或培训的机会
不会	9.09	6.62
偶尔	20.62	10.60
很少	5.24	2.65
经常	65.05	80.13

表4-52的数据显示,企业在支持新生代农民工个人发展方面,"经常"创造条件让下属充分发挥自己的特长和创造机会让下属提供学习或培训的机会的比重最大,比例分别占到了总体的65.05%和80.13%;其次,是"偶尔"会创造条件让下属充分发挥自己的特长和创造机会为下属提供学习或培训机会所占比例较高,所占的比例分别为20.62%、10.60%。"不会"或"很少"为新生代农民工创造条件发挥自己的特长或是为其提供学习培训机会所占的比例较低。领导在这两方面做出的努力与下属所感知到的大体一致。

9.新生代农民工参与企业决策情况

表4-53　新生代农民工参与企业决策情况(%)

新生代农民工参与 企业决策情况	会创造机会让自己 充分发表意见	会积极倾听下属的意见 或建议并及时作出反馈
几乎不会	0.61	0
偶尔	20.61	10.60
很少	4.24	2.65
必要时才会	9.09	6.62
经常	65.45	80.13

由表4-53可以看出,企业在创造机会让下属充分发表自己意见或是积极倾听新生代农民工建议并及时做出反馈时,新生代农民工经常参加企业决策的比例最高,分别为65.45%、80.13%;其次是偶尔参加企业的决策,所占的比例为20.61%、10.60%。很少参加企业决策或是几乎不会参加企业决策所占的比例最低。数据表明企业尚需进一步提高新生代农民工参加企业决策的积极性和主动性,同时也要创造更多的机会让新生代农民工参与决策。

(三)新生代农民工企业文化情况调查与分析

1.新生代农民工对企业文化的了解状况情况

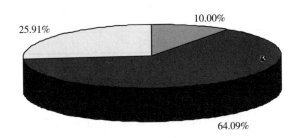

图4-30　新生代农民工是否了解所在企业的企业文化情况

从图4-30可以看出,只有10%的新生代农民工比较熟悉企业内部的文化状况,有64.09%的新生代农民工基本了解企业的企业文化。在对其进行更深一步的访谈中,发现这64.09%的新生代农民工也仅仅局限于知道企业有企业文化,但对其所代表的内涵、所起到的作用和意义大多数新生代农民工是忽视的。同时,有25.91%的新生代农民工不理解或不知道企业的内部文化,已经超过了1/4的新生代农民工忽视企业的文化建设。

2.民营中小企业文化组织文娱活动状况

表4-54　新生代农民工所在企业组织文娱活动情况

企业组织文化娱乐活动情况	频数(人)	频率(%)
经常	225	9.54

续表

企业组织文化娱乐活动情况	频数（人）	频率（%）
偶尔	1252	53.10
否	881	37.36
合计	2358	100

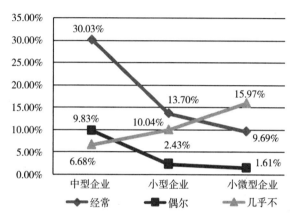

图4-31　企业规模与企业组织文娱活动情况

根据表4-54和图4-31的统计数据显示,可以发现我国民营中小企业内部组织新生代农民工参加企业娱乐活动的状况不容乐观。在走访调查的民营中小企业中,有9.54%的企业是经常组织新生代农民工参加企业文娱活动,有53.10%的企业是偶尔组织新生代农民工参加企业文娱活动,有37.36%的企业没有组织新生代农民工参加文娱活动,即超过1/3的民营中小企业是没有文化建设的。单从民营中小企业自身来看,在新生代农民工文化建设方面处于偏弱的状态,亦表明企业的领导对新生代农民工文化建设的重视程度较低。从企业规模的大小比较来看,中型企业中偶尔组织文娱活动的比例为9.83%,经常组织文娱活动的比例为30.03%,几乎不组织文娱活动的比例为6.68%;小型企业中偶尔组织文娱活动的比例为2.43%,经常组织文娱活动的比例13.70%,几乎不组织文娱活动的比例为10.04%;小微型企业中偶尔组织文娱活动的比例为1.61%,经常组织文娱活动的比例为9.69%,几乎不组织文娱活动的比例为 15.97%。以上数据表明企业组织文娱活动的能力偏弱,也就表明我国民营中小企业在新生代农民工文化建设上的重视程度不足,尚没有发现企业文化建设对其经营发展的重大意义。

3. 新生代农民工的教育水平与参加文化活动情况

表 4-55 数据表明,新生代农民工受教育的程度越高,对企业文化建设的参与度亦逐渐提高。除没有上过学的新生代农民工外,都愿意参加到企业的文化建设中去,学历为小学的新生代农民工比为 5.43%、学历为初中的新生代农民工比为 19.85%、学历为高中或高职的新生代农民工比为 28.16%。综合看来,新生代农民工教育水平较高,其参与企业文化活动的意愿更为强烈。

表 4-55　教育状况与是否愿意参加文化活动情况(%)

教育状况	是否愿意参加文化活动					
	愿意		无所谓		不愿意	
	频数	比例	频数	比例	频数	比例
从未上过学	35	1.48	53	2.25	5	0.21
小学	128	5.43	53	2.25	10	0.42
初中	468	19.85	432	18.32	102	4.33
高中（职高）	664	28.16	363	15.39	45	1.91
合计	1295	54.92	901	38.21	162	6.87

4. 新生代农民工参加企业组织的文化活动形式

表 4-56　企业组织的文化活动形式情况

企业组织文化娱乐活动情况	频数(人)	频率(%)
员工篮球赛	330	13.99
乒乓球赛	613	26.00
员工文艺演出	829	35.16
员工各种技能大赛	209	8.86
其他	377	15.99
合计	2358	100

　　根据表4-56的统计数据显示,可以看出在民营中小企业中组织的文化活动受到新生代农民工的欢迎。从文娱活动的分类中可以看出,新生代农民工比较喜欢参加文艺演出,其在上述文化活动中的比例最高,达到了35.16%;其次是乒乓球比赛,其比例为26.00%,再其次是篮球比赛和其他活动,其比例分别是13.99%和15.99%,员工技能大赛所占的比例最低,所占比例为8.86%。通过上述数据,可以看出员工文艺演出是民营中小企业主要的文化活动方式,这主要是源于中国的传统节日春节,企业在年终往往会通过节目演出的方式庆祝春节,所以其比例较高。同时,乒乓球比赛和篮球比赛组织简单,耗时较短,且容易达到效果,是目前民营中小企业中进行文化活动的主要形式。技能大赛因企业而异,故代表性较低。

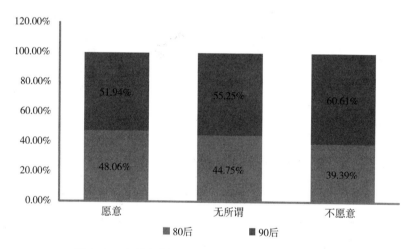

图4-32　年龄与是否愿意参加企业文化的关系情况

　　5.民营中小企业中80后、90后农民工参加文化活动对比状况

　　上述数据表明,在民营中小企业中,以90后为代表的新生代农民工较为个性,通过参加文化活动的情况就可看出。无论是愿意参加企业的文化活动,还是不愿意参加企业的文化活动,还是在两者之间,90后的新生代农民工比例都要比80后的新生代农民工比例要高。具体表现为:在愿意参加企业文化的比例中,90后为51.94%,80后为48.06%;在认为参加企业文化无所谓的比例中,90后的比例为55.25%,而80后为44.75%;在不愿意参加企业的文

化中,90 后达到了 60.61%,而 80 后仅为 39.39%。这些数据足以表明新生代农民工的个性较为突出。80 后农民工愿意参加、无所谓以及不愿意参加文化活动的比例分别为 48.06%、44.75%、39.39%,表明新生代农民工是喜欢企业的文化活动。

6. 民营中小企业中性别与是否愿意参加企业文化活动的关系状况

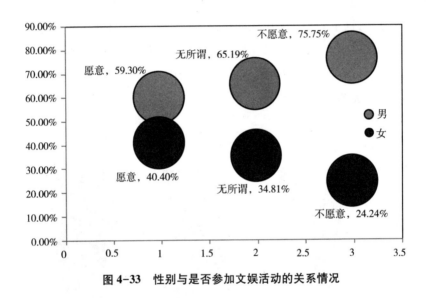

图 4-33　性别与是否参加文娱活动的关系情况

在民营中小企业的调查访谈中,发现企业中的男性普遍要比女性参与文化娱乐活动的比例高。图 4-33 数据分析表明,有 59.30% 的男性新生代农民工愿意参加企业的文化活动,而只有 40.70% 的女性新生代农民工愿意参加企业的文化活动。但在不愿意参加企业文化活动的分析中,发现男性的比例高于女性,有 75.76% 的男性新生代农民工认为参加文化活动没有意义,而只有 24.24% 的女性新生代农民工不愿意参加;认为参加企业文化无所谓中,男性比例亦是高于女性比例,其比例分别为 65.19%、34.81%。这主要是由于此次的调查群体中,男性的人数高于女性人数所造成的局面。同时,企业所举办的活动大多是篮球、乒乓球等活动,这些都是一些剧烈运动,女性参加较少。从整体看来,男性参加企业文娱活动的比例明显高于女性。

(四)新生代农民工职业生涯规划情况调查与分析

1.新生代农民工对职业生涯规划重视程度的情况

表4-57　企业是否有必要为个人制定职业生涯规划情况

企业是否有必要为个人 制定职业生涯规划	频数(人)	频率(%)
有必要	1862	78.96
没有必要	235	9.97
不太了解	261	11.07
合计	2358	100

由表4-57可知,在对企业是否有必要为个人制定职业生涯规划的调查中发现,约78.96%的新生代农民工认为是有必要,9.97%的新生代农民工认为是没有必要,还有11.07%的新生代农民工对职业生涯规划还不太了解。可见,当前大部分新生代农民工已逐渐提高了对个人职业发展的重视程度,对企业的要求已不仅仅局限于薪酬、福利及工作环境等方面,还把自身的职业发展也纳入择业的重要标准之一,因此,企业要提高管理效率和增强新生代农民工的归属感,应从为新生代农民工制定针对性较强的职业生涯规划入手。

2.职业生涯通道的选择方面

表4-58　新生代农民工职业发展通道的情况

职业生涯通道	频数(人)	频率(%)
管理通道	1269	53.82
技术通道	912	38.68
其他	110	4.66
寻找其他外部的机会	67	2.84
合计	2358	100

由表4-58可知,选择管理通道的新生代农民工所占比重最高,约为

53.82%，超过了一半，其次是技术通道，比重为38.68%，而对于选择其他发展通道的新生代农民工的选择较少的情况的出现，究其原因是受中国传统官僚主义思想影响，认为成为企业管理者就是一个成功人士的象征，因而，往往诸多新生代农民工会选择管理通道，而且加之自身对职业生涯规划的认识不足，继而易导致多数新生代农民工在选择职业发展通道时，非常迷茫、被动，甚至有时会选择从众的方式，在没有综合考虑自身兴趣、特长、自身知识水平和岗位信息等因素的情况下，盲目选择职业发展通道。因此，这说明多数新生代农民工不仅缺乏对职业生涯规划的了解，而且对自身职业发展通道的选择还存在较大的盲目性，这一点在访谈中也得到了证实。

3. 新生代农民工是否明确职业生涯规划的情况

表4-59　新生代农民工是否明确职业生涯规划的情况

新生代农民工是否明确 职业生涯规划	频数（人）	频率（%）
没有	249	10.56
有，但不清晰	1320	55.98
有，明确的	713	30.24
不理解	76	3.22
合计	2358	100

由表4-59显示，大部分新生代农民工对自己的职业生涯规划不够明确，只有少部分对其有深入的展望，新生代农民工思维活跃，接触新鲜事物较快，易受网络媒体的影响，所以大部分新生代农民工都有其职业生涯规划，但能够明确自己规划的新生代农民工不到1/3，甚至还有3.22%的新生代农民工不能理解其真正含义，且能够结合自身实际情况明确职业生涯规划的新生代农民工更是甚少，如何开展对新生代农民工的职业生涯规划也是此研究的关键问题之一，即如何让新生代农民工理解其新生代农民工规划的真正含义，且能够根据自身制定出符合实际的规划是解决此问题的关键。

4.管理者对新生代农民工职业生涯规划了解程度

表4-60 管理者对新生代农民工职业生涯规划了解程度情况

管理者对新生代农民工 职业生涯了解情况	频数(人)	频率(%)
完全不了解	68	15.49
了解小部分	255	58.09
了解大部分	116	26.42
合计	439	100

由表4-60可知,企业管理者对新生代农民工职业生涯规划的了解程度整体较低,企业管理者对新生代农民工职业生涯规划是"完全不了解"和"了解小部分"的比重共占73.58%,而对新生代农民工职业生涯规划"了解大部分"的比重才占26.42%,不足所调查人数的1/3,可见企业管理者对新生代农民工职业生涯规划的了解程度较低。

5.新生代农民工受职业生涯规划指导的情况

表4-61 新生代农民工受职业生涯规划指导的情况

新生代农民工受职业生涯 规划指导的情况分析	频数(人)	频率(%)
没有参加过职业生涯 规划指导	1471	62.38
参加过职业生涯规划指导	887	37.62
合计	2358	100

由表4-61可知,没有参加过企业职业生涯规划指导的新生代农民工所占比例较高,约为62.38%,而参加过企业职业生涯规划指导的新生代农民工约占37.62%,可见企业在新生代农民工职业生涯规划方面的关注度较低。

6. 新生代农民工岗位职业生涯规划分析情况

表4-62　新生代农民工岗位职业生涯规划分析情况

岗位的职业生涯规划情况	管理	行政	技术	销售	财务	人事	其他
频数（人）	139	53	70	27	36	27	87
频率（%）	31.66	12.07	15.95	6.15	8.20	6.15	19.82

如表4-62所示,管理岗位和技术岗位受职业生涯规划指导的比重较高,分别为31.66%和15.95%,接近所调查人数的一半,可见企业对管理岗位和技术岗位的新生代农民工的重视度较高,而对其他岗位的重视程度较低。

7. 新生代农民工对职业生涯规划指导选择模式

由表4-63可知,新生代农民工选择进行"职业生涯规划知识培训"的比重最高,约为34.99%,其次是"科学的职业测评"为25.02%,然后就分别是"预期岗位培训"和"资格认证考试辅导",分别为22.01%和17.98%。这说明受访者新生代农民工在认识到职业生涯规划重要性的同时,也意识到自身职业生涯规划知识和能力的缺乏,因此,企业可从新生代农民工所关注的职业生涯规划方向来予以满足,这将有助于满足新生代农民工的职业发展需求,继而方便企业日后的管理和发展需求。

表4-63　新生代农民工对职业生涯规划指导选择模式的情况

职业生涯规划指导的选择模式	频数（人）	频率（%）
职业生涯规划知识培训	825	34.99
资格认证考试辅导	424	17.98
预期岗位培训	519	22.01
科学的职业测评	590	25.02
合计	2358	100

8.新生代农民工对岗位职业发展的认知程度情况

表4-64　新生代农民工对岗位职业发展的认知程度的情况(%)

	兴趣与特长	职业定位	职位晋升及反馈	职业体系认知
非常清楚	10	11	9	8
基本清楚	20	33	18	12
不确定	30	19	19	14
基本不清楚	9	15	7	20
根本不清楚	31	22	47	46

由表4-64可知,对于目前从事的工作是否与自己的兴趣与特长相符的问题发现,约31%的新生代农民工"根本不清楚","基本不清楚"的比重也约占9%;而对于自己的职业定位的问题,超过50%的新生代农民工不清楚或不确定自身的职业定位;对于职位晋升及反馈的问题,约47%的新生代农民工"根本不清楚"职位晋升及反馈,约有26%的新生代农民工基本不清楚或不确定;对于职业体系认知的问题,超过60%的新生代农民工基本不清楚或根本不清楚,而且也只有8%的新生代农民工"非常清楚",可见新生代农民工对自身所从事的工作的了解程度较低,且从事的工作与自身的兴趣、特长的匹配度较低,此外,对职业发展通道也没有较清晰的认知,还对岗位的相关信息了解较少,这说明民营中小企业缺乏对目前相关岗位的详细说明,也没有构筑出能充分满足新生代农民工的职业发展通道和反馈机制。

五、其他情况调查与分析

(一)新生代农民工工作环境现状分析

1.新生代农民工工作场所环境现状分析

机器设备使用舒适度会直接影响新生代农民工的心理环境,通过对新生代农民工的机器设备使用情况调查,发现有53.18%的新生代农民工认为其操作的机器设备舒适度一般,没有达到新生代农民工的心理需求。当然,

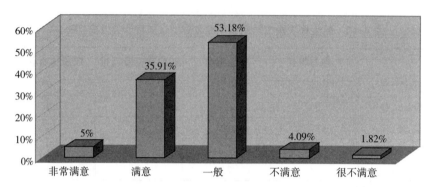

图 4-34 新生代农民工对机器设备使用舒适度反馈情况

也有 35.91%的新生代农民工认为其使用的机器设备能够符合其舒适的要求,设备使用起来得心应手。有 4.09%的新生代农民工对自己所使用的机器设备不满意,很不满意的占 1.82%。整体来说,由于民营中小企业生产的差异性导致机器设备的差异性较大,民营中小企业应根据具体情况具体分析。

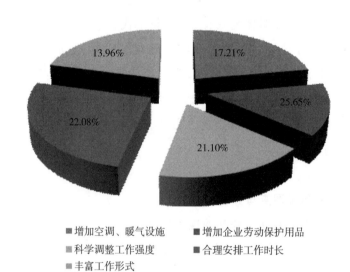

■增加空调、暖气设施　　■增加企业劳动保护用品
■科学调整工作强度　　■合理安排工作时长
■丰富工作形式

图 4-35 新生代农民工对改善工作环境的建议反馈分析图

图 4-35 显示,新生代农民工对民营中小企业工作环境改善建议排在前

三的分别是：增加企业劳动保护用品（25.65%）、合理安排工作时长（22.08%）、科学调整工作强度（21.10%）。其中安排工作时长和工作强度方面都属于调整企业劳动环境的内容。此外，新生代农民工对其他方面也有很高的需求性，比如：对增加空调、暖气等基本设施需求的新生代农民工占比达17.21%，对丰富工作形式需求的新生代农民工占比达13.96%。上述新生代农民工对改善工作环境的建议反馈中，有47.82%的新生代农民工对企业劳动环境（合理安排工作时长、科学调整工作强度、调整工作岗位需求）提出了改善建议，有42.86%的新生代农民工对企业场所环境（增加企业劳动保护用品、增加空调、暖气等基本设施）提出了改善建议。由此可以看出，新生代农民工对于企业劳动环境和场所环境的建设是比较重视的。此外，经过对新生代农民工的深入访谈，其他完善民营中小企业工作环境建议可能是在企业治安环境、新生代农民工与领导关系环境等，对此民营中小企业也不应忽视。

2. 民营中小企业劳动环境现状分析

表 4-65　新生代农民工工作时长数据分布图（时/日）

新生代农民工工作时长情况	频数（人）	频率（%）
8 小时及其以下	363	15.39
8—10 小时（不含 10 小时）	1419	60.18
10—12 小时（不含 12 小时）	531	22.52
12 小时及其以上	45	1.91
合计	2358	100

由表 4-65 显示，有 60.18% 的新生代农民工工作时间在 8—10 小时之间，10—12 小时工作时长的新生代农民工占 22.52%，8 小时及其以下的新生代农民工占比 15.39%，工作时间达 12 小时及其以上的新生代农民工只有1.91%。从分布的整体情况来看，新生代农民工工作时长分布比较科学，基本属于正态分布。并且经过深入对管理者访谈，大部分民营中小企业的工作时长不固定，根据企业订单情况不同发生着变化。

表 4-66　新生代农民工加班次数数据分布图(次/月)

新生代农民工加班 次数情况	频数(人)	频率(%)
5 次及其以下	891	37.79
5—10 次(不含 10 次)	608	25.78
10—15 次(不含 15 次)	511	21.67
15 次及其以上	348	14.76
合计	2358	100

由表 4-66 显示,有 37.79% 的民营中小企业每个月加班 5 次及其以下,每个月 5—10 次、10—15 次、15 次及其以上的加班民营中小企业占比分别为 25.78%、21.67%、14.76%。根据表中数据可以看出,随着加班次数的增加,民营中小企业的占比越低。同时也不难看出,高强度的加班必然会引起新生代农民工的厌烦和倦怠。但是,每个月有 10 次以上加班情况的民营中小企业高达 36.43%,也就是说我国民营中小企业加班次数比较多,工作持续时间较长。

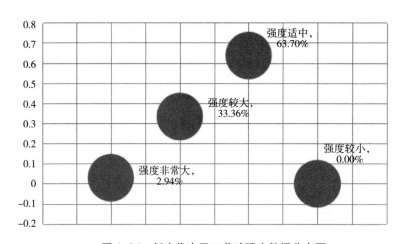

图 4-36　新生代农民工劳动强度数据分布图

如图 4-36 所示,劳动强度适中的占比为 63.70%,劳动强度较大的占比为 33.36%,劳动强度非常大的民营中小企业占比 2.94%。从气泡图可以得出我国民营中小企业劳动结构比相对合理,有 63.70% 的新生代农民工认为其从事的工作压力和工作强度适中。但是也不要忽视有 36.63%的新生代农民工群体,他们所从事的工作是劳动强度较高的工作,已经超过调查人数的 1/3,民营中小企业应该引起重视,尽量减少新生代农民工的工作强度。

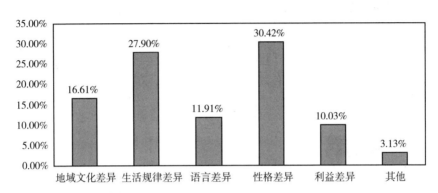

图 4-37　新生代农民工间人际关系不和谐的原因分析图

3. 新生代农民工人际关系环境现状分析

图 4-37 显示,性格差异是造成新生代农民工产生矛盾的最主要原因,高达 30.42%。经过访谈了解,新生代农民工大多都生于家庭少子女的时代,其中 90 后占主要部分,家庭因素是造成性格差异的主要原因。由于生活规律差异而导致的矛盾的新生代农民工同样也是一个很庞大的群体,地域文化差异导致新生代农民工矛盾同样也不容忽视,二者所占比重分别是 27.90%和 16.61%。由于新生代农民工来自五湖四海,生活习惯、地域文化增加了矛盾产生的概率。语言差异、利益差异导致矛盾产生的群体也占有部分比例,占比分别为 11.91%和 10.03%。此外,在新生代农民工群体中,有 3.13%的新生代农民工会因为其他原因产生摩擦,比如:晋升、知识水平、兴趣等。民营中小企业可以以此作为依据,根据矛盾原因的多样性有针对性地解决问题。

4. 新生代农民工工作心理环境现状分析

图 4-38 显示,有 28.08%的新生代农民工在工作过程中需要工作自主性,减少对新生代农民工的约束,增加工作的灵活性,使新生代农民工能够根据自身的情况自主地安排工作的时间、工作地点等都是使工作有自主性的方式。新生代农民工拥有了工作自主性会提高工作效率,增强工作热情,并且会使新生代农民工感觉受到尊重。工作完整性也是新生代农民工尤为关注的,

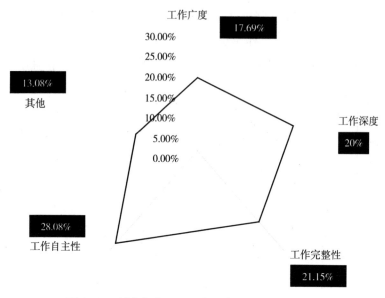

图 4-38　新生代农民工工作形式诉求数据分布图

对新生代农民工而言,最重要的激励因素是让其看到自己的工作成果,拥有成就感,感受到自身工作的价值。有 20% 的新生代农民工要求增加工作的深度,深度工作要求新生代农民工通过不断的思考,高强度的投入,创造出更高的价值。加深工作的深度,可以激发新生代农民工的能力,挖掘新生代农民工的潜能。对工作广度需求的新生代农民工所占比例也能达到 17.69%,新生代农民工想涉及到更多的工作环节中去。通过图 4-38 可以看出,新生代农民工由于性格差异、认知水平差异等原因,在工作过程中有着丰富的工作形式需求,且各种工作形式诉求的比例相差不大,民营中小企业应重点注意这个问题,多方面、多角度满足新生代农民工的工作偏好。

（二）新生代农民工其他管理的调查与分析

1. 企业根据新生代农民工入职时间所采取的弹性管理策略

表 4-67　企业根据新生代农民工入职时间采取弹性管理策略情况

是否短期采取弹性管理策略	频次(人)	频率(%)
会	140	31.89
不会	213	48.52

是否短期采取弹性管理策略	频次(人)	频率(%)
其他	86	19.59
合计	439	100

表4-67显示,只有较少的民营中小企业能够按照新生代农民工入职时间的长短来制定新生代农民工管理策略,即缺乏相应的标准制度规范,也没有新生代农民工离职应急预案。通过表4-67的数据,可以看出企业在短期内采取弹性管理策略所占的比例仅为31.89%,而不会采取弹性管理策略的企业较多,占总体比例的48.52%,再加上其他的比例,有超过一半的民营中小企业在短期内较少采用弹性的管理的策略。所以,基于时间阶段划分的新生代农民工离职管理亟须进行研究与解决。

2.新生代农民工工作自主程度调查样本情况

表4-68 新生代农民工工作自主工作程度情况

是否有机会采用自主工作方式	频数(人)	频率(%)
很少	249	10.56
偶尔	1320	55.98
经常	713	30.24
不会	76	3.22
合计	2358	100

表4-68显示,有55.98%的新生代农民工只是偶尔会按照自己的意愿进行自主工作,能够经常进行自主工作方式工作的仅有30.24%。另外,我们通过对数据细致的剖析发现,在我们走访的调研企业中,新生代农民工能够进行经常性自主工作的大多还是无关紧要决策,与关键性决策相比,没有企业能够让新生代农民工根据自己的方式进行工作。由此可见新生代农民工的工作方式比较死板,民营中小企业存在相当比例的新生代农民工只能按照领导交代的工作方式方法办事,工作方式依然比较苛刻、死板,最终导致工作自主程度

较低,疲倦感增强。

3. 新生代农民工离职后民营中小企业态度的基本调查情况

表4-69　新生代农民工离职后民营中小企业态度调查情况

当新生代农民工提出离职时管理者的态度	频数(人)	频率(%)
了解情况,尽力挽留	143	32.58
协商,争取达成共识	229	52.16
不予挽留	67	15.26
合计	439	100

表4-69显示,调研数据反映了"不予挽留"的比率极低,占总体比例的15.26%。在新生代农民工提出离职时,大部分的管理者都会努力进行协商,争取达成共识,所占比例为52.16%。虽然"尽力挽留"与"达成共识"占了很大部分比例,但在调研交谈中发现,大多数企业对待新生代农民工的情绪化离职问题还不能进行深度的自我总结与反思。

4. 民营中小企业离职后的管理情况

表4-70　新生代农民工离职后管理状况调查情况

是否与离职后新生代农民工保持联系	频数(人)	频率(%)
不会	366	83.37
会	73	16.63
合计	439	100

表4-70显示,现阶段大部分的企业是没有"离职后"管理体制的。企业管理者与新生代农民工保持的联系是"非正式"联系,即不是以企业的名义进行联系,而是以管理者私人的名义进行交流的,这种交流所占的比例较低,比例为16.63%,这样一来无法起到企业与新生代农民工交流感情的作用,起不到加深企业与新生代农民工联系的目的。有83.37%的企业是不会在新生代农民工离职后与新生代农民工保持联系的。因此,企业对与新生代农民工离

职后的联系与沟通尚待加强。

第六节　数据结论分析

本章根据调研的大量数据,基本上把握了民营中小企业的用工现状,同时对新生代农民工的行业选择、就业偏好以及民营中小企业的用工管理情况等内容进行了概括性描述,通过进一步的分析、研究,现得出以下几点结论:

一、新生代农民工就业更加看重地域经济发展水平。新生代农民工无论是在受教育水平方面,还是在个人前途发展方面,都要比老一代农民工要强。新生代农民工在选择地域范围时,首先考虑的是当地的工资水平,其次是距离问题,在所调研的数据中,选择在东部地区就业的新生代农民工远远多于选择中部、西部的新生代农民工。

二、新生代农民工对工作环境的要求越来越高。数据表明,在采矿业、建筑业、物流业、餐饮业和零售业五大行业中,新生代农民工选择制造业的比例最高,选择采矿业的比例最低。其中排除制造业在五大行业中所占比重最大之外,其次就是物流业,这就表明新生代农民工在行业选择中更加偏好于工作环境舒适、劳动力度和强度都较小的行业。

三、新生代农民工更加倾向于在国有企业发展。由于此次所调研的企业大多是民营中小企业,故新生代农民工选择的民营企业比例较高,但从理想的企业选择来看,新生代农民工更加向往国有企业。国有企业规模大,经济实力雄厚,对新生代农民工而言,可为其提供更加广阔的发展空间、实现自身价值的机会比较大、能提供更高薪酬福利水平、企业的内部培训系统更加完善,因此得到了广大新生代农民工的青睐。

四、民营中小企业的用工管理情况渐趋复杂。

在企业招聘方面,本章从民营中小企业的招聘渠道、招聘难易程度、招聘困境、招聘计划拟定、招聘时间阶段等方面进行描述性分析,数据结果表明虽然企业在招聘渠道、招聘新生代农民工数量以及招聘学历要求发生了改变,但是招聘管理的战略化、招聘地点和渠道的多元化、招聘团队的优质化以及招聘宣传信息的全面化还有待改善；

在企业培训方面，详细描述了不同规模企业组织培训的情况、管理层对新生代农民工培训的态度、企业制定培训方案的依据及培训资金来源等内容，但是对民营中小企业的战略性培训思想存有欠缺、培训力度和需求分析力度不足、培训形式和内容较为单一的情况，还需在后文的研究中继续完善；

在企业薪酬福利方面，本章从薪酬和福利两个方面进行分析研究，涵盖了企业新生代农民工的月收入水平、工资满意度、理想工资情况、工资拖欠情况、绩效考核机制及执行情况、福利的供给类型、不同岗位发放福利的差别、福利发放的依据等内容。但是，在企业的薪酬福利管理中，发现存在新生代农民工的工资水平偏低、工资制度设定未与企业战略很好结合、工资内部公平性和激励性不足、法定福利供给比例不高、福利供给公平性不足、新生代农民工对福利不甚了解且关注度较低等问题，需要对其进行改善；

在管理环境方面，主要从新生代农民工对企业管理环境的满意情况、新生代农民工与直接上司的关系情况、对领导方式和直接上司的满意情况、上下级沟通和企业授权的情况等方面进行描述。数据表明，民营中小企业管理者的综合素质还有待提高、上下级沟通方面存在一定的障碍、管理者不善于授权于新生代农民工，同时企业内部缺乏良好的管理环境等；

在企业文化方面，从新生代农民工对企业文化的了解情况、企业组织文化娱乐活动的情况、新生代农民工参与文化活动情况以及新生代农民工性别、学历、年龄与参加文化活动的频率的关系等方面进行了分析，发现企业管理者对文化精神层建设缺乏认识和重视、"家长式"的专制文化色彩浓厚、企业缺乏团队文化建设的氛围以及企业文化建设缺乏个性和创新色彩等；

在职业生涯管理阶段，从新生代农民工职业生涯规划、职业生涯测评、新生代农民工岗位分析等方面进行了描述，数据表明企业管理者对新生代农民工职业生涯管理的认知度不足、缺乏专业化的职业规划管理理念、职业生涯规划管理随意性较强等；

最后，从新生代农民工的工作环境和其他方面进行了分析，发现新生代农民工的工作环境条件较差、工作时间较长、加班次数较多、劳动强度较高、人际关系不和谐的情况较为明显、新生代农民工的离职情况较为严重等等。

第五章 新生代农民工工作满意度实证分析

　　员工就业选择偏好与工作满意度有着密切的联系。[①] 因此,对于工作选择偏好的研究可以转化为对就业满意度的研究。本章主要基于人力资源管理6个方面的内容,架构新生代农民工就业偏好体系。在提出研究假设的基础上,架构本次实证研究的模型。通过问卷调研的形式,获取新生代员工对民营中小企业工作满意度的评价。并在此基础上,经过基本统计分析、信度分析、效度检验、方差分析以及结构方程模型分析,细化影响新生代农民工工作满意度的就业选择偏好的因素,为路径研究分析奠定实证基础,并为民营中小企业实践新生代农民工的人力资源管理提供借鉴。

第一节　研究假设和研究模型

一、研究假设的提出

　　人力资源管理是一个获取、培训、评价员工和向员工支付报酬的过程,同时也是一个关注劳资关系、健康、安全以及公平等方面问题的过程。具体而言,人力资源管理主要包括员工的招募与配置、员工的培训与开发、员工的薪酬管理以及与员工之间的关系处理。本书根据学者们对人力资源管理工作的

---

　　① 贾冀南、张琦、高素英:《民营中小企业新生代农民工工作环境满意度研究——基于结构方程模型的研究》,《调研世界》2016年第6期。

定义,结合新生代农民工的特点,将民营中小企业对新生代农民工的管理分为6个板块,分别是:招聘、培训、薪酬、管理环境、企业文化以及职业生涯规划。员工满意度对于民营中小企业的管理至关重要,工作满意度的高低会直接影响新生代农民工对民营中小企业的认知和态度,并对新生代农民工的行为产生直接作用。一般而言,新生代农民工对企业的满意度较高,会带动工作的激情和热情,在做好本职工作的同时,积极投身于企业的发展和建设。若新生代农民工对企业的满意度较低,会降低工作的能动性,降低工作效率,产生员工偏离行为,且直接影响企业的生产效率。因此,根据以上分析,本书主要从上述6个方面测量新生代农民工对民营中小企业的满意程度,并在此基础上提出以下研究假设:

H1:招聘对新生代农民工工作满意度具有显著的影响。由于筛选有效性、渠道有效性和现场服务质量是招聘管理的3个维度,因此我们进一步提出3个分假设。即:

H1a:筛选有效性对招聘满意度有显著影响;

H1b:渠道有效性对招聘满意度有显著影响;

H1c:现场服务质量对招聘满意度有显著影响。

H2:培训对新生代农民工工作满意度具有显著的影响。由于培训内容、培训师资和培训结果是培训的三个维度,需进一步提出3个分假设。即:

H2a:培训内容对培训满意度有显著影响;

H2b:培训师资对培训满意度有显著影响;

H2c:培训效果对培训满意度有显著影响。

H3:薪酬对新生代农民工工作满意度具有显著的影响。薪资、福利、奖金及绩效考核是薪酬管理的重要组成部分,由此提出以下4个分假设。即:

H3a:薪资对薪酬满意度有显著影响;

H3b:福利对薪酬满意度有显著影响;

H3c:奖金对薪酬满意度有显著影响;

H3d:绩效考核对薪酬满意度有显著影响。

H4:管理环境对新生代农民工工作满意度具有显著的影响。工作环境、沟通方式、员工参与度以及人格魅力是管理环境管理的重要内容。则进一步提出4个分假设。即：

H4a:工作环境对管理环境满意度有显著影响；

H4b:沟通方式对管理环境满意度有显著影响；

H4c:员工参与度对管理环境满意度有显著影响；

H4d:人格魅力对管理环境满意度有显著影响。

H5:企业文化对新生代农民工工作满意度具有显著的影响。团队文化、平等文化、学习文化及执行文化是企业文化管理的重要维度,由此提出以下4个分假设。即：

H5a:团队文化对企业文化满意度有显著影响；

H5b:平等文化对企业文化满意度有显著影响；

H5c:学习文化对企业文化满意度有显著影响；

H5d:执行文化对企业文化满意度有显著影响。

H6:职业生涯规划对新生代农民工工作满意度具有显著的影响。信息获取、制度保障及规划辅导对职业生涯管理有重要的影响,因此将职业生涯规划满意度同样分为3个分假设。即：

H6a:信息获取对职业生涯规划满意度具有显著的影响；

H6b:制度保障对职业生涯规划满意度具有显著的影响；

H6c:规划辅导对职业生涯规划满意度具有显著的影响。

二、研究模型的构建

基于上述研究假设的提出,本书架构出研究初始模型,如图5-1所示。

第二节　预测试及量表修正

一、问卷的总体构想

本书同样将问卷调研的形式作为数据的主要获取方法。由于量表具有

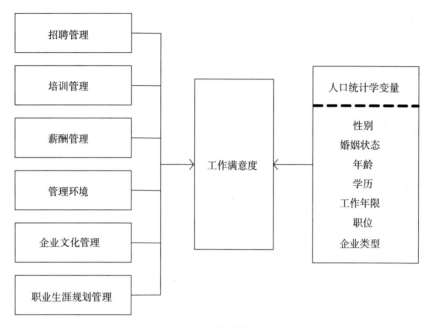

图 5-1 初始模型的构建

良好的描述性和比较性。因此,量表是调研问卷的重要组成部分,是测量各研究变量的有效工具。本书使用的问卷分为三部分。第一部分为卷首语,简述此次调研的目的,说明问卷的用途,使受访者降低心理防备,结合自身情况实事求是地填写问卷,确保问卷的真实性、有效性。第二部分统计受访者的基本情况,了解受访者的年龄、性别、婚姻状况、职位等情况。第三部分是测量量表的具体问题内容,具体包招聘、培训、薪酬、管理环境、企业文化以及职业生涯规划 6 个量表的测量题项。量表均采用李克特五级评分法,它要求被调查者对每一项问题陈述的符合程度进行判断。其中"完全不符合"赋值为 1、"比较不符合"赋值为 2、"一般符合"赋值为 3、"比较符合"赋值为 4、"完全符合"赋值为 5,从 1 到 5 分别代表事情符合程度的逐渐递进,且完全由被调查者根据自己的工作感知、工作体验以及工作知觉进行问卷填写。

二、研究工具的确定

（一）招聘量表选择

招聘量表的设计是在概念内涵的基础上,结合相关度量指标进行设计。招聘分为3个相互关联维度进行测量,分别是筛选有效性、渠道有效性以及现场服务质量。量表总计包含9个题项,其中题号 ZPA1—ZPA3 属于测量筛选有效性、题号 ZPB1—ZPB3 属于测量渠道有效性、题号 ZPC1—ZPC3 属于测量招聘的现场服务质量。量表的计分方式采取李克特量表,分数越高说明招聘感知程度越强,越符合测量问题的说明。具体初始量表如表5-1 所示:

表5-1　招聘初始量表

测量维度	序号	测量题项
筛选有效性	ZPA1	我所在组织重视招聘团队的建设,并挑选合适的招聘人员
	ZPA2	企业在招聘时能够了解新生代农民工的求职需求
	ZPA3	企业的招聘筛选较为合理
渠道有效性	ZPB1	企业的招聘渠道合理性较高
	ZPB2	企业招聘渠道的便捷性较高
	ZPB3	企业的招聘渠道信息化和互联网化的程度较高
现场服务质量	ZPC1	企业的招聘地点容易找到
	ZPC2	招聘信息对新生代农民工的吸引力较高
	ZPC3	企业的招聘过程温情且人性化

（二）培训量表选择

培训量表主要分为4个相互关联维度进行测量,分别是培训内容、培训态度、培训师资以及培训效果。量表总计包含 16 个题项,其中题号 PXA1—PXA4 属于培训内容,题号 PXB1—PXB4 属于培训态度,题号 PXC1—PXC4 属于培训师资,题号 PXD1—PXD4 属于培训效果。量表的计分方式采取李克特量表,分数越高说明培训感知程度越强,越符合测量问题的说明。具体初始量如表5-2 所示:

表 5-2　培训初始量表

测量维度	序号	测量题项
培训内容	PXA1	课程内容系统,有理论基础,能与实际相结合
	PXA2	课程内容丰富,并易于理解
	PXA3	课程内容适合我的需要,并具有指导性
	PXA4	在员工培训过程中,我觉得培训内容和方法都很好
培训态度	PXB1	我所从事的职业技术含量低,不需要费时间、精力和金钱去参加培训
	PXB2	培训是一种教育投资,现在投入在将来可以得到回报
	PXB3	我不知道如何在工作之余安排参加培训的时间
	PXB4	我平时的工作很累,没有精力,也静不下心去参加培训
培训师资	PXC1	有充分的准备,能满足培训需求
	PXC2	对内容有深厚经验,并有精辟见解
	PXC3	课程生动有趣、通俗易懂
	PXC4	鼓励学员的参与,引导学员思考
培训效果	PXD1	我很乐于参与本次培训,并学到了许多知识与技巧
	PXD2	我将课程学到的知识运用于今后的工作之中
	PXD3	在员工培训过程中,我觉得自己的学习能力很强
	PXD4	我觉得培训能够顺利转化为工作绩效

(三)薪酬量表选择

本书所使用的薪酬量表共划分 4 个维度,内容涉及个体对企业薪资、福利、奖金以及绩效考核的认知,量表总计包含 16 个题项,其中题号 XCA1—XCA4 用于测量薪资,题号 XCB1—XCB4 用于测量福利,题号 XCC1—XCC4 用于测量奖金,XCD1—XCD4 用于测量绩效考核。量表的计分方式采取李克特量表,分数越高说明薪酬感知程度越强,越符合测量问题的说明。具体初始量表如表 5-3 所示:

表5-3　薪酬初始量表

测量维度	序号	测量题项
薪资	XCA1	与其他性质相似的公司相比,本公司的薪酬是公平合理的
	XCA2	与其他不同职务的同事相比,我的薪酬是公平的
	XCA3	就我的工作表现、工作量和努力程度而言,我认为我实际得到的薪酬是公平的
	XCA4	与相同工作的同事相比,我的薪酬是公平合理的
福利	XCB1	公司会向员工提供在外工作的交通津贴、出差补贴等津贴
	XCB2	公司有五险一金
	XCB3	我对自己福利待遇的项目构成很满意
	XCB4	公司会提供除法定福利之外的其他福利计划
奖金	XCC1	我对公司对奖金的计算和发放感到满意
	XCC2	公司的奖金红利比其他公司优厚
	XCC3	公司会依据员工或单位的绩效,发放奖金
	XCC4	因在某些工作上做出优异贡献获得的额外奖金
绩效考核	XCD1	企业业绩考核制度合理
	XCD2	目前的企业的绩效考核指标合理有效
	XCD3	企业的绩效考核过程公平、公正、公开
	XCD4	企业的绩效薪酬能够以实际工作绩效为标准,实现激励

（四）管理环境量表选择

本书所使用的管理环境量表划分为4个维度,内容涉及企业的工作环境、上下级的沟通方式、员工参与度以及员工对领导者人格魅力的认可程度,量表总计包含16个题项,其中题号 LDA1—LDA3 用于测量工作环境,题号 LDB1—LDB5 用于测量沟通方式,题号 LDC1—LDC4 用于测量员工参与度,LDD1—LDD4 用于测量人格魅力。量表的计分方式采取李克特量表,分数越高说明管理环境感知程度越强,越符合测量问题的说明。具体初始量表如表5-4所示:

表 5-4　管理环境初始量表

测量维度	序号	测量题项
工作环境	LDA1	工作场所提供的安全防护或采取的安全防护措施非常好
	LDA2	工作场所非常合理、舒适
	LDA3	公司严格遵守法定工作时间,工作强度适中
沟通方式	LDB1	上司经常与下属面对面沟通、谈话
	LDB2	上司经常使用微信、QQ等聊天软件与下属聊天
	LDB3	上司经常与下属在走廊、休息室非正式场合交流
	LDB4	上司会经常与下属举办聚餐、联谊等非正式活动
	LDB5	上司善于倾听并尊重员工的意见或建议
员工参与度	LDC1	企业为我设立工作目标时会与我商量
	LDC2	企业会赋予我一定的决策权并予以信任
	LDC3	企业会采纳我的合理化建议
	LDC4	企业安排员工代表参与企业管理与相关制度政策的制定
人格魅力	LDD1	我对领导者(包括直属上司)的领导方式非常认可
	LDD2	我对领导者(包括直属上司)的能力非常认可
	LDD3	我对领导者(包括直属上司)的人品非常认可
	LDD4	我对领导者(包括直属上司)的亲和力非常认可

（五）企业文化量表选择

本书所使用的企业文化量表划分为团队文化、平等文化、学习文化以及执行文化4个维度,每个维度各4个题项,共16个题项。其中题号WHA1—WHA4用于测量团队文化,题号WHB1—WHB4用于测量平等文化,题号WHC1—WHC4用于测量学习文化,WHD1—WHD4用于测量执行文化。量表的计分方式采取李克特量表,分数越高说明企业文化感知程度越强,越符合测量问题的说明。具体初始量表如表5-5所示:

（六）职业生涯规划量表选择

本书采用3个相互关联维度来测量企业是否对员工的职业生涯进行规划,内容涉及企业对职业相关的信息获取、设立制度保障的情况以及对员工的职业发展进行规划辅导,量表总计包含 12 个题项,其中题号 GHA1—GHA4 用于测量信息获取,题号 GHB1—GHB4 用于测量制度保障,题号 GHC1—GHC4 用于测量规划辅导。量表的计分方式采取李克特量表,分数越高说明职业生涯规划感知程度越强,越符合测量问题的说明。具体初始量表如表 5-6 所示:

表 5-5　企业文化初始量表

测量维度	序号	测量题项
团队文化	WHA1	我在企业中,能与同事坦诚沟通,不遮遮掩掩
	WHA2	工作中员工更看重人际交往,希望成为团队中的一员
	WHA3	在工作过程中,企业员工之间能够互帮互助、配合协调
	WHA4	工作中经常以团队的名义进行
平等文化	WHB1	企业层级有明确的等级制度,论资排辈的等级观念浓厚
	WHB2	企业管理者在构建企业文化时,会充分重视组织公平因素
	WHB3	企业对于个性比较自由、思维比较活跃的员工没有过分的限制
	WHB4	员工可以参与企业的一些决策
学习文化	WHC1	企业中员工的学习氛围很浓,渴望得到新的知识
	WHC2	企业有敏锐的应变性,能够根据周边环境及时改变陈旧的理念
	WHC3	不断学习是日常工作中的一项重要任务
	WHC4	企业鼓励员工从失败中学习并把这看成是改进的机会
执行文化	WHD1	企业充分授权员工,员工能够以自己的方式完成
	WHD2	企业文化是企业行为的引导,员工不会违背
	WHD3	即使工作过程中没人监督,企业内部员工也有足够的自制力
	WHD4	员工会根据企业既定的目标持续跟踪工作进展

表 5-6　职业生涯规划初始量表

测量维度	序号	测量题项
信息获取	GHA1	企业会为员工公布职位空缺信息
	GHA2	企业会为员工提供详细的职位晋升的程序、标准
	GHA3	企业会结合员工的工作表现提供个人能力改进方法
	GHA4	企业会经常向员工提供与本岗位相关的职业发展的动态信息
制度保障	GHB1	企业会对员工的工作表现作出公平公正的评价
	GHB2	工作能力越强、效率越高的员工更容易获得升迁的机会
	GHB3	企业的升职制度完善
	GHB4	工作能力越强、效率越高的员工获得报酬越多
规划辅导	GHC1	企业针对处于职业发展不同阶段的员工,开展针对性较强的培训
	GHC2	主管经常与员工讨论未来的发展
	GHC3	企业开展多重活动来帮助员工了解自己更适合什么类型的工作
	GHC4	企业会结合员工的兴趣、特长和职业倾向来帮助员工制定相应的职业生涯规划

（七）控制变量

根据以往研究经验,本书考虑以人口统计特征变量作为控制变量,这些控制变量分别是:性别、婚姻状态、年龄、教育程度、工作年限、职务以及企业类型。其中,性别和婚姻状态为虚拟变量(男性＝1,女性＝0;已婚＝1,未婚＝0);工作年限通过实际数据进行表示;教育程度分为三类(小学及其以下、初中、高中);职务分为4个等级,分别是普通员工、基层管理者、中层管理者以及高层管理者。

三、问卷的初试和修正

本书首先以信度分析和效度检验作为标尺,反映和评价量表的优劣,通过后续对量表的反复修正,确保正式量表的可靠程度和符合程度更高。一方面,通过数据分析软件对各量表的内部一致性进行检验和分析,并删除不符合信度标准的题项。另一方面,通过对每个量表进行因子分析,通过观察因子载荷,进一步对各测量题项进行筛选。通过上述两个步骤,得到最终所需题项,从而获得正式问卷。

(一)预测试样本特征

本次通过发放 100 份,对各量表进行预调研,符合 3—5 倍原则(即:预测试调研的问卷发放数量一般为量表最多题项的 3—5 倍)。其中,有效问卷为 89 份。有效回收率为 89%。具体而言,男性员工占比 54.5%,女性员工占比 45.5%;未婚员工占比 40.5%,已婚员工占比 59.5%;20 岁及其以下的农民工占比 1.33%,20—25 岁的农民工占比 16.61%,25—30 岁的农民工占比 46.51%,30—36 岁的农民工占比 35.55%;小学以下学历的农民工占比 10.1%,初中学历的农民工占比 35.5%,高中学历的农民工占比 54.4%;工作时间处于 1 年及其以下的占比 15.28%,工作时间处于 2—5 年的占比 36.54%,工作时间处于 6—9 年的占比 29.24%,工作时间处于 10 年以上占比 18.94%;普通员工占比 66.49%,基层管理者占比 27.91%,中层管理者占比 5.60%,并未有高层管理者。

(二)各初始量表的信度分析

1. 招聘量表信度分析

根据表 5-7 可以看出,招聘测量量表的 Cronbach's Alpha 系数为 0.931。其中,分量表筛选有效性、渠道有效性、现场服务质量的 Cronbach's Alpha 系数分别为 0.770、0.867、0.872,总体量表和分量表的内部一致性程度较好,信度水平较高。此外,我们还可以根据招聘管理初始量表的项总计统计量分析,可以看出各分量表所有测量题项的 CITC 系数(校正的项总计相关性)均大于标准系数 0.5,符合统计学要求。因此,招聘量表各测量题项无须被剔除。

表 5-7　招聘管理初始量表的可靠性统计量

量　　表		Cronbach's Alpha	基于标准化项的 Cronbachs Alpha	项　　数
总体量表	招聘管理	.931	.932	9

续表

量　表		Cronbach's Alpha	基于标准化项的 Cronbachs Alpha	项　数
分量表	筛选有效性	.770	.771	3
	渠道有效性	.867	.868	3
	现场服务质量	.872	.872	3

表 5-8　招聘管理初始量表的项总计统计量

	校正的项总计相关性	多相关性的平方	项已删除的 Cronbach's Alpha 值
ZPA1	.716	.596	.925
ZPA2	.735	.675	.924
ZPA3	.769	.719	.923
ZPB1	.769	.661	.923
ZPB2	.783	.703	.922
ZPB3	.705	.570	.925
ZPC1	.675	.561	.927
ZPC2	.696	.594	.926
ZPC3	.731	.587	.924

2. 培训量表信度分析

根据表 5-9 可以看出，培训量表的 Cronbach's Alpha 系数为 0.906。其中，分量表培训内容、培训态度、培训师资以及培训效果的 Cronbach's Alpha 系数分别为 0.918、0.608、0.883 和 0.904。分量表培训态度的 Cronbach's Alpha 系数较低，需要进一步进行检验，其他分量表 Cronbach's Alpha 系数均符合相关要求。根据表 5-10 我们可以看出，PXB1、PXB2、PXB3 以及 PXB4 的 CITC 系数均小于 0.5，并且项已删除的 Cronbach's Alpha 值均超过 0.9。进一步验证分量表培训态度没有通过信度分析检验，需要删除题项 PXB1（我所从事的职业技术含量低，不需要费时间、精力和金钱去参加培训）、PXB2（培训是一种教育投资，现在投入在将来可以得到回报）、PXB3（我不知道如何在工作之余安排参加培训的时间)以及 PXB4(我平时的工作很累,没有精力,也静不下心去参加培训)。

表 5-9　培训管理初始量表的可靠性统计量

量　表		Cronbach's Alpha	基于标准化项的 Cronbachs Alpha	项　数
总体量表	培训管理	.906	.916	16
分量表	培训内容	.918	.919	4
	培训态度	.608	.592	4
	培训师资	.883	.884	4
	培训效果	.904	.904	4

表 5-10　培训管理初始量表的项总计统计量

	校正的项总计相关性	多相关性的平方	项已删除的 Cronbach's Alpha 值
PXA1	.684	.716	.897
PXA2	.806	.846	.893
PXA3	.739	.707	.895
PXA4	.712	.663	.896
PXB1	.210	.337	.916
PXB2	.481	.465	.900
PXB3	.193	.482	.914
PXB4	.065	.434	.920
PXC1	.634	.510	.898
PXC2	.741	.670	.895
PXC3	.752	.747	.894
PXC4	.758	.750	.894
PXD1	.752	.727	.895
PXD2	.729	.697	.895
PXD3	.686	.655	.897
PXD4	.671	.658	.897

3. 薪酬量表信度分析

根据表 5-11 可以看出,薪酬初始量表的 Cronbach's Alpha 系数为 0.958。其中,分量表薪资的 Cronbach's Alpha 系数为 0.933,分量表福利的 Cronbach's Alpha 系数为 0.823,分量表奖金制度的 Cronbach's Alpha 系数为 0.900,分量表绩效考核的 Cronbach's Alpha 系数为 0.958,均通过可靠性统计检验。此外,根据表 5-12 我们发现题项 XCB2 的 CITC 系数为 0.402,小于标准系数 0.5,且该题项项已删除的 Cronbach's Alpha 值为 0.961,大于 0.823。因此,综上分析,需要剔除测量题项 XCB2(公司有五险一金)。

表 5-11 薪酬初始量表的可靠性统计量

量　表		Cronbach's Alpha	基于标准化项的 Cronbachs Alpha	项　数
总体量表	薪酬	.958	.960	16
分量表	薪资	.933	.933	4
	福利	.823	.826	4
	奖金制度	.900	.900	4
	绩效考核	.958	.958	4

表 5-12 薪酬初始量表的项总计统计量

	校正的项总计相关性	多相关性的平方	项已删除的 Cronbach's Alpha 值
XCA1	.800	.723	.955
XCA2	.741	.751	.956
XCA3	.768	.794	.955
XCA4	.743	.721	.956
XCB1	.603	.430	.958
XCB2	.402	.464	.961
XCB3	.798	.732	.955
XCB4	.715	.639	.956
XCC1	.831	.762	.954

续表

	校正的项总计相关性	多相关性的平方	项已删除的 Cronbach's Alpha 值
XCC2	.766	.660	.955
XCC3	.768	.694	.955
XCC4	.792	.662	.955
XCD1	.819	.859	.954
XCD22	.833	.885	.954
XCD3	.805	.831	.955
XCD4	.839	.881	.954

4. 管理环境量表信度分析

根据表 5-13 可以看出,管理环境测量量表的 Cronbach's Alpha 系数为 0.960。其中,分量表工作环境、沟通方式、员工参与度以及人格魅力的 Cronbach's Alpha 系数分别为 0.945、0.908、0.817 和 0.929,总量表和分量表的信度系数均大于辨别标准,足以说明量表有较高的可靠性。此外,根据表 5-14 可以看出各分量表所有测量题项的 CITC 系数(校正的项总计相关性)均大于标准系数 0.5,符合统计学要求。因此,管理环境量表各测量题项无须被剔除。

表 5-13　管理环境初始量表的可靠性统计量

量　　表		Cronbach's Alpha	基于标准化项的 Cronbachs Alpha	项　　数
总体量表	管理环境	.960	.960	16
分量表	工作环境	.945	.945	3
	沟通方式	.908	.908	5
	员工参与度	.817	.819	4
	人格魅力	.929	.930	4

表 5-14　管理环境初始量表的项总计统计量

	校正的项总计相关性	多相关性的平方	项已删除的 Cronbach's Alpha 值
LDA1	.811	.807	.956
LDA2	.773	.852	.957
LDA3	.771	.836	.957
LDB1	.822	.747	.956
LDB2	.679	.636	.959
LDB3	.723	.640	.958
LDB4	.701	.629	.959
LDB5	.889	.848	.955
LDC1	.855	.769	.956
LDC2	.764	.643	.957
LDC3	.523	.467	.961
LDC4	.561	.517	.961
LDD1	.770	.688	.957
LDD2	.832	.822	.956
LDD3	.819	.804	.956
LDD4	.831	.813	.956

5. 企业文化量表信度分析

根据表 5-15 可以看出,企业文化初始量表的 Cronbach's Alpha 系数为 0.964。其中,分量表团队文化的 Cronbach's Alpha 系数为 0.913,分量表平等文化的 Cronbach's Alpha 系数为 0.761,分量表学习文化的 Cronbach's Alpha 系数为 0.886,分量表执行文化的 Cronbach's Alpha 系数为 0.889,均通过可靠性统计检验。此外,根据表 5-16 我们发现题项 WHB1 的 CITC 系数为 0.235,小于标准系数 0.5,且该题项项已删除的 Cronbach's Alpha 值为 0.969,大于 0.761。因此,综上分析,需要剔除测量题项 WHB1(企业层级有明确的等级制度,论资排辈的等级观念浓厚)。

表 5-15　企业文化初始量表的可靠性统计量

量　表		Cronbach's Alpha	基于标准化项的 Cronbachs Alpha	项　数
总体量表	企业文化	.964	.965	16
分量表	团队文化	.913	.914	4
	平等文化	.761	.770	4
	学习文化	.886	.885	4
	执行文化	.889	.890	4

表 5-16　企业文化初始量表的项总计统计量

	校正的项总计相关性	多相关性的平方	项已删除的 Cronbach's Alpha 值
WHA1	.675	.672	.963
WHA2	.738	.718	.962
WHA3	.790	.767	.962
WHA4	.804	.764	.962
WHB1	.235	.135	.969
WHB2	.842	.759	.961
WHB3	.806	.748	.962
WHB4	.680	.636	.963
WHC1	.821	.726	.961
WHC2	.828	.759	.961
WHC3	.651	.549	.963
WHC4	.824	.736	.961
WHD1	.846	.781	.961
WHD2	.817	.719	.961
WHD3	.645	.574	.964
WHD4	.799	.739	.962

6. 职业生涯规划量表信度分析

根据表5-17可以看出,职业生涯规划量表的 Cronbach's Alpha 系数为0.969。其中,分量表信息获取、制度保障、规划辅导的 Cronbach's Alpha 系数分别为0.929、0.935和0.939,各维度的信度系数均大于辨别标准,表明总量表和分量表有较高的可靠性。根据表5-18我们可以看出,各分量表所有测量题项的 CITC 系数(校正的项总计相关性)均大于标准系数0.5,符合统计学要求。因此,职业生涯规划量表各测量题项无需被剔除。

表5-17 职业生涯规划初始量表的可靠性统计量

量 表		Cronbach's Alpha	基于标准化项的 Cronbachs Alpha	项 数
总体量表	职业生涯规划	.969	.969	12
分量表	信息获取	.929	.930	4
	制度保障	.935	.935	4
	规划辅导	.939	.939	4

表5-18 职业生涯规划初始量表的项总计统计量

	校正的项总计相关性	多相关性的平方	项已删除的 Cronbach's Alpha 值
GHA1	.730	.656	.969
GHA2	.798	.707	.967
GHA3	.901	.845	.964
GHA4	.884	.841	.965
GHB1	.879	.813	.965
GHB2	.770	.734	.968
GHB3	.872	.811	.965
GHB4	.787	.731	.967
GHC1	.853	.741	.966

	校正的项总计相关性	多相关性的平方	项已删除的 Cronbach's Alpha 值
GHC2	.855	.814	.966
GHC3	.871	.859	.965
GHC4	.826	.776	.966

四、各初始量表的效度检验

本书对各初始量表进行结构维度的检验之前,需要对量表进行 KMO 样本度量和 Bartlett's 球形度检验。KMO 的数值是介于 0—1 之间,一般认为,当 KMO 的数值小于 0.6 时,表示因子分析的适宜性欠佳;当 KMO 的数值越接近 1 时,表示量表适合做因子分析。Bartlett's 球形度检验用于检验数据的分布、变量间的独立性,当观测值对应的概率小于给定的显著性水平,Sig.<0.05(即 p 值<0.05)时,说明数据具有较高的相关性,表明量表适合做因子分析。一般参考共同度、因子载荷系数和累积方差贡献率三个指标,来验证结构效度,判断实际测量结果能否达到理论构想。共同度的判断标准为 0.4,当题项的共同度小于 0.4 应当剔除该题项,反之,保留此题项。各个题项在其对应的因子载荷值应该大于 0.5,在其他公共因子的因子载荷系数应小于 0.5,否则应该考虑剔除该题项。累计方差贡献率可以理解为提取出的因子对所有变量的代表性,一般认为累计贡献率超过 60% 时,能够较好地解释问题。

(一)招聘量表效度检验

本书在对招聘量表进行探索性因子分析之前,通过 SPSS21.0 对招聘量表进行 KMO 样本度量和 Bartlett 的检验,由表 5-19 可知,得到的 KMO 样本度量为 0.934,说明其值较好,而且 Bartlett 的检验中的近似卡方值达 30218.234,自由度为 108,显著性概率值为 0.000,说明量表的相关矩阵有共同因素存在,达到高度显著水平,总量表的结构性效度极好,适合继续做因子分析。

表 5-19　招聘初始量表的 KMO 样本度量和 Bartlett 的检验

Kaiser-Meyer-Olkin 样本度量		.934
Bartlett 的球形度检验	近似卡方	30218.234
	df	108
	Sig.	.000

表 5-20　招聘初始量表旋转后因子载荷

维　度	题　项	成　分			共同度
		因子 1	因子 2	因子 3	
筛选有效性	ZPA1	.127	.801	.358	.786
	ZPA2	.300	.837	.214	.836
	ZPA3	.527	.745	.119	.847
渠道有效性	ZPB1	.755	.347	.319	.793
	ZPB2	.768	.304	.391	.836
	ZPB3	.705	.212	.426	.724
现场服务质量	ZPC1	.336	.202	.802	.797
	ZPC2	.278	.246	.836	.836
	ZPC3	.127	.401	.358	.666
特征值		2.463	2.456	2.202	
方差贡献率（%）		27.336	27.291	27.366	
累计方差贡献率（%）		27.336	54.657	79.126	

注:提取方法:主成分。
旋转法——具有 Kaiser 标准化的全体旋转法(旋转在 8 次迭代后收敛)。

　　对招聘量表进行因子分析,按照特征根大于 1 提取共同因子,经过旋转后提取出了 3 个共同因子。因子 1、因子 2、因子 3 的方差贡献率分别为 27.336%、27.291%、27.366%,累计方差贡献率为 79.126%,说明这 3 个因子能够覆盖招聘量表的绝大部分信息,此量表能够折射出招聘存在的问题。招聘初始量表的因子载荷结果见表5-20。所有题项的共同度的范围值都在0.4以上,说明该公共因子能够解释各题项的方差,并且解释效果良好。可见,题项ZPA1至ZPA3在因子2的具有较大载荷,载荷系数大于标准值0.5,在其他因子上的载荷系数均小于0.5,能够体现筛选有效性维度;题项ZPB1至ZPB3在因子1的具有较大载荷,载荷系数大于标准值0.5,在其他因子上的载荷系数均小于0.5,能够体现渠道有效性维度;题项ZPC1与ZPC2在因子3的具有较大载荷,载荷系数大于标准值0.5,在其他因子上的载荷系数均小于0.5,能够体现现场服务质量维度,而题项ZPC3在各因子的载荷系数均小于0.5,因此,建议剔除题项ZPC3(企业的招聘过程温情且人性化)。

(二)培训量表效度检验

通过SPSS21.0对培训量表进行KMO样本度量和Bartlett的检验。运行结果见表5-21,得到的KMO样本度量为0.934,说明其值较好,而且Bartlett的检验中的近似卡方值达3091.024,自由度为78,显著性概率值为0.000,说明量表的相关矩阵有共同因素存在,达到高度显著水平,总量表的结构性效度极好,适合继续做因子分析。

表5-21 培训量表的KMO样本度量和Bartlett的检验

Kaiser-Meyer-Olkin 样本度量		.934
Bartlett 的球形度检验	近似卡方	3091.024
	df	78
	Sig.	.000

对培训量表进行因子分析,按照特征根大于1提取共同因子,经过旋转后提取出了3个共同因子。因子1、因子2、因子3的方差贡献率分别为27.417%、25.528%、25.386%,累计方差贡献率为78.331%,说明这3个因子能够覆盖培训量表的绝大部分信息,此量表能够较好地折射出培训存在的问题。培训初始量表的因子载荷结果见表5-22。所有题项的共同度的范围值都在0.4以上,说明该公共因子能够解释各题项的方差,并且解释效果良好。可见,题项PXA1至PXA4在因子1的具有较大载荷,载荷系数大于标准值0.5,在其他因子上的载

荷系数均小于0.5,能够体现培训内容维度;题项PXC1至PXC4在因子2的具
有较大载荷,载荷系数大于标准值0.5,在其他因子上的载荷系数均小于0.5,
能够体现培训师资维度;题项PXD1至PXD4在因子3的具有较大载荷,载荷
系数大于标准值0.5,在其他因子上的载荷系数均小于0.5,能够体现培训效
果维度。因此,培训初始量表无须删除任何测量题项。

表5-22 培训初始量表旋转后因子载荷

维度	题项	成 分			共同度
		因子1	因子2	因子3	
培训内容	PXA1	.801	.142	.380	.807
	PXA2	.814	.331	.351	.896
	PXA3	.782	.362	.237	.799
	PXA4	.750	.411	.187	.767
培训师资	PXC1	.166	.635	.379	.574
	PXC2	.294	.773	.329	.792
	PXC3	.406	.733	.315	.801
	PXC4	.380	.770	.293	.823
培训效果	PXD1	.334	.481	.657	.775
	PXD2	.404	.259	.752	.796
	PXD3	.262	.299	.791	.784
	PXD4	.211	.340	.792	.787
特征值		3.290	3.063	3.046	
方差贡献率（%）		27.417	25.528	25.386	
累计方差贡献率（%）		27.417	52.945	78.331	

注:提取方法——主成分。
旋转法:——具有Kaiser标准化的全体旋转法(旋转在9次迭代后收敛)。

(三)薪酬量表效度检验

根据表5-23所示,薪酬初始量表的的KMO样本度量为0.901,大于度量

标准 0.9。此外,该量表 Bartlett 的检验中的近似卡方值达 1532.075,自由度为 211,说明变量之间具有明显的相关性和结构性,符合做因子分析的条件。

表 5-23 薪酬量表的 KMO 样本度量和 Bartlett 的检验

Kaiser-Meyer-Olkin 样本度量		.901
Bartlett 的球形度检验	近似卡方	1532.075
	df	211
	Sig.	.000

表 5-24 为薪酬初始量表旋转后的因子载荷,由表可知,经过旋转后的因子个数为 4 个,因子 1、因子 2、因子 3 和因子 4 方差贡献率分别为 23.877%、22.576%、21.408%、14.953%,累计方差贡献率为 82.814%,说明这 4 个因子能够覆盖薪酬量表的绝大部分信息,此量表能够折射出薪酬存在的问题。所有题项的共同度的范围值都在 0.4 以上,说明该公共因子能够解释各题项的方差,并且解释效果良好。由表中数据可知,题项 XCA1 至 XCA4 在因子 2 的具有较大载荷,载荷系数大于标准值 0.5,在其他因子上的载荷系数均小于 0.5,能够体现薪资维度;题项 XCB1、XCB3、XCB4 在因子 4 的具有较大载荷,载荷系数大于标准值 0.5,在其他因子上的载荷系数均小于 0.5,能够体现福利维度;题项 XCC1 至 XCC4 在因子 3 的具有较大载荷,载荷系数大于标准值 0.5,在其他因子上的载荷系数均小于 0.5,能够体现奖金制度维度;题项 XCD1 至 XCD4 在因子 1 的具有较大载荷,载荷系数大于标准值 0.5,在其他因子上的载荷系数均小于 0.5,能够体现绩效考核维度。因此,薪酬初始量表无须删除任何测量题项。

表 5-24 薪酬初始量表旋转后因子载荷

维 度	题 项	成 分				共同度
		因子 1	因子 2	因子 3	因子 4	
薪 资	XCA1	.311	.668	.335	.358	.783
	XCA2	.264	.819	.232	.254	.859
	XCA3	.278	.800	.210	.345	.881
	XCA4	.271	.791	.275	.221	.823

维 度	题 项	成 分				共同度
		因子1	因子2	因子3	因子4	
福利	XCB1	.156	.172	.141	.944	.965
	XCB3	.206	.374	.477	.587	.754
	XCB4	.161	.162	.348	.804	.821
奖金制度	XCC1	.386	.346	.716	.228	.833
	XCC2	.323	.368	.691	.192	.754
	XCC3	.525	.174	.560	.303	.712
	XCC4	.531	.266	.516	.309	.714
绩效考核	XCD1	.778	.269	.331	.302	.878
	XCD2	.756	.328	.316	.312	.877
	XCD3	.756	.374	.215	.322	.861
	XCD4	.783	.361	.298	.270	.906
特征值		3.582	3.386	3.211	2.243	
方差贡献率（%）		23.877	22.576	21.408	14.953	
累计方差贡献率（%）		23.877	46.453	67.861	82.814	

注：提取方法——主成分。

旋转法：——具有 Kaiser 标准化的全体旋转法（旋转在 11 次迭代后收敛）。

（四）管理环境量表效度检验

通过 SPSS21.0 对管理环境量表进行 KMO 样本度量和 Bartlett 的检验，得到的 KMO 样本度量为 0.922，说明其值较好，而且 Bartlett 的检验中的近似卡方值达 2335.502，自由度为 78，显著性概率值为 0.000，说明量表的相关矩阵有共同因素存在，达到高度显著水平，总量表的结构性效度极好，适合继续做因子分析。

表 5-25　管理环境量表的 KMO 样本度量和 Bartlett 的检验

Kaiser-Meyer-Olkin 样本度量		.922
Bartlett 的球形度检验	近似卡方	2335.502
	Df	78
	Sig.	.000

表 5-26　管理环境初始量表旋转后因子载荷

维　度	题　项	成　份				共同度
		因子 1	因子 2	因子 3	因子 4	
工作环境	LDA1	.787	.316	.278	.254	.862
	LDA2	.848	.293	.235	.175	.891
	LDA3	.814	.298	.311	.114	.862
沟通方式	LDB1	.443	.254	.662	.323	.803
	LDB2	.283	.106	.819	.237	.818
	LDB3	.284	.210	.714	.331	.744
	LDB4	.152	.378	.792	.138	.812
	LDB5	.425	.455	.490	.195	.863
员工参与度	LDC1	.491	.492	.460	.286	.777
	LDC2	.255	.369	.303	.660	.728
	LDC3	.190	.140	.041	.902	.871
	LDC4	-.023	.251	.341	.762	.760
人格魅力	LDD1	.210	.718	.332	.331	.780
	LDD2	.300	.755	.265	.380	.875
	LDD3	.444	.705	.212	.297	.828
	LDD4	.544	.610	.218	.308	.811
特征值		3.870	3.560	3.170	2.484	
方差贡献率（%）		24.186	22.251	19.810	15.525	

续表

维 度	题 项	成 份				共同度
		因子1	因子2	因子3	因子4	
累计方差贡献率（%）		24.186	46.437	66.247	81.771	

注:提取方法——主成分。

旋转法——具有 Kaiser 标准化的全体旋转法(旋转在 11 次迭代后收敛)。

表 5-26 为管理环境初始量表旋转后的因子载荷,由表可知,经过旋转后的因子个数为 4 个,因子 1、因子 2、因子 3 和因子 4 的方差贡献率分别为 24.186%、22.251%、19.810%和 15.525%,累计方差贡献率为 81.771%,量表能够较好地说明管理环境相关问题。所有题项的共同度的范围值都在 0.4 以上,说明该公共因子能够解释各题项的方差,并且解释效果良好。由表中数据可知,题项 LDA1 至 LDA3 在因子 1 的具有较大载荷,在其他因子上的载荷系数均小于 0.5,能够体现工作环境维度;题项 LDD1 至 LDD4 在因子 2 的具有较大载荷,各题项能够较好地被因子 2 解释;在题项 LDB1 与 LDB5 中,除题项 LDB5 在各因子成分中均小于 0.5,公共因子无法较好地对该题项进行解释外,其他各题项能够较好地被因子 3 解释,因此建议剔除题项"我上司善于倾听并尊重员工的意见或建议";在题项 LDC1 与 LDC4 中,除题项 LDC1 在各因子成分中均小于 0.5,公共因子无法较好地被该题项进行解释外,各题项能够较好地被因子 4 解释,因此建议剔除 LDC1 题项,即问题"企业为我设立工作目标时会与我商量"被删除。

(五)企业文化量表效度检验

表 5-27 为企业文化量表的 KMO 样本度量和 Bartlett 的检验结果。通过 SPSS21.0 对企业文化量表进行 KMO 样本度量和 Bartlett 的检验,得到的 KMO 样本度量为 0.938,说明其值较好,而且 Bartlett 的检验中的近似卡方值达 2989.568,自由度为 231,显著性概率值为 0.000,说明量表的相关矩阵有共同因素存在,达到高度显著水平,总量表的结构性效度极好,量表数据已经达到做因子分析的条件。

表 5-27　企业文化初始量表的 KMO 样本度量和 Bartlett 的检验

Kaiser-Meyer-Olkin 样本度量		.938
Bartlett 的球形度检验	近似卡方	2989.568
	df	231
	Sig.	.000

　　表 5-28 为企业文化初始量表旋转后的因子载荷,由表可知,经过旋转后的因子个数为 4 个,因子 1、因子 2、因子 3 和因子 4 的方差贡献率分别为 22.558%、21.926%、18.330% 和 18.167%,累计方差贡献率为 80.981%,量表能够较好地说明企业文化相关问题。所有题项的共同度的范围值都在 0.4 以上,说明该公共因子能够解释各题项的方差,并且解释效果良好。

　　此外,题项 WHA1 至 WHA4 在因子 2 的具有较大载荷,能够体现团队文化维度;题项 WHB2 至 WHB4 在因子 1 的具有较大载荷,能够体现平等文化维度;学习文化维度下,题项 WHC2 至 WHC4 都能够较好地被因子 4 解释,而题项 WHC1 在各因子载荷系数均小于 0.5,公共因子无法较好地对该题项进行解释,建议剔除题项"企业中员工的学习氛围很浓,渴望得到新的知识"。执行文化维度下题项 WHD2 至 WHD4 都能够较好地被因子 3 解释,而题项 WHD1 在各因子载荷系数均小于 0.5,公共因子无法较好地对该题项进行解释,建议剔除该题项,即问题"企业充分授权员工,员工能够以自己的方式完成"被删除。

表 5-28　企业文化初始量表旋转后因子载荷

维　度	题　项	成　分				共同度
		因子 1	因子 2	因子 3	因子 4	
团队文化	WHA1	.172	.825	.196	.229	.802
	WHA2	.204	.785	.246	.325	.823
	WHA3	.313	.743	.305	.288	.827
	WHA4	.383	.654	.316	.300	.764

维　度	题　项	成　分				共同度
		因子1	因子2	因子3	因子4	
平等文化	WHB2	.612	.408	.374	.329	.790
	WHB3	.692	.391	.313	.242	.788
	WHB4	.839	.173	.235	.155	.814
学习文化	WHC1	.497	.295	.284	.489	.764
	WHC2	.460	.247	.388	.604	.788
	WHC3	.090	.217	.201	.890	.888
	WHC4	.387	.304	.352	.656	.796
执行文化	WHD1	.444	.291	.392	.387	.802
	WHD2	.364	.430	.606	.292	.770
	WHD3	.191	.139	.902	.187	.905
	WHD4	.219	.297	.657	.509	.828
特征值		3.384	3.289	2.749	2.725	
方差贡献率（%）		22.558	21.926	18.330	18.167	
累计方差贡献率（%）		22.558	44.484	62.814	80.981	

注:提取方法——主成分。

旋转法——具有 Kaiser 标准化的全体旋转法(旋转在 11 次迭代后收敛)

（六）职业生涯规划量表效度检验

表 5-29 为职业生涯规划量表的 KMO 样本度量和 Bartlett 的检验结果,得到的 KMO 样本度量为 0.936,说明其值较好,而且 Bartlett 的检验中的近似卡方值达 3005.272,自由度为 244,显著性概率值为 0.000,说明量表的相关矩阵有共同因素存在,达到高度显著水平,总量表的结构性效度极好,量表数据已经达到做因子分析的条件。

表 5-29 职业生涯规划初始量表的 KMO 样本度量和 Bartlett 的检验

Kaiser-Meyer-Olkin 样本度量		.934
Bartlett 的球形度检验	近似卡方	3005.272
	df	244
	Sig.	.000

表 5-30 为职业生涯规划管理初始量表旋转后的因子载荷,由表可知,经过旋转后的因子个数为 3 个,因子 1、因子 2、因子 3 的方差贡献率分别为 28.748%、28.605%、28.397%,累计方差贡献率为 85.750%,此量表能够折射出职业生涯规划管理中存在的问题。所有题项的共同度的范围值都在 0.4 以上,说明该公共因子能够解释各题项的方差,并且解释效果良好。由表 5-30 可知,题项 GHA1 至 GHA4 在因子 2 的具有较大载荷,在其他因子上的载荷系数均小于 0.5,能够体现信息获取维度;题项 GHB1 至 GHB4 在因子 3 的具有较大载荷,各题项能够较好地被因子 3 解释;规划辅导维度下的题项 GHC2、GHC3 以及 GHC4 在因子 1 的载荷系数均大于标准值 0.5,说明上述三个题项能够较好地被因子 1 所揭示。而该维度下的题项 GHC1 在各因子上的因子载荷系数均小于 0.5,说明公共因子无法较好地对该题项进行解释,建议剔除该题项,即问题"企业能够针对处于职业发展不同阶段的员工,开展针对性较强的培训"。

表 5-30 职业生涯规划管理初始量表旋转后因子载荷

维　　度	题　　项	成　分			共同度
		因子 1	因子 2	因子 3	
信息获取	GHA1	.360	.837	.135	.848
	GHA2	.215	.737	.490	.830
	GHA3	.426	.651	.517	.873
	GHA4	.535	.687	.343	.875

续表

维　度	题　项	成　分			共同度
		因子 1	因子 2	因子 3	
制度保障	GHB1	.486	.425	.652	.842
	GHB2	.263	.276	.863	.890
	GHB3	.362	.540	.652	.847
	GHB4	.504	.181	.741	.835
规划辅导	GHC1	.476	.463	.484	.778
	GHC2	.778	.355	.389	.882
	GHC3	.804	.377	.363	.920
	GHC4	.799	.357	.323	.870
特征值		3.450	3.433	3.408	
方差贡献率（%）		28.748	28.605	28.397	
累计方差贡献率（%）		28.748	57.353	85.750	

注:提取方法——主成分。
旋转法——具有 Kaiser 标准化的全体旋转法(旋转在 14 次迭代后收敛)。

五、正式问卷的形成

通过初始问卷的预测试后,本书最终确定 6 个测量量表。其中,招聘满意度量表主要包括 3 个维度及 8 个测量问题,培训满意度量表主要包括 3 个维度及 12 个测量问题,薪酬满意度量表主要包括 4 个维度 15 个测量问题,管理环境满意度量表主要包括 4 个维度 14 个测量问题,企业文化满意度量表主要包括 4 个维度 13 个测量问题,职业生涯规划满意度量表主要包括 3 个维度 11 个测量问题。

第三节　数据分析和假设验证

一、数据采集和样本特征

正式问卷的发放主要通过线上和线下两种方式,其中,线上填写主要是通过广泛联系从事人力资源管理专业的毕业生,发动其所在单位的新生代农民工进行填写,线下填写则主要是按照企业性质、企业规模以及区域差异性深入企业发放问卷。

本文的数据来源于 2015 年 1 月至 2016 年 1 月份,主要集中在北京(16.32%)、广东(13.48%)、上海(12.67%)、天津(11.29%)、浙江(9.31%)、河北(7.70%)、河南(7.64%)、湖南(6.55%)、江苏(5.32%)、安徽(4.65%)、四川(3.09%)、江西(1.98%)。本次调研总计发放问卷 630 份,得到有效问卷598 份。在有效样本问卷中,男性占比 41.7%,女性占比 58.3%;已婚员工44.55%,未婚员工 55.45%;受教育水平以初中为主,其中小学占比 1.89%,初中占比 67.61%,高中占比 30.5%;抽取样本的平均工作年龄以 2—5 年(53.04%)和 1 年以下(31.17%)为主,工作 6—9 年和 10 年的员工占比分别为 8.1% 和 7.69%;有 23.08% 的新生代员工从事管理岗位的工作,其中,基层管理者占比 18.63%,中层管理者占比 4.45%,高层管理者在数据统计中并不存在。

二、正式量表的信度分析

通过 SPSS21.0 可以整理出测量工作满意度各量表的可靠性统计量和项总统计量,其中可靠性统计量涵盖了测量工作满意度各量表的 Cronbach's Alpha 系数,项总统计量包含校正的项总计相关性和项已删除的 Cronbach's Alpha 值。本章对各变量的信度分析将这些信息汇聚在一起,形成各变量信度分析表,具体情况如下:

(一)招聘量表信度分析

根据表 5-31 可以看出招聘量表的 Cronbach's Alpha 值为 0.916,说明总体量表的内部一致性程度较高。分量表筛选有效性的 Cronbach's Alpha 值为 0.867,分量表渠道有效性的 Cronbach's Alpha 值为 0.872,分量表现场服务质量的 Cronbach's Alpha 值为 0.810,同样通过内部一致性检验。此外,测量招聘满意度各题项校正的项总计相关性均大于 0.5,符合 CITC 系数检验标准。因此,招聘满意度量表的大样本数据具有可信性。

表 5-31　招聘量表信度分析

维　　度	题　　项	校正的项总计相关性	项已删除的 Cronbach's Alpha 值
筛选有效性	ZPA1	.664	.910
	ZPA2	.720	.905
	ZPA3	.753	.902
渠道有效性	ZPB1	.771	.901
	ZPB2	.793	.899
	ZPB3	.718	.905
现场服务质量	ZPC1	.683	.908
	ZPC2	.691	.908
Cronbach's Alpha 数值	总体量表	招聘满意度	.916
	分量表	筛选有效性	.867
		渠道有效性	.872
		现场服务质量	.810

(二)培训量表的信度分析

表 5-32　培训量表信度分析

维　　度	题　　项	校正的项总计相关性	项已删除的 Cronbach's Alpha 值
培训内容	PXA1	.719	.945
	PXA2	.836	.941
	PXA3	.760	.944
	PXA4	.738	.944

维　度	题　项	校正的项总计相关性	项已删除的 Cronbach's Alpha 值
培训师资	PXB1	.627	.948
	PXB2	.765	.943
	PXB3	.802	.942
	PXB4	.797	.942
培训效果	PXC1	.809	.942
	PXC2	.771	.943
	PXC3	.731	.945
	PXC4	.722	.945
Cronbach's Alpha 数值	总体量表	培训满意度	.948
	分量表	培训内容	.918
		培训师资	.883
		培训效果	.904

根据表 5-32 可以看出培训量表的 Cronbach's Alpha 值为 0.948,说明总体量表的具有非常高的内部一致性。培训量表分量表培训内容、培训师资以及培训效果的 Cronbach's Alpha 值分别为 0.918、0.883 以及 0.904,同样具有较高的内部一致性。此外,该量表中各题项的校正的项总计相关性最小值为 0.627,超过 CITC 系数标准值 0.5,说明各测量题项之间的内部一致性较高。因此,培训满意度量表的正式调研所获数据具备一定的信度水平。

（三）薪酬量表信度分析

通过表 5-33 反映出的薪酬量表的 Cronbach's Alpha 值为 0.961,说明薪酬总量表具有较高的内部一致性。薪资、福利、奖金制度以及绩效考核分量表的 Cronbach's Alpha 值分别为 0.933、0.948 和 0.800 及 0.900,同样内部一致性信度指标。此外,测量薪酬满意度各题项校正的项总计相关性均大于 0.5,符合 CITC 系数检验标准。因此,薪酬量表具有较高的信度,大样本数据具有可信性。

表 5-33　薪酬量表信度分析

维　度	题　项	校正的项总计相关性	项已删除的Cronbach's Alpha 值
薪　资	XCA1	.805	.958
	XCA2	.752	.959
	XCA3	.780	.958
	XCA4	.752	.959
福　利	XCB1	.597	.962
	XCB2	.779	.958
	XCB3	.696	.960
奖金制度	XCC1	.828	.957
	XCC2	.771	.958
	XCC3	.758	.959
	XCC4	.790	.958
绩效考核	XCD1	.828	.957
	XCD2	.845	.957
	XCD3	.816	.957
	XCD4	.849	.957
Cronbach's Alpha 数值	总体量表	薪酬福利管理	.961
	分量表	薪资	.933
		福利	.948
		奖金制度	.800
		绩效考核	.900

（四）管理环境量表信度分析

根据表 5-34 可以看出管理环境量表的 Cronbach's Alpha 值为 0.949,说明总体量表具有非常高的内部一致性。培训量表分量表工作环境、沟通方式、员工参与度以及人格魅力的 Cronbach's Alpha 值分别为 0.945、0.880、0.767 以及 0.929,同样具有较高的内部一致性。此外,该量表中各题项的校正的项总计相关性最小值为0.531,超过CITC系数标准值0.5,说明各测量题项之间的内部一致性较高。因此,管理环境量表的正式调研所获数据具备一定的信度水平。

表5-34 管理环境量表信度分析

维度	题项	校正的项总计相关性	项已删除的 Cronbach's Alpha 值
工作环境	LDA1	.805	.944
	LDA2	.765	.945
	LDA3	.760	.945
沟通方式	LDB1	.817	.944
	LDB2	.671	.948
	LDB3	.721	.946
	LDB4	.692	.947
员工参与度	LDC1	.761	.945
	LDC2	.531	.950
	LDC3	.567	.950
人格魅力	LDD1	.765	.945
	LDD2	.829	.943
	LDD3	.816	.944
	LDD4	.824	.944
Cronbach's Alpha 数值	总体量表	管理环境	.949
	分量表	工作环境	.945
		沟通方式	.880
		员工参与度	.767
		人格魅力	.929

(五)企业文化量表信度分析

通过表5-35反映出的企业文化量表的Cronbach's Alpha值为0.951,说明企业文化总量表具有较高的内部一致性。团队文化、平等文化、学习文化以及执行文化分量表的 Cronbach's Alpha 值分别为 0.913、0.879 和 0.844 及 0.867,同样通过内部一致性检验。此外,测量企业文化各题项校正的项总计相关性均大于 0.5,符合 CITC 系数检验标准。因此,企业文化量表具有较高的信度,大样本数据具有可信性。

表 5-35　企业文化信度分析

维　度	题　项	校正的项总计相关性	项已删除的 Cronbach's Alpha 值
团队文化	WHA1	.681	.949
	WHA2	.757	.947
	WHA3	.800	.946
	WHA4	.798	.946
平等文化	WHB1	.840	.945
	WHB2	.797	.946
	WHB3	.658	.951
学习文化	WHC1	.811	.946
	WHC2	.633	.950
	WHC3	.803	.946
执行文化	WHD1	.813	.946
	WHD2	.652	.950
	WHD3	.799	.946
Cronbach's Alpha 数值	总体量表	企业文化	.951
	分量表	团队文化	.913
		平等文化	.879
		学习文化	.844
		执行文化	.867

（六）职业生涯规划量表信度分析

表5-36　职业生涯规划信度分析

维　度	题　项	校正的项总计相关性	项已删除的 Cronbach's Alpha 值
信息获取	GHA1	.726	.966
	GHA2	.795	.964
	GHA3	.899	.960
	GHA4	.882	.961
制度保障	GHB1	.878	.961
	GHB2	.768	.964
	GHB3	.868	.961
	GHB4	.789	.964
规划辅导	GHC1	.856	.962
	GHC2	.870	.961
	GHC3	.825	.963
Cronbach's Alpha 数值	总体量表	职业生涯规划	.966
	分量表	信息获取	.930
		制度保障	.929
		规划辅导	.944

根据表5-36可以看出职业生涯规划量表的 Cronbach's Alpha 值为0.966,说明总体量表的内部一致性程度较高。分量表信息获取的 Cronbach's Alpha 值为0.930,分量表制度保障的 Cronbach's Alpha 值为0.929,分量表规划辅导的 Cronbach's Alpha 值为0.944,同样通过内部一致性检验。此外,测量职业生涯规划各题项校正的项总计相关性均大于0.5,符合 CITC 系数检验标准。因此,职业生涯规划量表的大样本数据具有可信性。

三、正式量表的效度检验

(一)招聘量表效度检验

采用探索性因子分析验证正式的招聘量表的效度,运行结果见表5-37,得到的 KMO 值为 0.961,超过了标准值;此外,在 Bartlett 的检验中,量表的近似卡方值达 2546.307,自由度为 91,sig 值为 0.000,说明量表的相关矩阵有共同因素存在,达到高度显著水平,总量表的结构性效度极好,适合继续做因子分析。

表5-37 招聘正式量表的 KMO 样本度量和 Bartlett 的检验

Kaiser-Meyer-Olkin 样本度量		**.961**
Bartlett 的球形度检验	近似卡方	2546.307
	df	91
	Sig.	.000

表5-38 为招聘正式量表旋转后的因子载荷,正式的招聘量表提取到3个公因子,并且提取的3个公因子与题项分布一致。因子1的方差贡献率为28.369%,因子2的方差贡献率为28.163%,因子3的方差贡献率为24.737%,累计方差贡献率为81.269%,能够将原始信息的81.269%进行解释,此量表能够说明招聘相关问题。量表中所有题项的共同度均高于0.4。此外,招聘的三个维度(筛选有效性、渠道有效性、现场服务质量)的题项分别在因子1、因子2、因子3的载荷系数均大于0.5,说明问卷的建构效度较好。

表5-38 招聘正式量表旋转后因子载荷

维 度	题 项	成 分			共同度
		因子1	因子2	因子3	
筛选有效性	ZPA1	.805	.130	.360	.794
	ZPA2	.838	.305	.213	.841
	ZPA3	.744	.530	.115	.849

续表

维 度	题 项	成 分			共同度
		因子1	因子2	因子3	
渠道有效性	ZPB1	.348	.759	.319	.798
	ZPB2	.303	.770	.388	.835
	ZPB3	.216	.707	.437	.737
现场服务质量	ZPC1	.206	.340	.805	.805
	ZPC2	.250	.281	.837	.841
特征值		2.270	2.253	1.979	
方差贡献率（%）		28.369	28.163	24.737	
累计方差贡献率（%）		28.369	56.532	81.269	

注：提取方法——主成分。

旋转法——具有 Kaiser 标准化的全体旋转法（旋转在 8 次迭代后收敛）。

（二）培训量表的效度检验

采用探索性因子分析验证正式的培训量表的效度，运行结果见表 5-39，得到的 KMO 样本度量为 0.901，超过了标准值；此外，在 Bartlett 的检验中，量表的近似卡方值达 3694.851，自由度为 153，sig 值为 0.000，说明量表的相关矩阵有共同因素存在，达到高度显著水平，总量表的结构性效度极好，适合继续做因子分析。

表 5-39 培训正式量表的 KMO 样本度量和 Bartlett 的检验

Kaiser-Meyer-Olkin 样本度量		.901
Bartlett 的球形度检验	近似卡方	3694.851
	df	153
	Sig.	.000

表 5-40 为培训正式量表旋转后的因子载荷，正式的培训量表提取到 3 个公因子，并且提取的 3 个公因子与题项分布一致。因子 1 的方差贡献率为

215

27.417%,因子 2 的方差贡献率为 25.528%,因子 3 的方差贡献率为
25.386%,累计方差贡献率为 78.331%,能够对原始信息的 78.331%进行解
释,此量表能够说明培训相关问题。量表中所有题项的共同度均高于 0.4,说
明各方差能够通过公因子获得充分解释。此外,因子载荷均大于 0.5,说明各
题项能够较好地被公因子解释。综上可知,量表的设计符合研究要求,满足研
究需要。

表 5-40　培训正式量表旋转后因子载荷

维　度	题　项	成　分			共同度
		因子 1	因子 2	因子 3	
培训内容	PXA1	.801	.142	.380	.807
	PXA2	.814	.331	.351	.896
	PXA3	.782	.362	.237	.799
	PXA4	.750	.411	.187	.767
培训师资	PXC1	.166	.635	.379	.574
	PXC2	.294	.773	.329	.792
	PXC3	.406	.733	.315	.801
	PXC4	.380	.770	.293	.823
培训效果	PXD1	.334	.481	.657	.775
	PXD2	.404	.259	.752	.796
	PXD3	.262	.299	.791	.784
	PXD4	.211	.340	.792	.787
特征值		3.290	3.063	3.046	
方差贡献率（%）		27.417	25.528	25.386	
累计方差贡献率（%）		27.417	52.945	78.331	

注:提取方法——主成分。
旋转——具有 Kaiser 标准化的全体旋转法(旋转在 8 迭代后收敛)。

（三）薪酬量表效度检验

采用探索性因子分析验证正式的薪酬量表的效度,运行结果见表5-41,得到的KMO样本度量为0.951,超过了标准值;此外,在Bartlett的检验中,量表的近似卡方值达2913.072,自由度为87,sig为0.000,说明量表的相关矩阵有共同因素存在,达到高度显著水平,总量表的结构性效度极好,适合继续做因子分析。

表5-41 薪酬量表的 KMO 样本度量和 Bartlett 的检验

Kaiser-Meyer-Olkin 样本度量		.951
Bartlett 的球形度检验	近似卡方	2913.072
	df	87
	Sig.	.000

表5-42为薪酬正式量表旋转后的因子载荷,正式的招聘量表提取到4个公因子,因子1的方差贡献率为23.877%,因子2的方差贡献率为22.576%,因子3的方差贡献率为21.408%,因子4的方差贡献率为14.953%,累计方差贡献率为82.814%,能够将原始信息的82.814%进行解释,此量表能够说明薪酬相关问题。量表中所有题项的共同度均大于0.4,说明公共因子能够较充分解释各方差。在各公共因子中,量表所涉及题项的因子载荷都要比标准值0.5要大,认为各个题项都可以被公共因子进行解释。同理,薪酬量表也达到了理论水平,符合研究需要。

表5-42 薪酬正式量表旋转后因子载荷

维 度	题 项	成 分				共同度
		因子1	因子2	因子3	因子4	
薪 资	XCA1	.311	.668	.335	.358	.783
	XCA2	.264	.819	.232	.254	.859
	XCA3	.278	.800	.210	.345	.881
	XCA4	.271	.791	.275	.221	.823

维 度	题 项	成 分				共同度
		因子1	因子2	因子3	因子4	
福 利	XCB1	.156	.172	.141	.944	.965
	XCB2	.206	.374	.477	.587	.754
	XCB3	.161	.162	.348	.804	.821
奖金制度	XCC1	.386	.346	.716	.228	.833
	XCC2	.323	.368	.691	.192	.754
	XCC3	.525	.174	.560	.303	.712
	XCC4	.531	.266	.516	.309	.714
绩效考核	XCD1	.778	.269	.331	.302	.878
	XCD2	.756	.328	.316	.312	.877
	XCD3	.756	.374	.215	.322	.861
	XCD4	.783	.361	.298	.270	.906
特征值		3.582	3.386	3.211	2.243	
方差贡献率（%）		23.877	22.576	21.408	14.953	
累计方差贡献率（%）		23.877	46.453	67.861	82.814	

注:提取方法——主成分。

旋转法——具有 Kaiser 标准化的全体旋转法(旋转在 11 次迭代后收敛)。

(四)管理环境量表效度检验

采用探索性因子分析验证正式的管理环境量表的效度,运行结果见表5-43,得到的 KMO 样本度量为0.856,超过了标准值;此外,在 Bartlett 的检验中,量表的近似卡方值达 2369.785,自由度为 56,sig 值为 0.000,说明量表的相关矩阵有共同因素存在,达到高度显著水平,总量表的结构性效度极好,适合继续做因子分析。

表 5-43 管理环境量表的 KMO 样本度量和 Bartlett 的检验

Kaiser-Meyer-Olkin 样本度量		.856
Bartlett 的球形度检验	近似卡方	2369.785
	df	56
	Sig.	.000

表 5-44 为管理环境正式量表旋转后的因子载荷,在 14 个题项中提取到 4 个公因子,各因子的方差贡献率分别为 24.470%,22.177%,19.602%,15.854%,累计的方差贡献率达到 82.102%,能够将原始信息的 82.102% 进行解释。量表中所有题项的共同度均大于 0.4,并且量表所涉及题项的因子载荷都要高于标准值 0.5。按照上述分析,管理环境量表也达到了理论水平,符合实证研究的要求,可以进行下一步的探索。

表 5-44 管理环境正式量表旋转后因子载荷

维　度	题　项	成　分				共同度
		因子 1	因子 2	因子 3	因子 4	
工作环境	LDA1	.793	.322	.279	.236	.865
	LDA2	.853	.295	.234	.159	.895
	LDA3	.819	.299	.309	.098	.865
沟通方式	LDB1	.443	.258	.668	.311	.805
	LDB2	.290	.110	.820	.226	.820
	LDB3	.291	.223	.719	.311	.749
	LDB4	.160	.386	.795	.114	.820
员工参与度	LDC1	.263	.346	.307	.670	.733
	LDC2	.194	.159	.048	.898	.871
	LDC3	-.016	.269	.349	.753	.762

续表

维　度	题　项	成　分				共同度
		因子1	因子2	因子3	因子4	
人格魅力	LDD1	.218	.729	.335	.305	.784
	LDD2	.309	.763	.268	.358	.878
	LDD3	.453	.715	.216	.271	.837
	LDD4	.550	.613	.217	.292	.811
特征值		3.426	3.105	2.744	2.219	
方差贡献率（%）		24.470	22.177	19.602	15.854	
累计方差贡献率（%）		24.470	46.647	66.248	82.102	

（五）企业文化量表效度检验

采用探索性因子分析验证正式的企业文化环境量表的效度,运行结果见表5-45,得到的 KMO 样本度量为0.923,超过了标准值;此外,在 Bartlett 的检验中,量表的近似卡方值达 2021.102,自由度为86,sig 值为 0.000,说明量表的相关矩阵有共同因素存在,达到高度显著水平,总量表的结构性效度极好,适合继续做因子分析。

表5-45　企业文化正式量表的 KMO 样本度量和 Bartlett 的检验

Kaiser-Meyer-Olkin 样本度量		.923
Bartlett 的球形度检验	近似卡方	2021.102
	df	86
	Sig.	.000

表5-46为企业文化正式量表旋转后的因子载荷,在 13 个题项中提取到4个公因子,其中,因子 1 的方差贡献率为 23.149%,因子 2 的方差贡献率为21.664%,因子 3 的方差贡献率为 18.862%,因子 4 的方差贡献率为18.351%,累计方差贡献率为82.025%,大于 60%;量表中所有题项的共同度

均大于0.4,在理论的标准值之上,并且量表所涉及题项的因子载荷都要高于标准值0.5。因此,在解释测量工具方面,企业文化量表达到理论标准,符合实证研究的要求。

表5-46　企业文化正式量表旋转后因子载荷

维　度	题　项	成　分				共同度
		因子1	因子2	因子3	因子4	
团队文化	WHA1	.821	.188	.200	.226	.800
	WHA2	.773	.231	.242	.331	.820
	WHA3	.739	.323	.302	.293	.827
	WHA4	.650	.388	.314	.303	.764
平等文化	WHB1	.387	.642	.355	.343	.805
	WHB2	.367	.726	.288	.261	.812
	WHB3	.150	.865	.223	.155	.845
学习文化	WHC1	.236	.458	.384	.612	.787
	WHC2	.202	.115	.190	.900	.901
	WHC3	.295	.396	.347	.657	.796
执行文化	WHD1	.424	.372	.603	.295	.769
	WHD2	.131	.209	.901	.187	.907
	WHD3	.285	.242	.653	.514	.829
特征值		3.009	2.816	2.452	2.386	
方差贡献率（%）		23.149	21.664	18.862	18.351	
累计方差贡献率（%）		23.149	44.813	63.67	82.025	

注:提取方法——主成分。旋转法——具有Kaiser标准化的全体旋转法(旋转在10次迭代后收敛)。

(六)职业生涯规划量表效度检验

采用探索性因子分析验证正式的职业生涯规划量表的效度,运行结果见表5-47,得到的KMO样本度量为0.898,超过了标准值;此外,在Bartlett的检验中,量表的近似卡方值达1969.753,自由度为147,sig值为0.000,说明量表的相关矩阵有共同因素存在,达到高度显著水平,总量表的结构性效度极好,适合继续做因子分析。

表5-47 职业生涯规划正式量表的 KMO 样本度量和 Bartlett 的检验

Kaiser-Meyer-Olkin 样本度量		.898
Bartlett 的球形度检验	近似卡方	1969.753
	df	147
	Sig.	.000

表5-48为职业生涯规划正式量表旋转后的因子载荷,在11个题项中提取到因子1、因子2和因子3,对应的方差贡献率分别为29.283%、28.889%、28.509%,累计方差贡献率为86.682%,大于60%,说明此量表能够有效解释职业生涯规划存的问题;针对各个题项的共同度,均在理论的标准值之上,大于0.4;并且量表所涉及题项的因子载荷都要高于标准值0.5。因此,在解释测量工具方面,职业生涯规划量表符合实证研究的要求,可以进行后期探索。

表5-48 职业生涯规划正式量表旋转后因子载荷

维 度	题 项	成 分			共同度
		因子1	因子2	因子3	
信息获取	GHA1	.358	.137	.842	.856
	GHA2	.214	.491	.742	.837
	GHA3	.426	.517	.652	.874
	GHA4	.534	.344	.688	.877
制度保障	GHB1	.487	.652	.424	.843
	GHB2	.263	.863	.277	.891
	GHB3	.363	.652	.537	.846
	GHB4	.503	.741	.186	.837

续表

维　度	题　项	成　分			共同度
		因子1	因子2	因子3	
规划辅导	GHC1	.777	.389	.359	.884
	GHC2	.804	.363	.377	.919
	GHC3	.799	.323	.358	.871
特征值		3.221	3.178	3.136	
方差贡献率（%）		29.283	28.889	28.509	
累计方差贡献率（%）		29.283	58.173	86.682	

注:提取方法——主成分。

旋转法——具有 Kaiser 标准化的全体旋转法(旋转在 13 次迭代后收敛)。

四、同源方差分析

共同方法偏差(Common Method Biases,CMB)特指由于数据来源相同、测量环境一致以及项目语境相同造成的效标变量与预测变量之间出现严重混淆、误导结论的人为的共变。这种系统误差广泛存在于有关心理学和行为科学的问卷研究中。

在当下的研究中,由于诸多因素的制约,导致程序控制的方法未能实施,不能消除共同方法的偏差,因此,需要借助统计分析的方法来检查共同方法偏差。一般采用较为简单的 Herman 单因素检验,当存在大量的共同偏差,进行因素分析会以两种方式呈现:提取一个公共因子或者一个公共因子能够解释大部分的变异。在此基础上,检验未旋转的因子分析结果。当只提取了一个公因子或某个因子的解释程度超过了建议值50%,则认为存在严重的共同方法偏差。

本书将 6 个变量的 73 个题项采用 Herman 单因素检验的方法做探索性因子分析。利用主成分分析,未旋转,特征值大于 1 检验,得到的未经旋转时提取特征值大于 1 的因子个数是 12 个,其中第一主成分解释了 40.279% 的变异量,小于建议值50%,因此,认为本书不存在严重的共同方法偏差,研究结果可靠。

表5-49　全部测量题项的探索性因子分析

成分	初始特征值			提取平方和载入		
	合计	方差的 %	累积 %	合计	方差的 %	累积 %
1	36.703	50.279	50.279	36.703	40.279	40.279
2	4.362	5.976	56.255	4.362	15.976	56.255
3	3.253	4.456	60.711	3.253	4.456	60.711
4	2.412	3.304	64.015	2.412	3.304	64.015
5	1.728	2.367	66.382	1.728	2.367	66.382
6	1.496	2.049	68.431	1.496	2.049	68.431
7	1.401	1.919	70.350	1.401	1.919	70.350
8	1.240	1.698	72.048	1.240	1.698	72.048
9	1.072	1.468	73.517	1.072	1.468	73.517
10	1.021	1.399	74.915	1.021	1.399	74.915

提取方法:主成分析。

五、验证性因子分析

结构方程生成了观测变量的协方差矩阵 E,使其与样本的协方差矩阵 S 差距越小,越吻合,并且为定量评估模型的数据拟合程度提供了数据指标。模型拟合指标有多种方法,本书主要采用卡方自由度比(X2/df)、拟合良好性指数(GFI)、拟合优度(GFI/DF)、比较拟合优度指数(CFI)和近似均方根误差估计(RMSEA)对单变量模型结果的适用性做出判断。通过比较拟合指数(NFI)和增量拟合指数(IFI)对单变量模型优度做出客观评价。

卡方自由度比表示假设模型的协方差矩阵与观察数据两者的适配程度,取值范围小于5,并且当数值越小时,适配程度越高。一般认为,当 X2/df 小于3时,假定的模型与数据达到了很好的拟合。拟合优度是指理论建构复制矩阵能解释样本数据的观察矩阵的变异量愈大,二者的契合度愈高,GFI 数值介于0—1之间,一般认为 GFI 大于0.90时,模型路径图与实际数据有良好的适配度。比较拟合优度指数越接近1说明模型拟合得越好,一般认为,该指标在0.90以上表示模型拟合较好。近误差的均方根值通常被视为是最重要的适配指标信息,如果其数值小于0.05,模型适配程度非常好;0.05—0.08之间,模型良好;0.08—0.10,模型尚可。本书主要通过 AMOS21.0 软件对各测量变量进行模型结构分析,将同一变量存在的潜在变量联系起来,进一步得出数据对测量模型的拟合水平,具体情况如表 5-50 所示:

表 5-50　测量模型变量的拟合指标

变　量	卡方自由度比	拟合优度指数	近似均方根误差估计	比较拟合优度指标数
建议值	X2/df<5	GFI>0.9	RMSEA<0.1	CFI>0.9
招聘	3.837	0.918	0.063	0.921
培训	3.427	0.921	0.079	0.917
薪资	2.664	0.937	0.042	0.924
管理环境	3.891	0.968	0.020	0.953
企业文化	2.996	0.959	0.036	0.903
职业生涯规划	3.002	0.952	0.029	0.941

根据表 5-50 可以看出验证性因子分析对招聘、培训、薪资、管理环境、企业文化以及职业生涯规划均达到了参考建议指标,这说明上述 6 个变量的测量模型是有效的。其中,管理环境测量模型的各拟合指标是最优的,在上述 6 个测量模型中的数据指标最佳。

六、描述性统计分析

常见的描述性统计主要分为三种类别:一是,描述集中趋势。本书将描述集中趋势的统计量定为均值,均值代表了量表样本数据的平均水平,在一定程度上能够较好地代表集中趋势。通常而言,在五分制的李克特量表中,衡量样本数据理论水平(中间水平)为 3。均值大于 3 说明样本数据相关程度较高,均值小于 3 说明样本数据相关程度较低。二是,描述离散程度。本书通过标准差统计量刻画样本数据的离散程度。标准差是反映一组数据离散程度最常用的一种量化形式,是表示精确度的重要指标。标准差并没有明确的理论界限,标准差越小,说明样本数据的离散程度越小。三是,描述分布形态。本书将偏度和峰度作为描述正式分布的重要指标。其中,偏度描述的是样本数据

新生代农民工就业偏好视阈下的民营中小企业用工管理研究

距离中心值的偏离程度,峰度描述的是样本时间的陡峭程度。通常而言,偏度值的理论界限为3,峰度值的理论界限是10。当偏度绝对值和峰度绝对值同时小于理论要求值时,说明样本数据近似服从于正态分布。

表5-51 描述性统计分析

量表维度	均 值	标准差	偏 度	峰 度
筛选有效性	3.571	.953	−.315	−.359
渠道有效性	3.599	.870	−.386	−.083
现场服务质量	3.649	.653	−.590	.118
培训内容	3.523	.710	−.270	.363
培训师资	3.526	.860	−.396	.073
培训效果	3.695	.808	−.595	.467
薪资	3.297	0.941	−.255	−.095
福利	3.275	1.042	−.309	−.420
奖金制度	3.146	1.045	−.167	−.550
绩效考核	3.282	1.015	−.184	−.171
工作环境	3.559	1.042	−.417	−.346
沟通方式	3.261	1.031	−.185	−.447
员工参与度	3.520	0.810	−.048	.244
人格魅力	3.350	1.0184	−.278	−.287
团队文化	3.738	0.811	−.319	.495
平等文化	3.345	0.931	−.196	−.192
学习文化	3.605	0.891	−.310	−.237
执行文化	3.545	0.901	−.484	.288
信息获取	3.371	1.040	−.312	−.414
制度保障	3.462	0.991	−.541	.116
规划辅导	3.200	1.090	−.307	−.463

根据表5-51可以看出,在各维度的均值基本与五分式量表中的数相一致,说明招聘、培训、薪酬、管理环境、企业文化以及职业生涯规划6个量表水平适中,且各量表的子维度标准差均大于理论水平,从侧面可以看出新生代农民工对各维度的意识要求比较强。而根据标准差数值显示,通过测量量表获

得的各维度偏度值的最大绝对值为 0.595,符合统计学要求标准。各维度峰度值最大绝对值为 0.550,远远小于标准值 10。因此,正式问卷所获数据近似符合正态分布。

七、人口统计特征的方差分析

本书人口统计学特征主要包括:性别、婚姻状态、年龄、学历、工作年限、职位级别以及企业类型。其中,性别和婚姻状态含有两个分类变量,采用独立样本 T 检验分析人口统计特征对各变量差异影响。年龄、学历、工作年限、职位级别以及企业类型内部含有两个以上的分类变量,采用单因素方差分析研究控制变量对各变量的影响差异。

(一)关于性别的独立样本 T 检验

在进行独立样本 T 检验之前,需要进行方差方程的 Levene 检验。表 5-52 为性别对于各观测变量方差方程的 Levene 检验的分析结果,我们可以看出,招聘、培训、薪酬以及企业文化这 4 个变量未通过方差检验的显著性水平,说明性别对新生代农民工在这 4 个方面的影响差别不大。而管理环境变量 Levene 统计量为 1.079(P<0.05),说明方差齐性,适合进一步独立样本 T 检验。根据独立样本 T 检验分析结果,不同性别的员工在管理环境(F=3.072,P<0.05)存在显著差异,且女性对管理环境的感知水平更强。职业生涯规划变量 Levene 检验显著(P=0.048<0.05),且不同性别的员工对职业生涯规划的感知差异存在显著差异,其中男性员工对职业生涯规划的感知水平更强。通过调研发现,女性新生代农民工性格方面较为敏感,特别是对于工作环境和劳动环境方面。因此,女性新生代农民工在管理环境方面感知较强。而男性新生代农民工具有较强的事业心,因此在职业生涯规划方面具有更为强烈的感知。

(二)关于婚姻状态的独立样本 T 检验

表 5-53 为婚姻状态对于各观测变量独立样本 T 检验的分析结果,我们可以看出招聘、培训、薪酬、管理环境以及企业文化这 5 个变量未通过方差检验的显著性水平,说明婚姻状态存在差异的新生代农民工对这 5 个方面的感知不存在过大的差别。职业生涯规划变量 Levene 统计量为 4.060(P<0.05),

说明方差齐性,适合进一步独立样本 T 检验。不同婚姻状态在职业生涯规划($F=2.997$,$P<0.05$)存在显著差异,并且已婚员工对职业生涯规划的感知水平大于未婚员工。通过深入企业调研发现,婚姻状态对职业生涯规划感知水平差异性存在的主要原因是员工的责任感,婚后员工的责任感逐渐增强,对于收入和职业稳定性也逐渐提高,因此,婚后的新生代农民工追求对职业生涯的规划和设计,以通过合理的职业选择,提高家庭的稳定性。

表 5-52 关于性别的独立样本 T 检验

变量	性别	均值	方差方程的 Levene 检验		独立样本 T 检验	
			Levene 统计量	Sig.	F 值	Sig.(双侧)
招聘	男	3.203	.035	.852	未检验	未检验
	女	3.011				
培训	男	3.106	.112	.738	未检验	未检验
	女	3.069				
薪酬	男	3.203	.040	.842	未检验	未检验
	女	3.100				
管理环境	男	3.136	1.079	.030	3.072	.034
	女	3.208				
企业文化	男	3.203	.842	.360	未检验	未检验
	女	3.227				
职业生涯规划	男	3.326	.075	.048	2.866	.024
	女	3.209				

表 5-53 关于婚姻状态独立样本 T 检验

变量	性别	均值	方差方程的 Levene 检验		独立样本 T 检验	
			Levene 统计量	Sig.	F 值	Sig.(双侧)
招聘	已婚	3.203	.159	.690	未检验	未检验
	未婚	3.011				

变量	性别	均值	方差方程的 Levene 检验		独立样本 T 检验	
			Levene 统计量	Sig.	F 值	Sig.（双侧）
培训	已婚	3.106	.010	.921	未检验	未检验
	未婚	3.069				
薪酬	已婚	3.203	.008	.929	未检验	未检验
	未婚	3.100				
管理环境	已婚	3.136	2.418	.121	未检验	未检验
	未婚	3.008				
企业文化	已婚	3.203	1.114	.292	未检验	未检验
	未婚	3.227				
职业生涯规划	已婚	3.326	4.060	.045	2.997	0.011
	未婚	3.209				

（三）关于年龄的单因素方差分析

在进行单因素分析之前,需要进行方差齐性检验。若方差齐性检验的显著性小于标准值 0.05,则说明方差不齐性,不适合进一步进行单因素分析。相反,若方差齐性检验的显著性大于标准值 0.05,则说明方差齐性,适合进一步进行单因素分析。根据表 5-54 显示,招聘、培训、薪酬、管理环境、企业文化以及职业生涯规划 6 个变量方差齐性检验全部通过显著性检验,说明可以适合进一步进行单因素分析。

表 5-54　关于年龄的方差齐性检验

	Levene 统计量	df1	df2	显著性
招聘	.990	2	596	.373
培训	.055	2	596	.947
薪酬	1.016	2	596	.364
管理环境	1.178	2	596	.310

	Levene 统计量	df1	df2	显著性
企业文化	.676	2	596	.509
职业生涯规划	2.174	2	596	.116

而根据表5-55不同年龄的单因素方差分析结果,我们不难发现招聘、培训、薪酬、管理环境、企业文化以及职业生涯规划6个变量单因素方差分析的P值均大于0.05,说明不同年龄对上述6个变量不存在显著性差异。

表5-55　关于年龄的单因素方差分析

		均方	F	显著性
招聘	组间	835.475	.376	.687
	组内	2222.428		
培训	组间	23949.689	.413	.662
	组内	57970.854		
薪酬	组间	119.652	.067	.935
	组内	1776.678		
管理环境	组间	220.455	.127	.881
	组内	1739.939		
企业文化	组间	257.406	.150	.860
	组内	1710.890		
职业生涯规划	组间	480.931	.191	.827
	组内	2523.314		

(四)关于学历的单因素方差分析

同样在进行单因素分析之前,需要进行方差齐性检验。根据表5-56显示,招聘、培训、薪酬、管理环境、企业文化以及职业生涯规划6个变量方差齐性检验全部通过显著性检验,说明可以适合进一步进行单因素分析。学历是衡量个人知识水平的标尺,员工受教育程度的高低会影响其价值观和对事物的认知能力、判断能力。因此,有必要进行单因素方差分析,验证学历对各测量维度的差异性。

表 5-56　关于学历方差齐性检验

	Levene 统计量	df1	df2	显著性
招聘	.990	2	596	.373
培训	.055	2	596	.947
薪酬	1.016	2	596	.364
管理环境	1.178	2	596	.310
企业文化	.676	2	596	.509
职业生涯规划	2.174	2	596	.116

根据表 5-57 不同学历单因素方差分析结果可以看出,招聘、培训、薪酬、管理环境、企业文化以及职业生涯规划 6 个变量的方差显著性水平分别为 0.687、0.662、0.935、0.881、0.860 以及 0.827,均大于标准值 0.05,表明不同学历对上述 6 个变量不存在显著性差异。

表 5-57　不同学历单因素方差分析

		均方	F	显著性
招聘	组间	835.475	.376	.687
	组内	2222.428		
培训	组间	23949.689	.413	.662
	组内	57970.854		
薪酬	组间	119.652	.067	.935
	组内	1776.678		
管理环境	组间	220.455	.127	.881
	组内	1739.939		
企业文化	组间	257.406	.150	.860
	组内	1710.890		
职业生涯规划	组间	480.931	.191	.827
	组内	2523.314		

（五）关于工作年限的单因素方差分析

工作年限包含 4 个分类变量,分别是:1 年及以下、2—5 年、6—9 年以及 10 年以上。表 5-58 为工作年限的方差齐性检验结果。研究结果表明,招聘、培训以及薪酬的显著性水平为 0.117、0.410、0.546,大于 0.05,表明方差齐性,可以进一步进行单因素方法分析。而管理环境、企业文化以及职业生涯规划 3 个测量变量的显著性水平全部小于标准齐性检验标准水平 0.05,说明方差不齐性,不适合进一步进行单因素分析。

表 5-58　关于工作年限的方差齐性检验

	Levene 统计量	df1	df2	显著性
招聘	1.983	3	595	.117
培训	.965	3	595	.410
薪酬	.712	3	595	.546
管理环境	2.906	3	595	.036
企业文化	3.718	3	595	.012
职业生涯规划	3.983	3	595	.009

根据表 5-59 不同工作年限的单因素方差分析结果可以看出,工作年限对招聘、培训以及薪酬的显著性分别为 0.477、0.277、0.311,均大于标准值 0.05,表明不同工作年限的新生代农民工对招聘、培训以及薪酬福利不存在显著性差异。因此,不必再对其进行多重比较。

表 5-59　关于工作年限的单因素方差分析

		均方	F	显著性
招聘	组间	1844.695	.833	.477
	组内	2214.902		
培训	组间	74354.662	1.295	.277
	组内	57433.268		

续表

		均方	F	显著性
薪酬	组间	2106.570	1.199	.311
	组内	1756.936		

(六)关于职位的单因素方差分析

因为调研样本中并不存在高层管理者,因此本次研究关于职位的单因素方差分析涵盖3个等级。表5-60为职位对于各观测变量方差齐性检验的分析结果,我们可以看出招聘、培训、薪酬、管理环境、企业文化以及职业生涯规划6个变量的方差显著性水平分别为0.305、0.401、0.194、0.111、0.205以及0.156。说明方差齐性,适合进一步进行单因素分析。不同职位的新生代农民工对招聘、培训、薪酬、管理环境、企业文化以及职业生涯规划管理感知各有不同,为了进一步验证职位对各测量维度的差异性,需要进行单因素方差分析。

表5-60　关于职位的方差齐性检验

	Levene 统计量	df1	df2	显著性
招聘	1.215	3	595	.305
培训	.985	3	595	.401
薪酬	1.585	3	595	.194
管理环境	2.028	3	595	.111
企业文化	1.540	3	595	.205
职业生涯规划	1.758	3	595	.156

根据表5-61不同职位的单因素方差分析结果可以看出,职位对招聘、培训、薪酬、管理环境、企业文化以及职业生涯规划的显著性分别为0.953、0.526、0.441、0.520、0.791、0.425,均大于标准值0.05,表明不同职位对上述6个变量不存在显著性差异。因此,不必再对其进行多重比较。

表 5-61　关于职位的单因素方差分析

		均方	F	显著性
招聘	组间	252.239	.113	.953
	组内	2236.816		
培训	组间	43152.194	.746	.526
	组内	57862.660		
薪酬	组间	1589.514	.901	.441
	组内	1764.051		
管理环境	组间	1309.621	.756	.520
	组内	1731.920		
企业文化	组间	595.985	.348	.791
	组内	1712.898		
职业生涯规划	组间	2342.900	.935	.425
	组内	2507.059		

（七）关于企业类型的单因素方差分析

研究企业类型对各测量变量的差异,首先进行方差分析,企业类型方差齐性检验见表 5-62。管理环境、企业文化以及职业生涯规划的显著性水平全部小于 0.05,说明方差不齐性,不适合继续做单因素分析;招聘、培训以及薪酬的显著性水平全部大于 0.05,说明方差齐性,适合继续做单因素分析。

表 5-62　关于企业类型方差齐性检验

	Levene 统计量	df1	df2	显著性
招聘	1.403	3	595	.243
培训	.651	3	595	.583
薪酬	2.072	3	595	.105
管理环境	2.922	3	595	.035
企业文化	3.249	3	595	.023
职业生涯规划	3.155	3	595	.026

根据表5-63企业类型对各测量变量的单因素方差分析结果,我们可以发现,企业类型对招聘、培训以及薪酬差异的显著性水平均大于标准值0.05,说明企业类型对上述3个测量变量的显著性水平不高,即:不同企业类型的新生代员工对招聘、培训以及薪酬的感知并不存在显著的影响。因此,可以不必进行多重比较。

表5-63　关于企业类型的单因素方差分析

		均方	F	显著性
招聘	组间	1062.874	.478	.698
	组内	2225.661		
培训	组间	10234.126	.175	.913
	组内	58315.661		
薪酬	组间	130.379	.073	.974
	组内	1784.131		

通过对人口统计学变量我们可以获得3个结论:

一是,不同性别的新生代员工在管理环境存在显著差异,且女性对管理环境的感知水平更强。不同性别的员工对职业生涯规划的感知差异存在显著差异,其中男性员工对职业生涯规划的感知水平更强。主要原因可能是由于员工性别的差异,造成对环境的感知和敏感程度略有不同。女性员工更习惯用感性的视角去分析环境,比如环境是否舒适? 领导是否具有亲和力? 与同事是否相处融洽? 等等。而男性员工更善于用理性的思维去分析问题,更加强调领导与自己的关系、个人职业规划和发展前途等现实问题。

二是,不同婚姻状态在职业生涯规划存在显著差异,并且已婚员工对职业生涯规划的感知水平大于未婚员工。主要原因可能是职业生涯规划合理性既关系到收入水平,又影响家庭工作平衡。已婚的新生代员工面临着巨大的经济压力,需要担负起养家的责任。特别是对于有子女的员工,为了给自己的孩子创造一个更加舒适和优良的生活环境,需要不断地调整自己的生涯规划,让自己的职业生涯更具有灵活性,以适应和缓解家庭与工作之间的矛盾。

三是,不同年龄、学历、工作年限、职位对 6 个测量变量的单因素方差分析差异不明显。新生代农民工作为一个群体,年龄差异、性格差异、学历差异以及职位差异比较小,对待问题的看法和态度差异化不大。此外,新生代农民工作为社会底层员工,不同企业对新生代农民工的人力资源管理措施整体差异化较小,与对待知识员工的措施略有不同。综上所述,新生代农民工对企业招聘、培训、薪酬、管理环境、企业文化以及职业生涯规划的认知差异较小。

八、结构方程模型分析

结构方程建模法是一种较为系统的数据分析工具,它是建立在多元回归分析法、路径分析法以及因子分析法的基础上,针对回归统计难以分析和处理的线性问题,有利于寻找出无法直接观测的影响变量。特别是当采用问卷形式采集数据时,它能够较好地阐释一个因变量和多个自变量之间复杂的关联。因此,结构方程建模法目前已经被广泛应用。

基于变量是否能够直接测量的视角,我们将其分为显变量(可直接测量)和潜变量(不可直接测量)。而结构方程模型同样可以整理为两个子结构模型:测量模型和结构模型。测量模型是建立在显变量可以为潜变量直接提供数据支持的基础上产生的,显变量具有描述潜变量的能力,同时不难看出,单一的测量变量就是常用的因子分析模型;结构模型是建立在潜变量之间内部关系的基础上,处理对象是潜变量。为了更好地理解结构方程模型,现将概念性变量列出(如图 5-2 所示)。

根据研究假设,我们不难看出新生代农民工工作满意度模型属于双层次多维度模型,因此,本文采用高阶测量结构方程(HCFA)架构新生代农民工工作满意度模型。从模型框架来看,新生代农民工工作满意度模型属于二阶模型。其中,初阶因素为招聘、培训、薪酬、管理环境、企业文化以及职业生涯规划,由潜变量的测量变量直接反映。高阶因素为工作环境满意度,由各测量变量直接反应。因此,我们不难发现工作环境满意度并没有任何测量指标支持,也就是说测量变量数据无法直接服务于高阶因素。此时,我们把工作满意度称为外界变量,6 个潜在变量称为内生变量。

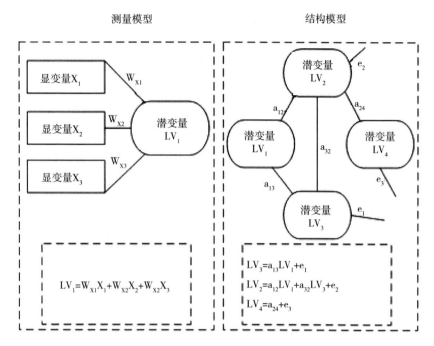

图 5-2　测量模型和结构模型

九、结果分析

通过 AMOS21.0 软件中对 6 个指标变量对工作满意度初始模型进行分析,具体结果图 5-3 所示:其中,F 代表工作满意度,F1 代表招聘,F2 代表培训,F3 代表薪酬,F4 代表管理环境,F5 代表企业文化,F6 代表职业生涯规划。此外,ZPA、ZPB、ZPC 分别代表招聘的 3 个维度维度,即筛选有效性、渠道有效性以及现场服务质量。PXA、PXB、PXC 分别代表培训的三个维度,即培训内容、培训师资以及培训效果。XCA、XCB、XCC、XCD 分别代表薪酬的 4 个维度,即薪资、福利、奖金及绩效考核。LDA、LDB、LDC、LDD 分别代表管理环境的 4 个维度,即工作环境、沟通方式、员工参与度以及人格魅力。WHA、WHB、WHC、WHD 分别代表企业文化的 4 个维度,即团队文化、平等文化、学习文化及执行文化。GHA、GHB、GHC 分别代表职业生涯规划的 3 个维度,即信息获取、制度保障及规划辅导。e1 至 e22 分别代表各测量维度的残差项。

由表 5-64 可以看出,除 ZPB—F1、PXC—F2 以及 WHC—F5 外,各变量之

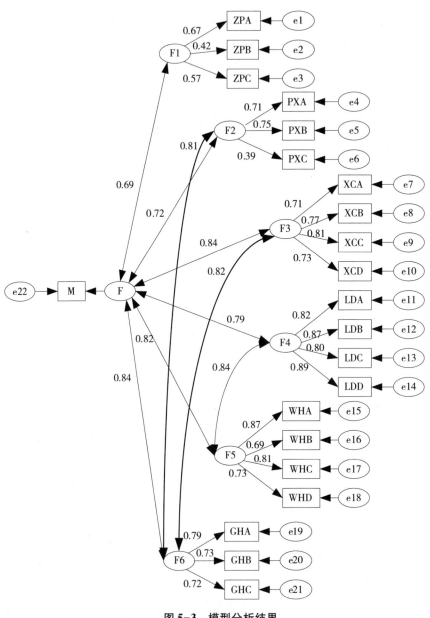

图5-3 模型分析结果

间的路径系数均呈现显著状态。招聘、培训、薪酬、管理环境、企业文化以及职业生涯规划管理对新生代农民工工作满意度均有显著的影响。其中,薪酬对新生代农民工工作满意度影响最大,说明民营小企业薪酬管理和薪酬制度是新生代农民工最在意的因素,这与老一代农民工相比相差不大。企业文化和职业生涯规划紧随其后,新生代农民工也是非常看重民营中小企业在这两方面的管理水平。随着知识水平和认知能力的提高,新生代农民工越来越看重一个企业的精神面貌,越来越重视个人的职业发展和规划,这与老一代农民工相比有了大大的提升。管理环境和培训对工作满意度影响的路径系数也超过了0.7,民营中小企业在对新生代农民工管理的过程中,同样不能忽视相关内容。管理环境和培训都能够充分体现新生代农民工享有的权利,民营中小企业要重视维护新生代农民工的提升自我和享受平等的权利。虽然,招聘与其他维度相比,影响新生代农民工工作满意度最弱,但是它作为连接员工与民营中小企业的桥梁,要积极完善招聘方式和招聘制度,以进一步吸引更多的新生代农民工加入、服务、建设企业。

表5-64　模型的路径估计

	标准化路径系数	C.R.	P	显著与否
F1——F	0.69	5.869	＊＊＊	显著
F2——F	0.72	6.137	＊＊＊	显著
F3——F	0.84	6.333	＊＊＊	显著
F4——F	0.79	5.787	＊＊＊	显著
F5——F	0.82	6.101	＊＊＊	显著
F6——F	0.84	6.471	＊＊＊	显著
F2——F6	0.81	6.077	＊＊＊	显著
F3——F6	0.82	6.310	＊＊＊	显著
F4——F5	0.84	6.386	＊＊＊	显著
ZPA——F1	0.67	4.823	＊＊	显著
ZPB——F1	0.42	2.163	0.089	不显著
ZPC——F1	0.57	3.601	＊＊＊	显著
PXA——F2	0.71	5.028	＊＊＊	显著
PXB——F2	0.75	5.483	＊＊＊	显著
PXC——F2	0.39	1.814	0.207	不显著
XCA——F3	0.71	5.237	＊＊＊	显著

	标准化路径系数	C.R.	P	显著与否
XCB——F3	0.77	5.706	* *	显著
XCC——F3	0.81	6.089	* * *	显著
XCD——F3	0.73	5.289	* * *	显著
LDA——F4	0.82	6.172	* *	显著
LDB——F4	0.87	6.631	* * *	显著
LDC——F4	0.80	6.037	* *	显著
LDD——F4	0.89	6.896	* * *	显著
WHA——F5	0.87	6.533	* * *	显著
WHB——F5	0.69	2.821	* *	显著
WHC——F5	0.41	6.093	0.135	不显著
WHD——F5	0.73	5.272	* * *	显著
GHA——F6	0.79	5.791	* * *	显著
GHB——F6	0.73	5.289	* *	显著
GHC——F6	0.72	5.177	* * *	显著

十、假设验证

根据结构方程模型的路径分析,我们可以验证进一步验证研究假设,并最终将其汇总如表 5-65 所示。根据分析结果,我们可以看出:

1. 招聘对新生代农民工工作满意度具有显著的影响,且筛选有效性和现场服务质量对招聘满意度有显著影响,渠道有效性对招聘满意度影响不显著;

2. 培训对新生代农民工工作满意度具有显著的影响,且培训内容、培训师资对培训满意度有显著影响,培训效果对培训满意度的影响不显著;

3. 薪酬对新生代农民工工作满意度具有显著的影响,且薪资、福利、奖金及绩效考核对薪酬满意度有显著影响;

4. 管理环境对新生代农民工工作满意度具有显著的影响,且工作环境、沟通方式、员工参与度以及人格魅力对管理环境满意度有显著影响;

5. 企业文化对新生代农民工工作满意度具有显著的影响,团队文化、平等文化及执行文化对企业文化满意度有显著影响,学习文化对企业文化满意度不显著。

6. 职业生涯规划对新生代农民工具有显著的影响,且信息获取、制度保障及规划辅导对职业生涯规划满意度具有显著的影响。

表 5-65　假设验证汇总表

标　号	研究假设	验证结果
H1	招聘对新生代农民工工作满意度具有显著的影响	支持
H1a	筛选有效性对招聘满意度有显著影响	支持
H1b	渠道有效性对招聘满意度有显著影响	不支持
H1c	现场服务质量对招聘满意度有显著影响	支持
H2	培训对新生代农民工工作满意度具有显著的影响	支持
H2a	培训内容对培训满意度有显著影响	支持
H2b	培训师资对培训满意度有显著影响	支持
H2c	培训效果对培训满意度有显著影响	不支持
H3	薪酬对新生代农民工工作满意度具有显著的影响	支持
H3a	薪资对薪酬满意度有显著影响	支持
H3b	福利对薪酬满意度有显著影响	支持
H3c	奖金对薪酬满意度有显著影响	支持
H3d	绩效考核对薪酬满意度有显著影响	支持
H4	管理环境对新生代农民工工作满意度具有显著的影响	支持
H4a	工作环境对管理环境满意度有显著影响	支持
H4b	沟通方式对管理环境满意度有显著影响	支持
H4c	员工参与度对管理环境满意度有显著影响	支持
H4d	人格魅力对管理环境满意度有显著影响	支持
H5	企业文化对新生代农民工工作满意度具有显著的影响	支持
H5a	团队文化对企业文化满意度有显著影响	支持
H5b	平等文化对企业文化满意度有显著影响	支持
H5c	学习文化对企业文化满意度有显著影响	不支持
H5d	执行文化对企业文化满意度有显著影响	支持
H6	职业生涯规划对新生代农民工工作满意度具有显著的影响	支持

标 号	研究假设	验证结果
H6a	信息获取对职业生涯规划满意度具有显著的影响	支持
H6b	制度保障对职业生涯规划满意度具有显著的影响	支持
H6c	规划辅导对职业生涯规划满意度具有显著的影响	支持

第四节　实证结果分析

根据研究假设验证结果,我们可以整理出人力资源管理6个板块均对我国新生代农民工的满意度有着显著的影响。民营中小企业可以基于新生代农民工在招聘、培训、薪酬、管理环境、企业文化以及职业生涯规划6个方面就业选择偏好,高效地且针对性地提出管理路径。

根据招聘对新生代农民工满意度影响的实证分析,民营中小企业可以通过对筛选有效性和招聘现场服务质量做出合理的安排和调整。在筛选有效性方面,民营中小企业可以通过明确新生代农民工求职需求,挑选合格的招聘者,组建精锐的招聘团队、需求部门专业化甄选等几个方面提高招聘有效性。在招聘现场服务质量方面,民营中小企业可以施以温情关怀的方式进行招聘,塑造最佳雇主形象,形成标准化的招聘服务机制,将招聘工作做成企业品牌宣传的窗口。

培训是新生代农民工技能获取的重要手段,民营中小企业可以在培训内容和培训师资两个方面提升新生代农民工的培训积极性。比如:加强对培训需求的分析、丰富培训内容的多元化、创新培训课程的设计、重视培训教师的筛选等都是促进新生代农民工培训积极性的重要手段。

薪酬是影响新生代农民工满意度的基本因素,民营中小企业可以在薪资、福利、奖金以及绩效考核4个方面优化管理。其中,可以采取弹性工资机制、尝试工资集体协商机制、设计双重工资增长通道等方面提升工资满意度。可以在福利体系、福利弹性、福利分析机制、福利品牌计划以及福利实施间隔几个方面提升福利满意度。而奖金制度方面可以广泛征求新生代农民工的意见,结合民营中小企业实际情况构建奖金标准和规范。此外,民营中小企业还可以通过创新绩效考核流程和动态绩效沟通两个方面提升满意度。

管理环境是新生代农民工满意度感知的行为要素,民营中小企业可以在以下4个方面提升管理环境满意度。其中,尝试在场所环境、劳动环境、工作模式环境等方面优化和改善工作环境。可以通过努力完善沟通计划、灵活调整沟通方式以及营造和谐沟通氛围改善领导者与新生代农民工的沟通环境。在员工参与度方面,领导者要保证充分授权,远离"一言堂",让员工积极参与进来。此外,提升领导者人格魅力也是推动员工工作积极性的重要内容。可以在情商培养、温情管理、激励技巧等方面做好人格魅力的提升。

企业文化是影响新生代农民工满意度的企业环境氛围,民营中小企业可以在团队文化、平等文化以及执行文化3个方面强化企业文化管理。比如在构筑文化载体、营造文化氛围、贯彻文化理念以及强化执行保障提升企业文化水平,充分发挥企业文化对新生代农民工感知和行为的作用。

此外,职业生涯规划是新生代农民工又一重要影响因子。民营中小企业可以信息获取、制度保障以及规划辅导3个方面完善和优化新生代农民工职业生涯管理。比如:建立多元化职业生涯发展路线、加大职业生涯规划管理力度、强化职业生涯管理发展理念等。

第六章　民营中小企业新生代
农民工用工管理困境

新生代农民工群体受其特殊成长背景因素的影响,在工作中表现出与老一代农民工迥然不同的群体特征,而这些特征又给民营中小企业的用工管理带来了前所未有的挑战。本章根据课题组对新生代农民工和管理层人员的深入访谈案例,分析了当前民营中小企业在新生代农民工用工管理方面面临的困境。

第一节　收入的非敏感性

就宏观环境而言,老一代农民工多成长于物质生活匮乏的年代,薪酬高低对老一代农民工是否从事一份工作起到了至关重要的作用。只要收入能达到他们的需要,再苦再累的工作他们也可以接受。相比之下,新生代农民工对薪酬收入却不再那么敏感。但是,新生代农民工对收入的非敏感性并不是指对薪酬高低的不在乎,而是收入高低已不再是他们是否接受一份工作的唯一决定因素。

当前,新生代农民工不需要像老一代农民工一样专注于承担养家糊口的责任。根据课题组的访谈结果显示,家庭富裕程度与新生代农民工对金钱看重程度成反比,即越是出身优越的新生代农民工对金钱看重程度越低。比如来自江浙一带的新生代农民工中,许多家庭条件比较好,所以他们对收入的敏感性较差,特别是90后中还未成家立业的新生代农民工不仅较少需要考虑承担家庭责任,而且他们中许多还会接受家庭的贴补,故而使得他们无后顾之忧,对金钱并不是十分看重。很多新生代农民工将融入城市或者在城市做出一番事业作为自己进城务工的初衷和奋斗目标。而绝大多数老一代农民工则是为了赚更多的钱来养家而进城务工,因此对工作要求不高,只要收入满足需要即可;而新生代农民工却不再像老一辈农民工那样仅仅把打工看成一种赚钱方式,他们是将进城打工看作一种融入城市和追求新生活的途径。因此新生代农民工对工作的要求不仅仅局限于收入的高低,他们对工作环境,上下级关系,技能培训、自身发展空间等方面也相当重视;与此同时,新生代农民工相比老一代农民工而言,受教育程度相对较高,他们大多思想活跃,思维开放,因而职业期望也更高。老一代农民工是"有钱就赚、有工就打",而新生代农民工对打工则不以薪金收入高低为唯一标准,如果工作环境恶劣或者缺少发展空间,那么即使工资相对高也不能对他们产生足够的吸引力。

案例 1:谈起新生代农民工,深圳市一家玩具包装企业的林经理便颇有不满。林经理介绍说现在 80 后、90 后的新生代农民工实在是不好管理。他们最注重的是自我感受,对于自我感受的追求要远远大于对收入高低的追求。林经理谈道:在招聘的时候,新生代农民工并不像老一辈农民工那样普遍追问工资高低,而是会问一些类似"有无 Wi-Fi""工作时长""是否加班"等与生活休息时间相关的问题。甚至有一些新生代求职者在了解到宿舍没有 Wi-Fi 后,都不问工资多少直接转头就走了,这令林经理哭笑不得。而且在平常工作中,新生代农民工常常不愿意加班,时常会出现旷工的情况。林经理有一次在下雨天接到一位小李的请假电话,"经理,今天下雨了,我没有雨伞,请假一天,不上班了。"小李说道。林经理觉得这个理由很荒唐,但是对于自尊心很强的小李来说他只得耐心劝导道:"雨不是很大呀,买一把雨伞来上班吧,迟到一会儿也可以。""不行呀,经理,月底没钱了,今天不去了。"小李并未接受林经理的建议。林经理只好继续说道:"你今天不来是要扣工资的,而且这个月的全勤奖也没有了。""没事,那我今天就不去了,经理再见。"小李便挂掉了电话。在新生代农民工中像类似这种对收入不太敏感,只顾自身感受的事件还有很多,这令林经理感到很是无奈。

新生代农民工对收入的非敏感性使民营中小企业陷入了对新生代农民工用工管理的困境中。一方面,新生代农民工在择业时虽然首先要考虑的是薪资待遇,但是工作环境和生活环境等也相当重要。这样就使得民营中小企业在招聘用工时仅仅依靠高收入已经无法吸引新生代农民工,企业要想获得新生代农民工的青睐,同时还要为他们提供良好的工作和生活环境。因此,新生代农民工对收入的非敏感性在无形中影响了企业的正常生产,同时增加了企业对他们的管理难度。比如:民营中小企业会为加班人员发放加班费,但是不少新生代农民工会按自己的意愿甚至心情选择是否加班,而不太关心加班费,一些新生代农民工甚至不在乎扣工资而旷工。这样看来,新生代农民工对收入的非敏感性给民营中小企业的用工管理带来了不小的困难。

第二节　管理环境的愉悦性

新生代农民工普遍渴望得到尊重、认可与关怀,他们无法接受军事化、约束强的刚性管理,而更倾向于在平等轻松愉快的管理环境中工作。他们要求管理者给予自己应有的尊重,放下领导的架子与员工平等相处,建立起和谐融洽的上下级关系。只有在管理者尊重自己的前提下,他们才会更好地尊重管理者并积极地工作。同时,新生代农民工对管理者的要求也越来越高,他们往往不会因为管理者的身份和地位而绝对地服从,而是会依据自己的意识甚至喜好去判断是否接受管理者的观念与工作安排。如果民营中小企业的管理者依然延续传统的家长式管理,要求新生代农民工绝对地服从,那么,他们即使表面服从,最终的工作效率也会受到影响;而且,他们还会对管理者产生反感,更有甚者会出现不按照指示完成工作任务或者做出直接辞职的行为。

新生代农民工独特的生长环境使他们普遍形成了大胆、创新、独立的性格特征,因此,他们对管理环境有着更高的要求,希望能在融洽的工作氛围中工作,很难接受刚性化的管理方式。这是因为新生代农民工和老一辈农民工有很大的区别,新生代农民工的温饱问题已经解决,在生理需要得到满足后,他们需要追求更高层次的需求,即更期望得到别人的理解、认可和尊重,以实现自身的价值;而且,不少新生代农民工受到了整个家庭的太多关爱,他们往往有很强的自尊心,自我意识高涨。在工作中,如果管理者的行为或者是语言使他们的自尊心受到伤害,就很有可能导致他们离职。在课题组所做的调研访谈中,许多新生代农民工受访者称以往曾因为不喜欢管理者的领导方式而选择辞职。另外,新生代农民工成长在我国改革开放的大环境之下,他们的民主和平等意识更加强烈。与老一代农民工相比,新生代农民工追求公平、公正的意识尤为强烈。新生代农民工不大注重等级观念,提倡人人平等和具有自我话语权,有较强的民主意识。那种命令式的军事化管理方式对他们并不会产生真正的作用,即使他们表面上选择顺从,但是在他们的内心深处早已产生反抗的心理,最终导致他们离职行为的发生。

　　案例2:90后农民工王海洋皮肤白皙,戴一副眼镜,说话很有激情,颠覆了我们眼中传统的农民工形象。王海洋介绍自己为上海当地人,家里的独生子,喜爱打电脑游戏,但并不沉迷。由于学习成绩不好,王海洋初中毕业后便直接进厂务工。王海洋说自己从小到大一直很听话,几乎任何事情都是听从父母的安排。当初开始找工作的时候,自己有意去外地闯一闯,但是遭到了父母的反对。父母认为他一个人无法很好地照顾自己,况且去外地工作,见面也很不方便。于是王海洋才选择了在上海本地工作。王海洋在上海干过销售,也当过餐厅服务员,现在在上海的一家制造企业流水线上当工人。他表示对干什么工作并不是很在乎,重要的是开心,这种开心更多的是指与主管或者领导的相处。原来王海洋在一家工厂做销售代表的时候,一直干得还不错,收入也很可观。但是有一个月销售业绩不佳,销售主管便在开会时当着所有同事的面批评了王海洋。于是,王海洋立即提出了辞职。提起这次离职,王海洋并不后悔,他说自己离职并不是因为自己干得不好,也不是因为领导批评了他,而是领导当着大家的面批评了他,让他很没有面子,如果继续在那里工作,在以后的工作中也不会开心,于是他就果断地辞职不干了。

由此看出,新生代农民工往往要求管理者必须尊重员工,与员工建立起和谐融洽的关系。我国不少民营中小企业还延续着家族式的管理,认为公司属于个人所有,大小事务都由管理者决定,对员工颐指气使的现象时有发生。而且,民营中小企业与大型企业相比,其规模相对较小,组织结构相对简单,民营中小企业领导层与员工的直接接触或联系也相应地更加紧密。因此,新生代农民工追求公平和渴望得到尊重的要求无疑增加了民营中小企业的用工管理难度。

第三节 劳动纪律的漠视性

老一辈农民工重传统,而新生代农民工更加讲求个性,他们的思想更为活跃,喜欢按自己的方式工作、生活,不愿意受条条框框的限制,相比重复性的工作,新生代农民工更倾向于从事有工作乐趣和富有挑战性的工作,而管理人员通常希望员工严格遵守劳动纪律,所以在现实的管理过程中往往碰壁。一些新生代农民工因为自己的个性而忽略劳动纪律,比如,不少新生代农民工经常迟到或者早退;他们中还有一些虽然从不迟到和早退,但不愿意加班;一些新生代员工不按《员工手册》要求着装、打扮自己,装束过于个性化,行为举止也很怪异。管理者已经提醒了他们多次,并且做出了处罚,但是他们就是不乐意改变。除此之外,面对企业制定的规章制度、员工守则,新生代农民工往往带着自己的理解去选择性地遵守,他们认为不合理的规定,即使有被企业辞退的风险,他们也不愿意遵守或者"打擦边球"。

一些企业采取的半军事化管理模式在这批新生代农民工的父辈们身上曾经奏效。然而,如今新生代农民工已经和他们的父辈完全不同。新生代农民工生长在和平稳定的时代,在这样的时代背景下,自由、民主和法制对新生代农民工的影响较大,这也形成了他们特有的价值观和世界观。他们厌烦时时处处受到监督和管制,在他们的观念里,首先自己是独立发展的个体,其次才是职业分工明确的上班族。对于大多数新生代农民工来说他们注重追求个人兴趣目标和价值实现,维护自我权利,淡化权威和权力,厌恶规则的强制约束,自我意识较强,表现出强烈的个性化倾向。

案例3：刘厂长是一家位于昆山市的电子厂的副厂长，已经年过半百，他从20岁便开始在这个电子厂工作，从学徒一直当到副厂长。刘厂长管理了两代农民工，见证了两代农民工不同的工作方式以及思想行为。提起80后、90后农民工的工作表现，刘厂长颇有不满又表现出些许无奈。他说现在的新生代农民工很不听话，不能很好地遵守劳动纪律和规章制度，特别不好管理。比如迟到早退的现象时有发生，即使工作迟到会扣工资，但这种情况仍无法避免。还有就是上班期间玩手机的现象屡教不改，甚至有些80后、90后农民工会带着充电器到工作车间，手机玩没电了，充完电继续玩。刘厂长说没收手机不合适，只能没收充电器，他已经没收了很多个充电器，但是他们依然会无视管理制度，再购买新的充电器带到车间。现在有了充电宝，大家直接在衣服口袋里充电，连充电器都省了。刘厂长介绍该电子厂采取的流水线生产作业，员工迟到早退、玩手机等违反劳动纪律的行为势必会影响企业的生产效率。但是刘厂长对于他们漠视劳动纪律的行为也无可奈何，只能睁只眼闭只眼，象征性地扣一些工资。

与老一代农民工相比，新生代农民工除了更具个性外，对劳动纪律的漠视性也越来越强，这些行为不仅会影响企业的生产效率，甚至还会破坏企业的凝聚力。新生代农民工的这种对规则的不遵守或者选择性遵守的行为，给企业的管理制度带来了严峻的挑战。若是企业严格按照企业劳动纪律执行，由于违纪面较大，处罚过多会给新生代农民工带来负面情绪，甚至是直接的反抗。此外，严格的制度管理可能会导致新生代农民工消极怠工，甚至直接辞职；而如果采用宽松和富有弹性的劳动制度，则会严重影响企业生产的进行。这种两难选择往往使得民营中小企业陷入管理困境。

第四节　工作环境的挑剔性

新生代农民工选择工作的时候，工作环境是否优越是重要的参考因素之一。做工环境、劳动强度、工作时长、是否经常加班等等都是要考虑的因素。

目前,建筑类企业用工普遍高龄化,几乎看不到80后、90后农民工的身影,这印证了新生代农民工对工作环境的挑剔性。像建筑业、采掘业等这种工作环境差,劳动强度大的行业,即使工资比其他企业高也少有新生代农民工愿意接受。此外,一线员工的工作时间受企业销售淡旺季的影响也较大,企业订单多的时候需要连续工作和加班,这对他们的体力和精力也是严峻的挑战。而这种长时间、高强度的工作环境也极易发生生产事故。因此,工作环境已经是新生代农民工在择业时考虑的重要因素,所以在一些工作环境较差、工作时间较长以及劳动强度较大的岗位都出现了招聘难和"短工化"的现象。

随着中国经济的发展,农民的生活水平已经有了大幅度的提高,农民也不再为生活所迫。特别是新生代农民工,他们大多还没有承担起养家的责任,即便已经结婚生子了,也有父辈来照应。因此,他在挑选工作时较少有后顾之忧。此外,许多新生代农民工虽然是农民身份,但都是80后、90后,几乎没有在田里干过农活,很少吃过苦。并且,大多数的新生代农民工对工作都怀有一点小小的虚荣心,喜欢从事"体面"的工作。因此,他们在寻找工作时都很看重工作环境的优劣,而往往不会选择那些艰苦的工作,即使从事此类的工作,也常常会因为工作环境不佳而频繁跳槽。

案例4:浙江省绍兴市一家印染厂的人力资源部陈经理向我们介绍,现在招聘农民工越来越难了,尤其是年轻人。很多新生代农民工在招工的时候首先问到工作环境和工作时间,一听到要在高温的工作环境里做工直接掉头就走了。即使他们中有少数能够留下,离职率也特别高,而在工作环境较差的一线车间里,新生代农民工的离职率能达到50%。员工高流动率已经给企业老板造成了困扰,关心每天有多少员工离职已经成为老板的日常工作。这是因为印染行业属于劳动密集型产业,生产环境不好,车间温度高,而且一线员工会直接接触化学品。企业尽可能采取措施来改善环境,但是年轻人还是干一阵子就跑了,不愿意长久待在这种企业工作。很多新生代农民工宁愿到工作轻松、工作环境较好的公司每月赚3000元也不愿意来这里拿四五千,招工难和"短工化"已经成为让陈经理感到力不从心的难题。该企业的一名80后农民工王权向我们说道:

"收入高是前提，但是工作环境也不能太差。"王权说自己没有一技之长，又有生活压力才在这里待下去的。周围的90后基本待不了多长时间就会离职。90后农民工张宇直接向我们透露了离职的打算，"这里的工作环境真是受不了，特别是夏天，衣服都湿透了，电风扇根本不给力，还得一直工作。"他表示即使工资比较高也忍受不了这样的工作环境，准备换个工作环境好一些的工作，即使工资不太高。

新生代农民工对工作环境的挑剔性导致了不少企业出现招工难、离职率高的现象。企业若要改变这一状态就必须要改善工作环境，降低工作时间和劳动强度。但是，有些岗位的工作环境较难从根本上得到改变，而且这些改善措施必定会加大企业的成本投入。在我们的实地调研过程中，发现一些企业为了节省生产成本，在改善工作环境上投入较小，一些企业的车间里只有几个排风扇在换气，温度和湿度都较高；同时车间机器轰鸣、噪声也较大。糟糕的工作环境导致了员工的不满，从而造成了员工大量辞职，因此，民营中小企业也就陷入了新生代农民工用工管理的困境之中。

第五节　职业生涯规划的缺失性

不少新生代农民工职业观念变化较快，他们频繁更换工作，试图尝试不同的工作。这是由于他们刚刚步入社会不久，不能很好地认识和评估自己，还不了解如何设定职业和人生发展目标。往往是在就业之后才发现自我设定的职业目标与现实差距太远。因此，虽然不少新生代农民工已经有了一定的自我发展意识，但是对于如何付诸实践仍然存在一些认知误区。

案例5：80后农民工赵向阳现在在东莞市的一家服装厂里工作，实行两班倒的12小时工作制。除了在工厂上班，赵向阳喜欢和几个老乡喝喝酒，打打牌，就是想图个热闹。在被问到对职业以及未来有什么规划时，赵向阳表现得很平淡，几乎看不到任何表情地说道："没有规划，在这里和大家一起工作很开心,等到出现什么情况换个类似的工作就可以了,而且平时工作太忙了,一闲下来除了休息就是娱乐放松一下,根本没有时间学习掌握什么技能,谈不上什么职业规划。"据赵向阳介绍,工厂里绝大部分的员工都和他一样,除了上班就是休息和娱乐,对职业和未来没有什么规划。他说厂里也没有给他们培训过职业生涯规划方面的课程,只是一些基本操作技能方面的培训。

在广州市一家制造业企业做销售的90后农民工丁力留着利落的板寸发型,说话非常干脆。丁力刚刚高中毕业就来到这里工作,刚刚半年。除了工作就是上网、打篮球,也会时不时地看个电影。谈到对未来的规划,丁力斗志昂扬。他说因为刚刚毕业,初次接触社会,他还不知道什么工作最适合自己,这份销售工作是对自己的一次锻炼。计划在一年内尝试不同的工作,为未来更好的生活打拼。

新生代农民工的业余生活还是比较丰富的,但是还较少有主动意识去规划自身的职业生涯,思想还处于迷茫阶段。而民营中小企业也往往忽视了如何规划新生代农民工的职业生涯。当前许多新生代农民工在工作中还处于"走哪儿算哪儿"的思想状态,这种思想状态便会导致他们进取心不足,得过且过、工作积极性降低,于是新生代农民工的跳槽现象就成为常态化。因此,新生代农民工对自身职业生涯规划的缺失也给民营中小企业的用工管理带来了不小的挑战。

第六节　晋升心理的迫切性

不少新生代农民工比较注重自我发展和自我实现。在一个公司是否有发展机会和晋升空间,已经成为他们找工作和换工作时优先考虑的一个重要因素。根据调研访谈的结果显示,当前的新生代农民工会关注工资收入,但对晋升机会也十分看重,如果他们感到在这个企业没有升职空间,或者实现升职的等待时间过长,他们便会对这个企业就失去了兴趣。新生代农民工比较现实,对他们来说,是否有晋升的机会是一件很实在的事情,不少人表示对自己所在的企业有无晋升机会很在意。

　　案例6:90后农民工李毅刚刚中专毕业就来到北京市的一家电子厂工作。现在已经工作满一年了,李毅还是在流水线上进行操作。李毅给我们描述:对于他来说,让他难过的不是无休止重复的操作,也不是每天超长的工作时间,而是他在流水线当普工已经一年了,对这个电子厂的制造流程已经很清楚了,却依然没有晋升的机会。李毅在技工学校就是学与电子相关专业的,对电子配件的设计、生产、检测和维修都有一定了解。于是,李毅便决定自己给自己创造机会。李毅3个月前鼓起勇气编辑了一条自荐短信发给自己的老板,老板的回复却有些敷衍的味道。但是,李毅并没有放弃,他明白只有自荐信是远远不能证明自己实力的。于是,他便在工作的时候认真研究本厂的制造工艺和操作流程,找出了其中的隐患,并向老板提出了建议。上个星期,李毅下班后便一直等在工厂门口,终于他看到了老板的车。李毅毫不犹豫地拦下了那辆车,将自己发现的电子操作隐患和建议给老板看。老板答应考虑给李毅调换岗位晋升的事情。李毅目前正在等待老板的回复,并且透露如果这次不能晋升而是还要继续在流水线上做工的话,他就准备辞掉这份没有希望的工作。

与老一代农民工相比,新生代农民工更希望被认可和被尊重,渴望得到重用以及更多的机会,他们对于自身充满了自信,所以就产生了尽快晋升的心理,如果能够尽快升职,就会使他们获得满足感,在家人和朋友面前也颇有"面子"。然而,由于制度、观念的种种限制,加之他们大多刚刚工作,或是工作不久,还没有多少工作经验,许多民营中小企业还不能满足他们迫切希望晋升的需要,这就会导致新生代农民工的不满,从而加大了企业的管理难度。

第七节　生活条件的舒适性

目前,新生代农民工对生活环境要求较高,在找工作或者换工作的时候认为舒适的宿舍环境、完善的生活娱乐设施以及多样可口的饭菜都是必要的条件。比如宿舍要宽敞明亮、有空调和浴室,还要有 Wi-Fi,工厂的环境要好、食堂的饭菜要多样可口。在生活娱乐方式上,新老一代的农民工存在着天壤之别。老一代农民工的主要收入用于家庭,而留下很少的钱来维持自己的生活,他们的生活方式比较简单,在闲暇的时候大多数会待在宿舍,很少去外面花钱娱乐;而新生代农民工进城务工的目的和价值观与老一代农民工则不同,工资收入用于娱乐消费的比例大大增加,他们的生活方式更加多样,去电影院看电影、去网吧打游戏、去参加更多的聚餐活动等已经融入了他们的日常生活中。

案例 7:80 后的张文华和 90 后的李丽是一起外出务工的同乡姐妹,她们两个差了整整 5 岁。姐姐张文华已经在外工作 10 年了,妹妹李丽在 3 年前出来跟随张文华一起打工。姐妹俩在找工作的时候对生活条件比较讲究,她们认为舒适的宿舍环境、完善的生活娱乐设施以及多样可口的饭菜都是必要的条件。特别是妹妹李丽对生活条件的要求比姐姐张文华还要高,她觉得宿舍必须要宽敞明亮、有空调和浴室,还要有 Wi-Fi,食堂的饭菜还要可口,而车间最好是有空调。如果生活条件不好,即使工资比较高,李丽也根本不会考虑去那里工作。目前,张文华和李丽在青岛的一家电器厂工作。工厂管吃管住,待遇不错,姐妹俩已经在这里工作两年了。张文华和李丽表示没有要离开的打算,因为这个工厂的宿舍环境和工作环境都比较好,车间和宿舍都有空调。宿舍四人间,有独立卫生间,可以洗浴,还有免费的 Wi-Fi。食堂也是比较好的,饭菜一周基本不重样,而且会照顾不同员工的口味。

很多民营中小企业由于受到资金的限制,提供的生活住宿条件往往不能满足新生代农民工的要求。在调研中发现一些企业提供的住宿条件较差,很多是六七个人挤在一间不足 10 平米的宿舍里或者板房里;浴室面积较小而且不是 24 小时供应热水;缺乏娱乐设施和运动设施,部分企业仅有几个乒乓球台;同时,对于饮食质量的注重程度不够,饭菜的营养搭配欠佳以及饭菜样式种类不够丰富,也不能很好地兼顾到不同员工的口味。但是,新生代农民工对于生活舒适性的追求已经是普遍现象,不少员工就是因为工厂的生活条件太差而选择辞职。因此,新生代农民工对于生活条件的高标准要求给民营中小企业的管理带来了较为严峻的挑战。

第八节　人文关怀的敏感性

相对于老一代农民工而言,新生代农民工在心理上有更多的特性和需求,他们得到的家庭温暖较多,以前有父母的呵护和老师的关爱,而进入社会后则感觉很少能经常得到关心。同时,他们在心理上还不成熟,抗压能力较差,心理比较敏感。刚性的管理制度已经不适合他们了,他们需要和谐的上下级关系、友善的同事关系和必要的心理辅导和关怀。因此,新生代农民工的成长过程的特殊性导致了他们需要企业给予他们更多情感关怀。

案例8:位于东莞市虎门镇的一家服装厂的农民工离职率比较低,特别是新生代农民工的离职率也明显低于周围的服装厂。通过调研访谈发现,在管理农民工方面该厂有自己独特的经验,那就是关怀员工。该厂人力资源部吴经理说:"我们已经意识到了他们这个群体的特征,他们不是不在乎金钱,而是不把金钱放在首位,他们大部分人都随着自己的心情走。人非草木,孰能无情,于是我们将留住他们的工作重点放到了人文关怀方面。"据吴经理介绍,该企业的人力资源部会详细记录每位员工的生日。员工不仅在生日当天会收到企业的祝福,领取到精美的礼品,还可以得到提前下班的福利。员工生病的时候可以请病假不扣工资,如若需要住院治疗,生病员工的直属上级还会代表全体员工前去慰问。如果医药费超出员工能力范围,企业也会提前预支工资给员工。除此之外,企业对于员工的子女也比较关心。不仅偶尔会举行亲子出游活动,还会举办一些关于子女教育或者儿童安全之类的讲座培训。这些人文关怀行为不仅降低了新生代农民工的离职率,而且还为这些员工扫除了后顾之忧,使他们更加全身心地投入工作,提高了工作效率。

民营中小企业对新生代农民工的管理要采取更加人性化的管理方式,要时常关注和呵护下属。缺乏人文关怀对于新生代农民工来说是很难接受的,必然会导致他们的离职。新生代农民工对于人文关怀的需求已经是他们的普遍要求,这就给民营中小企业提出了更高的要求,就是在做好企业生产的同时,还要敏锐地去捕捉新生代农民工的人文关怀诉求,这给企业的用工管理带来了一定的管理难度。因此,企业需要加强对新生代农民工的人文关怀,营造和谐、团结的企业文化氛围,从而提高他们的工作热情。

第九节　辞职的随意性

新生代农民工对实现自身价值和梦想更为重视,对自身权益的保护更为主动。但他们并不用语言表达自己的不满意和不认同,而是以离职表现出来。相对于 60 后、70 后,新生代农民工既崇尚奋斗,也享受生活,更加注重自我感受。所以随意辞职的现象时常发生,而辞职的理由五花八门,如没有足够的休息时间、月收入不高、食宿条件差、缺乏个人成长机会、失恋、结婚、不想加班或出差、公车地铁太挤了,甚至宿舍不能上网都能成为离职原因。如果不喜欢企业的工作环境,他们会选择离开,有时甚至只是一时遇到不愉快的事情,也会选择离职。与此同时,他们还衍生出了各种各样的非理智行为,一般不会考虑自己离职是否会影响企业的正常生产。例如:工作时间短甚至是连工作还没熟悉就离职的"闪离族"、频繁跳槽的"跳跳族"、不找好下家就辞职的"裸辞族"、中途改行转型跳槽的"跨栏族"等。还有一些新生代农民工,跳过正常的离职手续,说走就走,这种不负责任的离职方式也时有发生。另外,无论是"闪离族"还是"跳跳族",还有近年来不少企业出现的"集体辞职"现象,都会或多或少地给企业的正常经营带来一定的冲击。

新生代农民工的责任意识较为淡薄,忠诚度较低,他们的择业观念易变,这极易导致他们做出跳槽的举动。不少新生代农民工心怀地域情结,具有强烈的同乡意气。如果老乡中有人辞职时,他们也会跟随跳槽。这样,他们就容易抱团辞职。而当一些员工跳槽时,必然会对其他在职员工产生一定的心理影响;从工作任务上看,因离职所造成的职位空缺在短时间内如果无法填补,原有的工作任务就会由目前在岗的员工分担,这就会造成在职员工身体和情绪的压力。

案例9:80后农民工刘坤辉来到福州打工已经6年了,最开始他在一家制造业企业的流水线工作,工作一段时间后发现这份工作既没有技术含量又没有上升空间,于是便辞职就离开了。后来,他辗转了几个公司到了现在的玩具制造公司,工作了三年,熬到车间主管的位置算是比较稳定了。但是,前几天由于几个员工的疏忽导致一批产品不合格,经理在开会的时候当着全体职工的面斥责了刘坤辉。刘坤辉感到很没面子,不想再干下去了,所以马上递交了辞职报告。

目前在上海打工的宋莹莹是90后的新生代农民工,来自湖南长沙。宋莹莹来上海打工一年以来,已经换了三四个工作了,而且现在处正在找工作的状态。对于前几天没有计划的辞职,她并不后悔。宋莹莹原来的工厂在上海市的郊区,比较偏僻,周围还没有开发。因此,只能在工厂食堂吃饭,想在外面吃饭都不可以。但是上海菜较清淡,工厂的食堂几乎都不会做偏辣口味的饭菜。宋莹莹是正宗的湖南人,一顿饭不吃辣椒都不行,在向食堂反映几次无果后,她便辞职了。

90后新生代农民工赵欢欢在河北省邢台市的一家方便面厂工作一年了,月底她给老板打电话说不想干了。老板提出了加薪的条件挽留她,但是被她拒绝了。因为赵欢欢辞职的理由不是因为收入,而是因为"友情"。与她相处最好的同事赵菲前几个月辞职了。赵菲走后,赵欢欢一直都比较无聊。最近赵菲联系赵欢欢,说自己在重庆的新工作不错,邀请赵欢欢到她的新工厂工作。赵欢欢很开心,一口答应了,现在辞职后正准备去往重庆赵菲工作的工厂。

离职率的居高不下把民营中小企业置于巨大的风险之中。一方面是投入损失风险,它包括招聘投入以及培训成本投入的损失风险;另一方面是生产成本损失风险,一些离职员工尤其"闪离"或"裸辞"的员工,会令企业措手不及,造成无法估计的影响与损失。一些岗位在空缺后,无法得到及时填补,从而严重地影响了企业的正常生产。从调研结果来看,民营中小企业近几年来一直被高居不下的离职率所困扰,使企业在频繁的离职手续办理和再招聘的循环中疲于奔命,这必然会对民营中小企业的用工管理带来不利的影响。

第七章　民营中小企业新生代农民工用工存在问题分析

新生代农民工的就业偏好必然要求民营中小企业必须转变传统的用工管理模式。本章以课题组三个阶段的调研数据和对新生代农民工和管理层的深入实地访谈记录,挖掘和整理出当前民营中小企业在管理新生代农民工中存在的问题,使我们清醒地认识到改革传统用工方式的必要性和紧迫性,从而设计针对性的管理方案去更好地管理新生代农民工。

第一节　招聘管理存在问题分析

一、招聘团队有待优化

不论是常规性的招聘工作还是临时性的招聘工作,都需要有专门的工作人员来组成招聘团队。在招聘活动中,招聘者作为企业的代表,应向求职应聘者展现本企业的良好形象,正确完整地传递企业的招聘信息。所以,招聘团队成员的合理组成和招聘工作人员自身的素质,对招聘工作的效率和效果起着关键性的作用。因此,招聘团队在组织过程中,一定要注意吸收有经验、有知识和工作责任心强的员工。同时,企业组建的招聘团队还要明确招聘团队内部职责分工、确定不同招聘人员的职责,这是有效完成招聘工作的关键。课题组在调研的过程中发现,许多民营中小企业对招聘团队的管理重视力度不够,很少会制定招聘团队的规章制度,对于招聘团队组建过程中智与能组合、个性组合、年龄组合及性别组合不明确;从而导致在招聘过程中产生性别歧视、性格歧视、年龄歧视等不公正现象,进而使招聘的有效性受到影响。因此,企业招聘团队人员的素质和团队执行力亟待提高。

二、缺乏对求职影响因素的了解

新生代农民工目前不仅关心薪酬福利待遇,而且对管理环境、工作环境、人文关怀等因素也相当重视。被调查的新生代农民工中很多是因为企业的薪酬福利待遇不理想而辞职,也有一部分新生代农民工会因为企业缺乏人文关怀而离职。总体而言,新生代农民工最主要看重的仍然是企业的薪酬福利待遇,但是对管理环境、工作场所环境和人文关怀等因素也比较重视。所以,民营中小企业在招聘管理中,应该加深对新生代农民工求职因素的认识,不能仅仅在提高薪酬福利因素的宣传上下功夫,同时还要在招聘时重点突出宣传本企业在管理环境、工作环境及人文关怀等方面的优点和特色,以便更好地吸引和招聘到适合的新生代农民工。

三、招聘筛选工作有待完善

目前,许多民营中小企业在招聘时往往过分注重招聘数量,而对应聘员工的质量重视程度不够。一是筛选标准不够明确。由于普遍存在招工困难和用工不足的问题,部分民营中小企业在招聘时对应聘者基本没有设定标准,或者有的虽然设定了关于年龄、学历的标准,但是在实际招聘时把握的尺度一般也较宽松,致使招聘到的员工整体素质得不到保障;二是忽略了对求职者忠诚度的筛选。新生代农民工对于工作的各种因素要求较高,工资福利待遇没有竞争力、管理过于严格、工作强度大等因素都将会导致他们辞职跳槽。总体来说,新生代农民工这种较为随意的离职跳槽行为反映了他们的不稳定性,体现了他们对企业的忠诚度较低。因此,即使在招工难的时候也有必要尽可能地挑选一些忠诚度较高的员工,以避免由于员工频繁跳槽而给企业带来负面影响。

四、招聘渠道较为狭窄

当前,一些企业在招聘中采用了劳动力人才市场现场招聘、亲戚朋友推荐、网络招聘等多种招聘方式,而很少将招聘渠道与招聘工作结合起来,比如在使用网络招聘时,不少民营中小企业往往采取在招聘网站和报纸上发布招工信息,而利用微博、微信、QQ等社交软件上进行招聘的还较少,这在一定程度上影响了企业的招聘效率;同时,较少有企业亲自派专业招聘人员到农村基层去招聘,即使有在农村集市上散发传单进行招聘的,但由于招聘人员基本上都是临时雇用的,缺乏一定的招聘经验,从而导致招聘达不到很好的效果。

五、招聘宣传信息吸引力有待提高

一是不能使应聘者准确了解企业发展状况。许多企业在宣传企业时往往只是简单地描述企业的基本情况(如厂区位置和产品种类等),而忽视了关于企业自身发展、市场竞争力、生产规模、盈利能力和企业发展愿景等方面的宣传,使应聘者很难判断企业的发展前景,不能准确掌握企业的基本信息,而新生代农民工偏好在企业规模较大、发展前景好的企业就业,这就使得企业的招聘信息对于新生代农民工没有足够的吸引力;二是招聘信息与新生代的农民工求职需求联系不够紧密。对于新生代农民工而言,工资待遇是吸引他们的关键。同时,他们对于企业的管理环境、工作环境、人文关怀和晋升制度等也比以往更加关注。为此,企业在招聘过程中,应加大对上述信息的宣传,以增强招聘信息的吸引力。

第二节 培训管理存在问题分析

一、战略性培训思想有待加强

战略性培训是实现民营中小企业战略目标不可或缺的重要过程,能够有效地增强企业竞争力,是一种对新生代农民工的重要激励方式,同时也是留住人才和提高员工素质的重要手段。部分管理层没有意识到培训与企业总体目标的关系,在实际培训过程中,就会出现培训内容和方式与企业的发展目标联系不紧密的情况,培训工作容易流于形式。企业的战略性培训思想有待加强:一是企业培训以"应急式"的培训为主。一些企业的培训只是在需要的时候进行,而且多属于技能型的培训,而对于安全培训、企业文化培训、员工心理培训等不太重视,缺乏稳定、持续的与企业战略目标相结合的常态化培训计划。二是培训工作的"短视化"。一些企业只是以企业自身的经济实力为基础进行培训设计。部分民营中小企业对农民工的培训会视自身经济发展情况而定,在企业经济效益好时增加培训投入,在企业经济效益不好时便减少投入,甚至是不进行培训,使培训工作长期处于不稳定的状态。

二、培训力度不足

近年来,民营中小企业在新生代农民工培训方面力度虽然有所加强,但与国美、海尔等大型企业相比,培训力度仍然较小。通过调查研究发现,民营中小企业的管理层对于新生代农民工培训绝对支持的比例为 65.60%,支持的比例为 29.39%,可见,大部分民营中小企业管理层还是比较支持培训工作的。但是企业在培训工作中资金投入还是不足。一是企业培训资金的限制。部分民营中小企业经济实力较弱,投入在培训上的资金十分有限,而有限的培训经费使得培训方法和内容过于简单,只能采用现场教学等一些传统的培训方式;二是培训思想有待转变。例如一些民营中小企业认为如果企业把员工培训好了,员工时间不长又可能跳槽,企业难以留住综合素质较高的新生代农民工,对他们进行培训等于为别人做了嫁衣裳。因此,企业虽然也支持培训,但是在培训投入上也持有比较谨慎的态度,一些成本较高的培训也就无法进行。

三、培训需求分析水平有待提高

企业的培训分析水平的不足主要体现在以下两个方面:一是不能较好地确定企业的培训需求。部分企业仅仅认为技能培训、安全培训等是企业最重要的培训,而对于文化素质培训、心理辅导培训等不够重视,但在实际工作中,新生代农民工对于这些培训也是非常需要的。二是对新生代农民工的培训态度不太了解。不少企业在做培训时只是将员工集中起来一起参加某些科目的培训,对于新生代农民工中不同群体对于培训的态度没有很好地区分,从而会直接影响企业整体的培训效果。所以,如果企业管理者仅仅是对培训抱有良好的期待和愿望,却没有对培训的需求进行深入的、科学的分析,那么培训就会缺乏针对性并带有很大的盲目性,其培训效果也会大打折扣。

四、培训形式较为单一

据实地调研的统计数据显示:93.51%的民营中小企业进行现场操作指导教学,81.26%的民营中小企业选择课堂讲授,而音像教学、聘请讲师、参观学习、素质拓展训练、外派培训等培训形式所占比例都比较低。以上数据表明,民营中小企业的培训较多以传统培训方式进行,形式比较单一,培训的方法主要是以传授知识为主的课堂讲授和以培养技能为主的现场操作指导,对适合新生代农民工特点的培训方式的开发和运用还较少,而这种单调的培训形式并不能引起新生代农民工的兴趣,从而造成他们参加培训的主动性不强。

五、心理培训有待加强

在问卷调查中,很多企业都是将技能培训、安全教育作为主要的培训内容,而思想教育等都不占主要地位,可见企业对新生代农民工的心理培训重视度不够。与老一代农民工相比,新生代农民工的成长环境更加优越,这就导致他们的心理承受能力和抗压能力较差。例如,如果培训项目设计中培训任务安排较重,培训时间长,再加上工作繁重,就会使参与培训的新生代农民工产生抵触心理;同时,新生代农民工也会由于各种其他原因产生种种心理问题,而自身调节能力又差,如果企业不能及时发现和进行事前引导,就会影响其培训效果。

六、缺少适合的培训师

培训师的选择已经成为决定企业培训效果的关键因素。当前民营中小企业在选择培训师时存在着种种误区,导致企业培训的效果不佳。一是培训师的选择缺乏标准。许多民营中小企业在培训师的选择上不能够明确选择标准。一些讲师可能不具备丰富的培训经验,缺乏灵活的授课技巧,这不仅导致参与培训的员工不满意,还浪费了大量的时间成本,这就使得培训的效果大大降低。二是培训师的管理制度有待完善。一些企业总是员工急需培训时,再仓促地做计划,找培训师,使得培训师仓促上阵。同时,部分企业也缺乏严格的培训师管理制度,较少对培训师的培训效果进行实时跟踪与监控,以至于不能对培训师实行科学、严谨、动态的管理。

七、培训效果反馈机制不尽完善

培训效果好坏关乎培训的目的能否有效达到,所以中小企业在重视培训过程的同时,还应关注培训效果的评估。调研结果显示:培训取得的效果中,"培训一般"的占到了60%,"培训没有效果"的占11.20%。可见,企业对培训效果的控制还有待完善,但是培训效果控制又是一个特别难以掌控的环节。就目前而言,我国大多数民营中小企业还没有建立完善的评估反馈体系。良好的培训反馈制度可以及时地反映该企业的新生代农民工培训效果及培训存在的问题。而当前许多民营中小企业在培训后基本不做绩效评估,仅有少部分企业会在培训结束后安排对培训师、培训内容、讲课方式进行简单的书面或口头测评,从而导致了企业对于培训效果很难进行评价。

第三节　工资管理存在问题分析

一、工资收入满意度较低

我国民营中小企业职工工资总体上保持了不断增长的态势,基层员工的收入水平和生活质量不断提高。但与民营中小企业经济发展的形势和城镇非私营单位工资平均水平相比,民营中小企业新生代农民工的工资水平仍然偏低。课题组的调研结果显示:新生代农民工对于自身月收入表示满意的只有6.28%,基本满意的比例为48.43%,不满意的比例为39.44%,非常不满意的比例有5.85%,虽然有一半以上的新生代农民工对工资表示满意和基本满意,但是对于工资水平表示不满意和非常不满意的新生代农民工所占比例仍然较高。

新生代农民工工资满意度偏低主要基于以下原因:一是新生代农民工的工作经验较少。工作经验对新生代农民工的非农收入有较大影响,研究表明每增加一年的工作经验,新生代农民工非农收入可增长 8.9%。① 而有关调查显示,在新生代农民工中从事最长一份工作的时间不足一年的占 35.7%,②如此频繁的跳槽行为,使他们难以有效积累工作经验,无法成为熟练工并获得加薪;二是新生代农民工受教育程度仍需提高。受教育程度和职业培训是衡量劳动者人力资本存量的主要指标。与老一代农民工相比,新生代农民工受教育程度和职业技能培训水平已有所提高,但总体上仍处于一个较低水平的阶段。城市劳动力市场中需求量最大的是受过专门职业教育,具有一定专业技能的劳动力。但 2016 年《农民工监测调查报告》的统计数据显示,接受过技能培训的农民工仅占 32.9%,其中接受非农业职业技能培训的只有 30.7%。因此,新生代农民工工作经验较少、受教育水平较低等原因导致了他们的工资水平偏低,从而导致了其工资满意度较低。

二、工资易被克扣拖欠

一是新生代农民工工资被拖欠克扣的现象频繁发生。目前,新生代农民工被拖欠克扣工资、延长工时等现象时有发生,因此,他们也成为一个权益易受到侵害的群体之一。据 2016 年《农民工监测调查报告》的统计数据显示,2016 年被拖欠工资的农民工人数为 236.9 万人,比 2015 年下降了 14.1%。被拖欠工资的农民工比重为 0.84%,建筑业和制造业成为拖欠农民工工资最多的行业。虽然拖欠工资问题有所好转,但其中被拖欠工资的农民工的比例仍然较高,当然,新生代农民工也在其中;据课题组调研的数据显示:2.25%的新生代农民工反映企业"经常"拖欠他们的工资,24%的新生代农民工反映企业偶尔会拖欠他们的工资。二是新生代农民工维护自身利益的能力依然较弱。虽然新生代农民工受教育程度更高,维权意识相对增强,但维权能力仍然偏弱。根据课题组的调研数据显示:在权益受损时,农民工选择的维权途径最多的是"自己讨要(42.92%)",而"通过法律"途径解决问题的只占 40.46%,通过法律途径解决问题的比例不足一半。可见,近年来,农民工包括新生代农

---

① 罗锋、黄丽:《人力资本因素对新生代农民工非农收入水平的影响——来自珠江三角洲的经验证据》,《中国农村观察》2011 年第 1 期。

② 董碧水:《新生代农民工融入城市存四大困境》,《中国青年报》2011 年 10 月 16 日。

民工通过法律途径维权的意识虽然在提高,但还不能熟练地运用劳工雇佣关系中的各种法律法规来维护自己的权益,这也易造成新生代农民工的工资被克扣和拖欠。

三、工资制度设定未与企业战略很好结合

一是工资管理上普遍存在战略缺失现象。不少民营中小企业较少考虑企业的工资管理与发展战略的相互关系,有些小型企业甚至都没有规范的岗位说明书,很少做工作岗位评价,这就不能为企业的工资水平标准的制定提供参考,也无法为薪酬的发放提供真实可靠的依据。二是工资制度的设定与企业发展战略相脱节。企业在不同的发展阶段,其薪酬战略也应该是有所不同。目前,越来越多的民营中小企业意识到工资制度的设定关系到员工的招聘效果,但是却很少有民营中小企业将工资制度与企业发展战略有机结合起来。该问题主要表现为脱节和错位,企业薪酬管理体制在大方向上与企业战略保持一致,但在一定程度上不能完全满足战略发展的需要,即脱节,如对于处在成熟阶段的企业,其经营战略与成长阶段不同,因此薪酬的制定也应有相应变动,但管理者并没有将员工薪酬予以适当调整。如果企业的薪酬管理完全没有考虑企业战略发展的需求,甚至与企业发展战略背道而驰,即错位,如一些企业声明将股东的长期利益作为它的策略目标,但企业却着重于奖励短期经营业绩,从而导致了薪酬制度与经营战略的错位。工资管理与企业的战略规划相脱节,使员工与企业不能确立共同的价值观和行为准则,员工无法确定什么对公司是最有价值的,所以员工就会把薪酬当成一种目的,当其他企业拿出更高的薪酬时,员工的流失便不可避免。

四、企业内部收入分配制度有待完善

一是决定工资分配的标准不规范。部分民营中小企业缺乏规范的工资管理制度,新生代农民工工资基本由企业管理者个人根据主观判断来加以确定,特别是在规模较小的企业,这种现象比较突出。二是劳动定额和计件工资单价的计算缺乏科学依据且计件工资单价标准偏低。调查结果显示,大多数新生代农民工在企业一线做工,一线员工普遍实行计件工资制,有的企业对计件

单价做过一些调整(调高),但其调整的幅度不能很好地契合新生代农民工的实际工作强度。三是工资与绩效考核体系相脱节。由于受"裙带关系"的影响,企业中某些成员的工资始终处于较高的水平,而且工资不受工作绩效变化的影响,这种现象严重挫伤了其他员工的工作积极性。

五、工资集体协商制度尚未形成

一是新生代农民工在民营中小企业工资决定机制中的参与度低。在民营中小企业薪酬决定机制中,新生代农民工民主参与的程度还较低,企业薪酬集体协商制度建设还很不到位。通过调查了解,由工会代表新生代农民工与企业进行的薪酬协商谈判的机制执行力度并不大,并且企业在执行时也有较大的灵活性,甚至有的企业并没有真正执行。与此同时,由于缺乏专门的部门对民营中小企业集体合同执行力度的监督,集体合同就工资问题协商的内容也仅限于一般原则性的条款,对推动建立合理的工资分配制度没有多大意义。二是企业与新生代农民工在工资制度等有关规定方面沟通较少。多数企业在制定工资制度的过程中缺少与员工特别是与新生代农民工的充分沟通,导致最终的工资方案在很大程度上达不到员工的满意,甚至会引起员工的抵抗从而引起消极怠工的事件。再加上国家对事业单位的工资增长机制颁布了条例,而对企业的工资水平仅仅规定了最低工资的标准,工资的增长幅度由各省市根据自身的实际情况自行设定,企业据此制定其工资分配制度。因此员工是否能够加薪和加薪幅度的多少,大多仅凭企业管理者的主观意志而决定,很少能形成工资集体协商制度。

六、工资内部公平性和激励性不足

一是民营中小企业的工资分配缺乏公平性。例如,不同职务级别如管理者与基层员工工资等级差别过大,致使新生代农民工感觉到工资分配不公平。二是民营中小企业薪酬分配制度的激励性不足。同一职务的岗位人员工资完全相同,不同岗位之间收入差距过小,工资的激励作用难以体现,这也导致了新生代农民工工作积极性不足。三是缺乏专业性的薪酬管理人才。民营中小企业缺乏相关专业性人才,其中部分管理者缺乏薪酬管理能力,相关的专职工资管理人员也比较稀缺,一些小型民企甚至没有人力资源部门,因此,无法制定出具有公平性和激励性的工资管理制度。在现代市场经济的条件下,随着管理科学的发展,薪酬管理体系的设计既要体现出公平性,又要充分发挥其激励的作用。因而从这个角度而言,企业的薪酬管理急需专业性较强的人才。

七、工资增长途径相对单一

不少民营中小企业在设计工资体系时是以职务级别为基础的,也就是说,职务级别越高,工资水平也越高,这样的工资管理制度尽管简单实用,但是当民营中小企业达到一定规模后,公司的组织结构将会越来越复杂,各岗位之间对企业的价值差别也会越来越大。同时,职务级别的高低与岗位对企业贡献的大小并不是直接的对应关系。比如,与普通工人相比,虽然高级技工的收入相对较高,但是由于没有一定的管理职务(班组长、科长、主任等),导致其工资收入较之于管理层还是处于较低的水平,这就在一定程度上降低了高级技工的工作积极性,使他们产生了只有升职才能加薪的观念。而如果升职难度较大,必然会使他们感到提高工资的希望渺茫,致使其工作态度消极,因而不利于民营中小企业的长远发展。

第四节 福利管理存在问题分析

一、法定福利保障性不足

国家强制要求企业给员工提供社会保险已经实施了多年,以此来保证劳动力的基本权利和促进社会稳定。但是在民营中小企业中社会保险投保现状却不容乐观,一是社会保险投保比例较低。据课题组的调研结果显示,民营中小企业为新生代农民工缴纳五险一金的比例仅为37.53%(部分企业对于户籍是外省的员工不予缴纳五险一金,只给缴纳三险一金),缴纳三险一金的比例为53.48%,稍高于五险的投保比例,但是仍有8.99%的民营中小企业没有给新生代农民工缴纳任何社会保险。同时,新生代农民工享受法定福利的比例较低,据调研结果显示,能享受到带薪休假的新生代农民工的比例只有

12.57%,大多数新生代农民工享受不到带薪休假的福利。

二、福利供给缺乏公平性

民营中小企业中许多是家族式企业,其管理方式仍然存在家族式管理的思维方式,管理者易出现重人情而轻制度的情形,这便会导致福利供给不公平的产生;许多民营中小企业的福利分配由企业管理者自主决定,存在着一定的主观性和随意性;同时,部分民营中小企业忽视薪酬福利评定程序的公平性。企业在制定福利制度时仅仅从企业的角度出发,缺乏与新生代农民工的沟通与交流,认为只要制定了相应的福利制度,员工就应该接受,这就忽视了福利制定的评定程序,认为评定程序的公开与否并不重要。调研数据显示:仅有23.32%的新生代农民工认为自己所在的企业发放福利很公平。因此,这种家族式管理的思维方式很难使员工感到自己所得到的福利是公平的,福利制度起不到应有的激励效果。

三、福利需求沟通不畅

由于新生代农民工所处工作状态不同,在福利需求上也会表现出一定的差异性,如从事建筑行业的新生代农民工更倾向于人身安全方面的福利保障,有家庭的则希望有较为宽松的时间来陪伴子女和父母,这就需要企业与其进行有效的沟通,了解新生代农民工福利之所需。可是,不少新生代农民工反映企业针对所需福利的内容与其进行过了解和沟通,但是沟通的频率较低;同时,关于福利沟通的形式还比较简单。更多情况下是班组长临时询问或征求对于福利管理的建议,缺乏多层次的沟通机制;另外,不少民营中小企业中的薪酬福利普遍存在保密性,对于员工工资、奖金、福利的发放采取非公开制度,这使得员工很难判断在福利、报酬与个人绩效之间是否存在一定的公平性。这种做法忽视了薪酬管理公平性的重要原则,所以,只有与新生代农民工进行有效的沟通、公开相关的福利信息,才能充分发挥福利管理的有效性。

四、福利制度执行力度有待加强

目前,多数民营中小企业福利体系在不断完善,但很多福利制度并没有很好地落实,从而导致民营中小企业福利执行力的缺失。具体表现为以下几点:一是关于福利制度设计不严谨。很多民营中小企业在福利调查上只是粗线条地观察周围企业的福利状况,缺乏针对本企业全面和系统的福利需求分析,从而导致福利制度设计不合理。二是以短期福利设计居多。福利设计缺乏长远规划,很少与企业的长远发展战略相结合。福利项目的设计未能与企业的发展和员工的具体需求相结合,多数福利项目是企业管理者临时确定的方案,对员工缺乏长期的激励作用。三是福利监督规范性程度较低。企业在福利制度上缺乏严格的监督审查,导致企业的福利制度执行力度较差。一些民营中小企业中虽然设置了监督机制,但是监督过程一般容易流于形式,很少能发挥其应有的作用,这就使得福利的发放有失公平。

五、福利形式较为单一

福利的表现形式包括法定福利、货币性福利、实物性福利、服务性福利和机会性福利等。法定福利包括养老保险、医疗保险、失业保险、生育保险、工伤保险、住房公积金等;货币性福利包括交通补贴、通信补贴及膳食补贴等;实物性福利包括节日礼品、文体设施、工作餐、宿舍和工间食品等;服务性福利包括体检、公费医疗、咨询服务(心理、法律类咨询)等;机会性福利包括内部提升政策、带薪休假、公费进修、团队文化活动等。目前,企业除了提供基本的法定福利以外,还应该提供包括货币性福利、服务性福利等多种形式的福利。根据调查结果显示,民营中小企业给新生代农民工提供的福利主要集中在年终慰问金、奖金、节日礼品等形式,而对于心理健康咨询、带薪休假、团队文化活动等福利形式提供得却较少。

六、福利关怀性有待提高

调查数据结果显示,新生代农民工表示"饭菜质量较高"的比例只有7.44%,认为"饭菜质量一般"的比例为69.30%,认为"饭菜质量差"和"非常差"的有23.26%;有子女的新生代农民工能在节假日放假陪伴子女的比例只有15.17%;而有84.83%的新生代农民工无法陪伴子女一起过节假日;建立企业幼儿园或者小学的民营中小企业更是凤毛麟角。部分员工宿舍条件不佳,有的是七八个人住在一间宿舍或者挤在活动板房里,不能提供全天候的热水和洗浴;平时也较少组织员工参加体育活动和文娱活动;免费体检不能经常化且体检项目过少;员工家庭遇到困难时企业不够关心员工等等。可见,民营中小企业对新生代农民工生活方面的关怀力度需要加强。

第五节　管理环境管理存在问题分析

一、管理者综合素质有待提高

管理者的素质直接影响下属对领导的信任水平,直接关系着管理环境的优劣。一是民营中小企业管理者的内在品质需要进一步提升。成功的企业管理者一般都塑造了让人喜爱的、富有吸引力的个性。这种个性使他们拥有超凡的魅力,这种魅力是从一个人的言谈举止、说话语气、态度亲疏和可靠程度等方面表现出来的。但不少民营中小企业的管理者却少有这种特质,也许是因为他们不注意自身魅力的培养,或者是因为他们缺乏丰富的知识储备,从而缺乏让员工自觉追随的人格魅力。二是民营中小企业管理者的能力有待培养。榜样的力量是无穷的,作为一个好的管理者,首先要做到以身作则,要具备高超的管理能力、知人善任能力。管理者作为企业的领导者,要具备较强的影响力、号召力和凝聚力,能任人唯贤、知人善任、敢于授权,应掌握科学预测方法,能站在比普通人更高的角度,以发展的眼光,统揽全局,把握未来。但不少管理者给自己的投入较少,很少有机会给自己充电,他们较多的是根据自己的经验做事,缺乏先进的管理理念和深厚的管理知识。而新生代农民工自身特征使得他们更喜欢追随具备人格魅力、领导力强的领导,这就需要管理者要尽快提升自身的内在品质。

二、上下级沟通方面存在障碍

由于新生代农民工在年龄、成长背景、个人素养等方面与老一代农民工有所不同,或者由于管理者说话的方式或技巧有别,同样一句话讲出来往往能让人听出不同的含义,形成"言者无意,听者有心"或者"言者有意,听者无心"的沟通尴尬,从而影响了工作效率,不利于和谐管理环境的形成。民营中小企业沟通障碍主要包括三个方面:一是新生代农民工方面。包括新生代农民工的理解能力、新生代农民工的观念问题和新生代农民工与领导的关系。不同地域、不同文化背景的新生代农民工由于传统地域文化的不同,在语言的理解方面有显著性差异;不同工作性质的员工,需要的思维方式或者沟通技巧也不同。沟通的无效可能与新生代农民工的观念问题有关,很多新生代农民工存在这样的观念,如:"与领导走得太近会让别人说闲话","言多必失","只要出业绩就会被认可,没必要沟通"等,这些错误观念的存在使得沟通比较困难,领导者难以得到他们真实的想法。因此,新生代农民工对中小企业的领导者产生的畏惧感和不信任感等是影响沟通的障碍。二是领导者方面。包括领导对沟通的重视程度、领导的沟通技巧、领导风格等。部分民营中小企业的领导风格仍然采用的是武断式的领导风格,搞"一言堂",很少听取员工的意见或建议,或者说他们根本没有意识到沟通的重要性。领导者的沟通技巧在一定程度上影响沟通效果,应该使用委婉的讲话方式还是直接的讲话方式,有时候一句话使用不同的方式讲出来往往能让人听出不同的意思。三是沟通渠道方面。新生代农民工出生在网络时代,他们往往是"手机控"或"微信控",他们追求自由、个性,不喜欢被拘束,希望被尊重,因而他们更青睐这种网络上的非正式沟通,而许多民营中小企业领导者与他们有代际差异,可能不太习惯使用"QQ"和"微信"进行沟通。

三、管理者不善于授权

所谓授权就是由上级主管领导或权力者授权部属一定的权力并让其承担一定的责任,使部属在其监督下,在一定范围内能独立自主地处理事情。授权不仅可以使担任一定管理职务的主管人员在实际工作中减轻自身工作压力,还可以使被授权的员工获得一定的自主决策权,感受到重视。尤其对于民营中小企业,其领导者常常集众多事务于一身,分身乏术,授权给下属是很有必要的,不仅可以减轻自己的负担,还可以提升管理效率。而且对于新生代农民工而言,他们渴望受到重视、希望自主工作,授权是对他们的精神奖励,是对需求的有效满足。因此,民营中小企业的管理者有效授权是建立良好管理环境的重要途径。但是"授权"对于每个处在成长转型期的民营企业领导人是既喜欢又害怕的字眼。因为在大多数成长型民营企业中,他们缺乏专业化的管理机制,正式的内部权责结构没有形成,管理者授权就意味着他们就要承担一定的风险。根据课题组对新生代农民工的调查数据显示,"偶尔"被授权所占的比例最大,所占比例为47%,其次是"经常"被授权的比例是20.74%,"很少"和"几乎不会"两项分别占比9.22%和6.45%。可见被"经常"授权的新生代农民工的比例只占不到1/5,不少民营中小企业的领导者还缺乏授权的意识。授权行为不单单限于高层管理者,中层管理者和基层管理者也可实施授权。在调查中,我们发现一种普遍现象,即很多民营中小企业的管理者均喜好事无巨细,事必躬亲,凡事都由自己做主,不愿把权授给下属,这就严重挫伤了部属的积极性。在我们的访谈中,经常听到这样的话:"我们厂领导太独裁,大小事情由他一个人说了算,别人根本插不上手","他既然那么能干就让他一个人做好了,我们乐得清闲","我的最大问题之一是领导让我干工作而又不授权,事事干预"。在对管理层所做的调查数据显示,管理者认为"自己经常会适当授权给下属"的比例最大,所占的比例为58.67%,这与新生代农民工的实际感受比例相差了27.93个百分点,可以看出,即使管理层认为自己已经做到了经常"授权",但这种经常"授权"却并没有得到新生代农民工的认可。其实,管理者认为应该授权,但事实上,由于他们对员工的不信任,同时他们自身权力欲望过强、喜好表现与邀功等心理作祟,或者是授权方法的不得当,使得他们在实际工作中不能或不愿授权。

四、缺乏员工参与管理的环境

目前民营中小企业还缺乏一个完善的管理体制,这将会导致企业绝大部分决策都是高层管理人员或领导做决定,缺乏民主管理,员工也很少能参与企业管理,作为基层员工的新生代农民工参与企业管理的机会更是少之又少。因此,员工的主人翁意识尤其是新生代农民工的主人翁意识薄弱,这也直接导致了他们的工作积极性和工作热情的降低。现今国内外理论与企业界共同关注的一项重要的管理方式便是员工参与管理。而想要员工真正参与到企业管理过程中,首先要求员工要具备主人翁意识,只有当员工对企业具有主人翁意识后,才能积极参与到企业管理的过程中,进而成为企业发展的强大动力;其次要求民营中小企业要营造和谐的工作氛围和赋予员工相应的权利,为新生代农民工参与企业管理提供必要的支持和引导。新生代农民工参与管理具有一定的自发性,但是这种自发性需要得到企业的支持和引导,只有新生代农民工积极参与企业管理才能建立和谐的工作氛围,激发他们的工作积极性。

第六节　企业文化管理存在问题分析

一、企业管理者对文化精神层建设缺乏认识和重视

企业文化建设主要包括精神层、制度层、行为层以及物质层 4 个方面,其中精神层是企业文化建设的精神内核,是企业全体员工形成文化共识性与自觉性的关键。从课题组实地调研的结果来看,新生代农民工对企业文化的认识仅限于"了解"的低层次层面,对企业文化所代表的深层次内涵知之甚少。新生代农民工虽然具有了一定的文化基础,但对企业文化认知和理解水平还较低,问题在于企业管理者对文化精神层建设缺乏认识和重视。这主要表现为以下两个方面,一是民营中小企业管理者对企业文化精神层建设缺乏全面的认识。很多的企业管理者单纯地认为所谓的企业文化就是企业的外在表现形象,所以把更多的精力放在了企业标语口号的斟酌上,简单地将企业文化等同于形象设计,并没有在实践中形成共同的文化理念、企业精神、生活信念以及发展愿景等核心文化。二是民营中小企业的管理者对企业文化精神层建设缺乏必要的重视。由于民营中小企业具有经营规模较小、经济实力相对较弱的特点,大部分的民营中小企业认为文化建设是大企业、大集团的事,中小企业没有必要进行企业文化战略方面的考虑,缺乏对企业文化建设的战略思考和决策,从而导致关系到企业的长远利益发展的企业文化建设相对滞后。

二、企业"家长式"的专制文化色彩浓厚

新生代农民工被一些企业管理者称为"最没有责任心的一代",称其没有理想、没有责任、没有纪律,虽然这些观点过于武断,但其也体现出新生代农民

工自身的一些特点。新生代农民工大都愿意自己做决定,而不是听命于他人、像木偶一样被人摆动,他们无法接受缺乏人文关怀的军事化管理和绝对服从的专制文化。但现实中民营中小企业的文化建设却存在着这种"家长式"的文化色彩,究其原因可概括为以下两个方面:一是民营中小企业的管理者简单地将"企业文化"定义为"老板文化"。民营中小企业老板作为企业的领航者、企业的战略规划者和企业的总指挥,老板的思想,尤其是其自身的管理风格,将会潜移默化地随着生产实践融入企业文化建设中。这种老板文化的弊端在于领导个人性格难以改变,领导者意志下的企业文化模式又容易被定格和固化,不易被多数员工所认同,从而形成主题较为偏向个人意志的企业文化;二是民营中小企业内家族式的企业文化阻碍了文化体系的构建。据中国社会科学院社会学所、全国工商联研究室共同组织的对 21 个省市自治区的 250 个市县区的 1947 家民营中小企业进行的抽样调查结果显示,近80%的企业是家族式或泛家族式企业。① 这些企业受领导者自身素质的限制,在企业内部容易形成家长制的集权管理,从而导致企业在发展中缺乏科学论证和民主决策,进而形成家族力量对企业领导权的垄断。诸如在企业中层的一些重要的管理人员和企业骨干任命中,家族中的亲戚朋友们自然而然地占据了这些重要职位。这种垄断下的企业文化忽视了新生代员工追求公平的个性特点,而只对他们进行要求和管理,最终会引起新生代农民工的不满,进而产生消极怠工或辞职的现象,从而影响了企业的长远发展。

三、企业缺乏团队文化建设的氛围

在当前专业分工越来越细、市场竞争越来越激烈的背景下,团队间的相互合作变得越来越重要。但民营中小企业的团队文化建设状况却不容乐观。当下的新生代农民工有着鲜明的独特个性,喜欢独立完成工作。在团队中期望别人能够更多地配合自己的工作,缺乏与团队成员主动沟通的意识。同时新生代农民工具有强烈的主体意识,在团队中力图突出自我的独特性,不善于进

---

① 崔元丽、董瑞兴:《论我国中小企业如何构建自身的企业文化》,《改革与开放》2010 年第 14 期。

行合作,加之新生代农民工受电脑、手机的影响较大,往往沉迷于自己的世界,这在很大程度上加大了民营中小企业进行企业团队文化建设的难度。企业之所以会出现团队文化建设难,问题主要在于缺乏团队文化建设的氛围。团队文化建设氛围的缺失主要体现在两个方面:一是民营中小企业组织新生代农民工进行团队文娱活动的次数较少。团队文化建设和团队文化氛围的营造需要一定的载体,而这需要在实际参与的过程中逐渐培育形成。在访谈中,发现民营中小企业一年内很少举办几次大型的团队娱乐活动,把主要精力放在了企业日常的生产运作上。同时企业组织员工参加的团体活动形式过于简单,方式过于老套,对新生代农民工而言没有新意。二是部分企业的管理者为企业团队活动加上了"附有条件"。企业团队文化建设的活力来自员工的参与和领导的支持,而企业领导者组织团队活动的前提便是要求员工要完成每个阶段的工作任务。比如说一些以销售为主的民营中小企业,规定只有任务达标的人员才能参加公费的团队活动,未达标人员需要自费参加,以此带有压力的团队活动虽能在一定程度上激励员工,但现实是并非所有的企业员工都能完成指标,最终只会增加员工心中的失落感,这样的氛围不利于企业进行团队文化的建设。

四、新生代农民工对企业的归属感和忠诚度不强

企业文化建设主要是针对"人",通过文化的推广让企业人认同企业,对企业产生归属感,可以更好地激励人为企业服务,产生更大的经济效益。而新生代农民工对企业的归属感和忠诚度是在点滴积累中不断地丰富和充实起来的,并不是一朝一夕就能形成的,这就需要企业通过长期的文化建设来培养员工的归属感和忠诚度。部分民营中小企业在建设自己的企业文化时随波逐流,热衷于做表面文章,诸如在公共办公环境和办公室内贴形形色色的标语口号、文案图画,并没有用实际行动让员工感受到企业的温暖。这样的企业文化建设并不能让新生代农民工"死心塌地"地为企业工作,更不能让新生代农民工体验到家的感觉。员工对企业缺乏或者是没有归属感,问题在于企业文化中的人文关怀建设不足。一方面,企业管理者对员工缺乏人文关怀。民营中小企业在经营管理过程中,更加注重企业效益,管理主要围绕如何创造更多的产值或服务,对人

文关怀方面关注较少或者根本不关注;另一方面,企业忽视企业文化氛围的营造。企业氛围包括企业的工作环境及企业的生态软环境。忽视企业氛围的营造,企业就成了员工只是糊口上班的地方。新生代农民工对工作环境比较敏感,如果只是重复性、机械性的劳动,员工会疲于应付。在工作中缺少成就感,对企业没有归属感,工作态度逐渐变为厌烦,最终导致员工的离职跳槽,进而增加企业运营成本。可见,员工对企业的归属感是关系到企业生存发展的大计,因此民营中小企业亟须加强对新生代农民工企业归属感的培养。

五、企业文化建设缺乏个性和创新色彩

企业文化建设对企业发展的重要程度已经成为众多企业家的共识,民营中小企业家也不例外,积极采取各种措施投入到企业文化建设中去。然而,从现实效果来看,民营中小企业文化建设的效果并不尽如人意,其企业文化建设不论在认识上还是在建设上都存在许多误区,这些误区的存在不仅表现不出自己的企业特色,而且还为企业员工学习企业文化增加了精神负担。首先,文化建设缺乏个性。在当前民营中小企业新生代农民工文化建设的过程中,存在着过多模仿、照搬的现象。企业因其自身所处的行业、企业的历史、经营者的文化底蕴等诸多因素的不同,其企业文化必然也是不同的,有些民营中小企业看到别的企业在搞企业文化建设,并且富有成效,便纷纷效仿,采用"拿来主义",并未考虑是否符合自身的发展实际。多数的中小企业文化缺乏自身鲜明的个性,而企业文化真正的生命力和独特的魅力是源于其自身的独创性;其次,文化建设缺乏创新色彩。大多企业在谈到自己的企业文化的时候,都是说一些诸如"严谨、求实、团结、创新、服务社会、争创一流……"的口号,这些的确是在大部分企业里都要提倡的,但是缺乏新意,千篇一律。

第七节　职业生涯规划管理存在问题分析

一、管理者的认知度不足

当前许多民营中小企业管理者对于职业生涯管理并没有足够的认识。多

数民营中小企业的人力资源理念依旧是传统的人事管理模式,很少将员工真正地作为企业重要资源来进行管理和培养,只是一味地要求员工做出业绩,而却很少给予员工应有的发展空间,使员工看不到未来的方向,这就降低了他们的归属感,尤其对于个性化较强、职业期望较高和企业忠诚度较低的新生代农民工而言,这样的管理模式在很大程度上与他们的愿景相背离,进而导致了他们的离职。此外,部分管理者担忧新生代农民工在经过企业系统化的职业生涯规划训练后,能力和素质得到显著提高,但最后却跳槽到其他企业,从而给自身造成损失,对此,多数民营中小企业不愿付出更多的人力、物力和财力为新生代农民工开展职业生涯规划。因此,民营中小企业管理者在员工职业生涯管理理念方面,还需进一步提高其认知和重视程度。

二、缺少专业化的职业生涯规划管理理念

多数民营中小企业已逐渐认识到人才竞争才是市场竞争的关键,因此,也想通过开展职业生涯规划来吸引和留住人才,但是职业生涯规划是一项专业性和技术性要求较高的工作,部分民营中小企业制定的职业生涯规划方案不切实际,加之缺乏专业性的人才和相关配套制度等,在职业生涯管理理念方面还缺乏专业化和系统化,继而使得开展的职业生涯规划所取得的效果不显著,所以民营中小企业应进一步加强对新生代农民工职业生涯规划的专业化管理。

三、缺乏阶段性的职业生涯规划

当前存在部分民营中小企业为新生代农民工开展职业生涯规划管理的周期缺乏规范化的问题,如为新生代农民工制定阶段化的职业生涯规划方案时,部分民营中小企业未能科学地划分新生代农民工的工作阶段,即入职试用阶段(入职低于 2 年的新进员工)、职业塑性阶段(2—3 年的员工)、职业成长阶段(3—5 年的员工)、职业晋升阶段(5—10 年的员工)、职业成熟阶段(10 年以上的员工),从而易导致开展的相关培训、进行的职业指导、制定的职业目标等不符合新生代农民工的实际需求。可见,多数民营中小企业开展的员工职业生涯规划,在时间上呈现的随意性较高,民营中小企业需进一步规范员工

职业生涯规划指导周期。

四、职业生涯规划发展路线过于单一

目前，多数民营中小企业虽然初步形成了经营管理、专业技术、生产技能等三类职业发展方向，但由于受传统管理体制的惯性影响，加之新生代农民工的官本位制的观念尚未有效转变，认为技术和技能通道都无法和管理通道相比，这将导致职位晋升依然是职工认可的实现其自身价值的唯一途径，然而企业可以提供的管理岗位毕竟是有限的，这就会导致多数新生代农民工将难以向管理通道发展，进而促使部分新生代农民工选择技术和技能路线，但这些发展通道也并非所有人都适合，随着专业技术的不断深入，对新生代农民工的专业知识、技能熟练程度要求将越来越高，因而符合要求的新生代农民工也相对较少，对此，较单一的职业发展路线已难以满足较大部分的新生代农民工的职业发展需求，继而制定的职业生涯规划方案也很难取得较好成果。因此，民营中小企业应拓展职业发展路线以满足不同性格、职业兴趣和能力专长的新生代农民工的需求，如营销职业发展通道、业务职业发展通道（人力资源管理、财务管理）或专业职能管理发展通道（档案管理、后勤管理）。

五、职业生涯规划管理随意性较强

这主要体现在两个方面：一是在形式上呈现随意性。部分民营中小企业多选择简单、易行和传统的方式为新生代农民工开展职业生涯规划，如上下级交流、老员工传帮带新员工和大众化的岗前培训，虽然这些方式有助于新生代农民工的职业规划，但其缺乏针对性、系统性和多样性，难以引起新生代农民工的重视，尤其对无明确职业生涯规划的员工吸引力较小。另外，一些民营中小企业在未完全了解新生代农民工的性格、职业兴趣和能力等因素之前，就制定了他们的职业生涯规划方案，可见，多数民营中小企业在员工职业生涯规划的形式上呈现的随意性较高。二是内容上呈现随意性。首先不少民营中小企业出于既想满足新生代农民工较高的职业愿景的需求，又想尽快取得效果的初衷，往往未利用科学的职业测评手段来对新生代农民工进行职业测评，从而使得为新生代农民工制定的职业发展通道很少符合他们的性格、职业兴趣和

特长,继而易出现人岗不适的现象;其次是为新生代农民工开展的技能培训也未能根据职业发展通道的不同而显示出差异性,技能培训内容过于同质化,继而难以满足新生代农民工崇尚个性化的需求。在访谈中,多数新生代农民工反映企业制定的职业生涯规划内容要不很传统,要不很不现实,他们建议民营中小企业在制定职业生涯规划时,应加强与他们的及时沟通。

第八章　国际企业员工用工管理经验借鉴

企业在发展过程中都曾或多或少地遇到种种用工管理问题,这也是企业在发展中所必须经历的过程。但随着时间的推移,一些企业积累了本企业独特的用工管理经验,尤其是一些国际知名企业的用工管理经验更值得借鉴。本章归纳了部分国际知名公司的用工管理经验,以期为民营中小企业新生代农民工的用工管理带来有益的启示。

第一节　招聘管理国际经验分析

[案例介绍]

摩托罗拉公司是世界著名的电子通信以及芯片制造企业,该公司在中国市场主要为顾客提供无线网络、通信和嵌入式系统等系列产品。

摩托罗拉公司的成功离不开高素质人才的支撑,摩托罗拉公司在其发展过程中逐渐形成了一套适合自身的人员招聘管理模式——双向互动式招聘管理。对摩托罗拉公司来说,他们认为每一份简历都弥足珍贵,因为每一个投简历的人都对公司怀有极大的期望和信心,他们都会小心翼翼地保存并对求职者的信息保密。摩托罗拉公司对于人才的选聘有以下特点:第一,设计严格的招聘流程。对于人才的选聘,摩托罗拉公司执行十分严格的选择流程,面试程序是由人力资源部进行初步甄选,之后由业务部门进行相关业务的考察及测试,最后由高层经理和人事招聘专员确定。第二,确定明确的招聘考核目标。一是在招聘的过程中要达到的目标:(1)给应聘者营造一个融洽的能够让他们展示自己的交谈氛围;(2)面试人员清晰地介绍企业的发展状况、薪酬情况以及应聘者所要应聘的岗位要求;(3)通过交谈大致掌握应聘者的专业素养、相关技能和其他能力;(4)根据面试情况决定是否录用。二是应聘者具备的素质目标:(1)能够在短时间内展示出自己的实际水平;(2)要求应聘者说明自己所拥有的优势及其他能够胜任岗位的能力;(3)是否详细地了解自己所应聘的岗位职责及其相关的知识。在面试中,公司的招聘人员会创设一种情景:应聘者现在已经是摩托罗拉公司的一员,公司的某个生产环节突然出现了问题亟须解决,谁能够在最短的时间内想出最好的解决方案。这种情景可以考察并分析每个人在面对突发情况时的反应能力与态度,以及每位应聘者的个人性格,之后摩托罗拉公司会根据应聘者们的表现来评判他们的综合素质,从而决定录取的人员。摩托罗拉公司的管理者们认为任何测试和面试都不是完善的,虽然招聘人员的确能够凭借其自身丰富的招聘工作经验选拔出对公司有用的人才,但是如果仅仅是通过招聘者们的经验来判断人才是否适合公司却是远远不够的,这样的主观臆断很容易放走一些优秀的人才。所以,摩托罗拉的管理层为了避免这种情况的发生,也为了能够更好地吸引和留住人才,在公司的不断发展过程中逐渐地形成了一套独具特色的双向互动时招聘模式去弥补原有招聘机制的不足。第三,接受辞职员工的再应聘。摩托罗拉公司对于已辞职的员工再应聘公司职位不会有什么成见,反而是热烈欢迎离职员工再次返回公司工作。这些重新入职的员工便会更加地全身心地投入工作之中,对公司的忠诚度也会更高。

[案例分析]

通过摩托罗拉公司的这种双向互动式招聘模式我们可以看出,在招聘的过程中,摩托罗拉的招聘人员不像传统的面试那样采用"一问一答"的这种程序化、固定化,甚至有些机械化的问答模式,而是用小组讨论的模式全程参与到整个的招聘过程中。首先,设计了较为严格的招聘流程。在招聘中有一套严格的程序,对于应聘者进行严格挑选。其次,采用了双向互动式招聘。通过采取双向互动式招聘,可以对应聘人员尽可能进行较为详细的了解,同时也让应聘者对公司有了一个初步了解,从而由双方来决定最后的招聘结果,这样做的优点是可以使公司和应聘者都能够充分地相互了解,从而使企业能够招聘到合适的员工,而应聘者也能了解自己是否适合公司,从而增加了招聘的有效性。最后,积极返聘辞职员工。公司认识到"好马也吃回头草",辞职员工的重新回归是公司的宝贵财富,他们的回归可以使公司的工作效率更高,凝聚力也会更强。

[**经验借鉴**]

根据上述经验,我国的民营中小企业招聘时要从以下几方面来加以借鉴:第一,制定严格的招聘程序。企业需要制定一套严格的招聘流程,参与新生代农民工招聘的部门不应仅仅涉及人力资源管理部门和高层管理者,还必须要听取业务部门的意见和建议,从而做到招聘需求与实际需求相契合。第二,确定清晰的招聘目标。在招聘的过程中要采取双向互动招聘模式,负责面试的小组成员需要在面试这一环节实际参与到招聘的过程中,要与新生代农民工求职者互动起来,创设情景来考察求职者们的综合能力,要从情景中观察新生代农民工的性格、反应能力和对待工作的态度等各方面的素质,然后再根据每个人的综合情况决定是否录用。第三,接纳辞职员工的再次回归。新生代农民工的离职有着方方面面的原因,正是认为原公司还是有着相对优势,所以选择了再次回归。辞职的员工所具备的工作经验和对企业业务的熟悉程度正是企业所需要的,接纳离职员工的再次入职不仅节省了大量的培训开支,而且员工还可以尽快地投入工作,为企业创造效益。因此,对于新生代农民工辞职员工的再次应聘,管理者们需要持着善意的态度欢迎他们的再次回归。

第二节　培训管理国际经验分析

[**案例介绍**]

三星集团相当重视对企业员工的培训教育工作,建立了完善的企业培训教育体制。集团建立了多家培训学校,不仅仅是公司的高层管理人员需要学习企业文化,就连最基层的普通员工都需要在这方面进行加强培训。三星集团前会长李健熙认为,要想在当今激烈的国际竞争环境中争得一席之地就必须全面提升公司的综合竞争力,这不仅需要在技术上领先其他企业,同时也还要在员工素质上不输给对手,所以对于员工的培训教育就是必要的手段。

三星对员工的培训分为以下几个方面:第一,根据需要对员工进行系统培训。三星的培训分为新进员工、在职员工和需晋升员工三个层次。集团在首尔附近设立有专门的人力资源开发中心来对员工进行培训。首先,新进员工需要在这里接受为期24天的严格课程培训。新进职员培训不仅内容广泛,从基本的岗位操作、商业技能和企业文化直至国情商情等。培训的制度也很严格,学员们必须身穿制服,在培训之余还安排纪律方面的训练项目。其次,全体已入职员工每年都要接受定期的集中培训,每位员工每年平均需接受16天的训练与学习,内容包括各种技能培训、企业精神教育、新知识新科技讲座、外语、计算机知识、国外经济动向等等。除了这些固定课目,研修中心还设有各种各样的兴趣小组,鼓励年轻人发挥自己的爱好和热情,可见其培训教育工作十分全面。而且集团在对员工学习态度的要求也十分严格,培训结束会有专家评定成绩,记入员工档案,成为以后员工晋升与否的评判基础。最后,在员工晋升之前还必须回到三星集团的任一学校进行培训,培训内容不仅包括岗位培训,还有语言等基础文化课程。只有培训成绩良好的员工才能得到工作晋升。培训后,如果员工觉得晋升工作不合适,还可随时提出调动申请,公司会妥善加以解决,决不压制员工的想法。第二,外派优秀员工外出学习。三星集团为外派人员推出了一种大胆、新颖的、在5年内投资1亿美元培训计划。三星每年派大约400名只在公司服务了几年但有前途的低级雇员到国外进行培训,培训期间薪水全部照发,外加专供旅游和学习驻在国语言、吸收驻在国文化之用的开销。从三星集团的培训计划中可以看出其培训的目标主要是培育培养一大批具有全球观的新一代管理人才,而这些管理人才是集团在其他国家和地区建立长久性基地的必要条件。

[案例分析]

三星集团不仅看重员工的培训,不断加大对员工的培训力度,而且在员工培训方面做出了长远的战略性规划。三星集团对全体员工进行培训,将培训群体划分为新进员工、已入职员工和晋升员工三个层次。针对不同层次群体的特点进行培训,培训内容丰富、力度大。另外,三星公司还创新性地采用新颖的游历培训方式,为员工的培训实施战略性规划。三星公司这一系列的培训方式为公司提供了不少具有广阔视野和卓越能力的人才,提高了公司的市场竞争力。

[经验借鉴]

我国民营中小企业普遍缺乏科学系统的培训体系,对于新生代农民工的培训力度不足。具体来说要从以下几方面来做:第一,对新生代农民工进行分类别培训。民营中小企业在培训新生代农民工时要注意对于新进员工、在职员工和需要晋升员工的培训内容和培训方式加以区别,对新入职的新生代农民工要进行全方位的培训,包括岗位技能培训和企业文化等,对于在职新生代农民工的定期培训要从技能培训、企业文化和文化素质培训等方面进行强化,而对于具有晋升潜质的新生代农民工则要进行岗位基础知识培训以及领导才能等方面的培训。分层次的培训具有很强的针对性,能对不同的新生代农民工起到显著的作用,从而达到因材培训的目的。第二,外派新生代农民工学习培训。公司对于新生代农民工要采取丰富化的培训形式,尤其是对于工作表现优秀的新生代农民工要加大培训力度,可以从企业内部选拔优秀且有发展前途的员工去其他大型企业进行学习,也可以把他们送到相关大中专院校进行专业化培训,有条件的民营中小企业也要借鉴三星公司的经验,把他们送到国外进行相关的培训,使他们具备国际视野,为企业的长远发展作出贡献。

第三节　薪酬管理国际经验分析

一、通用电气薪酬管理制度案例

[案例介绍]

通用电气(GE)是一家集技术、制造和服务业为一体的多元化公司。GE公司的薪酬管理是一个值得推崇的管理模式。公司主要是让每名员工的报酬实现差异化,把报酬的多少与员工们的工作表现挂钩,按照员工的实际工作绩效来支付相应的报酬,以此来激发员工们的上进心,使他们都充满强烈的工作动力。

GE公司的薪酬管理制度有以下特点:第一,采取多层次薪酬制度。GE

的薪酬结构由 4 个项目组成：薪水、年度奖金、股票期权和长期激励计划。随着职位的升高，员工的薪酬增加与长期绩效相关联。工人的薪酬结构是基本工资加绩效；技术人员则是以基本工资和绩效为主，外加年度奖金；经理则以薪水和年度奖金为主，外加股票期权；执行官的薪酬结构最为全面，包括薪酬、年度奖金、股票期权和长期激励计划。需要说明的是，GE 公司的期权激励范围正在逐步扩大。而且，GE 公司会向每位新进员工解释各种额外收入的设定以及获取资格，力使每位员工都能了解加薪的条件并为之努力工作。第二，发挥薪酬制度的激励作用。GE 公司还会深入宣传薪酬制度，例如在某位员工为公司做出突出贡献时，公司给予员工的额外奖金会在公司会议上颁发。这对于领奖的员工也有很大的激励作用。GE 以上述薪酬结构为基础，按照员工的综合贡献给予奖励，使得薪资在不同员工之间有着不同的差异性，特别是对于核心技术员工，公司给予的薪酬会更高，这便会充分发挥公司薪酬制度的激励作用。第三，实施公正的考核体制。GE 内部以其 360 度全方位、全角度的考核办法来最大限度地保持薪酬制度的公平和公正。GE 公司把员工当作"圆心"，把上级、下属和顾客同时当作坐标，这就构成了一个 360 度考核体系。围绕员工所交往的人际关系对员工们的反馈和评价，这在很大程度上保证了对该员工的评价是客观公正的。相关部门的领导会负责组织和 360 度全方位考察员工，并且把考核结果分为 5 个等级，根据不同的等级决定对员工实施加薪的程度。GE 公司会根据员工不同的岗位和不同的贡献情况，来确定奖金和奖励持股权的份额。GE 的薪酬体现了责权利配比的原则，充分地体现了公平、公正的激励原则。

[案例分析]

GE 公司的薪酬管理制度最大的亮点在于薪酬与员工贡献的紧密结合。首先，GE 公司根据不同的职位实行不同层次的薪酬结构，以此来激励员工的上进心。并且根据每一位员工在工作中不同的表现来进行薪酬的发放，把员工的薪酬和其实际绩效相联系，以此来提高员工的工作热情。其次，GE 公司还通过对努力工作获取报酬的员工进行通报表扬来树立榜样，从而激发其他员工的工作积极性。最后，建立严格的考核制度来保证薪酬发放的公平合理性。通过 360 度全方位的考核制度和薪酬等级制度来最大限度地保持薪酬制度的公正和公平。公司将个人薪酬与员工工作绩效紧密挂钩,这极大地激发了员工的工作自主性与工作热情,而且也是该公司长期坚持的重要原则与导航标。

[经验借鉴]

通过对 GE 公司薪酬管理制度的剖析,我国的民营中小企业需要从以下几方面吸取经验:第一,建立结构清晰的薪酬制度。我国民营中小企业可以根据企业内部不同职务建立合适的薪酬制度。对于普通员工、技术员工和高层管理人员采取不同的薪酬管理体系。第二,发挥薪酬制度的激励性。对于在工作中取得优异成绩的新生代农民工不仅仅是要给予奖励,同时还要在企业进行通报表扬,以此来树立工作先进者榜样,鼓励大家向模范学习,提高工作积极性。第三,设立公平公正的薪酬考核体系。要根据公司设置的考核标准把结果设置为若干个层次,每一个层次对应不同的加薪标准。根据每位新生代农民工所接触周围的人员的评价来确定该员工日常工作是否到位,并根据考察评价结果确定其所处的等级层次,以判定员工能否获得更高的薪酬待遇。

二、星巴克员工福利案例

[案例介绍]

星巴克(Starbucks)是全球最大的咖啡连锁店,多年来,星巴克公司始终把员工的利益放在第一位,把“以人为本”的理念贯穿到公司的发展理念中,并对员工进行大量的投入,建立了一套完善的福利体系。首先,为员工提供医疗福利。公司董事长霍华德希望能够给星巴克全体正式员工和有资格的临时工提供医疗福利计划。他认为,与培养新员工相比,为老员工提供医疗福利可以节省50%的成本,同时由于当时大部分的员工都是兼职的,所以为一些表现优秀的兼职员工提供医疗福利是理所当然的。这样不仅能够节省招聘成本还能够消除因为频繁更换员工给顾客造成不好的影响。同时,一些老顾客都会和固定的咖啡师建立良好的关系,一旦顾客所熟悉的咖啡师离职,顾客可能再也不会到咖啡店来了。医疗福利计划的实施,使得星巴克成为美国第一批为所有符合要求的员工提供综合医疗保险计划的公司;其次,对员工实行股权奖励计划。1991 年,星巴克实现了较高的盈利水平,霍华德·舒尔茨这时向董事会提出对员工实行股权奖励福利计划。此时,星巴克还只是一家私营企业,这项在全公司实行的优先认股权的提议被董事会成员提出了质疑。但是,霍华德相信这样一个福利计划有助于员工为增加星巴克的整体市场价值努力工作,最终,这个福利计划还是全体通过了。股票激励计划在让员工们享受到实在的收益的同时,极大地激发了员工的工作热情。再次,给员工提供继续教育机会。星巴克领导者通过和美国高等教育学院合作,开设一些培训课程,员工们完成这些培训就可以得到大学学分。例如,西雅图城市大学计划就给符合资格的星巴克员工提供减免报名费并且提供奖学金等机会来增加员工福利。2015 年,星巴克又与亚利桑那州大学合作,宣布只要每周在其店里工作超过 20 小时的员工都有机会免费享受网上课程的机会,星巴克承担了 58% 的培训费用,而亚利桑那州大学允诺则为星巴克员工减免了 42% 的学费。

[案例分析]

在星巴克,最底层的员工也能享受到良好的福利待遇,无论是正式员工还是兼职员工,那些每周工作超过 20 个小时的员工都能享受医疗保险福利、股权奖励福利、教育成长福利和伙伴互助项目等。这种广泛的福利计划使得星巴克员工在工作时能更安心,不仅对顾客的服务更加周到,离职率也大大降低。星巴克不单单是为员工提供了物质上的奖励,还为员工的发展提供了许多便捷通道。星巴克通过强调对每一个员工的关注,使得福利政策显得更为公平和人性化。

[经验借鉴]

我国民营中小企业应该借鉴星巴克的福利体系经验:第一,建立医疗保障体系。制定普惠性的福利制度,比如可以为新生代员工建立完整的医疗保障体系,定期为员工进行免费健康体检,为一线员工购买人身意外险,让员工感受到公司的人文关怀,以此显示企业对新生代农民工的重视与尊重。第二,适时推行股权激励计划。用实际的利益来使员工们知道福利就在身边。同时还要与员工形成互相信任的伙伴关系,信任和真诚才会传递到顾客,股东的长期价值才会增加。第三,提供教育成长机会。民营中小企业要注意为员工,特别是新生代农民工提供教育成长福利,要为员工提供在职培训和正规学校课程两个方面的内容。这样做的优势是可以让新生代农民工看见更为广阔的发展前景,使他们产生向心力和凝聚力。

第四节　管理环境管理国际经验分析

[案例介绍]

LG 集团是一家全球拥有 16 万员工的领导世界产业发展的国际性企业集团,在处理上下级关系的管理实践中,集团积累了丰富的经验。首先,重视人与人之间的关系。为了更好地关心员工,LG 公司出台了"信赖与尊重"的 HR 交流制度,积极与员工就有关生活、人事、组织文化、教育等业务方面的苦衷、不满和建议进行交流,以此来消除员工和公司之间的隔阂,增强员工与公司之间的融洽关系。其次,奖励能够提出有益建议的员工。LG 公司的 HR 针对员工提出的个人意见进行保密处理,同时对公司提出经营管理方面的卓越创意或提案者给予一定的褒奖。再次,建立了公正公平的评价机制。LG 公司尊重创造利益的能力和业绩,建立了评价报偿系统,努力成为最能运用"奖金制度"的优秀公司。LG 公司认为"'创造价值的劳动关系'要求我们首先认定职员不是人力而是人才。"要给予 LG 的人才公正公平的评价及最优的报酬。

[案例分析]

从案例中可以看出,LG 公司在处理与员工之间的劳动关系的时候并不是一味地按照着公司的规章制度来硬性地管理员工,更多的是采用柔性的人文思想来体现出管理层对员工们的关怀,处处显示出公司重视人、尊重人的思想,使得公司与员工的沟通更加顺畅。LG 公司设置了其独有的"信赖与尊重"交流机制,目的是为了与员工就有关工作和生活方面的各种诉求进行交流,以此来消除员工心中的不满情绪,增进员工与公司之间的感情;另外,公司还大力奖励勇于建言的员工,激发了员工参与公司管理的热情;同时,公司还对员工进行公正公平的考核和评价,使员工感觉到自己在公司的付出与回报是相符的,从而更加努力地为企业工作。

[经验借鉴]

根据上述经验,我国民营中小企业在处理与新生代农民工的关系时可以从以下几个方面入手:第一,广泛听取基层新生代农民工声音。首先要做的就是重视个体差异,倾听每个人的心声,建立与LG公司"信赖与尊重"交流制度类似的交流模式或交流平台,加强与下属的信息交流,让其参与到企业的管理决策中,建立良好的上下级关系和工作氛围,激发新生代农民工的工作积极性和主动性。同时也可以通过非正式的交流谈心来增强双方情感上的交流,拉近管理者与新生代农民工的距离。第二,对于建言予以奖励。民营中小企业想要更好发展就必须广开言路,管理层要善于纳谏。设立奖励机制,对积极向企业建言献策的新生代农民工给予相应的奖励。第三,建立客观公正的评价机制。企业需要一套公平公正的评价机制来保障其实施,要根据新生代农民工的实际贡献公平地给予他们劳动所得,以保证新生代农民工能够得到他们相应的劳动报酬。

第五节　企业文化管理国际经验分析

[案例介绍]

IBM公司的企业文化经历了两个阶段的发展变化,第一个阶段就是老沃森阶段(创始阶段),第二个阶段是20世纪90年代初的企业文化变更阶段(亦称新IBM阶段)。在老沃森(IBM创始人)时代,IBM秉承着以下三个基本信仰:精益求精、高品质的客户服务和尊重个人。这三条准则深刻地影响到了公司的每一个政策的制定,并深深地刻印在每个员工的心中。在企业的日常运行中,任何主管都要向其下属不断地重复公司的"原则",目的是要让员工们明白"原则"的重要性。IBM公司不断地向员工灌输公司信念,尤其是在对新进员工的培训中着重强调"运用策略、采取行动、切实执行、衡量效果、重视奖赏"的文化理念。20世纪90年代初期,IBM的企业文化出现了故步自封、自我欣赏、反应迟钝、僵化保守的发展趋势。面对这种情况,公司对企业文化进行了"180度的大转变",推行了新IBM的企业文化:①力争取胜:在新IBM,要求每个员工都要具备竞争意识,那些缺乏竞争热情的人将找不到他们合适的位置。②快速执行:在新IBM,成功人士都是动手做事的人,而且是快速有效做事的人。③团队精神：要把新 IBM 打造成一个实实在在的团队。这些准则为新 IBM 企业文化的发展指明了方向。

［案例分析］

从 IBM 的经验可以看出，企业文化是推动公司发展的巨大推力。但企业文化也有其生命周期，企业要随着时代和社会环境的变化对原有的企业文化进行相应的变革。随着时代的变化，IBM 的文化也在发生变化，由此我们不难发现，无论是老 IBM 还是新 IBM，其成功的关键因素之一便是形成了自己独特的企业文化，从老沃森阶段的精益求精到新阶段的争强取胜、快速执行和团队合作，符合时代需要的企业文化才是企业保持长盛不衰的灵魂所在。

［经验借鉴］

根据 IBM 的经验，民营中小企业应该做到：第一，企业文化要随着时代的变化进行动态调整。现代社会正处于快速发展与变革之中，企业面临的挑战也日渐加大，这就要求企业要根据企业内环境和企业外环境的变化及时更新企业文化，以使企业能够保持旺盛的生命力。第二，培养新生代农民工力争取胜的工作态度。由于新生代农民工大都比较年轻，处于一个想要证明自己价值的阶段，不少人都具有争强好胜的性格，所以民营中小企业要树立力争取胜的企业文化，激励他们全身心地投入到工作中。第三，打造雷厉风行的工作作风。企业要树立"快速执行"的企业文化，培养新生代农民工雷厉风行的工作作风，要让新生代农民工了解到想要获得就必须付出，光说不做是不可能实现自身价值的，要做实干派。第四，加强新生代农民工的团队合作意识。由于新生代农民工具有较强的个人主见和思想，团队意识比较缺乏，所以一定要树立新生代农民工的团队精神，让他们明白团结就是力量，只有具备团队精神才能克服各种困难，才能使自身与企业共发展、共成长。

第六节　职业生涯规划管理国际经验分析

［案例介绍］

BELTON 公司创立于 1988 年，是一家生产计算器驱动磁头支架、柔性电路板等产品的公司。目前 BELTON 公司的生产基地以及办事处遍布美国、新加坡、中国等国家和地区,是一个世界级的供货商。公司非常注重员工的职业生涯发展,在员工的职业生涯规划方面是从多层面、多角度为员工量身制定合理的职业发展规划。公司在对其员工做出职业生涯规划方案时始终坚持了以下 7 个环节:1. 开展职业生涯规划的前期调查。该步骤分为两个阶段,包括组织层面的职业生涯前期调查和员工个人前期的满意度调查。前一个调查主要是考察人资部门的管理者是否具备相应的管理能力,后一个调查是对员工所处的职业环境、职业状态、职业压力等在内的满意度调查。2. 设计职业生涯规划组织层面的实施方案。该步骤分为 5 个阶段,分别是:(1)成立职业生涯规划领导小组。主要作用是指导全公司的职业生涯规划的实施及解决存在的问题。(2)建立公司"人才评价中心"。目的是建立员工的公正评价体系。(3)内部公开招聘。BELTON 公司内部推出了一套专门针对员工发布空缺职位的信息系统,主要是让员工了解公司内部的岗位空缺情况,以方便员工竞争上岗。(4)轮岗。分为新进技术员工轮岗和在职核心人员轮岗两方面的轮岗制度。(5)教育培训。该部分由入职培训、上岗前培训、在岗培训及晋阶培训等组成。3. 设计并公布员工职业生涯路线图。公司根据之前的调查状况,初步设计员工的职业生涯路线,并且公布近期公司内部岗位的空缺信息,对于有意愿申报且符合条件的员工进行有计划的强化培训,以帮助员工达到其职业生涯目标。4. 制定岗位说明书所要求的薪酬水平。包括构建不同能力水平的工资结构体系和员工整体薪酬水平两部分。5. 通过多渠道全面掌握员工基本信息。这主要是通过组织谈话、员工交流会,以及定期对个人的兴趣评估等渠道来进行。6. 引导和鼓励员工自主选择职业发展通道。公司帮助员工在目前空缺的岗位上选择符合自身实际情况的岗位,以达到人职匹配的目标。7. 职业生涯规划实施的反馈与调查。在做好员工职业生涯规划之后,还要采取一定的措施做好员工职业生涯规划的反馈和评估工作,促使员工向其职业生涯目标方向发展。例如采取定期和不定期地对员工进行跟进督导的方式,勉励员工积极的一面,帮助员工改正其自身存在的不足,从而促进员工自身职业的良性发展。

[案例分析]

现代企业人力资源管理重要工作之一就是对员工的职业生涯进行规划和

管理。BELTON 公司从职业生涯前期的调查,到对员工的职业生涯路线的规划和设计,一直到最后的职业生涯方案结果反馈等阶段都制定了详细且执行严格的步骤。BELTON 公司的高层管理者对此有着足够的重视,不但在公司内部建立了有效的员工职业生涯规划与管理体系,同时还建立了与之配套的有效的职业生涯规划制度来保证体系的运行。BELTON 公司的高层把员工的发展当成是企业发展的重要战略,从制度、行动等各方面来确保对员工进行职业生涯"量身定做",设计符合每一个员工的职业生涯发展方向。

[经验借鉴]

汲取 BELTON 公司在职业生涯管理方面的经验,民营中小企业当从以下方面入手:第一,组织设计职业生涯规划方案。要做好前期调查,充分了解新生代农民工的职业意愿,要和他们充分沟通,了解他们对职业环境、职业状态、职业方式、职业压力等方面的想法,从而为制定合理的职业生涯规划提供依据。第二,设计并公布新生代农民工的职业生涯路线图。可以公布空缺岗位信息等有益于他们明确自身发展方向的信息。同时在设计职业生涯路线时将任职资格的能力要求合理匹配,也就是向新生代农民工说明岗位的能力要求。第三,通过多种途径了解新生代农民工的个人职业发展意愿。通过经常组织员工间交流会、员工与上级交流会等形式,引导新生代农民工选择最适合的职业发展通道,帮助他们选择合适的工作岗位,实现人职匹配,使新生代农民工能在岗位上展现出自身的优势,从而利于新生代农民工以后的职业生涯发展。第四,对职业生涯规划实施反馈与调查。要定期地对职业生涯工作进行总结,对其中存在的问题进行及时纠正,对好的做法要给予肯定和推广。

第九章　国内企业员工用工管理经验借鉴

随着中国改革开放的深入和民营经济的快速发展,国内一些民营中小企业正在快速成长,它们积极参与市场竞争并取得了较大的竞争优势。它们中的佼佼者在用工管理上采取了许多创新管理手段,取得了良好的用工管理效果。

第一节　招聘管理国内经验分析

[案例介绍]

武汉工贸有限公司成立于1985年,是一家自主经营、自负盈亏的家电专业经销商。公司实力雄厚、经营经验丰富,是一家集销售、仓储、配送、安装、维修一体化的专业性家电经营企业。公司有着完善的员工招聘制度,使得公司招聘到了大量的优秀员工。一是在招聘实践上,公司采取实事求是的招聘理念。公司在人才招聘过程中详细向应聘者讲述企业发展战略和发展前景,使应聘者对企业有全面的了解,同时向优秀的应聘者做出入职后的丰厚报酬承诺(这些承诺在以后的工作中都得到了实现),这便吸引了一大批优秀的应聘者;二是在招聘工作的前瞻性和后顾性上,公司在招聘前期制定了相应的人力资源战略规划,重视企业人才的选拔及晋升。同时,公司也非常注重招聘工作的后顾性,比如在招聘结束后,未录用人员的资料的档案资料都会保存,建立了人才储备库;三是在招聘条件的制定上,公司更加注重招聘与岗位的实际结合,在深入地进行招聘需求分析后,制订了相应的应聘条件;四是在招聘渠道和方法的选择上,公司采用了多种形式的招聘手段如广告招聘、员工引荐、校园招聘、委托招聘和网络招聘等。

[案例分析]

人力资源招聘是一个企业补充新鲜血液的主渠道,也是获取优质人才,增强企业核心竞争力的重要手段。而在争夺人才竞争激烈的当今社会,民营中小企业明显处于劣势,因此如何提升企业在人才招聘方面的竞争优势就显得尤为重要。通过武汉工贸有限公司的招聘经验可以看出,其实事求是的招聘态度为公司与应聘者之间建立了基本的信任,而企业发展战略也为应聘者对公司的全面了解提供了条件,尽量避免今后出现员工离职情况的发生;为了提高招聘效率,公司注重招聘工作的前瞻性和后顾性,在制定发展战略的同时也制定了相应的招聘规划;在招聘条件的制定上,其注重招聘与岗位的实际结合,充分考虑岗位的需求以及工薪待遇等是否匹配等情况,从而招聘到了公司实际需要的员工;在招聘方法的选择上,通过多种招聘方式相互补充,提高了招聘工作的效率。

[经验借鉴]

借鉴武汉工贸有限公司在招聘中的成功经验,民营中小企业在招聘新生代农民工时要从以下几方面来做:第一,招聘注重规范化理念。部分民营中小企业为了吸引应聘者前来应聘,在招聘中故意夸大企业的发展前景,并做出许多不切实际的种种承诺。因此,企业应特别重视招聘、选拔人才的工作,要坚持实事求是的招聘原则。第二,注重招聘工作的前瞻性与后顾性。在前瞻性上,民营中小企业应规划出短期人力资源需求计划和长期人力资源储备战略;在后顾性上,其应当将未录用新生代农民工的资料档案存档,建立企业的员工储备库。第三,建立科学的选拔标准。要想提高招聘选拔的效果和质量,还应当全面测评新生代农民工的个人品德、工作态度和沟通与合作能力,以招聘到适合企业自身发展的新生代农民工。第四,建立多种渠道招聘新生代农民工。对于民营中小型企业来说一般不应拘泥于传统的招聘模式,还应及时采用互联网、撇脂式招聘、猎头公司等新式招聘渠道招聘新生代农民工。

第二节　培训管理国内经验分析

[案例介绍]

江苏江都建设集团有限公司在培训方面有着自己的一套成功做法:(1)入职培训。公司为了让招来的员工能够快速适应工作,在入职前进行了重点培训:如军事训练、企业文化、车间实习、技术培训等。入职培训可以让刚刚入职的员工快速走上工作岗位,这在一定程度上可以帮助员工顺利进入新角色。(2)全员导师制。在江都建设集团,不仅新员工有导师,所有的员工都有导师;生产、营销、后勤等所有部门均实行这一做法,所有员工都能在导师的具体指导下进行工作,从而实现了"一帮一"的无缝对接培训。(3)根据员工实际情况制订培训计划。企业根据员工的实际能力与其相对应的岗位进行合理的分类,首先设计出通用性的岗位培训计划,如管理人员的管理能力培训,营销人员的营销能力培训等,并安排专人进行系统的培训辅导。同时,根据企业具体情况,制定工作定期轮岗、外出培训、工作范围扩大化和工作内容丰富化等培训课程,以快速提升员工所需的各项工作素质和工作技能。(4)定期对培训效果进行考核评估。在员工培训过程中,强化对员工的培训效果考核,当发现员工工作能力提升不明显或者根本就未能提升能力时,及时总结培训经验和教训,修改员工的培训计划,以达到培训效果的最优化。

[案例分析]

江苏江都建设集团有限公司十分注重员工培训,而其培训又有自身的优势与特点。公司积极组织入职培训,诸如军事训练、企业文化等多种入职培训,减轻新员工由于刚入职而产生的工作压力,使其快速地融入到本职工作当中;在培训指导上,几乎做到一人一导师,这就使公司的培训达到了全覆盖,提高了培训效果;量身定做的培训计划更具针对性,公司根据员工自身情况制订了与之相适应的"量体裁衣"式的培训计划,并指派有经验的人员进行有计划的培训指导,这样使得员工清楚地知道自己的工作欠缺在哪里,在哪里需要进一步的改进,这样就保证了培训效果;在考核评估上,公司设有专门的培训监督考核体系,监督员工参加培训的情况,同时对其培训效果进行评估,及时修正员工的培训计划,所以,完善的培训考核体系使得整体培训效果又得到了进一步的提升。

[经验借鉴]

根据上述经验,民营中小企业在培训时应注意:第一,加强入职培训教育。为了尽快让新生代农民工融入企业,企业可以在其入职后尽快进行培训,使新员工之间尽量多地进行交流,从而使新生代农民工尽快地了解企业工作岗位的要求。第二,实行全员导师制。后期培训关乎新生代农民工能力的提高,全员导师制不仅仅在业务上"传、帮、带",还能在思想与生活细节上对新生代农民工进行指导与引领。从而形成企业内部良好的环境氛围,培训效果也会更佳。第三,重视培训的针对性。要制定新生代农民工的培训目标,并根据不同新生代农民工的特点制订不同的培训计划,实施不同的培训内容。第四,实行培训监督考核制度。企业要加强对培训效果的评估,对培训效果进行实时的监督与评价,以便更好地做好新生代农民工的后续培训工作。

第三节　薪酬管理国内经验分析

[案例介绍]

重庆市中科控股有限公司是一家涉及工程建设、房地产开发、商贸、生态农业等多个领域的多元化控股集团公司。人才是中科最重要的战略资源,中科的成长依靠的是全体中科人的艰苦奋斗,中科未来的发展依赖的是勇于追逐梦想的优秀人才。

公司在工资和福利管理方面都积累了宝贵的经验,制定了极富激励性的薪酬制度。对于技术能力强的优秀员工给予了较高的工资水平,对于普通员工也根据实际工作能力的不同划分了不同的薪酬级别。在福利管理方面,一是遵循将福利与绩效挂钩原则。公司将企业员工非法定福利的标准待遇与员工的工作业绩紧密挂钩,通过评定福利档次来激励员工努力工作。工作业绩突出的员工便可以获得与其工作业绩相匹配的高福利待遇。二是实行弹性福利计划。由于每个员工有不同的福利需求,公司还实行了弹性福利计划以满足不同员工的多样化福利需求,员工可按照自己的需要,在公司提供的列有各项福利的清单上来选择相对应的福利组合套餐。

[**案例分析**]

重庆市中科控股有限公司采取了富有激励性的薪酬制度,而有竞争力的薪酬是企业吸引人才的重要手段。对于普通员工而言,薪酬制的激励作用能够最大限度地激发员工工作热情,并且可以使员工认为薪酬制度是公平的;在福利管理上,遵循将福利与绩效挂钩、适当拉开福利档次的原则,而福利的享受与员工的工作业绩相挂钩增强了员工的凝聚力;弹性福利计划的实施使得每一位员工能够自主把握适合自身需求的福利待遇,同时也使福利更加多样化,从而增加了福利的弹性。

[**经验借鉴**]

根据上述经验,民营中小企业应该做到:第一,保持薪酬制度的激励性。要根据新生代农民工不同的工作能力设计差异化的薪酬体系,使新生代农民工的收入与个人绩效相挂钩。第二,实行福利与绩效相挂钩。要设计合理的福利体系,减少福利发放的随意性,使福利发放与新生代农民工的贡献相匹配。第三,实施"福利菜单"计划。企业在制定员工福利的过程中,要广泛听取新生代农民工对于福利形式的诉求,要进行福利计划综合平衡后制定出最佳福利方案,最好避免福利发放的单一化,这样便能使福利计划更具弹性,也更加贴近新生代农民工的实际需求。

第四节　管理环境管理国内经验分析

[**案例介绍**]

常熟市龙腾特种钢有限公司通过多年来的筚路蓝缕、艰苦奋斗,大力推进产品的技术进步,逐步形成了自己独有的产品优势,走上了产品创新的特色道路。同时,公司也认识到:在企业的竞争中,人才的竞争变得越来越关键,想要引进并留住人才仅靠物质方面的激励是不够的,营造和谐的管理环境也是至关重要的。

公司在管理环境方面的经验是:第一,知人善任。在对公司员工进行授权之前,要对员工进行深入细致的了解,这包括了解员工自身的优缺点,以及其工作能力和工作潜力,之后根据员工的特点进行授权。在进行授权时,秉持德才兼备的原则,并持续考察员工是否能够适应工作岗位。在授权之后,还要充分地信任下属,经常与下属进行互动交流,以帮助其更快地进入工作角色,进而为公司创造更大的经济利益。第二,权责相符。公司认为:如果授予员工的权力过大,就有可能造成欺上瞒下现象的发生,从而造成企业在管理上的混乱。因此,在给员工授权时要坚持权责统一的原则,适当地授予员工相应的权利,并使员工担负起相应的义务。第三,直接交流。公司倡导管理层与员工的直接交流,定期与员工召开座谈会,要求管理人员经常深入到车间、宿舍、餐厅等场所,与员工直接交谈,了解他们在工作和生活中的各种困难和诉求,力争在最快的时间内加以解决。在加强沟通的同时,公司也非常重视公司领导与员工的感情交流,从而营造了和谐的上下级关系。

[案例分析]

常熟市龙腾特种钢有限公司十分重视对员工的"授权",因为每位员工都具备不同的工作潜能,而激发他们的工作潜能便能提高他们的工作责任感。公司在授权时注重员工的经验与道德品质,考察其是否适合这个岗位;同时,在授权时把握好权责相对应的原则,授予的权力越大,其承担的责任也就越大,增强了员工的责任感;公司管理层经常深入基层,积极倾听员工的心声,以便于正确理解他们的诉求。沟通渠道的多样性使得管理层与员工之间的沟通更加便捷和通畅,从而提高了公司管理环境的和谐度。

[经验借鉴]

根据上述经验,民营中小企业的领导者要从以下几个方面做起:第一,重视授权与分工。在选择授权人员的时候,要根据新生代农民工的不同特点进行授权。领导者适当放权,不仅可以使新生代农民工更具使命感和责任感,使其更好地投入到本职工作中,而且可以极大地提高工作效率;第二,注意责权相符的授权方式。授权并不是放权不管,新生代农民工有不服输的性格,给他们授权时必须要使他们明白,权力的大小要与其承担的职责密切联系,避免年轻人滥用权力;第三,注重零距离交流。管理层要提高领导者的亲和力,可以通过多种形式与新生代农民工进行面对面的沟通,拉近上下级之间的距离,让新生代农民工感到管理者是自己的朋友,从而更愿意为企业工作。

第五节　企业文化管理国内经验分析

[案例介绍]

河南蓝天集团有限公司坚持"诚实守信"的经营原则,并以"顾客第一,勇攀高峰"作为其多年的企业经营理念,为广大客户提供优质的服务。其经历了一个艰苦创业、从小到大、从弱到强、极不平凡的发展历程,现已逐步发展成为一家以"电力、燃气"为核心产业的公司。

公司建立了一整套较为完整的企业文化管理体系:第一,重视建立企业文化培训体系。帮助员工正确地理解企业文化的精髓和重要性,及时了解员工文化培训的需求,然后制定出丰富且有针对性的课程,不断地评估学员的学习状况和培训效果,以便持续改善。第二,建立员工表扬文化。公司设立了"合理化建议奖",根据员工对企业创造的经济效益和社会效益,并通过一定的仪式(如会议、奖励、年度庆典、年终奖励等)分别授奖。这一方式传播和维护了企业文化,不仅使员工深刻地了解了企业文化,而且充分挖掘和发挥了内部员工的积极性,从而为企业的发展不断地注入活力。

[案例分析]

当前,不少企业过于注重对于岗位技能的培训,而对企业文化的培训力度不足。而河南蓝天集团有限公司注重对员工进行企业文化的培训,通过各种形式的企业文化培训使员工深深领悟到企业的文化精髓,而不是仅仅能够背诵几句公司经营口号,这便能增强企业员工的企业认同感,促使员工与企业逐渐形成一种和谐的状态,进而提高员工完成工作任务的自觉性;而表扬文化是一种先进的企业文化,通过表扬文化的践行,可以使员工在心理上得到满足感,这对于员工而言是一种比物质奖励更有效的激励方式。

[经验借鉴]

现在许多民营中小企业对企业文化的认识不全,不能很好地意识到企业文化对企业发展的重要作用,因此,可借鉴河南蓝天集团有限公司的文化建设经验:第一,重视文化培训。民营中小企业可针对性地设计适合新生代农民工特点的企业文化培训目标与计划,同时要及时了解他们学习企业文化的效果;第二,通过表扬文化激励新生代农民工的工作热情。要设立"合理化建议奖"等奖项,对工作出色的新生代农民工,通过一定的仪式,如会议、黑板报、内部刊物、工作简报、公司橱窗等进行表扬,宣传其优秀事迹。这便能使新生代农民工感觉自己得到了企业的承认和认可,满足其自我价值实现的需要,从而激发他们日后获得更多荣誉的动力。

第六节　职业生涯规划管理国内经验分析

[案例介绍]

常州市化工轻工材料总公司是以经营化工、塑料、橡胶原料为主,内外贸兼营的专业贸易性公司。多年来,总公司不断提高企业整体素质,企业规模得以逐年扩大,取得了较好的经营业绩。随着员工离职率的不断增加,越来越多的企业开始认识到职业生涯规划的重要性,并开始注重员工职业生涯的培育,从而实现企业和员工共同发展之目标。

该公司在员工职业生涯管理方面有着自己的特色:第一,注重"双通道"职业发展路径。通过为员工建立管理通道与专业通道两种晋升途径,并对员工的综合素质与业绩能力进行评价,让员工选择适合的晋升通道。第二,实施特色的职业生涯规划。公司针对不同年龄、工作年限、工作经验的员工设计了不同的职业生涯发展方案,使得不同的员工都有着各自清晰的职业生涯发展路线。第三,实施工作轮换制度。为了防止雇员产生"工作倦怠倾向",公司制订了明确的定期换岗计划,规定在公司内部同一岗位上连续工作超过5年的员工必须进行轮岗。具体做法是:首先,将这些员工进行分类;其次,评估这些员工的工作业绩状况、员工特征与工作专长等,了解这些员工在工作需求及未来职业发展规划的想法;最后,在征求雇员意见后,设计出员工轮岗的具体计划,之后安排员工进行工作岗位的定期轮换。这便可以使员工获得新的工作发展机会,激发员工的工作热情和工作兴趣,提高员工工作动力,帮助其实现职业生涯发展目标。

[案例分析]

常州市化工轻工材料总公司在职业生涯规划管理上建立了人才发展的双通道职业发展路径。有管理才能的员工可以走管理晋升通道,而技能型人才则可以走专业晋升通道,员工可以将个人职业发展需要与企业的发展相结合,及时调整自己的职业生涯发展道路;公司针对不同的员工制定了不同的职业生涯发展规划路线,使得员工能够针对自身的实施情况选择适合自身的发展道路。另外,公司还通过工作轮换让员工去新的岗位工作,这就激发了员工工作的新鲜感,提升了其工作积极性,员工的工作效率也会随之提高。

[经验借鉴]

根据上述经验,民营中小企业应该做到:第一,拓宽新生代农民工职业发展通道。在管理通道上,具备管理才能的新生代农民工可通过自身努力获得职位晋升;在专业技术通道上,具备专业技术才能和经验的优秀新生代农民工可以获得技术晋升;第二,设计不同的职业生涯规划路线。可以根据新生代农民工的不同特点为他们设计不同的职业生涯发展规划,这将更有利于新生代农民工今后的职业生涯发展;第三,丰富工作内容。工作轮换制可以丰富新生代农民工工作内容,实施工作轮换计划时要与新生代农民工展开相互沟通,了解他们岗位需求和职业生涯发展需求。这便可以为新生代农民工提供多种职业岗位选择,使其发现自身的新潜能,更有助于新生代农民工实现其职业生涯规划目标。

第十章　基于政府视角的新生代
农民工用工管理策略

本书旨在研究民营中小企业新生代农民工的用工管理问题,但是,对新生代农民工的管理不仅仅是民营中小企业的任务,对政府而言,如何更好地配合民营中小企业做好新生代农民工的用工管理也是必需的。本章从政府的视角出发,研究政府应该提供的各种政策支持和服务,从而为民营中小企业创造有利条件,便于它们更好地做好新生代农民工的用工管理工作。

第一节　建立新生代农民工社会福利制度

政府作为政策的制定者和领导者,应该不断建立和完备与新生代农民工相关的社会各项福利制度。一是政府要落实住房保障制度。政府要在城市中给新生代农民工提供一定的经济适用房、廉租房以及公租房等住房优惠,使基本公共服务能够普惠于新生代农民工;二是着力解决新生代农民工的子女受教育问题。大力支持各地创办农民工子弟学校,严禁公立学校收取高价学费等不合理费用;以居住证作为主要参照,制定促进新生代农民工子女就学的义务教育政策,制定农民工随迁子女就地升学和参加当地入学考试的相关配套政策,以保障随迁子女平等的受教育机会;三是政府应完善相关的社会福利制度。如新生代农民工接受就业培训的权利、享受法定假期的权利以及其他应得的福利待遇等,并做出细化的规定。总之,完善新生代农民工的社会保障制度,可以从根本上弥补我国现有农民工公共政策的不足和缺陷,把包括新生代农民工在内的农民工的社会福利权益真正落到实处。

第二节　完善新生代农民工养老保险体系

新生代农民工已经成为了中国劳动大军的主力,进入城市的规模越来越大,如果他们长期不能享受与城市居民平等的社会保障权益,便会严重影响他们的生活,因此,尽快建立新生代农民工的养老保险就显得尤为迫切和重要。但是当前仍有部分民营中小企业没有为新生代农民工缴纳养老保险。即使政府一直在要求企业执行养老保险制度,但是部分企业依然执行力度较差;养老保险缴费率较高,这就导致部分新生代农民工负担过大;此外,部分新生代农民工缴纳养老保险的意愿不足,原因是缴费年限过长,达不到一定的缴费年限就无法获得相应的保险待遇;同时,新生代农民工流动性又很强,不少还是跨省流动,流动后养老保险手续很难进行续接,这也是其投保意识不强的主要原因之一。这就要求政府发挥其作用,在新生代农民工养老保险制度上下功夫:一是要加强对企业的监督和管理。对于拒不缴纳养老保险的企业给予严厉的处罚;二是实施弹性养老保险制度。考虑到新生代农民工比城市居民收入普遍偏低的情况,对新生代农民实行差别费率和缴费年限制度,以降低其缴费比率;三是创新养老保险管理思路。可以将达到一定收入的新生代农民工和收入较低的新生代农民工分别纳入到现有的城镇职工养老保险和城镇居民养老保险体系中;[1]同时,加快建立和完善跨省之间的养老保险手续对接体系。

第三节　加大对新生代农民工职业技能培训

对于新生代农民工而言,其自身的素质和技能直接决定着其职业发展前

---

[1]　潘涛、张伯生:《上海市新生代农民工养老保险研究——基于上海市松江区实证分析》,《劳动保障世界》2011年第5期。

景。目前,不少新生代农民工具备了一定的文化知识和学习能力,但是仍有待提高。而我国正处于由劳动密集型产业转型为知识、资本、技术密集型产业,所以今后对于具有较高劳动技能的劳动力的需求也会日益增加。所以政府应该做好以下几点:一是政府应积极与民营中小企业联合创办教育培训机构。要加大对培训机构的财政投入,减免新生代农民工的学习费用,使他们能够享受免费教育或降低其教育培训的费用。例如:深圳市石岩中学采用股份制的形式创办学校,其中政府出资92%,深圳光大木材有限公司、深圳妈湾电力有限公司、光大依波钟表(深圳)有限公司共同出资8%,学校教授新生代农民工文化知识和技术技能,定期对新生代农民工进行培训,并颁发一定的职业技能证书等,这便提高了新生代农民工的综合素质;二是政府要办好各种形式的培训教育。要通过不断扩大社会办学规模,大力发展职业教育、电视教育以及函授教育等。要通过职业教育使新生代农民工更好地进行职业规划。通过电视宣传以及函授教育等,进一步引导新生代农民工转变思想,努力去提升自己;[1]三是政府部门要不断加大对新生代农民工技能培训的投资力度。目前,政府的总体投入水平仍然偏低,没有接受过技能培训的新生代农民工比例仍很高,所以政府应不断加大对新生代农民工职业技能培训工作的资金投入。

第四节　建立有效的信息传递渠道

政府应发挥自身的优势,为新生代农民工提供必要的信息服务和指导,建立起一个具有权威性的就业信息服务网络平台,构建起有效的信息传递机制,增加信息的透明度。要整合各地用工岗位需求,以保证信息如实、及时、充分地传递,从而为新生代农民工提供全国联网、覆盖城乡的就业信息一体化服务。政府可以通过各种交通广播频道、手机短信以及建立聊天群等各种方式进行就业信息的传递,使新生代农民工能够迅捷地获得就业信息,从而捕捉到更多的就业机会,找到更适合的工作。如在"春风行动"期间,西安市人社局

---

① 李贵成:《民工荒视域下新生代农民工职业技能培训研究》,《学习论坛》2014年第9期。

与移动公司通力合作,免费为手机用户开通了"两城一家"的业务,为应聘农民工免费提供和发布相关的招聘信息及就业政策,就业信息也会经常发布在西安市人才服务中心的官方微博里,这便为新生代农民工提供了权威有效的就业信息,增加了其就业机会。

第五节　完善新生代农民工工资保证制度

政府要建立工资支付报告制度、最低工资保障制以及工资支付担保制度来保证新生代农民工的权益。近年来,政府在农民工工资制度建设上做出了一系列的规定:要求企业做到"同工同酬",即不仅工资待遇相同,而且社保、福利等也应同等对待;要求企业必须要以货币支付工资,不得以实物等支付;工资要至少按月支付并且工资要支付给劳动者本人;各级政府不断提高了当地最低工资标准,这就在一定程度上保证了新生代农民工的工资收入;同时还要在民营中小企业中建立企业工资支付信用制度,对于恶意拖欠农民工工资的企业给予处罚,从而不断减少拖欠新生代农民工工资现象的发生。例如建议将"恶意拖欠劳动者工资"等行为归类为侵犯财产罪,将其看作一种侵犯劳动者的犯罪行为,给予一定的处罚①。例如,湖南省邵阳武冈市出台了《武冈市农民工工资支付保证金制度实施办法》,在农民工用工较多的建筑、加工制造、采掘和商贸流通等行业全面实施农民工工资支付保证金制度。

第六节　支持新生代农民工劳动权益维护民间组织建设

新生代农民工 NGO 组织是由新生代农民工自发组织的民间组织,主要工作范围不仅仅是从事个人法律维权,还致力于开展合理有效的集体维权活动。新生代农民工 NGO 组织能够提升工人组织能力,培育集体团队意识,代表工

---

① 高莹:《新生代农民工劳动权益及法律保护》,《安徽农业学》2011 年第 29 期。

人群体与资方展开谈判,以获得他们应该得到的各种权益。各级政府应大力扶持新生代农民工 NGO 组织,要通过不断完善有关新生代农民工 NGO 组织的管理规范,例如可以制定《新生代农民工 NGO 组织登记管理条例》《新生代农民工 NGO 基金管理条例》等多项制度对其进行管理,避免新生代农民工 NGO 组织步入"拉帮结派"的怪圈,并且给予新生代农民工 NGO 组织一定的资金支持,帮助联络律师与社会各界对 NGO 组织予以法律和政策方面的指导和帮助,促进新生代农民工 NGO 组织能够不断适应社会,最终使新生代农民工 NGO 组织能代表广大新生代农民工的整体利益,更好地为新生代农民工权益保障、就业培训等方面服务。

第十一章 基于中小企业行业协会视角的
新生代农民工用工管理思路

民营中小企业是管理新生代农民工的主体，而管理好新生代农民工则是一项系统工程，所以仅仅依靠企业自身是远远不够的，这不仅需要政府的大力支持，还需要行业协会的密切配合。行业协会可以充分发挥其独特优势，与政府、民营中小企业共同做好新生代农民工的用工管理工作。

第一节 行业协会统一建立诚信档案

一、诚信档案的组织建立

诚信档案，即记录实践诚信过程的文件。诚信档案既可以针对员工个人创建，也可以针对企业组织创建，针对用工企业创建诚信档案是为了避免员工的利益受到损害。在此，主要探讨针对员工个人创建的诚信档案。创建新生代农民工诚信档案不仅可以有效降低新生代农民工的离职率，而且也会增强新生代农民工的就业竞争力。诚信档案的建立有以下优点：一是有利于新生代农民工的顺利成长。诚信档案中完整地记载着新生代农民工的成长和工作经历，这便有利于人力资源管理部门对其进行较为准确的职业评估，促进新生代农民工的成长；二是有利于企业与新生代农民工之间的沟通与交流。新生代农民工诚信档案的建立，可以有效把握新生代农民工的主导需求并满足其需求，从而有针对性地对新生代农民工进行培训、给予激励和提供晋升渠道，做到人性化管理；三是能够有步骤地帮助新生代农民工做好其职业生涯的长期发展规划。这就可以有效提高新生代农民工对工作的满意度和归属感,降低他们的离职率;四是有利于企业及时了解新生代农民工。诚信档案的存在实际上是保留新生代农民工的工作经历资料,若新生代农民工更换岗位,则有利于新的企业在接手时更快地了解下属,为新企业选择是否录用他们提供了可靠的依据。由于建立了诚信档案,新生代农民工在离职时势必也会三思而后行,这在一定程度上减少了其随意跳槽的可能性。诚信档案可以由企业建立,也可以由行业协会建立,无论是由企业建立还是由行业协会建立,一个前提条件是要有高水平的人力资源管理体系作为基础。但鉴于目前我国许多民营中小企业缺乏较为完善的人力资源管理体系,所以,建议诚信档案的创建要由中小企业行业协会主导完成。行业协会要成立专门的诚信档案管理部门,这一部门的组成人员不仅要有人力资源管理资质,还要掌握相应的行业知识,这样才能对行业内新生代农民工做出公正合理的考核与评价,才能进一步科学合理地管理好诚信档案。

二、诚信档案创建的内容与工作流程

(一)诚信档案的具体内容

包括:①基本信息:姓名、性别、年龄、最高学历、相关工作经验、职称级别、职务和职责概况;②工作绩效考核和评定情况、工作经历评价结果和工作期间的奖惩情况;③综合素质和个人能力、自身潜力开发程度及职业发展的自我总结;④企业与新生代农民工的沟通记录;⑤职业道德水平和评价,可以从主动性、责任感、人际关系、合作性、可信赖性和职业操守等几方面进行;⑥职业发展规划,企业为新生代农民工的职业发展所创造的支持条件。①

(二)规范诚信档案的工作流程

诚信档案是一份由新生代农民工、新生代农民工的直接领导以及中小企业行业协会诚信档案管理部门的人员共同填写的,记录新生代农民工实际工作表现的文件。新生代农民工与其直接领导以及诚信档案管理部门人员必须进行深入、充分、全面的沟通。具体的流程应包括以下几个步骤:①诚信档案

---

① 吴三清:《员工诚信档案的应用分析》,《广东商学院学报》2003 年第 4 期。

管理部门定期与新生代农民工和他们的直接领导进行沟通、谈话,新生代农民工就自己一定时期内的工作进展情况,包括培训、技能、工作绩效以及思想状况进行汇报,并作自我评估,记录在案;②直接领导对新生代农民工进行评估,包括新生代农民工近期的工作进展情况、工作努力情况、工作绩效以及思想状况等;③新生代农民工对领导的表现进行评估,包括与本人的交流情况、领导风格、工作作风以及满意度等;④拟定新生代农民工下阶段的工作计划、成长努力方向等;⑤就新生代农民工的工作计划、成长计划、工作技能提升等情况进行跟踪;⑥日常情况反馈,开始新一轮的沟通、谈话。这6个步骤要形成一个封闭的循环,让新生代农民工在循环中不断成长。

诚信档案应一式两份,一份由企业保管,在新生代农民工离职时由企业加盖公章;另一份交由行业协会管理。行业协会还要对诚信档案建立电子档案,要充分利用计算机技术、互联网技术来构建新生代农民工诚信档案共享平台。因为新生代农民工的高流动性特征,所以建立电子诚信档案更能发挥实际作用。诚信档案管理工作如能长期坚持,可以使新生代农民工获得不断的进步,提高新生代农民工的满意度和忠诚度,有效降低新生代农民工的离职率,从而促进企业的健康发展。

第二节　行业协会组织企业联合培训

一、成立行业联合培训委员会

民营中小企业存在培训投资力度不足、培训规划缺乏战略性、培训内容缺少针对性、培训方法方式比较单一、培训质量参差不齐等问题。而由行业协会牵头,各民营中小企业联合培训能够有效解决其在培训方面的难题。第一,联合培训可以形成规模经济。行业联合培训可以节约大量的人力、财力和物力,可以大大降低民营中小企业的培训费用;第二,联合培训可以形成群体效应。新生代农民工具有较高的培训意愿,但由于受各种因素的影响,其参与培训率却又较低,其中参照群体是其影响因素之一。联合培训可以使老乡、同学、朋友等集聚到一起,这在一定程度上可以提高新生代农民工的培训积极性和参与率；第三，培训可以将优质的师资队伍覆盖尽可能大的范围，从整体上提升民营中小企业的培训质量。成立行业联合培训委员会的主要任务是对工业区企业的培训需求、人口分布、新生代农民工人数、作息时间和文化程度进行详细统计，从而推出适合新生代农民工的培训内容、培训模式和培训时间。此外，行业培训联合委员会的工作范围还包括评定培训组织、培训师资力量、监督培训过程和评定培训效果等。

二、行业联合培训模式分析

一种模式是建立企业培训试点，促进企业间的沟通。建立企业培训试点，即专业技术薄弱的企业可以将新生代农民工送到专业技术较强的企业中进行培训。因为每个企业都有自己的优势，有的企业有专业技术人才，有的企业硬件设施齐全，所以企业可以主动向行业联合培训委员会联系，自愿提供专业技术人才作培训师或者教学硬件设备供行业联合培训使用。俗话说"有钱出钱，有力出力"，硬件设备齐全的企业可以为新生代农民工提供更多的培训条件，专业技术人才较强的企业可以提供培训师，从而为新生代农民工的培训提供更好的教育服务；①另一种模式是行业协会聘请专业的培训人员，或者专门的培训机构对新生代农民工进行行业联合培训。

三、行业联合培训需求分析

完善的培训体系得益于科学、准确的需求分析。作为成长型企业，民营中小企业在多个方面都有待进一步提升，行业协会在进行培训需求分析时，首先，要考虑中小企业自身的需求，培训项目应以企业当前生产、经营和应用技术的需要为主；其次，还要充分考虑新生代农民工的个人发展需求，这可以通过访谈法或者问卷调查法等深入了解其培训诉求。

四、选择培训方式方法

行业联合培训的内容要与企业培训内容形成有效互补，避免重叠。因此，

---

① 方婷婷：《政府支持下的企业联盟办学模式》，2008 年华东师范大学硕士论文。

对于企业概况、规章制度、特殊操作与技术能力等应由企业自主负责开发与培训。新生代农民工在行业通用的专业技能、人际交往技能、职业生涯规划以及团队意识、竞争意识等方面有所欠缺,需要进一步提升。因此,联合培训需要对新生代农民工培训的项目主要有:行业通用的专业技能培训、职业生涯规划培训、团队意识培训、竞争意识培训以及人际沟通能力培训等。对于专业技能的培训,可以通过操作示范法、现场培训法、专门指导培训法等方法进行;对于职业生涯规划的培训,行业协会可以先通过课堂讲授法、案例研讨法和咨询式培训法等让新生代农民工对职业生涯规划有大致的了解,再进行职业生涯规划大赛,通过比赛让新生代农民工对自己的职业生涯进行明确;对于团队意识和竞争意识的培训,行业协会可以采用游戏培训法和户外拓展法等方法去提高。① 作为 80 后、90 后的新生代农民工更富有挑战精神和冒险精神,他们渴望参与,希望最大限度地发挥自己的主观能动性。游戏培训法和户外拓展训练法可以得到很好的培训效果。除此之外,还可以进行员工厨师培训和插花艺术培训,并开展"厨师大赛""插花大比拼"。虽然这些培训与工作无关,但可以让新生代农民工接触一些新鲜事物和一些相对高雅的艺术,类似的培训不仅能够提高新生代农民工掌握生活技能的熟练度,还可以有效调节他们的生活情趣,还可以激发其对工作的热情与激情,而且还可以通过竞赛提高新生代农民工的竞争意识。

五、合理分摊培训费用

在政府给予一定的财政投入的前提下,行业协会在进行联合培训时,可以引导和鼓励培训机构和金融机构等加入到新生代农民工的培训中来,拓宽培训经费的投入渠道。企业作为培训的间接受益者,要承担大部分的培训费用,但是新生代农民工也要象征性地承担小部分的费用。因为花钱培训可能会让新生代农民工在培训时更加珍惜培训机会。具体做法是,培训初期可以先免费培训;培训一段时间后,当新生代农民工认为培训确实使他受益,愿意主动参加培训时,可以象征性地收取部分培训费用。另外,可以将培训分为通用性

---

① 周红云:《员工培训:技术与策略》,中国劳动社会保障出版社 2013 年版。

培训和专用性培训。对专用性的特殊培训,企业应承担主要费用;而对通用性的一般培训,则可以由个人承担一部分。

六、培训时间和地点的选择

新生代农民工大多住在工厂附近,而且他们日间基本上都在工作岗位上,加班情况也非常普遍,在这种情况下很难找出大量时间到较远地方参加培训。所以行业协会在举行培训时,要适应不同类型、不同层次新生代农民工的需要,考虑培训时间的灵活性和培训地点的就近性。例如,在周六日或晚上到农民工比较集中的工厂区进行培训,如果由于设备条件等限制因素难以实现到工厂区附近进行培训,可以车接车送受训学员。还可以将培训的内容制作成视频,对新生代农民工进行远程培训,远程培训不仅可以突破时间和地域的限制,还可以实现一对一的有效对接。

总之,行业联合培训是一项长期、复杂的工程,行业协会要高度重视并给予大力支持,积极创造有利条件,使行业联合培训与企业培训形成完美的结合,并形成长效培训机制,这便可以提升新生代农民工的素质,从而为更好地管理新生代农民工奠定基础。

第三节　行业协会组织企业联合用工

一、建立统一的用工平台

行业联合用工制度的建立,一是可以使中小企业在多方面得益。联合用工可以在一定程度上节省企业用工成本,包括招聘成本和培训成本等。季节性强的企业间相互利用生产的淡旺季来合理调配工人,不仅可以减少企业淡季"贴钱养人"的用工成本支出,还可以在一定程度上避免企业旺季招不到人的风险。[①] 同时,专业性较强的技工类也比较适合"借工"。像汽车贴膜工、电焊工、仪器仪表修配工、物业管理工,通常情况下这些工种每天的作业强度和

---

① 林侃、陈文经、李玲玲:《生产淡旺季,用工可调剂》,《福建日报》2014 年 5 月 16 日。

工作任务量不太大,汽车美容公司的汽车贴膜工有时一天只有一辆车贴膜,有时两三天也没车需要贴膜,这类工种可以几个企业联合用工。因为联盟企业一般属于同一行业或具有相同或相似的工种,派遣员工一进企业就可以上岗,无须多方面的培训,即使需要培训也比较容易,这便可以减少培训成本,有利于保证用工质量;二是联合用工可以稳定企业员工队伍。因为在淡季辞退工人会降低员工对企业的信任度,而在旺季招临时工从短期来看,虽然在一定程度上可以节省用工成本,但从长远来看,用工关系的不稳定性不利于企业的长远发展;三是对于员工而言获得利益较多。联合用工既能保障员工权益,又能增加劳动技能,还能增加劳动收入,而且还可以降低员工因长期在一个工作环境重复同样的工作而对工作产生的抵触心理和工作倦怠感。为了更好地实现联合用工,行业协会要创建信息共享网站,建立统一的用工平台,以促进企业之间信息共享,统筹用工。当然,行业协会只是搭起企业与企业之间用工需求沟通的桥梁,行业联合用工能否有效运作,关键还是在于企业之间在用工周期、利益等方面能否达成共识。

二、签订联合用工协议

员工到了一个新企业,会存在与新企业的管理制度、工作环境不适应的问题。因此,企业双方应就联合用工签订员工互用协议,并应反复推敲合作细节。通常情况下,协议上要对派遣员工的数量、派遣期限、员工在派遣期间的工资福利待遇、劳动关系等方面做详细的规定。为了保障员工的劳动者权益,所派遣的员工应尽量保证是员工本人自愿的,而不是强制的,员工到对方企业工作后,工资关系随之转移,并坚持同工同酬,但劳动关系和社保仍保留在原企业;同时,为了防止跳槽,双方可以约定,如果出现员工离职的情况,对方企业在一年内不得再次录用该员工。由于新生代农民工与老一代农民工相比更希望得到人文关怀,因此,输入企业的管理者不仅要与输出企业的管理者了解这些派遣员工的特点,还要定期到新员工的工作地点和宿舍倾听他们的要求,尽量满足他们的需求,以排解他们工作和生活中的困难。另外,输出企业可以为员工配备专职领班,输入企业可以为新员工分别指定师傅,一对一进行帮扶。

第四节　行业联合创建配套服务设施

一、加快完善园区生活性配套设施

民营中小企业由于自身实力较弱,其生产性服务、生活性服务以及生态性服务配套设施均不够完善。完善的生产性服务设施能够为民营中小企业提供更好的服务,是民营中小企业有序良好运转的前提。良好的生活性服务设施是满足员工基本日常生活、安全、社交等各方面需求的平台载体。尤其是作为80后、90后的新生代农民工,他们是更加注重休闲和享受的一代,他们大都渴望和谐、轻松、自由的工作环境,希望体验生活乐趣。因此,为了更好地满足新生代农民工的需求,需要多方面的生活性服务设施做支撑。行业协会要拓宽融资渠道,多方面筹资,并与政府携手,倡导行业联合创建配套服务设施,当然,这种方式比较适宜在企业集聚区实施,以便达到比较好的效果。要根据设施的使用频率、服务半径等科学合理规划,突出重点项目。鼓励会员企业共同创建"配套服务设施建设专项基金",助推员工公寓、园区职工书屋、食堂、灯光球场等必备的生活配套设施建设项目的实施,以解决新生代农民工衣食住行、娱乐休闲、就医和子女就学等实际问题。

二、加大配套服务设施资金投入

充分利用国家对中小企业的扶持政策,积极争取政府资金支持,加大政府资金投入力度。一是建议将中小企业税收、工业项目部分用地所得收入等部分收入返还给行业协会。这些资金可以投入到配套服务设施的建设中;二是要积极争取银行贷款来支持配套服务设施的建设。为此可以采取行业协会信用担保,或者企业联保的方式。由于相对于单个企业而言,行业协会或者几个企业联合具有更高的信用能力,能够起到信用等级递增的效应,可以有效解决中小企业信用担保不足的难题;三是要广泛吸引社会资金投入。对于园区网吧、医务室、餐饮店、超市等设施的建设,可以采用"建设—转让—经营""建设—拥有—经营"等形式与中小企业合作,为新建基础设施间接融资;同时鼓励和支持社会力量进入园区创办中介服务机构,为民营中小企业提供金融、咨询和广告等方面的服务,使之成为服务功能的有效延伸。

第十二章　基于民营中小企业视角的新生代农民工用工管理路径

新生代农民工已逐渐成为中国劳动力市场的主力军,而他们又具有鲜明的个人特征和工作特征,有着与老一代农民工迥然不同的就业偏好。这就要求民营中小企业必须细致研判他们的就业偏好与工作诉求,以便更好地对新生代农民工进行管理。本章将从招聘管理、培训管理、薪酬管理、管理环境管理、企业文化管理、职业生涯管理、工作环境管理、离职管理和生产流程优化创新管理等角度提出具体的新生代农民工用工管理策略。

第一节　民营中小企业新生代农民工招聘管理路径

一、组建精锐的招聘团队

(一)打造多重组合的招聘团队

一是智与能的合理组合。智与能的合理组合强调招聘团队的组成成员必须具备较高的情商,对企业的情况非常熟悉,有较强的工作能力;二是个性的合理组合。新生代农民工具有鲜明的个性特征,所以,企业应该注重挑选那些与新生代农民工个性相符的招聘人员,他们之间会更容易地进行交流,避免在招聘交流过程中产生明显的思想观念上的分歧;三是年龄的合理组合。在年龄组合上,年龄比较大的招聘人员一般较难接受新生代农民工的种种思想和诉求,招聘时容易出现交流不畅。所以,企业应挑选与新生代农民工年龄相近的招聘人员,他们在工作与生活上一般都有较多的共同语言,便于沟通和交流;四是性别的合理组合。招聘团队要实现性别互补,男性招聘者善于从全局上把握应聘者的整体素质,而女性招聘者在招聘时可能更细心;此外,性别互补还有助于消除面试考评过程中的性别歧视因素。总之,招聘团队的合理组合有助于招聘工作的顺利进行。

(二)挑选高素质的企业招聘人员

招聘人员素质的高低会直接影响到企业的招聘工作能否顺利地进行。因此,如何挑选品格、素质俱佳的招聘者乃是招聘工作顺利进行的首要任务。一是工作态度为先。企业必须挑选那些工作积极、有工作耐心,对应聘者提出的问题要做到百问不厌,对招聘工作充满热情的招聘人员;二是学识为长。企业应该挑选那些对现代科技知识比较了解、具备企业专业知识和文化素养、有良好的个人品质和修养的员工作为招聘团队成员;三是沟通能力为重。在挑选招聘人员的过程中要确保招聘者具有敏锐的观察能力、全面协调和充分交流的能力,能够与具有鲜明时代特征和思维模式的新生代应聘者进行充分的沟通和交流。招聘者要能够站在新生代农民工的立场与应聘者进行招聘交流,及时发现共同关心的求职话题,拉近与应聘者之间的心理距离。

二、提升招聘筛选工作的有效性

(一)人力资源部门统一招聘筛选

人力资源部门在负责组织筛选应聘人员的过程中,应加强对新生代农民工个人潜质方面的考核,通过综合考察应聘者的个人素质能力、专业技能水平和学习创新能力,挑选符合企业发展的新生代农民工。可以通过笔试等相关形式,重点测试新生代农民工的职业价值观、基本技能能力和继续学习能力。为此,就需要人力资源部门在测试题目的设置上要新颖实际,应该能体现求职者现有的技能水平、学习能力和情商水平。总之,人力资源部门统一筛选的目的就是确认应聘者是否符合本企业的综合用人标准,按综合用人标准筛选出能更好地与企业实际要求相匹配的应聘者。

(二)劳动力需求部门进行专业化甄选

劳动力需求部门应该根据人力资源部门提供的人员信息,对新生代农民工进行全面考察并尽可能发现新生代农民工的潜力,将不同性格和能力的新生代农民工匹配到不同的工作岗位。一是重视人与岗的匹配。重点考察应聘者对本部门空缺职位的了解程度,权衡应聘者的综合素质是否能满足该工作岗位的能力要求,应聘者的性格特征是否能与本部门原有员工和谐相处等;二是预测人与岗的匹配信息。要充分考虑新生代农民工的个性特点与发展潜质,从而提高新生代农民工与岗位之间的契合度。企业的各劳动力需求部门要进行专业化甄选,以挑选更适合本部门发展需要的新生代农民工,增加应聘者与岗位的匹配度,尽快缩短新生代农民工入职的磨合期,从而提高招聘工作的效率。

（三）重点选用忠诚度较高的新生代农民工

当新生代农民工的忠诚度降低时,就会对企业产生负面情绪,严重的甚至会选择辞职,从而造成企业员工的流失。而企业为了弥补员工的缺失,又将会重新组织招聘工作,培训工作也不得不重复进行,这便会降低企业的生产效率。此外,员工离职会传染其他新生代农民工,给在职员工的思想带来很大的冲击,进而降低企业在职员工的忠诚度,从而有可能形成群体离职的多米诺骨牌效应。而员工忠诚度的提高可以降低企业用人成本,减少企业的人员替代成本。为此,在对新生代农民工招聘时,要对他们的忠诚度进行适当的测试,确认求职者是主动忠诚者还是漫无目的者,从而采取不同的招聘策略。

一是吸引主动忠诚型求职者。忠诚型求职者的个人目标与企业的发展目标相吻合,认为企业能够为自己提供良好的职业发展机会。招聘者可以通过笔试或者面试的方式,确认新生代农民工求职者自身职业发展规划与企业发展规划是否保持一致,对于主动忠诚型求职者,企业在招聘时应该着重宣传公司的发展规划、培训计划、晋升制度以及员工的职业发展规划,给求职者一个信息,让他们相信自己如果加入该企业会有一个较好的职业生涯发展前景,从而提高企业对主动忠诚型求职者的吸引力;二是留住漫无目的求职者。无明确目的型是指员工本身没有打算长期留在企业里工作,只是由于各种原因暂时留在企业的员工。这就需要在招聘时着重宣传企业的有利因素,向无明确目的型员工传递企业吸引力。当然,能否长期留住他们,还要取决于企业能否满足他们的工作诉求,这就需要企业在用工管理方面做得更好。

三、采取招聘渠道的多元化

（一）做到招聘与猎头功能相融合

产业聚集区往往聚集着许多农民工，这些来自异乡的农民工具有明显的群体性特征，他们许多是由同乡介绍，群体性地来到企业。而他们中往往会存在着一个或几个威信较高的"领头羊"。企业可以给他们安排一个职务，让他管理他们的"数头羊"。具有相对号召力的"领头羊"的行为极易影响到其他员工的就业选择，"领头羊"的"留或离"会直接影响这个群体的"留或离"。因此，民营中小企业在招聘时可以从两方面着手：一是积极狩猎其他企业的"领头羊"。如果能够"狩猎"到一只"领头羊"，那么他就很可能为企业带来"数头羊"。这对于民营中小企业而言未必不是一种有效且低成本的招聘方式；二是努力稳定本企业的"领头羊"。对于企业本身的这些"领头羊"，企业应加强与这些"领头羊"式员工的联系，用企业的自身魅力去提高"领头羊"们对企业的忠诚度，以防止竞争对手挖走"领头羊"以及他们的"数头羊"，同时鼓励"领头羊"们介绍更多的同乡和朋友来企业做工，并给予一定的"引人"奖励。

（二）使用"撇脂式"招聘方式

例如：某企业通过对招聘市场的观察分析后发现，具有求职意向的求职者不仅仅只在春节后求职，在春节前也有不少求职者在寻找工作。因此，有些企业就会悄悄地开启招聘"按钮"，迅速与应聘人员进行面试并达成用工协议，在其他企业仍在春节假期停产时便开始组织生产。这就跑在了大量现场招聘会开始的前面，可以在短时间内迅速招聘到足够数量的员工。"撇脂式"的招聘策略主要有以下三种方式：

一是使用"时间撇脂式"招聘法。一般而言，春节前会出现大量员工集中返乡过年的情况，因此，许多企业在节前的招聘工作也相对减缓或停止。所以民营中小企业可以使用"时间撇脂式"的招聘方法，实行错峰招聘，降低与大量企业同时进行集中招聘的概率，在很多企业都很少招聘的时间段加大招聘工作的力度，这将会使招聘效果大幅度提升；二是采用"敬老撇脂式"招聘法。民营中小企业可通过爱心敬老活动，经常组织员工去新生代农民工招聘地为农村孤寡老人举行"送温暖活动"，使招聘地的群众对企业形成良好的口碑，进而方便在当地进行新生代农民工的招聘工作;三是运用"关爱留守儿童撇脂式"招聘法。民营中小企业可以在招聘地开展"大手拉小手"活动,积极关爱留守儿童,以承担更多的社会责任,这便可以宣传企业的文化精神,树立企业的良好形象,企业便可在当地获得民心,赢得良好口碑,从而有利于招聘到合适的新生代农民工。

(三)积极开展网络招聘

受信息技术进步的影响,市场中的各参与主体越来越离不开网络。企业制作网站宣传本企业、结识合作伙伴、找到目标客户、发布招聘信息等做法已经越来越普遍。为此,民营中小企业可以在本企业的网站上发布招聘信息、提供岗位说明书、明确岗位任职资格,并提供求职者登记表。然而,受企业知名度的影响,部分企业的网站并不被人们所熟悉,即使在企业的网站上公开招聘,招聘信息也不一定就会被求职者所捕获。为此,企业也可以选择在专业的招聘网站上进行招聘,与信誉度较高、服务质量较好、有足够访问量的网站进行合作,通过网络进行招聘。

(四)积极将招聘信息注册并发布到社交性网站

现阶段的新生代农民工对网络的使用越来越频繁,几乎每天都离不开网络。QQ、微博、微信越来越普及于新生代农民工的日常生活之中,他们与亲戚朋友的联系绝大部分依靠这些社交平台。为此,企业在对新生代农民工进行招聘时,要积极借用社交性网站,或者通过在企业的公众号上发布企业招聘信息,为企业吸引应聘者。

(五)积极采用招聘外包方式

一些民营中小企业由于没有足够的精力去开展招聘工作或者开展招聘工作的成本较高,因此可以采用招聘外包方式以满足企业的用工需求。可以将招聘工作外包给专业的招聘外聘公司,由外包公司负责为其组织员工的招聘,由于外包公司专业性比较强,掌握了大量的应聘者资源,因此,招聘外包能够较好地帮助企业完成招聘工作,这便有效地解决了民营中小企业招聘难题。

(六)租借招聘共用型人才

不同企业之间特别是同行业的不同企业之间,往往存在技能水平相同的员工,企业之间可以直接面对面地进行沟通,直接从员工相对充足但目前生产相对处于闲置的其他企业里租借到所需要的员工;企业还可以借助于本行业协会的力量,通过行业协会进行沟通和协调,从本行业的其他企业里租借一定数量的员工。

(七)鼓励在职员工积极引荐

根据课题组的调研结果显示:普通员工中有 15.02% 是由熟人推荐就业的。一般而言,通过这种方法招聘的员工稳定性更高一些。民营中小企业应该积极鼓励本企业的员工推荐亲朋好友来企业参加工作;企业还要对积极引荐的员工给予一定奖励,以提高员工引荐新员工的积极性;同时,如果被推荐的员工工作出色或者在企业工作达到一定的年限,那么也可以给予推荐者一定金额的"员工推荐奖"。

四、拓宽招聘地点

(一)设置多场所的招聘地点

一是在企业内设置常年招聘场所。企业应该将常年招聘地点设置在企业厂区门口,以方便应聘者获取企业的应聘信息;二是在人流量较大的公共场所设置招聘代理点。例如:在春运高峰期,将企业的招聘地点直接设置在火车站或者汽车站附近,或者在车站附近找寻一些单位、店面为民营中小企业张贴宣传招聘信息;也可以雇用一些店面和个人代理招聘新生代农民工,用"招聘外包"的模式设置招聘代理点,将企业的部分招聘任务分包给代理人;三是在新生代农民工出入比较频繁的场所设置招聘代理点。可以在居住区、网吧、餐饮店、街区等场所设置招聘代理点,让他们帮助宣传企业的用工信息。

(二)将招聘地点深入到基层农村

一是将招聘工作开展到企业附近的基层农村。民营中小企业到农村进行招聘,可以选择在村干部的协助下,在村镇上宣传员工招聘信息,宣传企业的特色和优势、岗位、工种需求信息,尤其是工资待遇好、有休息日、平时加班少、免费吃住、住宿带 Wi-Fi 等最能吸引新生代农民工眼球的地方要突出宣传。此外,企业也可以进行农村串门式招聘,在进行串门走访时,招聘人员可以赠送给村民带有本公司 logo、徽章的小礼物(文化衫、生活用品等),注重公司形象的宣传,增加企业在当地的美誉度;二是将招聘工作开展到劳动力输出大省。在四川、云南、贵州、河南等劳动力输出大省,存在着数量相对充裕的新生代农民工。因此,将招聘工作深入开展到这些省份是招聘到新员工的有效方法。企业也可以与当地相关部门联系,通过他们为本企业传播员工需求信息。

五、注重招聘信息的新颖性

(一)塑造最佳雇主形象

新生代农民工在求职过程中关注的因素越来越多,工作要求也更加多元化。因此,企业在招聘宣传中可以通过给新生代应聘者树立一个良好的企业形象,充分展示企业的综合实力,让求职者认识到企业的优势,相信选择了该企业,自己就有机会获得更好的发展机遇,使员工相信他们会在企业的不断发展中得到应有的回报。企业不仅要积极宣传薪酬福利待遇等经济因素,而且还要注重宣讲企业文化、晋升制度等非经济性因素,同时还要强调企业工作环境的优势等,从而为企业树立一个最佳雇主形象。因此,企业必须突出招聘信息的新颖性,展现企业的最佳形象,为企业吸引优秀人才。

(二)突显企业特色优势

在招聘的过程中,新生代农民工更加关心企业的工资福利水平、管理环境、晋升制度、工作环境和生活环境等。因此,企业在招聘过程中,要突显企业的特色优势,重视宣传员工在企业能得到的"特殊待遇",比如工作轻松、免费旅游、举办老乡聚餐、免费 Wi-Fi,丰富的饭菜品种等福利,例如:山东潍坊的歌尔股份有限公司是生产耳机等产品的专业公司,他们在企业的招聘宣传单上着重写明"坐着工作,活儿轻松"等宣传词;上海昌硕在招聘宣传中特别强调了"宿舍有空调",这便满足了新生代农民工在工作环境和生活环境上的诉求,可以有效地吸引新生代农民工去企业应聘。

(三)提高非物质因素吸引力

对于广大新生代农民工而言,除了追求薪酬以外,企业的工作氛围是吸引他们的又一因素。企业是否能够为他们提供舒适、宽松、开放、自由、鼓励创新和尊重人才的工作环境,企业是否具有"以人为本"的管理理念,企业的人文关怀是否到位,企业管理者是否能够与员工进行平等沟通等,这些都成为新生代农民工应聘者在选择企业时会考虑的关键因素。因此,在设计招聘信息的时候,企业应该加强对企业非物质因素的宣传,通过构建企业独特的非物质因素竞争力来吸引新生代农民工。

六、施以温情关怀式的招聘方式

企业要招聘到适合企业发展的优秀人才,还应从应聘求职者的角度去组织招聘工作,以温情关怀的方式去对待应聘者,温情关怀也最能打动应聘者的内心。一是方便求职者应聘。民营中小企业可以将应聘者接到公司面试地点,以方便求职者应聘;二是减少应聘者等待时间。在招聘现场,要及时地对现场应聘者给予快速准确的甄选,将录用结果及时通知应聘者,以给应聘者留下良好的印象;三是招聘现场的人性化关怀。在招聘现场,为排队等候的应聘者提供茶水、座椅,让应聘者体会到企业细致入微的关怀,以加深应聘者对企业的好感;四是提供免费交通费。对于有意愿来厂工作的新生代农民工给予报销往来的交通费用。企业纳才的迫切心情和真情关怀服务会使其得到一种感受:如果本人到了这家企业做工的话同样会受到这些温情服务。这就可以增强他们选择在本企业工作的信心。

第二节 民营中小企业新生代农民工培训管理路径

一、做好培训工作的战略性规划

(一)培训应以企业战略发展为向导

民营中小企业对于新生代农民工的培训计划需要根据企业发展规划而制订,如果培训计划与企业的规划相背离,势必会阻碍企业总体目标的实现。当前很多民营中小企业管理者过分注重短期利益,往往是在问题出现后才被动地对员工进行培训,这样的培训计划并没有与企业的发展战略相适应,这也是导致民营中小企业的平均生命周期仅为 2.5 年(据《中国中小企业人力资源管理白皮书》调查显示)的主要原因之一。[①] 因此,为了实现企业的总体战略

[①] 倪良新:《中小企业学习抑制与中小企业大学构建》,《滁州学院学报》2014 年第 2 期。

目标,必须依据企业的经营战略主动地开展培训工作,以保证企业的持续发展。

(二)培训要以企业自身的经济实力为基础

民营中小企业的经济基础相对于大型企业而言较为薄弱,所以在制定新生代农民工的培训方案时必须考虑到企业自身的经济基础。当然企业也不能在企业经济效益好时便加强培训投入,在企业经济效益差时则减少培训投入甚至是不进行培训,而是要求企业在结合自身经营发展战略与培训需求分析的基础上,量力而行但也不超出企业自身的经济承受能力有计划地开展培训工作。

(三)培训要分轻重缓急

对于企业的培训工作,无论是培训者、参加者都需要对培训的轻重缓急进行分类,遵循"要事第一"的培训原则来安排培训工作。如可以将培训分为重要且紧急、重要但不紧急、紧急但不重要和既不紧急也不重要 4 个等级,然后根据培训等级进行合理的培训规划。

二、加大培训工作的力度

(一)提升企业管理层的培训意识

民营中小企业尤其是小微型企业管理层应该提升培训意识,树立"终生学习"和"动态学习"的观念,从思想上认识到员工培训是企业人力资本投资,是企业长远发展的重要保障;企业还可以将新生代农民工的培训过程和培训效果作为各级管理层晋升的考核标准之一,如果其管辖部门的员工培训达不到应有的标准,则不予考虑其职位的晋升。

(二)提高新生代农民工的培训积极性

在对其进行培训时需要将思想的培训放到第一位,只有思想端正了,才能做到想明白,最后达到做明白。而新生代农民工正是当前民营中小企业培训的核心群体,课题组通过走访调研发现:部分新生代农民工对于企业的培训持有抵触情绪,主要原因是他们认为培训会浪费时间,同时还影响了其收入。针对这种情况,企业应在新生代农民工入职时,及时给他们灌输培训制度、培训规则、培训纪律和培训考核等思想,从而使其真正明白培训对于自身及企业的重要性,从而激发他们的培训积极性。

(三)保证培训经费的投入力度

民营中小企业经济实力相对较为薄弱,用于培训的经费也就显得相对不足。所以,为了最大限度地保证培训效果,就需要企业做好培训经费的预算,以保证培训工作的正常进行。建议企业要做到培训资金的专款专用,同时保证每年的培训经费都要按照一定的比例增长;同时还要加大现代化培训设施和设备的投入,以迎合新生代农民工个性化较强和易接受新鲜事物等特点。

三、加强培训需求的分析

(一)制定不同岗位所需技能的标准

岗位技能因工作岗位不同而有所区别,为了防止出现培训信息失真,就要求各级管理层必须要掌握各种岗位所需的工作技能,确定针对该岗位最需要具备的岗位技能,同时形成岗位说明书。同时,需要通过直接访谈或问卷调查的形式了解新生代农民工当前所具备的岗位技能,以此确定日后每位员工培训的工作重点,从而做到培训工作的有的放矢。

(二)确定新生代农民工所属培训分区

结合明确的岗位技能要求和新生代农民工的技能基本情况,就能够分析出新生代农民工的培训需求,然后设计针对性较强的培训方案。然而并不是所有的新生代农民工经过培训后就都能够达到预期的培训效果,这还要取决于新生代农民工的培训态度和自身能力。因此,为了使培训有的放矢,有必要将新生代农民工进行培训分区,如第一分区:培训态度较好,同时自身能力满足岗位要求;第二分区:培训态度较差,但是自身能力满足岗位要求;第三分区:培训态度较好,但是自身能力不满足岗位要求;第四分区:培训态度较差,同时自身能力不满足岗位要求。

(三)依照培训分区情况确定培训内容

处于第一区的新生代农民工是民营中小企业的核心员工和企业的重点培养对象。因此,企业要对其重点进行管理能力培训、沟通培训,积极为其谋划职业生涯规划;对于第二区的新生代农民工,他们存在的主要是工作态度问题,所以对于该类新生代农民工,企业要对他们进行管理理念、企业文化等方面的培训,以帮助其端正工作态度;对于第三区的新生代农民工,对其培训的重点是加强岗位技能培训,以使他们尽快适应岗位的要求;而对于第四区的新生代农民工,企业则可以通过谈话了解实际情况,若实在不符合企业要求则要求其转岗或是直接辞退。

四、实现培训工作的多元化

(一)重视"非正式性组织培训"

企业除了要组织必要的正式培训外,还可以引导新生代农民工进行自主在岗学习等"非正式组织培训"。可以引导新生代农民工阅读与其工作相关的书籍,企业可以对购买书籍费用予以一定比例的报销,同时,还要为其提供良好的自主学习环境,如设立阅读室等;同时鼓励成立培训兴趣小组,定期开展培训心得经验交流会和岗位技能小组竞赛,以激发新生代农民工的培训热情。

(二)开展迎合新生代农民工特征的培训形式

结合新生代农民工易接受新鲜事物和个性化强的特点,民营中小企业可以将长时间集中式的培训改为一系列简短课程(单次培训不超过1.5小时),同时企业可以结合成本低、效率高、个性化强、可实现实时跟踪调查的E-learning或M-learning可移动网络培训形式。对于企业来说,利用移动网络培训平台可以加强企业知识的沉淀、管理、传播和创新能力,提高企业工作效率,增强新生代农民工凝聚力,提高员工的个人业务能力和综合素质;对于培训管理者而言,可以提高培训管理水平,丰富培训教学手段;而对于新生代农民工而言,由于可以自主地在工作中安排培训学习,从而提高了自身学习的积极性。此外移动网络培训平台不但可以使新生代农民工灵活安排自己的培训时间,同时还可以避免由于培训时间过长而造成的厌烦心理。建议民营中小企业开设有专人管理的微信公众服务平台,及时将所需培训的主要内容发布到平台,用新媒体的方式对员工进行网上培训,并同时建立员工培训讨论组,以便企业能够实时了解新生代农民工的培训过程和培训效果。

(三)设计多元化的培训内容

民营中小企业培训内容首先要考虑到企业自身发展的需要,因此对新生代农民工进行厂规厂纪、生产技能、核心技能、企业文化等的常规培训就是必不可少的,这些培训可以有效提高其工作技能和工作效率;同时,为了迎合新生代农民工的特点,企业还可以开设迎合其自身特点的培训课程:例如员工个人职业生涯发展规划培训、员工管理素质与技能培训、集体荣誉感与协作能力培训、员工情绪调节与管理培训等课程,这就使培训内容更加充实和丰富,从而提高了培训课程的吸引力。

(四)推出"自助餐式培训"计划

民营中小企业可综合考虑企业实际培训需求和新生代农民工的培训需求,制定"自助餐式培训"。企业可以根据实际情况设计员工培训目录,并进行培训项目勾选,对于需求量较大且是企业实际需要的培训项目进行集中培训。当然为了使培训内容更具针对性与有效性,企业管理层在进行"自助餐式培训"培训内容的设计时,还可以设定一个新生代农民工能够自主选择培训内容的模块。在这个模块里的所有培训课程,包括企业文化培训、礼仪培训、国学知识培训、合作精神培训、精准营销培训等课程,新生代农民工都可以按照自己的兴趣去选课,这样便能提高他们参与培训的积极性。

五、重视心理培训工作

(一)成立心理辅导中心

新生代农民工相对于老一代农民工而言,他们的成长环境更加优越舒适,相对而言没有经历较大的困难和挫折,从而导致他们的心理承受能力和抗压能力较差,深圳某大型企业员工连续跳楼事件已经说明新生代员工存在较大的心理问题。针对新生代农民工的心理特点,民营中小企业可以根据自身企业的实际情况成立心理辅导中心,聘请专业的心理辅导师,也可以在企业中寻找具有相关经验或能力的人承担心理辅导的职责。为了能更好地掌握新生代农民工心理变化,企业可以定期进行心理问卷调查,对出现心理问题的新生代农民工进行心理疏导,同时还需要定期与其进行交谈沟通,及时洞悉新生代农民工的心理需求与心理变化,以疏解其心理压力。[①]

---

① 熊光清:《新生代农民工社会排斥问题分析——基于五省市的实地调查》,《学习与探索》2014 年第 6 期。

（二）开展老员工心理辅导与拓展训练

企业可以组织老一代农民工为新生代农民工讲述自身的生活经历,使新生代农民工切身感受到老一代吃苦耐劳的精神和心态,增强其工作抗压能力,同时也可以拉近新老员工的心理距离,增强团队的凝聚力;企业还可以组织新生代农民工进行室内和室外的拓展训练,这样不但可以提高员工间的团队意识还可以激发他们的创造力,最重要的是可以舒缓他们的心情,提高他们的心理抗压能力。

六、选用合格的培训师

（一）明确培训师的选择标准

培训过程要选取一个经验丰富且具有较强人格魅力的培训师。培训师首先需要具备丰富的专业知识和较强的沟通能力,选取的培训师要具有与培训内容相关的从业经验,因此可以在对新生代农民工进行培训时,以自身经历为例进行培训,从而提升培训效果的实效性;其次要求培训师具备一定的授课经验及灵活的授课技巧。好的培训师能更好地激发新生代农民工参加培训的兴趣和积极性,所以企业在选取培训师时需要对其进行培训经验考察与培训手段考核。

（二）严格控制培训师的来源

培训师可以从企业内部选拔,即聘请企业内部的员工兼任培训师,可以选用各级管理层作为培训师(如部门经理、人事部门经理或是班组长)或是直接选用新生代农民工中工作优秀的员工作为培训师;也可以聘任外部培训机构的培训师,但是必须要求该培训师具备相应的培训资格。

（三）完善培训师的管理制度

要建立企业培训师授课全过程的跟踪监控制度,并及时对培训师进行有序、细致的科学管理。如在对培训师的实时考察过程中出现培训不当情况或培训效果不佳时,企业培训负责人需要做好管控工作,积极做好对培训师的同步培训,以实现培训效果的最大化。

七、选取科学的时间段进行培训

培训要做到持续性和时效性,只有这样才能使得新生代农民工养成定式培训习惯,从而实现企业培训的既定目标。建议实行一天三培训,即早上的晨会:每天正式工作前应组织员工进行晨会。晨会的主要内容为前一天工作情况的回顾,提出出现的问题及相应的整改措施,并布置当天的工作内容及注意事项;中午的碰头会:主要是部门内或是小组内的会议,总结部门或小组当天上午工作出现的问题以便及时解决;晚间的总结会:回顾当天工作完成情况、问题的解决程度等等。这三个时间段的培训时间可长可短,可以根据实际情况确定,培训内容包括纪律总结、岗位技能的培训等,主要目的是要将培训贯穿在全天的工作中,以增强培训的持续性和时效性。

八、建立健全培训效果控制机制

(一)通过跟踪法检验新生代农民工培训效果

通过企业的跟踪调查,可以检验培训的效果,即经过相关方面的培训后与培训前相比是否有所改观,或是之前在工作中存在的问题是否通过培训能够自主解决。可以通过员工实际操作能力测试检验其岗位技能培训的效果,通过试卷测试方式检验其在企业文化培训、心理培训、礼仪培训等培训课程的效果。最后将考核结果分为不合格、合格、良好和优秀4档,并根据不同的考核结果采取不同的改善措施。

(二)通过报告法检查新生代农民工的培训效果

培训结束后要及时督促受训者提交培训总结报告,报告内容要包括培训课程流程记录、培训课程心得体会总结、培训课程改进建议等内容。培训报告要及时交由培训部门进行统一归纳和总结,要将好的培训做法、经验和需要改进的内容及时运用到下一次的培训工作中。为了使报告法能够发挥其最大的功效,企业可以将新生代农民工的报告总结作为其绩效考核或是职位晋升的参考标准之一。

(三)通过小组综合考评法约束新生代农民工培训态度

为了能端正新生代农民工的培训态度和提高其培训积极性,企业可以采用小组综合考评法对新生代农民工的培训效果进行评估。企业可以将评判标准定为个人成绩和小组综合成绩。即:个人培训最终成绩 = 个人成绩×70%+小组综合成绩×30%,运用小组综合考评法主要是将小组评定成绩作为其总成绩的一部分,可以将评定等级划分为优、良、差,对于达到优良等级的新生代农民工可给予奖金等鼓励,而对于差等级的则对其当月奖金停发或减少发放。① 这便可以端正新生代农民工的培训态度,提高员工的培训效果。

第三节　民营中小企业新生代农民工工资管理路径

一、与企业发展阶段紧密结合

民营中小企业要根据企业发展现状,设计出科学合理的工资策略。企业的发展阶段不同就应该有不同的工资战略,如表 12-1 所示:

表 12-1　企业不同发展阶段的工资策略表

企业发展阶段	固定工资	浮动工资	工资战略
初创期	比例低	比例高	高弹性结构策略
成长期	比例低	比例高	高弹性结构策略
稳定期	比例中等	比例中等	调和性结构策略
衰退期	比例高	比例低	稳定性结构策略

(一)高弹性结构策略

高弹性结构策略是指固定部分比例比较低,而浮动部分比例比较高,获得多少工资完全依赖于工作绩效的高低。② 当民营中小企业处于初创期和成长期时,企业正处于快速发展时期,民营中小企业可以采取高弹性结构策略,浮动部分比例比较高,固定工资所占比例相对较少,新生代农民工可以通过自身工作绩效的提高获得工资的提高,这种激励性工资策略可以使民营中小企业在竞争中更具优势。

(二)调和性结构策略

调和性结构策略是指绩效工资和基本工资各占一定的比例,这是一种既

① 周红云:《新生代农民工培训:技术与策略》,中国劳动社会保障出版社 2013 年版。
② 苏晨:《国有外贸企业 SH 公司薪酬体系研究》,2006 年西北大学硕士论文。

有激励性又有稳定性的工资结构。当民营中小企业处于稳定期,市场上类似产品较多,市场竞争压力很大,企业选择稳速发展战略时,企业需采取调和性结构策略。所以,此时采取调和性结构策略,使新生代农民工工资较为稳定却又不失激励作用。

(三)稳定性结构策略

稳定性结构策略是指基本工资是工资结构的主要组成部分,绩效工资等处于非常次要的地位,所占的比例也非常低,在这种工资模式下,新生代农民工的收入非常稳定,几乎不浮动。若民营中小企业所在行业正处于衰退期。在此阶段,应采取稳定性结构策略,要以稳定的工资来留住员工。

二、选择恰当的工资水平策略

(一)高薪策略

高薪策略是指给予新生代农民工高于同行业平均水平的工资水平,民营中小企业因此可以吸引更多新生代农民工的关注。高薪策略适用于发展时期的民营中小企业,即所在产业具有很大的上升空间和市场潜力而人才的供给又是相对紧缺的民营中小企业。

(二)平等策略

这种策略适用于稳定期的民营中小企业,因为平等策略在支付工资方面没有显著差异,且支付的工资并未低于同类企业的工资待遇水平。企业采取平等的工资策略,可以使企业工资成本保持平稳,从而实现企业稳定发展的目标。

(三)低薪策略

低薪策略是指低于行业平均水平的工资给付策略。低于行业平均水平的工资给付策略在工资给付方面没有竞争力。这种工资策略适合于企业规模小、效益低、产品质量尚不稳定的初创期民营中小企业。一般而言,企业最好不要冒险采取低薪策略,否则可能导致员工的大量流失。

因此,考虑到经营成本,民营中小企业可以根据其自身发展阶段,选择适合本企业的工资水平策略。

三、建立科学的绩效管理体系

完善、透明的绩效考核管理体系会让新生代农民工体会到企业对他们的尊重与公平，而这份尊重与公平正是新生代农民工所渴望获得的。绩效制度是企业对员工下一年应该尽到的工作职责、各项任务的重要性等级以及工作绩效的衡量。因此绩效制度在帮助新生代农民工认清目标方面具有一定的前瞻性。企业要分层次制订绩效计划，每个部门制订出本部门的年度目标，之后，部门主管再为所属员工制定相应的工作目标。这样层层相扣，先进行岗位价值评价，岗位贡献决定部门利益，部门利益决定企业利益，并且将绩效考核严格数量化，达到一切衡量指标都可以用数字来表示，这便使对员工的考核更加准确和客观，尤其是对于企业生产线上或基层岗位的新生代农民工而言，其工资发放有了参考依据，这便可以有效避免工资给付的随意性。

四、全面推行工资集体协商机制

工资集体协商制度，是指根据国家相关法律和法规的规定，由用人单位与本单位职工以集体协商的方式，就劳动报酬水平、工资发放具体形式、工资标准以及福利保险等事项，由员工推举的员工代表与企业签订的集体工资书面协议的制度。① 执行好工资集体协商制度不仅有助于新生代农民工对于薪酬满意度的提高，还有利于企业的可持续发展和促进社会的稳定。政府要制定相应的法规政策，在民营中小企业中推行工资集体协商制度，即工资分配必须在集体协商基础上进行，从而促使民营中小企业建立起合理的工资保证和支付制度。同时，要创建政府、企业、工会的三方沟通机制，制定和出台各行业的岗位（工种）工资指导标准。民营中小企业不仅仅要在观念上理解和认同，更要在行动上切实提高员工的民主参与度，大力推进工资集体协商制度。

五、增加岗位间工资弹性

（一）适当拉大工资等级的差距

如果企业中的工资级别差距较小，高一级别岗位的薪酬与基层岗位的薪

---

① 张微：《工资集体谈判制度的设计取向》，2007年西南财经大学硕士论文。

酬便拉不开差距。工资弹性小就表示新生代农民工晋升一级,所获得的激励作用也并不大。所以,民营中小企业应将岗位间的对应工资范围适当拉大,以便更好地激励新生代农民工。比如浙江某化工企业,为了加强企业管理,将企业内部严格分成12级,依次为总经理、副总经理、总助理、项目经理、一级主管、二级主管、高级文员、中级文员、生产技师一级、生产技师二级、生产技师三级、生产技师四级。由于生产部门是化工企业的核心,所以企业重视生产效率,将从下到上工资等级差距为200元改为依次增加200元,即一级技工与二级技工工资差距为200元、二级技工与三级技工工资差距为400元、三级技工与四级技工工资差距为600元,一名一级技工如果通过努力达到了四级技工,就可以使岗位工资增加1200元,这极大地激励了基层员工的工作积极性。

(二)实施宽带薪酬策略

即进行工资等级扁平化处理,在工资管理体系中,工资级别只需几个级别,但在同一等级的岗位工资也因各人绩效不同而有较大的差异。[①] 同级别工资的员工可以凭借高绩效实现工资水平的提高。同岗位的员工也可通过自己的努力,提高自身对公司的贡献,增加绩效工资。每一个岗位都有它的职级,每一个职级都有对应的工资区间,同一职级的岗位无论属于哪个部门,在企业的贡献与回报大体一致;相同岗位的员工,可以通过不断的努力使得个人绩效提高,进而逐步达到同级别工资区间的最高工资水平。这种策略不仅可以保证部门间、岗位间的相对公平,也拉大了同一岗位间的工资幅度,增强了岗位间的竞争,可以使企业在相对公平的氛围下,不断提高企业内部的竞争性。

六、设计双重工资晋升通道

(一)管理线晋升通道

传统工资制度通常按职务来决定工资,也就是实施单一的管理线。管理线以"行政管理纵向发展"为原则,这一设计是根据组织结构的管理等级来确

---

① 贺翔:《宽带薪酬在中小民营企业中的适用性分析》,《上海企业》2006年第12期。

定员工等级提升的标准,当职务晋升停滞时,工资就会因此定格。因为多数新生代农民工普遍在企业的基层岗位做工,大多没有职务,同时职务晋升难度也较大。所以,当新生代农民工感觉到晋升无望或者希望比较渺茫时,管理线工资制度就会严重影响他们的工作积极性。

(二)技术线晋升通道

民营中小企业也可以采取双重工资晋升通道,工资的晋升不仅仅取决于职务晋升,还可以通过技术路线使得工资水平得到提升。技术线以"专业技术深度发展"为原则,这一设计体现了专业技术岗位等级可以随着专业技术水平的提高而逐级提高。专业技术较强的新生代农民工可以通过自身的技术水平获得更高的工资收入。因此建立双重阶梯的工资晋升通道就可以向新生代农民工提供与管理人员平等的提高工资的机会,从而可以提高新生代农民工的工资满意度和企业凝聚力。

七、平衡工资水平的普调与侧调

(一)普调策略

当市场物价水平上涨时,员工的实际工资购买力是下降的。所以企业需要根据本地的物价水平、国家规定的最低工资标准等因素,每隔一段时间对工资进行普遍性的调整,工资普调是伴随经济变化企业所必需的管理活动。工资普调是针对企业内部全体而言的,虽然普调的重要性不言而喻;但也正因为是针对全体员工的,所以对企业核心员工起的激励效果不大。

(二)侧调策略

考虑到工资的激励效应,侧重调整是民营中小企业需要重视的一个原则。工资水平策略不仅需要与企业战略相结合,还要加强对优秀人才的工资激励。所以,企业的工资制度必然需要具有一定的倾向性。在工资决策上,企业可适当提高参与新产品研发等员工的工资水平;另外,企业也需要在一定程度上提高优秀基层新生代农民工的岗位工资。他们是企业发展所必需的核心员工,对其提高工资是非常必要的,这便能够最大限度地吸引人才和留住人才。

第四节 民营中小企业新生代农民工福利管理路径

一、建立新生代农民工福利管理机制

（一）建立福利计划沟通机制

建立完善的福利沟通机制，可以组织编写详细的福利手册，使新生代农民工能够充分了解企业为他们提供的各项福利项目，其中涵盖福利计划的适用范围以及福利水平和标准等；要在企业内部网站主页开辟专门的板块发布福利信息，从而为新生代农民工和企业提供双向交流的渠道。

（二）制定岗位间福利浮动弹性机制

树立公平感是民营中小企业员工福利激励的重要目标，公平理论认为个人不仅关心自己经过努力所获得报酬的绝对数量，也关心自己的报酬与其他人报酬的差距，从而做出是否公平的判断，当员工认为待遇分配不公平时，就会严重挫伤其工作积极性。① 因此，制定员工福利体系时，一定要在兼顾公平的前提下，将福利档次差距适当拉大。要妥善处理公平与效率的关系，按照员工的工作绩效和对企业的贡献来确定他们的福利档次。如果福利档次差距太小，那么就会出现新生代农民工工作绩效相差很多，福利档次却相差不大的情况。福利计划便会演变成平均主义的"大锅饭"，不但没有起到激励作用，反而会助长新生代农民工不思进取的工作习气。因此，制定岗位间福利浮动弹性机制是非常必要的。

（三）设定福利管理调整机制

民营中小企业福利管理并非一成不变，需要根据外部以及内部情形的变化随时进行调整。首先，企业应在国家、地方有关政策框架下制定福利项目，适时地根据政策变化调整本企业的福利体系；其次，由于新生代农民工的需求和偏好也处于不断变化之中，企业应根据这些变化适时、适度地调整福利项目组合。另外，由于企业的福利制度也在不断调整，福利项目管理的难度也会加

---

① 魏国华：《中小民营企业员工福利存在的问题及对策研究》，《经营者》2013 年第 1 期。

大,因此,企业要设定专门的福利制度管理人员,以保障企业福利制度的顺利推进。

(四)设定长期福利运行机制

企业可以把新生代农民工的在厂工作年限作为福利评判指标之一,工作年限越长,福利等级就越高,这是对具有较高忠诚度员工的一个奖励;同时,将福利体系的构建与企业发展战略有机结合。每个企业都有其特定的生命周期,企业应依据不同发展时期的企业战略制定相应的福利结构,企业战略的长期性就可以保证福利制度的长期稳定性。

二、保障法定福利与通用福利的供给

(一)切实保障法定福利的供给

《劳动法》规定的法定福利项目,民营中小企业必须按照规定依法执行,除了缴纳法定的"五险一金"外,还应依法执行国家的法定假日并且推出带薪年休假,国家法定节假日以及不计入年休假的假期的休息日;另外,在结婚、生育、探亲的情形下民营中小企业也应该批准带薪休假;在工作时间上,应严格遵从8小时工作制,如须加班,也需给付加班报酬。企业如果不能保障法定福利的提供,过分注重短期利益,就会降低新生代农民工对企业的忠诚度。

(二)加强通用福利的力度

通用福利是企业普遍采用的福利形式,主要包括人身意外保险、免费旅游、培训及教育、工作餐、工会娱乐活动、节日补贴、慰问品、上下班班车、交通补贴、劳保用品、定期免费体检等。通用福利是目前大部分企业普遍采用的福利形式,但也是新生代农民工衡量企业福利待遇的关键考虑因素。所以,民营中小企业必须要对通用福利加以重视。例如:美的集团邯郸工业园就规定:年终奖:2000—4000元,根据入职月数、职级记发;中国传统假日如中秋、国庆、春节等发放福利奖金300—500元。另外,针对新生代农民工的年龄较轻有活力,喜欢运动和团体活动的特点,这就要求民营中小企业为其多提供一些工会娱乐活动、旅游、拓展训练等福利项目;针对新生代农民工对于生活条件要求不断提高的诉求,企业需更加关注员工餐厅伙食、住宿环境等生活

环境的改善。

三、重视多层次关怀福利

（一）工作关怀

工作关怀包括工作委屈、工伤、压力、适应度、挫折等各方面的关怀。新生代农民工主要集中在生产一线，且思想比较敏感，如果在工作中受到了各种委屈，企业应通过给予思想沟通等方式抚慰新生代农民工内心的委屈；例如：对新入职的新生代农民工，企业要选派老员工与其结成对子，在工作、生活上予以指导和帮助，使他们尽快地适应新的工作和生活环境；如果新生代农民工出现工伤，企业应主动采取解决措施，帮助他们及时就医；如果新生代农民工在工作中遇到挫折，企业管理者应帮助他们分析原因，通过精神鼓励以及加强培训等方式，缓解他们心中的压力并帮助他们提升工作技能，激发他们自主完成工作的热情和积极性。

（二）生活关怀方面

包括节日关怀，苦难关怀，亲属关怀，饮食关怀，子女关怀、生日关怀，信仰关怀。企业要在节假日里发放一定数量的货币或实物进行奖励；对于家庭生活遇到困难的员工，企业要给予一定的经济补贴，对于家庭特别困难（如家庭成员得大病等）的新生代农民工可以暂时提供借款和预支工资，以缓解其当前的生活压力；由于不少新生代农民工的工作性质较为劳累，所以企业可以考虑宿舍楼配备洗衣机或洗衣房，供应24小时热水，使其尽快适应新的生活；如果他们的配偶过来探望，企业可以给其配备夫妻房；要重视新生代农民工的饮食问题，食堂饭菜质量尽可能地提高，并且需要考虑到南北方人的口味差异，按员工南北方比例适当使菜品种类和口味多样化；要为新生代农民工子女提供教育补贴，"六一儿童节"时给身为家长的新生代农民工放假陪陪子女；企业要为过生日的新生代农民工发放生日蛋糕或生日礼品；有条件的企业要为新生代农民工子女兴建企业幼儿园，如果没有财力自建幼儿园，企业要尽力帮助新生代农民工子女办理入托、入学等事宜；对于有特殊信仰的新生代农民工，企业应给予认同和尊重。

（三）身心健康关怀

包括身体健康关怀和心理健康关怀。要重视新生代农民工身体健康,重视生产安全,时刻提醒新生代农民工要工作流程规范化,及时发放劳保用品,避免出现不必要的劳动损伤,并且每年为新生代农民工提供免费体检;还要重视对新生代农民工的心理健康关怀,某大型企业十四连跳的惨痛经历警示着企业管理者,应多给予新生代农民工精神激励和心理疏导。要在企业内部报刊上和广播中宣传优秀新生代农民工的事迹,在工厂宣传栏张贴优秀新生代农民工的照片及业绩海报,也可以进行表彰,授予荣誉称号,颁发纪念品、证书、奖章,由上司亲自签署贺信等。企业工会可以成立一个心理协会,多加留意新生代农民工的心理状态,提早解决他们心理上存在的问题并加以正确引导。

（四）额外奖励关怀

有经济条件的民营中小企业可以为新生代农民工提供购房、购车无息或贴息贷款等其他福利项目。例如:上海的房价居高不下,上海贝尔公司就及时推出了无利息购房贷款的福利项目;只要员工工作满规定年限后,还可以得到贷款还款补贴。如此一来,公司既解了年轻人的燃眉之急,也使员工忠诚度得到提高。

（五）特别福利关怀

企业福利项目设计及福利的发放还要有一定的创意和特色,这样更能满足新生代农民工对于个性化的需求。企业可以给新生代农民工的宿舍营造温馨的氛围,例如:可以把墙粉饰成温馨的颜色;可以为本企业新生代农民工举办集体婚礼;应季水果、小点心可以适当每天供应;为在生产线工作的新生代农民工设定瞌睡时间,工作间隙可以在休息室打盹 20 分钟;除了给予正常的夜班工资外,再附加每晚数额不等的福利补贴等等。这将带给新生代农民工意外的惊喜,使新生代农民工能享受到其他企业所没有的福利项目,能给新生代农民工带来情感依赖、对企业产生忠诚感,从而有助于提高企业的美誉度。

四、引入弹性福利计划

（一）弹性福利的原则

弹性福利是指企业确定对每个员工福利的投入的前提下,员工可以在企业提供的福利菜单中自由选择最适合自身的福利项目,因此也叫菜单式福利。① 由于新生代农民工对于福利种类、层次水平和个性化方面都有一定的要求,因此需要有针对性地对新生代农民工的福利进行组合,以满足不同新生代农民工对不同福利的要求。弹性福利的制定可以同时兼顾福利支出成本和新生代农民工的现实需求,但要协调好两方面的关系,需要坚持以下三个方面的原则:一是要明确弹性福利计划的具体实施过程。首先,应当根据新生代农民工所处的岗位等级、工作时间、绩效水平和技能水平等因素全面、综合评定他们的福利积分,并标明兑换每个福利项目所需的积分,然后新生代农民工可以结合自身的需求和自己可以支配的积分选择合适的福利项目进行兑换,兑换完成后会核销相应的积分,且年末未使用的积分会保留至下一年度;二是对弹性福利进行动态调整。弹性福利制定后,需要根据上一年度新生代农民工福利满意度的调查结果对弹性福利制度进行动态调整;三是需不定期对弹性福利实施效果进行监督和评估。福利制度执行监管人员要关注员工对福利菜单中的各项福利项目的满意度变化,以便能够及时对福利菜单的实施效果进行评估。

(二)弹性福利的设计

民营中小企业根据自身和新生代农民工的具体情况,同时推出不同的福利组合,以供员工选择。弹性福利的设计由核心福利和选择福利构成,其中核心福利是每个员工必须都享有的基本福利,包括五险一金、三险一金、带薪休假、婚假、产假、劳保用品、免费体检、免费宿舍 Wi-Fi、洗衣房等,是员工必选的福利项目。选择福利则是附有积分并可供新生代农民工自由选择的福利,包括免费旅游、节假日假期、情人节假期、夫妻房、额外技能培训、文化培训、娱乐福利、体育福利、生日礼物、餐费补贴、交通补贴、班车接送、节日补贴等福利项目。其中核心福利是员工共有的,选择福利则是可以自由选择的,它们共同组成福利套餐,员工可根据自身的实际需要自主选择套餐类型。

---

① 贾冀南、刘文京:《构建福利管理体系解决民企用工难》,《中华工商时报》2015 年 4 月 17 日。

五、重视货币性福利供给

企业发放福利包括货币性福利(发放货币)和非货币性福利(发放实物)两种形式,然而相当一部分民营中小企业管理者更青睐于非货币形式的福利,认为此种方式能直接表现出企业对新生代农民工的关心,起到更大激励作用。但是,对于新生代农民工而言,货币性福利仍是其最需要、最重视的福利形式,尤其是企业过节时发放的物品并非自己所需时,那这种实物福利发放的意义就不大,因而货币性福利仍是民营中小企业福利的重要形式。比如,夫妻二人都在本企业的,中秋节夫妻双方可以一人领月饼、一人领节日货币补贴;只有自己在本单位就业的话可以自愿选择节日补贴或者慰问品,而不是只有慰问品一种福利发放方式。民营中小企业可事先做好福利统计工作,广泛征求每个员工的福利意愿。在发放金额的确定上,企业要量力而行,如企业目前处于发展阶段,为起到很好的激励效果,可以采用略高于市场平均水平的货币福利策略,75分位线甚至更高(即75%的在本企业工作的新生代农民工的货币福利高于同行业同岗位的平均货币福利水平),这样既可以不过多地增加企业成本,又可以提升企业在福利方面的竞争力。但是管理者要明白,使所有新生代农民工对企业货币福利都满意是不可能的,那只是一种理想化状态。所以,在企业的福利管理成本控制方面,企业发放货币福利的底线应该是要让绝大多数员工"没有不满意"。

六、灵活掌握福利激励时间间隔

新生代农民工都是80后、90后的年轻人,他们普遍职业期望高,工作耐受度相对偏低,对于物质和精神享受要求较高,不断地需要一些物质和精神的奖励来刺激他们的工作积极性。基于新生代农民工的心理需求,民营中小企业管理者可以实行激励时间间隔策略。首先,应适当缩短常规奖励时间间隔,增加实施福利激励的频率,以期达到好的福利激励效果;其次,应在保持常规奖励的前提下,增加不定期的福利奖励,使新生代农民工能够保持对工作的热情,增加其对企业的认可度和满意度,从而达到福利的激励效果。

七、打造福利品牌战略

福利计划的品牌化是指企业将品牌形式注入企业的福利计划体系中,形象地将企业的价值观传递给求职者。例如,HPK 公司瞄准光电学科领域的应届毕业生推出的"彩虹计划"福利品牌,该计划提供了员工婚恋、买房、购车、健身、医疗和养老等多个方面的福利项目,从而满足了年轻人多姿多彩的福利偏好。阿里巴巴集团已经形成了福利品牌体系化,至今已经推出包括"iPhone"计划和包含财富保障、生活平衡、健康保障等 27 项福利的"全橙爱"综合福利计划等多个福利品牌,该计划体现了阿里巴巴集团对员工的全方位关怀。民营中小企业也可以针对新生代农民工推出一个福利品牌,以满足新生代农民工的福利个性化需求。

第五节　民营中小企业新生代农民工管理环境管理路径

一、做学习不辍的领导者

管理者的管理综合素质是影响管理效果的主要因素。因此,管理者只有时刻充电、活学活用,不断提高自己的综合管理素质,才能提升员工对自己的信任度,进而有利于实现和谐的上下级人际关系。管理者可以定期参加管理人员培训,提升自己的管理专业技能、领导能力、团队合作、协调能力、人际技能、创新技能、应变能力、个人素质与修养等等。不同层次的管理者参加的培训课程也应不尽相同。例如,高级管理人员可以通过参加高级经理人培训,学习现代企业管理技术、组织行为、领导艺术、情商管理技巧等,如有条件还可以通过去国外学习和考察,培养自己深刻洞察国际市场的能力;中层管理干部包括部门主管、项目经理等,他们需要培训的重点是部门工作计划的拟定和实施、部门间协调与沟通、授权技巧、激励下属、团队管理等;而对于班组长等基层管理人员而言,需要重点培训的是自己对下属的人事管理能力,主要内容包括工作指导方法、工作改进方法、基本监督技能、激励员工法和人际关系管理等。① 除了以上培训

---

① 周红云:《员工培训:技术与策略》,中国劳动社会保障出版社 2013 年版。

内容外,管理者还要进行有针对性的学习,掌握新生代农民工心理、情绪、需求等方面的内容,提高其对新生代农民工心态管理方面的能力。

二、用领导力统御新生代农民工

领导力实质上是领导者让下属追随自己的能力,最后决定这种能力的是个人的品质和个性。新生代农民工鲜明的个性特征,更加需要领导者用情商缔造领导力,从而实现对新生代农民工更有效的管理。在领导过程中,领导者应该有意识地将情绪智力元素引入到管理活动中,要对新生代农民工不同的情绪状态进行敏感性的捕捉,充分了解他们的工作诉求、心理状态和情感体验。在具体化的管理过程中领导者要做到:

(一)保持积极乐观的心态

要经常传递乐观情绪,善于表达自己的热情与兴奋,脸上要时刻洋溢着真诚的微笑,不要刻意掩饰自己的开心,不要吝啬自己爽朗的笑声。在所有的情感信号中,笑是最具传染性的,大笑可以使员工产生一种独特的信任感。相关研究表明,积极乐观情绪的领导者比消极情绪的领导者更容易使新生代农民工产生信任感。

(二)学会对下属"察言观色"

要及时观察下属的情绪,调整自己的行为和言语态度,要有同情心。比如,某一员工出现重大失误造成损失时,本应得到批评,但面对面时交流发现其似乎有难言之隐,此时,应当立即调整说话语气,探明其背后的原因,酌情处理。

(三)善于为员工煲"情感鸡汤"

《温州商报》的一则新闻里如是写道:温州春光五金有限公司花15万元邀请专家给一线生产工人讲授如何学会情绪管理,保持阳光心态。除了该企业外,该市其他民企也在频频为员工烹制"心灵鸡汤"。[①] 由于新生代农民工的心理调节能力还比较弱,所以,除了从外面聘请专家进行候鸟式的心理疏导服务外,作为民营中小企业的领导者,有必要学会为新生代农民工煲"情感鸡

---

① 周大正:《外褒"心灵鸡汤" 内设"情感氧吧"》,《温州商报》2010年6月2日。

汤",以备他们的不时情感之需,要对新生代农民工进行心理疏导,为他们提供心理咨询,解开他们心里的"疙瘩",给他们减压,提升他们的情绪管理能力,使他们开心地工作。

(四)要学会情感传递

人们相互间存在的共鸣感越强烈,他们的交流就会越多,进而可以将企业内部的矛盾和争辩最小化,因此领导层要学会有效沟通,以便引起新生代农民工情感共鸣。比如,大家喜爱的一位同事身患重病,员工感到伤心,那么,高情商领导者不仅需要理解这些情感,还应该代表团队和善地体贴员工。

(五)要存感激之心

领导者要感谢新生代农民工的辛勤工作,如果有机会要当面表示感谢,这会使新生代农民工获得存在感和价值感,从而可以提高他们对企业的忠诚度和归属感。同时,领导者还需要关注和爱护每一位新生代农民工,对他们要有充分的信心,要对员工的优秀工作表现进行适时嘉奖,以提高受嘉奖员工的工作热情,同时还可以感染和激励其他员工的士气,增强员工的归属感。

三、灵活运用管理方式

是新时代的农民工改变方式来适应旧时代的管理,还是改变旧时代的管理方式来适应新时代的农民工?对于不同的企业而言,答案可能会有所不同,但从历史的发展趋势看,长江后浪推前浪的规律一定在发挥作用,适应新生代农民工的特点而改变原有的管理制度一定会成为大势所趋。因此,要想领导好新生代农民工,领导者应该有意识地改变自己的管理风格,灵活运用管理方式。具体可以从以下几个方面着手:

(一)由硬性管理向弹性管理转变

对于注重个性和个人价值体验的新生代农民工来说,他们更容易接受凸显个性风格的工作方式,因此,企业领导者可以根据自身实际情况适当采用以结果为导向的弹性管理方式。在人事安排上,不把某个人或某个岗位长期固定,在保证新生代农民工完成本职工作的同时,鼓励他们轮岗参加其他部门的工作;在执行层面,制度和流程侧重于大方向、大原则的界定,而流程的细节则根据具体的项目由负责执行的新生代农民工自己充实完善。[1] 如,北京某IT民营企业实行弹性工作制,限定工作任务总量,不硬性限制工作时间,规定员工早上10点前到公司即可;对于一些资本密集型或劳动密集型的生产型企业,在时间上可能由于倒班的缘故,确实要严格考勤,否则前后流程衔接不上,但是可以让他们根据前后流程编成工作小组,小组成员之间可以相互换岗或顶班。[2] 这样,一方面可以缓解新生代农民工的工作疲劳,提高工作效率;另一方面也可以增强他们的工作自主性,满足新生代农民工追求工作自主的需求。

（二）刚性的制度与柔性的管理相结合

新生代农民工"追求自由""追求平等",具有"真我本色",完全刚性的管理方式已不适用,甚至会适得其反,导致员工的叛逆。优秀的企业管理必须"软硬兼施,刚柔并济"。所谓的"刚性的制度,柔性的管理"是指对于企业管理要素中的"刚性指标",比如企业策略、工作准则、企业纪律和岗位技术指标等都要尽可能地数量化和清晰化,要有明晰和严格的奖罚标准与措施;而对于管理要素中的"柔性"指标,如针对员工的情感和心理,通过关爱、沟通、亲和、引导、感化等创建良好的管理环境,使新生代农民工获得归属感,以最大限度地发挥员工工作潜能,自觉遵守公司的"刚性制度"。

（三）尊重个性并实施针对性管理

根据新生代农民工的性格,可以将企业内的员工分为:踏实肯干型、阿谀奉承型、脾气暴躁易怒型、恃才傲物型、叛逆对立型等。作为民营中小企业的领导,要尊重新生代农民工的个性,针对不同类型员工的特点,制定不同的管理策略。如在踏实肯干型员工面前,管理者要善于利于"表扬文化",用口头赞扬和精神、物质奖励等方式去善待他们,有机会就要提拔他们担任不同层次的领导职务;在阿谀奉承型的班组成员面前,管理者应当保持清醒的头脑,要少说多听,不为所动,应多做思想教育工作,把正当表扬的方法教给他们,应提倡坦言之风;在管理脾气暴躁、易发怒的员工时,要肯定他们的优点,然后再在

---

① 郑君:《80、90后员工应该这样管》,中国财富出版社2012年版。
② 殷晓莉:《85后、90后员工的心理及管理》,中国劳动社会保障出版社2013年版。

工作和生活上,给予关心和帮助,通过私下沟通,推心置腹地与他们交谈,引导他发现自身的缺点,然后帮助他们进行克服;恃才傲物的班组成员对待工作有时会掉以轻心,常会因为疏忽大意而误事,管理者要能替他们承担责任,使他们感觉到上级领导在替自己解危,要懂得使用他们的长处,必要时安排一两件做起来比较吃力的工作让他做,迫使他认识到自己性格的缺点,挫其傲气,使他慢慢地做出改变;面对与自己对立的叛逆对立型的"刺儿头"员工,管理者要端正心态,冷静处理,不要急着去打压,首先要检讨自己,如果真是自己的问题,要勇敢地承认,要虚心接受批评;如果是因为员工个人目的未达到或因违章受到处罚而采取对立态度,那管理者应严肃地指出他的问题,秉公处理。①

(四)实行亲和式管理方式

一般而言,成功的管理者一般都采用亲和式管理方式,且多以具有人情味和温和的方法管理员工,也就是以沟通、激励和劝服等方式提高员工的工作能力。新生代农民工更加关注人权,他们蔑视权威、反感训斥,更加渴望被领导关心、爱护和尊重,因此,传统的硬性管理方式已不适用。而采用亲和式领导风格的领导者往往非常重视员工个人的感受,更加关注员工的情感需求,注重赞扬和表扬。因此,对于新生代农民工而言,采用柔和的请求式命令,比如"这件事你可以来做吗?""我们这么做是不是更好?"很多新生代农民工都不喜欢别人命令式吩咐他们做事,而喜欢别人请求他们做事。② 大多数受过教育的人喜欢别人请求他们做事而不愿别人命令他们做事。亲和式领导风格的核心是营造和谐的交际氛围,培养友好的人际关系。实行亲和式管理方式要求领导者更注重员工的情感需求,比如,当员工经历个人艰难时期时,领导者会给予他们情感上的支持。③

(五)善用特殊的激励方式

要学会善用尊重激励法、宽容激励法和赞美激励法。运用这些方法能够使下属产生一种自豪感,激发他们为公司效力的热情。较之老一代农民工,新生代农民工的受教育水平较高,他们掌握一定的专业知识,所以他们渴望被领

---

① 王延臣:《班组长人员管理》,中国铁道出版社 2014 年版。
② 银浦:《管人的 18 个大原则和 180 个小技巧》,北京工业大学出版社 2013 年版。
③ 丹尼尔·戈尔曼:《情商 4——领导你人生高度的领导情商》,中信出版社 2014 年版。

导认可,渴望实现自我价值。因此,领导对他们人格的尊重、工作成果的认可和赞美往往比物质奖励更易被他们接受。领导者要从心底尊重员工,尊重员工的人格,尊重员工付出的努力,要把尊重员工真正落到实处,如日本松下尊重员工做出的努力,倡导社长"替员工端上一杯茶";凡遇到天气恶劣,董事长必定前往有关分店,向不顾天气恶劣坚持上班的员工当面表示感谢;领导者要有一颗宽容的心,能容忍下属工作中出差错。当公司的领导者用宽容的态度来对待员工时,就会极大地提高他们的工作信心,使他们对公司充满感激之情,例如惠普公司宽容员工的跳槽,与员工握手话别;趋势科技公司的企业文化是"犯错误,不要紧",鼓励员工失败;某公司富有人情味的处罚单,将单子的抬头"处罚单"三字改为"改进单";①除了要从内心尊重新生代农民工,他们犯了错误要宽容之外,还要学会赞美他们。赞美可以激发员工的热情、挖掘员工的潜能、激发员工的创造力,只有做到很好地赞美员工,才能从内心深处激发员工的自尊心和自信心,获得员工的信任。赞美不是简单地说几句恭维的话,赞美要真诚具体,例如,可以当着全体员工赞美个别员工,要及时、公正地把握好尺度,也可以借第三者之口赞美员工。

四、巧妙沟通新生代农民工

(一)领导要做一个全面的沟通计划

和谐友好的上下级沟通,既能够有效提高上下级的信息传递效率,又能维持良好的上下级关系,使企业获得超越职能的凝聚力。良好的沟通产生了互相理解、信任的人际关系,但这种沟通不是"应急式沟通",只有时常不断地进行沟通,才可以营造和谐、融洽的人际关系氛围。民营中小企业由于规模小、组织结构简单,人员关系较为融洽,领导者易于了解员工,能够最快掌握员工的动态及问题,能够在第一时间处理好问题及采取对策。在这些方面,民营中小企业应该与大型企业相比具有相对优势。因此,中小企业领导者应该充分利用这一方面的优势,主动积极地、定期地与新生代农民工进行沟通。总体来讲,在与新生代农民工沟通方面,广州、深圳、东莞等南方的企业做得比较到

---

① 泓露沛霖:《最有效的员工激励术》,中国商业出版社 2012 年版。

位。例如,课题组在采访东莞某印刷公司总经理时,他说道"如何管理新生代农民工? 沟通很重要,作为管理者,了解每一个员工内心的真正想法,然后用心关心他们的想法";另外,在走访深圳某电脑笔记本制造公司时,了解到该厂鼓励员工畅所欲言,与员工的沟通特别多,上自公司高层,下至班组长,经常会与员工直接地进行交流,而且沟通的方式非常的多,采用无障碍的沟通。沟通内容涉及了工作状态以及吃、住、安全等方方面面。因此,作为民营中小企业的领导者,要提高对沟通的重视程度,做一个全面的沟通计划,比如制定新生代农民工的接待日制度,安排上司领导或者人力资源部门经理与新生代农民工定期进行面对面的沟通,这就可以使他们获得尊重感,提高他们的工作热情。

(二)根据个人差异灵活适时调整沟通方式

在沟通过程中,领导者要根据接受者的年龄、地域文化和教育程度等因素,运用恰当的沟通方式,使接受者准确、清晰地理解所要沟通的内容,启发式的、赞扬式的、互动式的沟通风格应该更有效。另外,对新生代农民工而言,最好使用直接的而非委婉的说话方式,因为当前的 80 后、90 后,很多都刚出校门不久,他们的思想都比较单纯直接,不会拐弯抹角。因此,领导者在与新生代农民工进行沟通时,一是要做到说真话,不要打官腔。要改变传统的、含蓄的表达方式,选择直接沟通的方式,不要过于拐弯抹角;二是要做到多赞扬,少批评。过多的批评容易伤害新生代农民工的自尊,降低工作效率,使之精神萎靡不振。如果新生代农民工犯下了错误,管理者应该对他进行正式、公开的批评,根据他们的不同情况采取不同交流方式,合理掌控批评的尺度:对于性格相对内向的人,应多以鼓励为主、尽量使用委婉式的批评,因为此类人对于别人的评价非常敏感;而对于性格偏执或者过于自信的员工,可以直接告诉他犯的错误;对于犯小错的员工,可以私下交流,点到为止。[①]

(三)营造善于倾听的和谐沟通氛围

全国总工会 2010 年的调查报告指出,大部分新生代农民工都刚走出校门没多久,仍处于"半成人"阶段,对思想沟通和感情沟通的需求很强,他们普遍

---

① 郑君:《80、90 后员工应该这样管》,中国财富出版社 2012 年版。

出现想倾诉又没有倾诉对象的窘境。但由于他们存在一些不恰当的观念等原因,如,"与领导走得太近会让别人说闲话,言多必失","只要出业绩就会被认可,没必要沟通"等等,通常情况下,这些不恰当观念的存在使得他们很少主动找领导沟通,这就使得上行沟通比较困难,领导者就不能真真正正地了解新生代农民工的想法。为此,领导者需要放低姿态,要时常保持关爱的态度与他们进行沟通和交流。首先,领导者要学会倾听。倾听是良好沟通的重要一环,只有学会了倾听,学会倾听新生代农民工的心声,并且及时作出反馈。只有这样才能打消他们的顾虑,才能拉近与新生代农民工的距离,才能让对方信服你。倾听下属的话,不仅要倾听他们的意见或建议,更要听他们的烦恼和抱怨等。一些诉苦的内容,特别是一些工作上的辛劳,才是下属最想让上司知道的,新生代农民工希望上司理解他们的辛苦。因此,领导者不可以烦躁或反感,要耐心听取、点头同意或随声附和。只有认真去听他们的讲话,你才能知道他们真正想要的东西是什么,以及你能为他做些什么;①其次,要营造和谐的整体沟通氛围。在企业内部营造民主氛围,让新生代农民工多提新思路,大胆说真话。作为领导者,可以在例行考核方面,对提出有价值的新思路、大胆说真话的人给予奖励;可以通过利用演讲造势沟通。当新生代农民工慢慢意识到沟通对于自己很有帮助的时候,通过进一步激励引导他们主动与领导者进行沟通,进而引导他们说出自己内心的真实想法。领导者在给新生代农民工布置任务时,即使自己早已胸有成竹,对采取什么样的对策心知肚明,但也不要对他们全盘托出,然后命令他们按照你的要求去完成,而应该引导新生代农民工说出他们的想法,征求他们的意见,这样会使新生代农民工会感到自己受到了领导的重视,以饱满的热情完成他们的工作任务。②

（四）鼓励采用非正式沟通方式

非正式沟通能够使新生代农民工感到轻松自由,使他们放下思想包袱,敞开心扉,畅所欲言,吐露心声,毫无保留地提出中肯的意见和建议。③ 管理者可以自由选择沟通渠道,如在休息室、走廊闲聊,吃饭时进行交谈,走动式交谈

---

① 银浦:《管人的 18 个大原则和 180 个小技巧》,北京工业大学出版社 2013 年版。
② 银浦:《管人的 18 个大原则和 180 个小技巧》,北京工业大学出版社 2013 年版。
③ 郑君:《80、90 后员工应该这样管》,中国财富出版社 2012 年版。

等等,还可以通过生日聚餐、娱乐活动等方式深入新生代农民工中去了解新生代农民工的真实想法。聊天是非正式沟通的主要方式,聊天要坦诚,不能故意隐瞒和保留,不能利用聊天来骗取别人的信任,欺骗别人的善良。在运用网络信息化平台进行交流时完全可以不公开个人信息,这也是打消员工各种顾虑的一种方式。因此,管理者可采用匿名方式进行开放交流或者集体讨论。而且对于新生代农民工的意见或建议要在实际工作中及时做出反馈,对于采纳的建议,给予奖励。此外,还可采用以下方式进行沟通:①"便条式沟通"。由于管理层事务繁忙,故可以使用便条与新生代农民工进行交流,这样可以使员工感到被尊重和被重视。便条的主要内容只是简单问候和关心。如,通用总裁韦尔奇写的便笺有给直接负责人的,也有给小时工的,无一不语气亲切且发自内心,蕴含着无比强大的影响力。②创造机会与新生代农民工沟通。管理层可以不定期造访车间或办公室,并与新生代农民工共同进餐,通过这种形式让新生代农民工感受到他的存在。如腾讯公司的"总办午餐交流日",员工自由报名,抽签 12 人与总裁一起吃饭。这种形式能够加强高层管理者与基层员工之间的直接交流,必将成为普通员工畅谈心声的渠道,让管理者真切地了解新生代农民工的心声。③建立"一对一"会议制度。会议内容由员工决定,这样可以确保员工与领导之间沟通的可行性;会议时间不要持续太长,这样可以保证尽可能多的新生代农民工有机会与领导面对面交流。无论采用哪种沟通方式,交谈前,领导要让员工做一下"热身运动",即,尽量以轻松的语气,以"叙旧""拉家常"作为交谈的开始,这样可以减轻对方的心理压力和局促感,缩小双方的心理距离,消除员工的紧张感。

五、采用充分授权的特色激励方式

(一)实施梯次授权方式

由于领导者事务繁忙,因此授予部属权力是很有必要的,这样既能减少自身压力,又能提高工作效率。而且很多情况下,下属比上级更了解实际情况;另外,对于新生代农民工而言,他们希望被重视、被尊重,在轻松自由的环境氛围中自主工作,授予他们权力是对他们工作的肯定和精神褒奖。然而,中小企业的领导者应该如何对新生代农民工授权呢?

一是要了解新生代农民工的需求与能力。要量其能,授其权。通过我们的访谈发现,大部分新生代农民工对于授权没有太大的欲望,但这并不意味着他们没有这方面的需求,只是这些需求他们自己没有意识到罢了。因此,要采取梯次授权的方式,逐渐让他们体会到授权带来的成就感,进而产生对授权的渴望。民营中小企的领导者要准确了解新生代农民工的工作能力,可以通过平时工作洞察、绩效考核素质测评等各种方式,对其工作能力进行排序,实行梯次型授权方式:一是对于初入公司、没有工作经验的新生代农民工,可以把较为简单、基本的工作交付他们,并对他们的工作进行实时跟踪监督,这时主管是指导者身份,需要对其详加指导,促使他们早日进入工作状态,熟络工作流程并掌握技术要领;二是对于有工作经验但技能不足的新生代农民工,可以不定期地给予他们一些挑战性工作和适当的工作指导,主管这时充当的是教练员角色,促使他们积累经验并迅速成长;三是当新生代农民工拥有一定的工作技能和丰富的经验后,主管由原来的具体指导转为放心地交予重要性任务,比如参与公司重要决策、拜访重要客户、谈判重要项目等,这类员工通常是公司的中层骨干,主管成了员工的坚强支持者;四是对于核心新生代农民工,主管只要把握好管理尺度,即可放心交予他们任务,自由发挥即可。① 因此,授权的 4 个阶段是由低到高,逐步递进的。

二是要合理掌握权力收放的力度和尺度。台湾知名国际战略管理顾问林大正说"授权就像放风筝,下属能力弱线就要收一收,下属能力强了就要放一放",一开始要慢慢地放,掌握尺度,一下子把线全松了,没有牵引力了,风筝就很容易落下来,收放之间的分寸、力度要拿捏准确;放的过程中,领导者手里要始终有一根坚韧的线,不能超出了自己的控制范围,要根据风向变化来调控和牵引,企业内外部环境变化了,授权和控制也要及时调整方向,不能一成不变;对于员工工作能力的提升,主管要及时给予精神与物质奖励,要给予优秀者充分的肯定,这样会极大提高员工的工作热情和干劲儿;同时,在授权时不仅要注意能放得出去,还要注意能够收得回来。内外部环境剧烈变化了,有时也需要回收授权。主管需要时时关注新生代农民工的工作,当他们的工作不

---

① 银浦:《管人的 18 个大原则和 180 个小技巧》,北京工业大学出版社 2013 年版。

符合要求,或者由于能力问题无法完成任务时,主管应及时停止授予权力,以防止企业利益损失的扩大。

(二)授权的原则

无论授予多大程度的权力,都要坚守正确的原则:一是要明确任务。要确定完成工作的内容和时间、自主决策权的多少、职责的大小;二是要避免只分配杂活。只授权比较简单的工作,如文件归档、输入数据等;三是要避免检查过多。授权后,领导对工作应进行适当的控制或监督,但是要避免干预或检查过多,作为领导者,你必须给新生代农民工空间去尝试成功或失败;四是放小权,留大权。与企业或者部门领导相比,新生代农民工的工作经验还是比较缺乏的,综合能力仍有待提高,对于部分有关企业全局的重大或者高难度事项难以胜任,因此,授权要做到所授的权力刚好够下属完成任务,不可无原则地放权;五是量其"能",授其权。这里的"能"不仅指能力的大小,还指品行的优劣,有些人可能能力很强,但诚信缺失,一旦赋予他过多权力,他就可能做出一些背信弃义、违背组织的事。因此,领导者要综合评估授权对象的综合能力和素质,根据其情况和特点,为他们合理授权;[①]六是充分下放权力但不能完全下放责任。无论授予下属多大权力,主管的责任永远都不能推脱。如果主管推脱了责任,那就是退位不是放权。许多管理者认为授予下属权力时,他自己就不用承担责任了;而且下属的工作差错与自己无关,这对于管理者而言是个错误的观念。授权不等于不承担责任,反而是责任的扩大,主管要对自己、员工和企业承担全部责任。

六、鼓励新生代农民工参与管理

(一)提升新生代农民工的主人翁意识

新生代农民工大部分都在基层一线工作,认为自身就是打工一族,很多在思想上有着但求无过的消极观念;此外,管理层经常对公司事务直接进行决策,致使新生代农民工参与企业管理的机会很少,几乎不能够参与到决策管理中去。因此,提高新生代农民工主人翁意识是当前民营中小企业发展的迫切

---

① 泓露沛霖:《最有效的员工激励术》,中国商业出版社 2012 年版。

要求。培育新生代农民工的主人翁意识，首先，基层的新生代农民工必须要做到"知晓实情"。树立公司命运与自身发展前途共同体的理念；其次，新生代农民工要增强自身归属感。新生代农民工远离家乡在城市中打工，情感上得不到慰藉，希望融入城市生活。因此，管理层需要在新生代农民工的归属感方面多做工作，要深入基层员工内部，在工作和生活等方面多多帮助他们，周末或者休假的时候组织大家一起去郊游、爬山、烧烤，举办"装饰办公室日""团队午餐便当"等活动，这些活动较为简单，大多数民营中小企业是容易实行的。通过这一系列措施，不仅可以增强员工之间的情感，还可以增强他们的归属感和主人翁意识；最后，新生代农民工要有一定的权利和责任感。企业的领导者不仅需要明确新生代农民工的工作内容和工作责任，还需要强调他们的工作对公司的发展很重要，需要他们承担相应的责任和义务，培育他们的主人翁意识。

（二）提供支持并引导新生代农民工参与决策

新生代农民工在工作中喜欢交流，希望自己有说话的权利。所以，管理层需要改变独断专行的工作作风，这样才能提高新生代农民工参与决策管理的积极性。管理层要花时间去认识你的下属，分享建议，尽量让每个人有发言权。另外，由于新生代农民工自发参与意识不强，作为民营中小企业的领导者，还要提供支持并引导让新生代农民工参与进来。管理层在平时工作中要结合工作目标和重点，及时向新生代农民工传递关于公司的形势和发展信息，指导他们工作，帮助他们树立参与公司决策的主动意识，提高其参与企业管理的能力。

第六节　民营中小企业新生代农民工企业文化管理路径

一、强化企业管理者对企业文化建设的认识和重视
（一）加强企业管理者对文化精神层建设的重视和理解
企业文化建设的内容涵盖精神文化、制度文化、环境文化和组织文化等多

个方面,其中精神文化尤为重要。当前,部分民营中小企业管理者认为企业文化建设就是条幅口号、统一的员工工作服装等,然而这仅仅只能代表企业的外部形象,企业全体员工应具备共同的企业价值观和理念。加强企业管理者对精神文化建设的重视及理解,应着重从以下两个方面入手:首先,企业管理者要在思想上高度重视企业的文化建设。要转变思想观念,在行动上践行企业文化,不断提高企业文化建设的积极主动意识。诸如企业管理者要在企业文化建设中发挥示范作用,做到表里如一、言行统一,亲自指导企业文化的设计,引导企业和员工沿着正确的方向进行企业文化的建设;其次,企业管理者要重点加强对企业文化精神层面的理解。管理者要在整个高层管理中开展集中学习探讨企业文化的活动,以更好地掌握企业文化精神层面的核心内容,诸如加强对企业文化内在精髓的学习。同时,管理者还应着重加强对企业文化精神层的体系建设。建议民营中小企业应聘请相关领域的专家对自身企业的文化建设内容进行提炼,系统概括归纳成企业的精神层、制度层以及物质层的文化体系,从而更好地帮助企业管理者乃至全体员工认识和理解企业文化。

(二)增强企业管理者创建学习型企业文化的意识

民营中小企业的管理者要采取措施让新生代农民工从内心深处认识到学习企业文化的重要性,以打造学习型的企业文化理念,实现由"被动学"向"主动学"转变,由"要我学"向"我要学"转变,进而营造企业内部"学习终身化、终身化学习"的文化氛围。在 20 世纪 60 年代,瑞典出现一种"回归教育"的模式,即给予员工第二次、第三次乃至终身受教育的机会,这种思想和教育模式很快传遍了全欧洲。同时,海尔、微软及松下等大型企业之所以能够在日趋白热化的市场竞争中站住脚跟并迅速壮大,成为行业的领军企业,原因之一就在于其创建了学习型企业。鉴于此,民营中小企业应该做到以下几点:

一是要树立全员学习的观念。企业的管理者要让新生代农民工意识到学习是为自己的未来而进行投资,是为自己的生存而进行积累,是为自己的发展而积蓄,"知识改变命运","学习成就未来"的格言依然有效,要促使新生代农民工积极主动地努力学习企业文化。同时,要教导新生代农民工要有忧患意识,把自己当作一只空杯,不断设计新的起点、留出足够的空间去接受新的知识和方法;二是要求新生代农民工树立全程学习的观念。当今时代已经进入知识时代,知识已经成为竞争的第一资源,而学习则是获取知识的主要途径,所以员工的工作与学习必然要合二为一。联想集团的不断成功,就在于每一个联想人"每一天、每一年都在学习",这其中就包含学习企业文化。即使民营中小企业的实力和规模较小,但也要在思想和意识上与世界的发展同步,培养新生代农民工在生活中学习、在工作中生活的观念。工作与学习相互促进、相互交融;三是要求新生代农民工树立终身学习的观念。新生代农民工自身受过较好的素质教育,具有较高的文化水平,企业要不断灌输终身学习的理念,从而推动企业文化的学习和深入。终身学习的内涵在于学会做事、学会认识、学会生存、学会共处,企业领导者要用自己的行为为员工树立终身学习的榜样,以激励新生代农民工不断地学习的动力,激发他们潜在的创新力和竞争力,进而促进企业做大做强。

(三)加快构筑企业文化建设的物质载体

加大对学习的投资是世界上任何一家成功企业所共同的抉择,因为对学习的投资比任何投资的回报都要来得更快、更丰厚。所以,民营中小企业的管理者要树立长远的眼光,舍得投入,舍得付出,加快构建员工的学习平台。一是要健全企业文化的基础设施建设。企业要设立企业阅览室、读书室、文体娱乐室,并根据企业的自身性质和发展状况,添置一些益智、高层次的学习工具,诸如电子阅览器,将新生代农民工从打牌、打游戏的活动中吸引到书桌上来。此外,有条件的企业可创建自己的职工夜校,充分发挥工会的职能,白天工作,晚上学习;二是要健全企业文化宣传阵地。通过企业标语、Logo、宣传手册、电子屏幕、文化墙等多种方式营造出一种浓郁、开放、自觉的学习氛围,使新生代农民工在车间、餐厅、宿舍、走廊就能感受到企业的文化气息,潜移默化地将企业文化植入新生代农民工的意识当中。同时,企业还可创建自己的内刊,借助其传达决策信息、表扬先进员工、展示员工心声,真正让员工各抒己见、直抒胸臆,进一步繁荣和活跃企业文化;三是健全企业信息网络建设。新生代农民工大多是手机控、电脑控,企业管理者要充分利用微博、微信等网络平台,向其传播企业的文化理念和相关资源,并借助这些平台让新生代农民工更好地了解同行业的信息资源,让其博览群书、知天下事、明天下理,掌握行业发展动态,从而更好地为企业发展献计出力。

二、努力构建平等和谐的企业文化

（一）以领导亲和力助推企业平等文化

民营中小企业许多都属于家族企业，与诸多国有企业相似，企业内部存在着"唯上是从"的官僚文化或家长式文化。这种企业文化等级观念较为严重，忽视员工的个性，尤其对新生代农民工而言，其思想活跃，性格独特，比较反感、抵触命令型的独裁企业文化，因而不利于构建平等的企业文化。故新时期的管理者应该学会与新生代农民工平等对话，降低自身的姿态，采用刚性与柔性相结合的管理模式，用自身的亲和力去感染新生代农民工，进而在企业内部形成一种平等沟通的文化氛围。主要包括以下两个方面的内容：

一是推行"称谓无总"的平等文化。新生代农民工倾向于平等自由地与人交谈，往往不在意对方是否是领导，若非要执行严格的等级称谓文化制度，将会在很大程度上影响企业平等文化的建设。2016年6月28日，中共中央总书记、国家主席习近平在中央政治局第三十三次集体学习时指出："倡导清清爽爽的同志关系，规规矩矩的上下级关系。"在党的群众路线教育实践活动总结大会上再次提到了"称谓"的问题，指出称谓不是小问题，一声"同志"叫出的是为同一目标而共同奋斗的兄弟姐妹之感；而一声"某某长（书记、主任）"叫出的是你高我低、你主我次的等级之感。可见称谓一变事事变。"称谓无总"已经在很多大型企业进行文化建设中采用了，如著名的联想集团、Google公司、GE公司。联想集团的总裁认为只有下级对上级的尊重，没有上级对下级的尊重，只会加重企业权力等级的气味，僵化企业的文化氛围，故其在企业推行"称谓无总"的文化制度，在推行过程中，老板为进一步加快文化建设的进程，要求所有的总经理拿出半个月的时间，站在门口带个牌子和每位员工亲切握手，牌子上写着"请称呼××"。以此密切联系了员工与领导间的关系以及员工与员工间的关系，每位员工都把联想看成"家"，消除了之前存在的等级隔阂，让员工感受了集团平等、民主的文化氛围。民营中小企业更应该如此，多与新生代农民工平等沟通、说谢谢、讲道理，推进平等文化的建设；二是领导者要改用"指导式"而非"指令式"的领导方式。不少管理者喜欢事必躬亲，不善于有效授权，总是以高高在上的姿态训导员工，而新生代农民工在心理上对这种管理方式却相当排斥。联想董事长柳传志在管理高素质的年轻人时,喜欢采用指导式的管理模式,将工作方法改为参与式的管理,即下属提出计划和看法,自己提出一定的意见或建议,为年轻人提供了自由发挥的舞台,营造了平等的文化气息。正如杰克·韦尔奇所说"企业领导人的工作成效与能否同下属沟通具有成百上千倍的正效应"。因此,民营中小企业在建设企业的平等文化的过程中,一定要发挥领导者的亲和带动作用。

(二)以顺畅沟通营造企业平等文化的氛围

在传统的企业组织沟通方式上,管理者往往采用高姿态的语气与新生代农民工进行沟通交流,说老词、唱老调,未能给予其相应的尊重和话语权,形成了一种不平等、非自由的歧视文化。鉴于此,首先,管理者要主动与新生代农民工进行沟通交流。亚伦(中国)有限公司的领导者为打造平等沟通的文化环境,特意在每个月的月初开设"接待日"。每到接待日,公司的高层就会到各个工厂,见那些有意见、有建议的员工,并且就所提的问题在一周内解决,对于未解决的问题公司也会向员工做出说明。通过这样的方式,充分给予新生代农民工阐述自己观点的平等机会,通过对话交流的方式让新生代农民工心服口服,而不是屈服于领导的权力;其次,拓宽与新生代农民工沟通渠道。民营中小企业的管理者要主动适应80后、90后获取、分享信息的渠道和方式,通过微博、微信、QQ等网络工具了解新生代农民工对工作、生活的看法,及时解决其中存在的问题,平等地与新生代农民工进行交流,让新生代农民工进一步认同企业的文化和价值观念;最后,敞开新生代农民工参与文化建设的大门。新生代农民工通过参与文化建设,可顺利推动企业文化建设的进一步实施。文化建设的决策过程应该与沟通过程是同步的,而不是企业领导者制订好方案后再与新生代农民工进行沟通,要有让新生代农民工平等表达自己意见的机会和渠道,从而加快企业平等文化的建设步伐。

(三)坚持"以人为本"的平等文化理念

"以人为本"是企业文化建设的基础,把握住了"人",也就把握住了企业文化建设的核心。坚持"以人为本"的文化理念,才能培育出独具特色的优秀企业文化。民营中小企业在进行文化建设的过程中,要将企业的优良传统、品牌形象、价值观念、服务理念、经营目标、行为准则等内容融入到新生代农民工的思想和行动之中。所以,构建"以人为本"的平等文化理念,亟须从以下两个方面着手:一是领导者亲身示范"以人为本"的平等文化。美国管理大师劳伦斯·米勒指出"当领导者正式宣告和亲身示范这些价值观时,新的企业文化便会浮现。"宣讲企业文化、张贴企业标语、推出典型模范是新的企业文化形成的关键,要充分动用企业的一切宣传工具和手段,宣扬、灌输"以人为本"的企业文化的内涵和要求,努力使每一个管理者和员工都能熟知掌握,要在企业内部强化对"以人为本"的企业价值观的认同,形成浓郁的"以人为本"的企业文化氛围,从而增强企业的凝聚力和向心力;二是构建尊重人、善待人的企业伦理基础。"以人为本"的企业文化可以有效塑造企业精神,营造为了人、尊重人、团结人、关心人、理解人、帮助人、培育人、发展人的良好企业氛围。①同时,企业要为新生代农民工留出一点自由空间,采用人性化的管理模式。Google 公司在企业的文化建设中就给予员工 20% 的自由时间。因为 Google 公司知道即使不给员工自由时间,他们也会想方设法地偷懒,与其这样偷偷摸摸,造成公司内部不和谐,还不如公开地给予员工一定的自由支配时间,这样员工的感受会完全不一样,他们会感觉到自己被尊重,是为了自己的兴趣而工作,进而提升工作效率。

三、塑造员工间团结合作的企业文化

(一)培养新生代农民工的团队协作意识

"新生代农民工都非常独立,且自成一派,带来的负面效果就是合作性差"。这是课题组在进行问卷调查访谈时一位管理者所说的。众人拾柴火焰高,企业的生存发展唯有依靠团队的智慧和力量才能长盛不衰。为了培养他们的团队协作意识,民营中小企业要做到:一是要逐步加强新生代农民工间的团队文化建设以培养团队意识。企业可通过举办活动的形式来打造新生代农民工的团队文化,针对新生代农民工的特点,诸如篮球赛、合唱比赛、拔河比赛等活动显然对其没有吸引力。所以领导者要创新员工的活动形式,例如进行员工拓展训练、举办趣味水上团体活动、员工家庭日主题活动、定向越野活动、野战系列活动,以此增进员工间的个人情感,培育企业特有的团队文化。这

---

① 李静静:《浅议构建以人文本的企业文化》,《市场论坛》2008 年第 11 期。

样,既能使员工与企业融为一体,形成促进企业发展的合力,又能营造团队文化的氛围;二是要在员工工作场所设置团队建设公布栏。公布栏的内容可以分为团队工作目标、团队工作进度、温馨提示等栏目,作为企业团队文化建设的载体之一,时刻提醒新生代员工是团队中的一部分,提升新生代农民工的团队合作意识。

(二)努力提高新生代农民工的情商水平

情商在团队的发展过程中发挥着日益重要的作用。情商(EQ)是指通过分析、评估自身及他人的情绪,对情绪进行合理的调节,来不断适应外界环境变化的一种调节能力。越来越多的研究表明,情商在团队文化建设中起着十分重要的作用。打造团结合作的团队文化,首先要提高团队成员个人的情商水平。情商的高低程度虽然受到先天因素的影响,但这种影响不是绝对的,后天的培养与努力也是十分必要的,它对个人的情绪调节有着重要的作用。新生代农民工若要提高个人情商,就必须要保持积极乐观的精神,遇事不骄不躁,不颓废消极,要树立自立自信自强的心理状态,在遇到难以解决的问题时,要及时向家人朋友请教咨询,寻求帮助与建议等;其次,要构建冲突管理机制以加强对团队文化的培育。有效的冲突管理机制主要通过畅通信息传递渠道、制定清晰的冲突管理流程以及评估冲突发生的可能性等方式来建立,在团队发生冲突时,通过上述机制可使冲突各方掌握真实的第一手资料,有关部门或人员及时处理冲突,从而减少冲突对企业团队造成的感情损害,进而加强团队文化建设。

(三)打造新生代农民工"荣誉与共"的团队文化

让员工与团队"荣誉与共"是企业建设成功团队、加强团队文化建设的基础,也是培养新生代农民工团队精神的主要途径之一。因此,民营中小企业应该要做到以下几点:一是要增强团队员工之间的相互依赖感。团队成员间的相互信任是团队文化建设的核心环节,在分派工作中,管理者要让新生代农民工切实认识到工作内容的两个责任:做好分内之事和为合作伙伴提供方便;二是对为团队做出突出贡献的员工进行奖励。企业管理者要对新生代农民工的工作给予帮助、肯定和表扬。同时,若某一员工赞美表扬同仁,那么应该表扬、褒奖这位员工的良好表现,久而久之团队的气氛就会显得和谐而融洽,进而营造出良好的团队文化合作氛围,促进企业的发展。

四、让感恩文化成为企业和谐的润滑剂

(一)让新生代农民工在企业中体验到"家"的温暖

企业感恩文化的建设体现在企业发展过程的方方面面,企业领导者对员工一句亲切的问候就是让员工内心感动的一个环节。感恩做人、敬业做事,民营中小企业一方面要加大对新生代农民工的感情投资。相对于数量有限的物质刺激而言,感情上的投资和所得到的回报是发自内心的、真诚的,靠这种感情维系起来的关系是物质刺激所不能达到的,更具有凝聚力和稳定性。所以,企业领导者要注重感恩文化的培育技巧,让新生代农民工感受"家"的温暖。诸如领导者要经常与员工共进午餐,就一些主题进行深入的探讨和交流;或是每周的一个时刻与员工进行自由、轻松、无主题的沟通交流;或是在不同的场合用书面或口头的方式赞美新生代农民工,让他们感受到企业的领导者在关心、关注着他们,进而赢得新生代农民工的心;另一方面要为新生代农民工营造"家"的氛围。企业的领导者要在企业内部树立员工感恩的理念,打造企业感恩的氛围,形成企业与员工之间的"双向感恩"文化。具体表现为两个层面:其一是新生代农民工要学会感恩。企业为员工提供了展示自身能力的工作舞台,搭建了实现其职业生涯规划的人生发展平台,所以,新生代农民工要感恩企业;其二是企业要学会感恩新生代农民工。员工用自己辛勤的劳动为企业创造了大量财富,所以,企业也要感恩他们为企业做出的贡献。所以,企业要努力建设并发扬感恩文化,以此来凝聚和团结新生代农民工,使企业在激烈的市场竞争中持续发展。[①]

(二)以感恩文化提高新生代农民工的企业归属感

新生代农民工是民营中小企业文化建设的主要载体,他们推动了企业的文化发展,并为企业文化建设做出贡献。企业文化在企业领导的积极推动下,主要还是通过员工的共同努力来实现。可见,在当前新生代农民工离职率居

---

① 方为加:《大力培育感恩文化,推动企业跨越发展——对四川明星电缆股份有限公司企业文化建设的调查》,《中共乐山市委党校学报》2012年第4期。

高不下的环境下,企业的感恩文化在留住新生代农民工、提高其对企业的归属感方面就显得尤为重要了。建设感恩文化,一是企业领导人在尊重每一个员工的同时要真正做到以人为本。通过各种形式的交流拉近与员工的距离,从而将管理者与员工有机地联系在一起,互相影响,互相促进,形成积极向上、企业认可的价值观和道德观。诸如在员工生病住院时领导者要亲自去探望。无论多么强壮的人,当身体不适时,心理上总是会特别的脆弱,而企业领导的关怀在此时就显得极为重要,员工将会十分的感恩企业,感激领导,进而努力地工作;二是企业领导者要关心并注重员工的能力提升。让新生代农民工能够有能力养活自己、养活家庭,承担起该有的责任,这也是提高员工工作稳定性、建设企业感恩文化的主要途径。故企业领导者要努力提升员工的工作技能和综合素质,并给予新生代农民工广阔的晋升空间和发展机会,让其看到企业对员工的关怀和照顾,从内心深处感恩企业为员工所提供的各项服务。让新生代农民工从精神和物质上感受到企业感恩文化的力量,从而有效地提高其对企业的归属感和忠诚感。

(三)积极开展主题明确的企业感恩活动

企业的感恩文化主要涵盖了感恩祖国、感恩社会、感恩企业、感恩父母、感恩员工和感恩同事等六大元素。新生代农民工情感丰富,文化素质较高,只要企业正确鼓励与引导,可在很大程度上加快企业感恩文化的建设。企业一方面要搭建感恩平台,为感恩文化提供载体。企业可以以每年的父亲节、母亲节、感恩节、中秋节等节日为平台,根据节日的性质和内容设计不同的主题,主题要有新意和创意,要让新生代农民工直接体会到企业的温馨与快乐;另一方面企业的工会组织要行动起来。工会作为企业中的群众组织,在企业感恩文化建设、深化感恩文化内涵方面具有不可替代的作用,工会要大力开展企业员工的文体活动,诸如开展合唱感恩歌曲、讲感恩故事、树感恩典型、做感恩实事等活动,激发新生代农民工勇于拼搏的斗志,提高企业的凝聚力。

五、彰显企业文化建设的创新性和个性

(一)结合企业现状拓展文化创新途径

企业文化是企业自身的精神象征,具有强烈的企业特性。如果企业的文化建设一味地效仿和抄袭其他企业的做法,那便失去了企业文化建设的真正含义。因此,民营中小企业的文化建设要在充分体现行业特征和自身特点的基础上,有创新性地进行企业文化建设。首先,有选择地继承和发展固有文化以进行文化创新。在企业文化创新的建设过程中,一定要避免"不能把洗澡水和孩子一块倒掉"的做法。企业文化创新并不是一味地否认之前的企业文化,而是在继承和弘扬优秀企业文化的基础上进行创新。鉴于此,民营中小企业应在结合企业发展现状的基础上对企业的发展理念、文化制度、物质文化以及精神文化进行系统分析,客观评估,以明确符合企业未来发展的优秀文化;其次,创造趣味性的企业文化。员工心情愉悦可以产出最大的工作效率,提高企业的凝聚力和员工归属感。民营中小企业在进行文化建设时,要充分考虑到新生代农民工喜欢自由、追求快乐的性格特征,创新性地创建趣味性企业文化;最后,鼓励全员参与创新以优化文化创新机制。创新需要一套较为完整的机制,这是企业发展的共识。但是在生产实践的过程中,制定一套完善的创新机制并不困难,难点就在于如何让企业所有员工充满激情和热情地参与进来。这就需要企业文化的力量去凝聚人心,使更多的新生代农民工参与到企业文化的建设中来。

(二)顺应时代潮流以塑造企业文化特色

企业文化建设是一种极其复杂的系统工程,其核心内容是"内聚人心、外树形象"。因此在建设企业文化的过程中,一定要做到广泛学习,立足创新,分析过去,掌握未来。由于受企业规模和经济实力的限制,民营中小企业在与大型企业竞争中处于相对劣势,但是,也不乏不少民营中小企业的文化可以与大型企业相媲美。因此企业应该根据自身的情况建设有自己特色的文化,同时要不断创新,不断推动企业文化适应市场经济环境的发展。一是要与时俱进地塑造企业文化特色。时代是不断向前发展的,如果一个企业的文化建设一成不变,那势必会遭到市场的淘汰。建议民营中小企业要明确时代发展的主题,有侧重点地培育企业文化。诸如在当前经济发展新常态的现实背景下,经济发展增速变缓,加之企业面临的市场环境、员工的心理条件的变化,就要求企业在总体价值观和核心精神不变的前提下,适时地进行二次文化建设;二是要突出自身企业文化个性。个性化的企业文化是增强企业文化竞争力、扩大企业知名效应的重要举措,而个性化的企业文化依托于个性化的物质载体。构建个性化的企业文化,建议民营中小企业可以设计个性化的工作场所。在场所的设计中要考虑到员工的隐私,给予个人一定的空间,诸如在办公桌放置家庭照片、案头摆放盆景或花束、涂抹自己喜欢的颜色等等,以此打造个性化的企业文化。此外,个性化的企业文化还体现在行业特点上。不同的行业,其生产经营活动的差异比较大,因此在长期的经营活动中形成特有的组织文化,诸如石油管道企业的艰苦奋斗文化、航天企业的刻苦钻研文化等等。所以,民营中小企业要结合企业的特点,进行特色化的文化建设。

六、提高企业文化的执行度

(一)加强企业文化执行的组织保障

企业文化执行力度的大小受多种因素的影响,其中起决定作用的是企业领导层的实施力度因素。首先要提高领导层对企业执行文化的重视程度、理解程度及其参与程度。要率先做好企业文化的实践者,以身作则,从文化的制定、调整,到文化的落实,整个过程都要参加。领导者作为企业的核心人物,是企业信息传递的中心,其言行举止都会受到员工的关注与效仿。因此,领导者要通过自身努力为企业构建执行文化提供保障。中国香港首富李嘉诚在谈到企业管理时讲到,对于管理思想、管理方法大家都懂,我只是"JUST DO IT!"这就是提高文化执行力的关键所在。执行文化的缺失将会导致企业的灭亡,例如曾经辉煌风光的某运动饮料集团,也曾经制定过比较好的经营理念和企业文化,比如科学管理、尊重人才、质量至上等经营思想。但就在实施各项管理制度上不贯彻落实,尤其在企业重大事项的决策方面,集团总裁个人说了算。个人决策的失误再加上员工的人心涣散,企业最终走向了衰落。① 故领导者要力促企业文化的落实与执行,让新生代农民工切实感受执行力的重大意义;其次,要尽快成立企业内部文化建设主管部门。主要负责企业文化发展战略的制定、企业文化建设规划与实施方案制定及企业文化建设工作协调与监督等工作,从领导层面高度关注文化建设的成果;最后加强新生代农民工班

---

①　梁冬青:《提高企业文化执行力的探讨》,《经济师》2010 年第 12 期。

组文化建设。积极开展各类班组活动,深化班组文化建设。诸如通过班组之间的定期交流、班组口号、班组论坛、技术比武、联谊、征集班组文化故事、设立班组文化墙、合理化建议等活动,增强新生代农民工之间的协作、服务、学习的意识,以此保障企业文化能够在新生代农民工中执行。

(二)加强企业文化执行的队伍保障

新生代农民工的文化素质是关系着企业文化是否能够顺利建设的重要前提条件。因此,一方面建立企业文化宣传组。建议企业从新生代农民工群体中选择一批文化素质较好的员工组成企业文化宣传人员,在不影响工作的前提下由企业的主管领导对其进行培训。除讲解企业文化理念及相关案例、演讲口才等常规培训外,还要注重提高他们对企业发展的分析洞察能力和战略部署能力,确保他们向其他员工准确传递企业文化建设核心理念和宣传要点;另一方面建议企业从宣传人员之中选拔人员组建文化监察与评价考核小组。企业执行文化的关键不仅在于传输文化理念,更在于用制度保障文化的落实与执行。通过强化企业员工对文化的执行力度,将文化理念内涵制度化,使企业文化理念与规章制度相一致,进一步推动企业执行文化生根发芽。文化监察与评价考核小组要将考核的结果与员工绩效相挂钩,从而为文化的执行提供队伍和制度保障。

(三)加强企业文化执行的物质保障

物质保障是企业进行企业文化建设的基础。物质保障包括硬件设施和软件设施,硬件设施主要包括设施设备、物资物品、作业环境、传播渠道和视觉识别体系等方面,软件设施主要包括资金、技术和知识管理等方面。因此建议民营中小企业从硬件、软件两个方面进行着手,以保障文化建设的顺利实施。一是加强企业内部文化设施硬件建设。诸如职工文体活动中心、图书馆、荣誉室、展览馆、电子屏、企业文化活动场所等是企业文化得以实现的载体,是企业文化建设的主要平台。同时,要结合文化传播体系的建设丰富各类传播载体,包括内刊、传统媒体、展板、文化墙、社交媒体等,这就可以改善企业文化的建设硬件环境,有利于推动企业文化的建设;二是加强软件设施保障。企业要提供一定的企业文化专项建设资金,专项资金是企业文化建设不可或缺的基础保障因素,对文化建设投入的资金要求做到专款专用、科学预算、统筹安排、监管到位、发挥实效,以确保企业文化的顺利执行。

第七节　民营中小企业新生代农民工
职业生涯规划管理路径

一、明确新生代农民工的职业生涯发展需求

相对于老一代农民工而言,新生代农民工的职业生涯规划能力较强,但他们的职业生涯规划能力依然不足,对于今后的职业发展,很多仍处于迷茫状态。因此,加强对新生代农民工的职业生涯的规划管理就非常必要。在制定新生代农民工职业生涯管理方案时不仅要顺应企业发展的需要,而且还要结合新生代农民工自身的职业生涯发展需求。在实施过程中,要采用发放调查问卷、深入员工内部访谈等方式,认真听取新生代农民工对其自身职业生涯规划的想法和建议。为新生代农民工做职业生涯规划,主体是新生代农民工本人,企业发挥的是建议和指导作用。因此,这就需要了解不同新生代农民工的兴趣、性格特征和个人能力情况,使为新生代农民工设计的职业生涯规划与其本人实际情况相匹配。在做职业规划时要尊重新生代农民工的意愿,遵守"以人为本"的原则;企业为新生代农民工做职业生涯规划,更多的是站在民营中小企业自身的利益角度,但是也会出现新生代农民工意愿与企业利益相左的情况,这时要采用注意人性化和柔性化战略。在底线上也应尊重新生代农民工的意愿和需求,否则他们的对立情绪将对企业不利。

二、指导新生代农民工制定明确的职业生涯目标

新生代农民工虽然较于老一代农民工其受教育水平有所提升,但是对于职业生涯规划方面的知识仍然比较欠缺,对于个人的职业目标仍未有一个清晰的认识。新生代农民工职业生涯成败的关键在于其能否正确地设定职业生涯规划目标体系。职业生涯目标体系具体包括职业观念、心理素质、职业技能、工作能力和工作业绩等方面。企业应当分别对技术类、管理类、

技能类的新生代农民工制定不同的职业发展目标。对于作为技术人员的新生代农民工,应为其设定"争取成为企业的技术精英或技术骨干,并且发挥技术优势培养出一支优秀的技术人才队伍,更有能力或潜力者,努力成为核心技术部门经理"的目标;对于作为基层管理者的新生代农民工,如基层班组长、班长等,应为其设定"迅速成长为企业中层管理人员,进一步成为高级管理人员的储备人才"的目标;对于拥有专业技能的新生代农民工,应为其设定"除了成为本岗位的优秀人才外,尝试带 3—5 名徒弟,培养出优秀的技能人员,教学相长,自己也能成为优秀的技能师傅"的目标。①

三、实行阶段性的职业生涯规划管理

在设计职业生涯规划过程中,其需要考虑诸多影响因素,如员工特点、兴趣爱好、职业愿景、工作年限、岗位需求及员工能力等,因而,不同员工的职业生涯规划应存在差异,而若都用同质化的职业生涯规划,这不仅难以体现出职业生涯规划的效果,而且还会浪费企业大量的资源,尤其对资源不足的民营中小企业而言,更是难以大胆尝试,对此,民营中小企业在为新生代农民工开展职业生涯规划时,需具体根据不同新生代农民工的特点,制定出阶段性的职业生涯规划,共划分为 5 个阶段:(1)入职试用阶段。根据新进员工的职业兴趣测评结果,再结合轮岗方式,确定新进员工的职业发展通道。(2)职业塑性阶段。对于入职 2—3 年的新生代农民工,在职业生涯规划专家的指导下,对新生代农民工岗位胜任力进行培养和评估,以帮助员工"塑形",锚定职业方向。(3)职业成长阶段。对于入职 3—5 年的新生代农民工,运用适宜的职业性格测评方法,多角度、全方位地判定员工与岗位的匹配度。(4)职业晋升阶段。对于入职 5 年以上的新生代农民工,可提拔其中专业技能、项目经验和业务能力等综合成绩较高的新生代农民工。(5)职业成熟阶段。对于连续工作长达 10 年以上的新生代农民工,对这部分人才推行试点持股、事业合伙人和搭建创业平台等方式进行长效激励,从而实现个人发展与企业发

---

① 杨奇峰:《HS 企业员工职业生涯规划与管理研究》,2013 年大连理工大学硕士论文。

展的双赢。

四、完善新生代农民工职业生涯发展通道

根据企业内部不同的员工类型,可以为新生代农民工制定横向职业发展通道、纵向职业发展通道以及双重职业通道。拓展新生代农民工职业发展空间,有利于职业生涯持续而健康地发展,激发其工作热情和工作积极性。纵向职业发展通道是根据员工的职务等级来晋升,由低到高,直线晋升;横向职业通道是在同一层级、级别的员工内,在不同的工种、工作岗位和职位间进行横向调动。横向职业发展通道可以激发新生代农民工的发展潜力,提升他们的技术能力,拓宽其职业生涯发展路径,可以在一定程度上给予新生代农民工施展才能的机会,有效减轻了职务晋升压力,这对于新生代农民工深入了解自己,发挥自身潜能和特长有着积极的推动作用;双重职业通道是在结合横向、纵向职业发展通道的特点和优势的基础上,使新生代农民工的晋升通道由传统"直线式"晋升方向向"斜向式"发展方向转变。这一方面可以使新生代农民工获得职位上的晋升,另一方面能够同时满足新生代农民工工作内容丰富化和扩大化的要求,在最大限度上可以激发他们的工作热情。可以转变他们以往的"不进则退"的职场生存理念。①

五、构建职业生涯规划激励体系

民营中小企业在为新生代农民工开展职业生涯规划过程中,除了要重视岗位分配合理、职业发展通道设计多样化、晋升路线制定明确等因素外,还需为新生代农民工树立明确的职业发展目标,并通过发扬爱岗敬业的精神,从而在思想上使他们孜孜不倦地工作,继而以明确的目标、较高的效率和较强的忠诚度来完成民营中小企业为新生代农民工制定的职业生涯规划,而具体实施措施如下:一是组织学习"两学一做"重要精神。民营中小企业必须认真贯彻"两学一做"重要精神,其中勇于担当的精神急需新生代农民工学习,尤其对于新生代农民工中的共产党员而言,不仅要学习党章和习近平总书记系列重

---

① 杨奇峰:《HS企业员工职业生涯规划与管理研究》,2013年大连理工大学硕士论文。

要讲话,而且还要争取成为合格共产党员,而勇于担当的精神则是成为合格共产党员的要素之一,即无论处于何时何地都要始终铭记自己是一名光荣的中共党员,要始终以较高的责任意识约束自己,踏实工作,努力创新,并以一名优秀的共产党员标准作为激励,逐步实现自身的职业生涯目标;二是对新生代农民工进行爱岗敬业精神的培训。首先大力宣扬老一辈爱岗敬业的榜样,如铁人王进喜,他有两句名言可诠释他的爱岗敬业精神,即"宁可少活二十年,拼命也要拿下大油田"和"要为油田负责一辈子",其作为一名基层员工,始终把普通岗位作为实现人生价值的舞台,从点滴做起,从小事做起,逐渐实现了他的职业发展目标,即为我国石油工业的发展做出了不可磨灭的贡献;其次发挥当代爱岗敬业模范代表的激励作用。如孙等红,北京京港地铁有限公司工程部的维修员,2014年4月,14号线高架段一个螺栓断裂,孙等红立即与主管工程师、应急、供电、信号灯专业单位联系,在他的组织带领下,不仅没耽误本职工作,而且还加班加点对高架段T型螺栓逐一进行了拆解检查、更换,及时消除了安全隐患,保证了安全运营。此外,在每天的班前会,孙等红都会对每名员工"察言观色",如发现哪位员工情绪有变化,他都及时谈心。他说:"我们的工作关系着成百上千人的生命安全,决不能将个人情绪带到工作中。"因此,企业通过大力宣传爱岗敬业的模范代表,这不仅能为新生代农民工起到榜样的作用,而且还能提高新生代农民工爱岗敬业的精神,从而提高他们的企业忠诚度,继而通过踏实、努力的工作逐步实现自身的职业发展目标。

六、提供必要的职业生涯规划管理保障

总体来讲,民营中小企业的经济实力普遍相对薄弱,企业领导的管理理念相对落后,这导致民营中小企业习惯于在市场上寻找现成的人才,而不愿意培养人才,但是由于规划缺乏科学合理性和系统性,加之新生代农民工的流动性较强,这便影响了企业进行职业生涯规划管理的积极性。因此,作为企业的高层管理者,要从思想上转变观念,把新生代农民工的职业生涯规划作为企业发展中重要的一项工作。高层领导的支持,可以使职业生涯管理人员队伍建设和资金投入等问题得到有效解决,是推动职业生涯管理顺利开展的重要保障。因此,对于职业生涯管理,上层领导挂帅是十分必要的。

第八节 民营中小企业新生代农民工工作环境管理路径

一、加快民营中小企业工作场所环境的改善

(一)机械设备的优化

对于生产制造型企业来说,机械设备是必不可少的生产因素。生产加工性质的民营中小企业可以多多购进让员工感到舒适的生产设施和设备。例如,可以铺设降低地面硬度的木质地板;用柔软舒适的座椅代替木凳;适当调整货架高度方便员工取放货物等,这些设施的优化都有利于企业员工在工作过程中维持较好的健康水平,并且大大增加了员工工作便利程度,可以有效提升企业的生产能力。

(二)安全条件的建设

为了让员工有安全感,民营中小企业安全条件的完善需要从两个角度着手进行。首先是基于企业自身角度,民营中小企业应建立一大批高度保证安全的标准设施,我国民营中小企业应按 5S 的标准进行相关约束,除此之外湿度和温度环境也要有专业行业人士进行检测,岗位的设置必须经过专业人才的职业健康评估,民营中小企业在这些环节上一定要遵守我国法律的相关规定和要求。企业还需要经常检查各种安全设施,常态化地测量环境污染、水质问题、噪声污染等,每年至少定期为员工免费体检一次;其次是基于员工个人角度,企业要注重提高员工自身的安全意识,禁止在容易发生火灾等场所吸烟等,在容易引起职业病的工作岗位中注意机械设备的正确使用,以及培养员工戴好相关工帽、口罩等安全措施的意识等。

(三)工作环境的美化

由于新生代农民工选择在制造业就业的比重较大,因此本部分介绍的美化工作环境主要从制造业角度考虑。首先,每天都要对车间工作环境进行检查。比如规范搬运工具、容器、设备、工装夹具等具体摆放位置,定期检查挂架、指示牌、意见箱是否合理;其次,在工作场所拉上条幅。条幅的内容大致可

以分为两种：一种为警示安全生产、科学生产等相关内容的常规性条幅。另一种为风趣幽默性条幅，比如"亲，注意安全生产哦"，这种条幅以风趣幽默的语言进行表达，既能够起到引起新生代农民工注意的作用，又能够缓解他们的视觉疲劳，为车间的工作环境增添了一抹色彩；最后，在工作车间摆放一些生命力较强的植物。心理界学者认为盆栽植物有利于转换人的心情，使新生代农民工在工作过程中能够保持一种愉悦的心情，当然摆放生命力强的植物也有利于车间的空气净化以及美化员工视觉工作环境。当然，对于工作环境的美化并不仅仅局限于上述三个方面，本文只是列举了三个比较有效的，并且操作方便的优化途径。企业可根据自己的实际情况，以及新生代农民工的具体意愿，有针对性地进行工作环境的美化。

（四）人文关怀设施的建设

人文关怀是当今企业所提倡的一种柔性管理方式和手段，特别是对于当今新生代农民工而言，其个性更加的鲜明，传统式强制性的管理手段早已不完全适用于新生代农民工，新生代农民工与老一代农民工很大区别在于对柔性管理需求的迫切性。而人文关怀场所的建立正是企业对新生代农民工柔性管理的最好方式和手段。

一是设置休息室。休息室的设置是企业工作场所必需的，目前很多大型公司都有休息室的设置，但是在我们走访了很多民营中小企业的工厂或者车间后发现，里面很少见到类似休息室的地方。新生代农民工对休息室是很渴望的，企业可以将一些简单的躺椅或者单人床放置于休息室中，休息室不仅仅能够起到休息和缓解劳动强度的作用，更多地起到了心理调节的作用。对于员工更好地服务企业可以起到调节作用。当然休息室的设置并不是让员工轮班休息，而且有特殊情况的员工可以在休息室进行体力的补充。

二是设置饮料或者水果吧台。这个场所里面可以有多种饮用水、果饮以及水果等能量补充的食物，当然饮料和水果等饮品可以根据企业自身的财务能力进行安排，有条件的民营中小企业可以为其免费限量提供。经济实力较弱的企业可以对员工以平价售卖的形式进行供给。吧台设置的主要原因是在员工工作过程中，很少有时间去补充水分和营养，而且大多数企业在工作中是不允许员工在工作生产线上进行补充的，而企业设置这个场所就可以为新生代农民工在工作中增加一份关怀。

三是设置更衣室。大多数民营中小企业需要在进入工厂之前穿上工装,但是室外气温和工作场所气温温差很大的话,易直接给员工造成诸多不适应。更衣室的设置就极大解决了这个问题,当然更衣室内还可以增加洗澡的空间,便于员工保持卫生,这种连贯式的工作状态也节省了很多不必要花费的时间。

四是在车间就近设置医疗室。医疗室的设置是急需的而且是必需的,在生产制造类的行业,员工很容易发生轻伤,有些轻伤无须到医院救治,医疗室的设置就能够带来极大的方便,可以进行简单的处理,防止伤势恶化,有利于员工的身体健康。例如,员工中若有人感冒等,为了避免传染,可以到医疗室进行简单的治疗,这有利于整个生产车间的员工健康。

五是添加空调和加湿器。添加空调和加湿器的目的是能够对温度和湿度进行实时的掌控,以保证新生代农民工可以在良好的物理条件下进行工作。调研团队在走访广州的部分企业时发现,新生代农民工对空调的要求极高,部分有条件的企业在工作场所也进行了空调的配置。走访发现,空调设备的增加不会增加过多的生产费用,反而带来了较高的工作效率和良好的工作氛围。空气加湿器的配置与空调是同样的道理,企业可以根据其自身的需求进行相应的配置。

当然,虽然提倡设置休息室、吧台、更衣室等为员工服务的设施,但是由于计件工资形式以及企业生产线产品流程的要求,员工也不可能会出现无限制和无条件的休息。民营中小企业给员工提供这种条件,就是为了让员工可以根据自身条件和工作的具体情况,有选择性地进行适当休息,从而维持员工的工作热情,使得员工以更加饱满的热情投入到工作当中去,进而促进民营中小企业生产效率的提高。投入建设的场所环境所付出的成本与所带来的经济效益相比,其性价比是很高的,并且可以达到民营中小企业人性化管理农民工的效果。

二、提高民营中小企业劳动环境优化理念

(一)加强对劳动时长的控制

从走访调研的结果来看,一些新生代农民工由于工作时间较长,回到宿舍

后一般都是躺在床上休息,很快就睡着了,这就会减少员工们相互交流和其他娱乐的时间,长此以往便很容易造成他们的工作倦怠感。因此,民营中小企业就需要严格控制劳动时长,尽量用提高工作效率的方式代替加班。要根据员工身体状况合理安排加班频率,根据生产计划做好工作班次安排和轮休计划,以保证员工的身体健康。

(二)完善对劳动强度的管理

民营中小企业可以通过运用生产管理软件和采用科学高效的管理程序等方式,降低新生代农民工的劳动强度。同时,企业也可以对生产流程进行再设计,民营中小企业可以根据自身的具体情况,设计一套全新的生产流程。比如福特汽车公司在进行生产的过程中,就采取了生产线中途停止 10 秒的办法,虽然每天车间的机器停止 30 次,但是这并没有降低企业生产效率。因为短短的 10 秒钟足以让员工做一下调整,以保证生产的质量,并且员工的工作满意度也随之提高。除此之外,我国民营中小企业还可以通过建立线上"疲劳店"的形式,对新生代农民工进行劳动强度咨询和职业健康的咨询,增加这个环节能够随时动态观察企业新生代员工的身体疲劳感,并且较好地关注企业新生代员工的劳动环境需求。上述措施能够有效地减少新生代农民工的疲倦感,在工作上保持相对的积极性,使新生代农民工一直处于工作满意度比较高的工作状态,更好地为民营中小企业创造价值。

三、加强工作模式创新环境的建设

(一)优化时间管理体系

一个科学合理的体系,是保证企业顺利发展的重要支撑。在制定时间管理体系时不仅仅要考虑到对新生代员工工作时间的管理,还应该考虑到对新生代员工生活时间的管理。一方面,要进行工作时间管理体系的建设。对于新生代员工的工作时间管理,民营中小企业可以采取工作竞赛法,工作竞赛的方法主要是以小组为单位,对订单任务或者产品产量的一个竞赛比拼,并给予相应的奖励。工作竞赛法虽然并没有直接与时间管理体系挂钩,但是小组内部的工作时间管理可以根据本组的具体情况进行适当的调整。而且这种方法本身具有一定的竞争性,与新生代农民工不服输的鲜明个性相契合,极大地提高了新生代农民工的积极性和民营中小企业的工作效率;另一方面,要加强生活时间管理体系的建设。对于新生代农民工的时间管理方式方法较多,比如合理设置岗位轮换的时间间隔,科学调整新生代农民工的假期模式等,民营中小企业可以根据企业情况作出相应的调整。以达到满足新生代农民工工作偏好和提高工作效率的目的。而新生代农民工具有鲜明的个性和特点,民营中小企业对于其生活方式和生活习惯不能涉入得太多,管理过于苛刻会引起逆反心理。为了保证员工更好地休息,可以硬性规定就寝时间和午休时间。民营中小企业更多的还是需要进行柔性管理,时间方面的柔性可以体现在包容性、充足性等方面,具体实施可以由企业自主进行权衡和把握。由于时间管理是提高企业工作效率的重要方法,因此优化时间管理体系调整工作模式是极为重要的。

(二)针对性地调整工作时间和工作条件

新生代农民工处在生产工作的第一线,是劳动强度相对较大的一个群体。课题组在调研的过程中,往往能够感受到新生代农民工的消极心理状态。他们感觉自己好比一台工作的机器,在工作中没有生命力,慢慢形成了对从事工作的倦怠情绪。这不仅影响着企业生产效率,而且对他们来说也是一种心理压力和束缚,此外,加班所带来的加班费不足以很好地提升新生代农民工的满意度。因此企业一定要考虑到企业的工作和加班时长,新生代农民工是否能接受和忍受。应在考虑到员工身体条件和心理条件的前提下,适当地调整其工作时间和工作条件。特别是对于那些处于生理期、孕期和哺乳期的女员工,可以调整其工作岗位和劳动时长,但基本不影响其原有的收入水平,以使她们真正感受到来自企业的人文关怀。

(三)适时地进行工作岗位轮换

由于新生代农民工的认知能力比老一代农民工较强,因此其在一个工作岗位上保持新鲜感的时间也会较短。如果长时间地在一个工种工作,他们就会感到枯燥,进而会产生工作疲劳感。因此,企业适时地对新生代农民工进行岗位调整是极其必要的。当然,岗位调整很重要的前提是不能影响企业的生产效率。通常情况下,通过调整工作岗位,新生代农民工原有的工作技能将会下降,从而会直接影响到企业生产的工作效率。针对这一问题,民营中小企业可以从以下几个方面制定相关的措施:一方面,对于工作效率较高并且有换岗意愿的新生代农民工进行岗位调整,调整岗位后有可能会出现本人产量减少的情况,同时影响其工资收入和计件数量。此时,企业可以根据具体情况在一段时期内,将员工的绩效按照调整岗位之前的绩效水平进行计算;另一方面,对工作效率较低并且有换岗意愿的新生代农民工进行岗位调整,这会激发新生代农民工新的工作热情,与此同时会间接提高员工的工作效率,提高员工的工资绩效,从而可以进一步提升民营中小企业的生产效率。

四、明确新生代农民工人际关系环境调整方向

(一)建立和谐的上下级关系

民营中小企业要提高领导素质,强调个性化管理。民营中小企业管理者尊重新生代农民工是一个很重要的前提条件,支持和鼓励他们积极为企业提出建设性的意见和建议;在工作中对新生代农民工多授权,少监控,不论在工作还是生活中,应该多多给予支持和帮助;民营中小企业基层管理者,应该深入到新生代农民工中,了解不同人群的需求,并进行差别化的管理。领导者会对员工的行为产生很重要的影响,这就要求民营中小企业管理者要提高个人素质,不断提高领导者的沟通水平以及管理能力。要强调个性化管理,尊重每一位农民工个体,要深入农民工群体中了解不同员工的年龄、学历、家庭状况等实际情况,对他们实行差别化的管理。此外,新生代农民工自我意识高涨,民主和平等意识更加强烈。他们有很强的自尊心,一旦伤了他们的自尊心,就可能导致彼此关系僵化甚至导致他们离职。因此,管理者需要改变传统的管理观念,由家长式管理转为人性化管理,放下高高在上的姿态,给新生代农民工营造平等的氛围。

(二)建立互助的同事(工友)关系

一方面,企业可以创造条件使忠诚度高的老员工在工作生活中帮带新员工,提供新生代农民工与老员工增加接触的机会。比如可以安排老员工与新员工住在同一间宿舍,或者通过一起吃饭、聊天等方式进一步消除彼此之间的陌生感。同时,当新员工与老员工出现矛盾时,应该及时处理,避免矛盾升级;另一方面,保证新生代农民工与其他员工之间的沟通和交流。具体可以采取

垂直沟通、平行沟通、斜向沟通等形式。比如,企业可以引入"冷静沟通"的会议模式,这是一种全新的会议模式,通过每个时间段将有摩擦的新生代农民工集合在一起进行面对面沟通、交叉沟通,这种会议模式虽然不足以为企业带来显而易见的经济效益,但是能够使新生代农民工更好地掌握沟通技巧,直接面对问题与矛盾,使复杂的人际关系问题变得简单化,以确保工作流程顺利,为生产的顺利进行奠定基础。同时还要考虑到新生代农民工在地域和性格上的差距,在工作分组和住宿安排上进行合理的调配。再比如,企业可以采取成立班级组织方式,每个班级可以设置班长,生活委员等。这种仿照大学式的员工生活,能够促进每位员工紧密地联系在一起,加强员工之间的交往,增加员工之间的活动;从另一个角度分析,这种方式还可以丰富员工团体的交流形式,使同事的关系处于融洽的状态。

（三）建立和睦的周围社区居民关系

企业在社区关系上主要起到了引导和促进作用,民营中小企业可以举办多种活动促进各社区之间的交流,增加各社区之间邻里亲情。在文化活动方面,可以举办舞蹈大赛、歌唱比赛等娱乐比赛,不仅有效地带动了新生代农民工之间的融入感,还可以丰富新生代农民工的兴趣爱好,为新生代农民工提供了一个良好的平台,给枯燥的工作注入新的活力;在宣传教育方面,民营中小企业可以通过举办演讲比赛、宣讲等方式提高社区之间的邻里意识,促进员工之间自觉建立维护社区环境、践行社区和谐的理念。

五、加强新生代农民工心理环境建设

（一）工作过程中心理环境的建设

企业应加强对新生代农民工心理环境的了解,并作出相应的工作规划。首先,拓宽工作范围。工作环节不可过于单一,要设计多样化的生产流程,避免员工在工作期间产生工作倦怠感;其次,提高工作深度。生产流程的难度应从易到难、层层递进,培养新生代农民工逐步克服困难的能力,进而从中学到新的技能;再次,保证工作完整性。要根据不同员工的能力合理安排工作任务,使之能够有效完成整个工作流程,提高其自我认可度和成就感,培养其工作兴趣;最后,提倡工作自主性。企业管理者应适当授权给新生代农民工,使其具备一定的工作自主权,增强其工作责任感和自豪感,提高其工作热情。除此之外,为了充分发挥团队合作的效率优势,民营中小企业可以根据自己的情况,考虑将较为传统的装配线模式改为装配岛模式,企业可以根据具体生产情况将新生代农民工划分为 8—10 人左右的小组,小组内部可以决定该小组的生产时间和休息时间等。这种模式不仅能够提升团队合作的优势和效率,还能够从侧面较好地解决我国新生代农民工在生产线上枯燥乏味的工作状态问题,把员工从重复枯燥的流水线上解放出来。

(二)工作后心理环境的建设

从心理学角度考虑,人的心理波动是由日常工作和生活中形成的压力引起的,压力会导致厌烦、紧张和分散注意力等情况。因此,企业人力资源部门通常会采取多种手段来缓解员工的工作压力,特别是对于新生代员工来说,承受压力的能力相对较弱,更需要企业加强对新生代农民工的心理健康环境建设。心理健康环境的建设是企业为了员工更好地服务而针对员工心理状态采取的相应措施,能够有效地舒缓员工内心厌烦的情绪,减少员工工作压力,使员工在工作中呈现出饱满的热情和全身心投入的状态。对新生代农民工而言,不管是工作压力还是家庭压力,都会影响他们在工作中的表现,从而阻碍民营中小企业生产效率的提高。因此,民营中小企业可以从以下三个方面改善新生代农民工工作后的心理状态:

一是保持积极的情感。企业应在日常培训中加强对积极情感的培训,可以通过设置一些诸如舒缓压力、释放情绪的培训课程或集体活动,提高新生代农民工情绪控制和调节的能力。重视新生代农民工职业生涯的发展与规划,让员工看到未来的希望,对工作保持持续的热情,从而以更积极的心态投入工作,产生更多创新行为。此外,企业还应该善于充分调动和引导新生代农民工的情绪,更多地关心他们工作以外的情绪,要站在员工的角度为其解决相关问题,以创造良好的工作和生活氛围。

二是进行心理按摩。EAP(心理按摩)对于解决新生代农民工职业心理健康问题、缓解新生代农民工压力有十分显著的作用。民营中小企业可以通过采用心理辅导模式,从工作情绪、积极性、自信心、克服不良嗜好等方面为新生代农民工提供帮助。

三是丰富释放压力的方式。工作环境压力较大的企业可以通过设置"苦情室"、茶室等,供新生代农民工发泄情绪、释放紧张压力之用,还可以提供一些能够使员工放松心情的休闲书籍或者在工作间隙播放舒缓音乐、组织工间操等。国外企业对员工的心理健康实践很重视,民营中小企业可以根据科达公司的心理健康实践建立4个"幽默房"。一是图书馆,内置各种笑话书、卡通书等休闲娱乐类的书籍;二是会议厅,会议厅里面可以布置一些放松神经的照片,或者一些著名画作;三是玩具房,玩具房里面可以用各种宣泄压力的玩具进行填充,即使弄坏了也不需要员工赔偿;四是高科技房,员工可以通过玩游戏等方式,对枯燥工作带来的烦躁情绪进行自主调节。当然,我国民营中小企业的经济实力可能无法完全达到建设上述条件的要求,但是民营中小企业可以根据上述方式,结合自己的经济实力和工作需要,构建适合企业自身特点的缓解压力体系,从而达到缓解新生代农民工心理压力的目的。

六、优化新生代农民工生活场所环境

企业员工的生活环境会直接影响到员工在企业的具体工作情绪以及工作状态等。因此民营中小企业加强对新生代农民工生活场所环境的建设也是不断完善企业环境建设进程中的重要组成部分。具体而言,民营中小企业对新生代农民工生活环境的改善具体可以从以下基础设施进行操作。有较强经济基础的民营中小企业可以通过建设安静、干净的小区住宿环境,使新生代农民工有良好的休息场所,保持充足的休息。当然具体的小区管理情况可以根据不同的情况进行操作,比如全权交由第三方物业公司进行管理,或者组织专门的公会(部门)进行管理。在注重工作场所环境的同时,还要注重其生活环境:一是要提高住宿条件的舒适度。宿舍最好冬有暖气,夏有空调,安装电视、提供免费 Wi-Fi、住宿楼要有专人负责安全和卫生打扫工作,还要设置淋浴室,淋浴室可以根据各地的生活习惯,适当地设置洗浴单间等;二是提供运动设施。鉴于新生代农民工大多都是80后、90后,运动设施的建设也是必不可少的。厂区或者生活区内可以建设桌球室、篮球场、乒乓球场、羽毛球场、足球场、健身房等大众运动设施场所;三是建设图书阅览室。新生代农民工大多具有求知欲和学习能力,企业可以建立阅览室,里面可以摆放一些工作专业类的书籍、娱乐类书籍、益智类书籍、体育类书籍以及生活类书籍；四是设置平价网吧、超市、电影放映厅、理发室等。这便可以极大方便新生代农民工的日常生活。当然，企业还可以根据自身情况和条件设立其他便利的设施以满足新生代农民工的工作和生活偏好，以此来提高新生代农民工的工作满意度。

第九节　民营中小企业新生代农民工离职管理路径

当前，社会和企业越来越关注逐渐成为劳动力市场中坚力量的新生代农民工，而对于如何提高新生代员工群体的管理效率也成为当下的热点问题。大部分企业对在职员工的培养倾注了大量的人力、物力和财力，却往往忽视了人力资源库中的重要组成部分——离职员工。那么，离职员工究竟是"企业泼出去的水"还是"企业宝贵的资源"？有经验的企业十分重视离职员工的重要性，并将这些员工视为企业最有潜力的资源。基于新生代农民工个性特点和企业人才需求的基础，把握每个阶段新生代农民工的偏好需求，致力于找出一种既遵循企业发展规律，又符合新生代农民工个性成长需求的离职员工管理方式。在此基础上，确定新生代离职员工的管理切口，探讨离职管理创新优化路径。

一、"后劳动关系"阶段剖析

目前，员工离职可谓是经济社会转型期的企业常态。一般情况下员工在离职后和企业之间的劳动关系已不复存在，但从时间顺序上讲员工和企业的劳动关系存在一个"后劳动关系"阶段，这个阶段包括冲突期、离职期和离职后期等。企业为完善劳动关系和离职员工管理，划分"后劳动关系"是极其必要的环节。[①]

（一）"冲突期"相关分析

"冲突期"主要包括矛盾激发事件和提交离职书两个时间节点，处于上述

---

① 程延园：《世界视阈下的和谐劳动关系调整机制》，《中国人民大学学报》2011 年第 5 期。

两个时间节点的劳动关系都可纳入"冲突期"。"冲突期"是企业和员工产生负面效应最多的阶段,这个时期的员工与企业对抗最为严重,企业与员工双方针锋相对,关系较为紧张。矛盾双方(即企业与员工)都不满足于现状,双方力量势均力敌。各方都基于利益的出发点,互不相让,尽最大可能争取自己的利益。"冲突期"是双方各种激发和矛盾加剧的集中时期。激发形式多种多样,如心理冲突、语言反驳、借助媒体诋毁企业声誉等行为。为了及时高效地解决这些隐患,企业应着重了解此阶段员工的心理状态,制定具有针对性的冲突管理方案。员工在企业中长时间的工作学习,对待业务操作熟练程度的提升,使得他们具备了与企业"叫板"和"谈判"的胆量与能力。管理方式、组织承诺是这个时期劳动关系的矛盾焦点,企业要在这两个方面善于自我发现问题,从自身查找原因。由于"冲突期"是"后劳动关系"的最早时期也是挽留员工的最有效的时期,所以,企业管理者要重视和把握"冲突期"内的离职管理。

(二)"离职期"相关分析

"离职期"主要包括提交离职书和正式离开企业两个时间节点。由于企业和员工双方法定劳动关系难以继续维持,这就造成了企业与员工"离职期"的劳动关系。此时员工的离职情绪主要是由爱面子、好胜心造成的,即使矛盾已经有所缓解,但仍然不愿继续留在企业。此时企业管理者应该展现出高姿态来积极面对这样的情况,有的放矢地将离职率控制在合理范围之内。"离职期"是离职员工所在企业的最后阶段,补救措施也是阻止员工离职的最后一道屏障。积极挽留、查找原因、办理离职事项和关系维护都是企业该阶段需要重点考虑的内容。以克扣档案、工资的方式拖延员工离职时间,只会加深矛盾,加速离职进程。因此,企业在解决"离职期"内的关系矛盾时,在积极留人的基础上,要充分考虑到对员工关系的维护。

(三)"离职后期"相关分析

"离职后期"的划分时段是指员工离开企业当天及之后的时间段。需要注意的是对"离职后期"的人力资源管理没有时间终点,企业需要进行精益化的人力资源管理,不间断地与员工保持联系,维护劳动关系。离职后员工有着极其重要的成本价值、信息价值以及商机价值,强化离职后员工关系有助于企业人力资源结构优化以及企业健康发展,这些都是企业进行关系维护的重要出发点。与此同时,由于大多数管理者对离职后员工管理存在主观错误认识,容易造成管理忽视或管理遗漏,因此,加强"离职后期"人力资源管理是企业需要重视的内容。"离职后期"是企业进行人力资源管理的最后阶段,对企业成长发挥着重要的作用,该阶段的人力资源离职管理应重点加强对企业与员工关系维护的建设。

二、管理切口的确定

美国社会学家 Kevin 等(2004)根据人际关系的强度将人际纽带分为"强关系"和"弱关系"两个类别,具体从人际关系四个维度进行测量。[①] 姚小涛等(2008)认为"强关系"人际交往的时间花费和情感投入较多,且亲密程度以及互惠交换程度较高,"弱关系"则相反。[②] 徐晓军等(2010)认为人际信息的有效性是判别人际纽带关系"强弱"的重要影响因子。其中,组织间的人际纽带关系应以"弱关系"为主、"强关系"为辅,而组织内部的人际纽带关系应以"强关系"为主、"弱关系"为辅。[③] David(2012)在此基础上指出,并非所有的"弱关系"都可以扮演信息桥的角色,但是能够成为信息桥的一定属于"弱关系"。[④] 苏丽锋等(2013)明确指出,"弱关系"极大地增加了人际交往资源互换的可能性,它是人际关系网络中一种重要的资源共享渠道。[⑤] 夏长宝(2016)依靠大量实证数据指出,与国外社会环境相比,"强关系"在我国企业工作中影响较大,对个体工作决策影响程度较深。[⑥]

[①] Kevin, John Loan-Clarke, Adrian J. Wilkinson, "Organisational change and employee turnover", *Personnel Review*, 2004, p. 332.

[②] 姚小涛、张田、席酉民:《强关系与弱关系:企业成长的社会关系依赖研究》,《管理科学学报》2008 年第 1 期。

[③] 徐晓军、张华:《下岗职工再就业中的弱关系运用:强关系失效下的替代选择》,《社会保障研究》2010 年第 2 期。

[④] David, Burgess. Jr. "Employee Turnover and Operational Performance: the Moderating Effect of Group-Oriented Organisational Culture", *Human Resource Management Journal*, 2012, p. 222.

[⑤] 苏丽锋、孟大虎:《强关系还是弱关系:大学生就业中的社会资本利用》,《华中师范大学学报(人文社会科学版)》2013 年第 5 期。

[⑥] 夏长宝:《新型就业歧视:学校层次与毕业生身份的强关系逻辑——基于三本院校毕业生的访谈分析》,《扬州大学学报(高教研究版)》2016 年第 3 期。

总体而言,国内外学者都指出了"强关系"和"弱关系"在企业管理中发挥着重要的影响和作用,但是未明确细化"强关系"和"弱关系"的哪些影响因素对员工工作决策更具有影响力,这是目前学界争论的焦点和重点。为高效完善离职员工的管理策略,在"后劳动关系"阶段企业对员工的延续管理应根据"强/弱关系"的特征趋势,合理调节两者关系。所以,企业在融合人性化管理和"强/弱关系"经营之前必须完善"后劳动关系"管理机制。

三、离职管理路径设计

(一)利用"弱关系",降低离职意向

一是以认知为导向转变思想。通过认知新生代农民工的特点,转变管理思想,这对于提高员工能动性发挥着至关重要的作用。企业领导应设身处地全面了解新生代农民工,从应聘、选拔、培养等不同环节规划管理方案,增强对员工和企业自身特点的深刻了解;要深入学习世界各地本行业人力资源管理的方式方法,聘请相关专家对管理者进行培训,这有助于管理层加强对新生代农民工的了解;企业领导要与新生代农民工进行持续的沟通和交流,要以朋友的身份去了解、体会新生代农民工的心理感受,尽量满足其各方面的诉求;要建立民主管理意识方案,时时关注新生代农民工对企业管理方式的建议,树立新生代农民工的主人翁意识;企业领导者还要具备分析矛盾和解决矛盾的能力,冷静合理地处理已发生的矛盾。

二是建立沟通平台。搭建沟通平台可以有效预防企业与新生代农民工双方冲突的发生。沟通形式可以分为直接沟通和间接沟通两种模式。其中,企业领导与员工的时时会谈、集体聚餐、集体出游活动、团队竞赛等属于直接沟通。直接沟通可以提高员工之间、领导与下属的团队精神和凝聚力。间接沟通主要包括鼓励员工意见反馈、增加领导与员工信息交流等方式。间接沟通可以降低员工的心理压力,提高员工的积极性。因此,企业通过实施直接沟通和间接沟通,可以加强企业对员工的了解,及时防范和解决矛盾,有效降低新生代农民工的离职率。

三是重构组织结构。要根据企业发展阶段与新生代农民工的特点,重新制定合理的管理方案,从而达到提高企业组织效率和解决内部争端的目的。

在员工价值观培养方面,企业应深入了解新生代农民工,纠正其不正确的思想观念,培养其正确的人生观和价值观;在生产成员分组方面,可以根据企业具体的生产实际,按照提高效率的原则,将员工进行重组,从而达到最佳的生产效率;在规章制度方面,可以不断完善企业的管理制度,使其更加合理化和人性化。

（二）巩固"强关系",深化员工关系

一是规范离职流程。首先,相关部门对待新生代农民工的离职申请要快速做出反应,特别是具有特殊技能的专业性人才,相关部门领导应及时问清离职原因并进行极力挽留;其次,若离职新生代农民工去意已决,企业应当及时结算其薪酬,不能用克扣工资、名誉诋毁等手段强行扣留离职新生代农民工,否则非但不能有效留才,还会给企业带来更多不利影响;最后,企业可以为离职员工办一个离职仪式,感激员工曾为企业所做的工作努力,这便可以体现企业的人性化管理,为离职员工留下美好印象的同时,让离职员工体会到企业永远为之敞开大门的心意。

二是重视离职反思。企业人力资源部门要重视每位新生代农民工的离职原因,并对存在的因素进行细化分析。一方面,企业管理者应及时与离职新生代农民工进行沟通,深入了解导致其离职的原因;另一方面,管理者应做自我反思,高层领导、中层领导和班组长都应深刻反思自己工作中的不足。新生代农民工离职原因主要可分为个人和企业两个层面。比如:是否与 HR 给予员工帮助不够相关? 是否与公司上层领导相关? 是否与企业的文化价值观相关? 是否与晋升通道有关? 是否与薪金报酬有关? 是否与企业激励不当有关? 企业应重视离职者的离职原因,并总结自身企业不足,以便今后加以完善。

三是善于感情留才。由于某些离职新生代农民工,特别是具备某些特定技能的技术工,对企业而言非常重要。因此,企业要通过各种方式挽留。职位晋升、提高工资待遇等都是较为有效的留才方式,而感情留才是最有效的方式。企业需要在平时多关心员工,一切为员工着想,员工才能心怀感激之情,才能对企业产生依赖感,从而打消离职的想法。此外,企业领导者应以较为平和的管理方式与新生代农民工交流,以更好地达到情感留才的目的。由于新生代农民工性格特点中感性成分较多,当新生代农民工提出离职时,企业要善于打出"感情牌"。新生代员工能够体会出企业的良苦用心,面对企业的真诚态度,员工自然会对离职行为多加考虑。

四是隐性利益留人。新生代农民工越来越看重个人晋升和发展空间,呈现出自我价值实现高于物质需求的趋势,晋升可以被视为员工的"隐性利益"。因此,企业在挽留新生代农民工时,需重点把握好如何满足员工晋升和发展的需求。新生代农民工的"控制欲"要比传统员工更加强烈,所以要抓住新生代农民工的"关注点"。前途和发展的"承诺"就像职业生涯发展的"利息",它会随着时间推移而不断增值。虽然企业不应在新生代农民工离职时轻易拿职位晋升作为谈判筹码,但对于自身需要的员工,企业要有胆识、有力度地提出自己的承诺。

(三)兼顾"强/弱关系",化解关系矛盾

一是认识离职员工的价值。不少企业管理者认识不到离职后新生代农民工的重要性,认为离职员工是"人走茶凉",已经与企业毫无关系。因此,企业可从以下两方面进行改善:一方面,企业管理者应转变对离职新生代农民工的观念。要认识到离职员工也会"好马也吃回头草",随时欢迎他们重新回归;另一方面,可以通过家访、电话回访等方式对离职新生代农民工进行深入的了解,要经常保持与他们的接触和联系,以达到适时召回的目的。

二是构建跟踪服务机制。构建新生代离职员工跟踪反馈机制是"离职后期"员工管理的主要方式,同时也是企业与离职员工关系维护的重要内容。跟踪服务机制的对象是企业的核心人才,具体从硬件和软件两方面进行考虑:一方面,在软件层面上可以安排专人负责追踪核心离职新生代农民工职业生涯,负责了解离职员工的职业生涯变化情况,不断对离职员工数据进行更新。在征得离职员工同意的前提下,迅速了解离职员工的工作、生活细节,并予以准确记录。同时财务部门也要给予适当资金支持,资金的主要用途在于数据调研和跟踪软件开发;另一方面,在硬件层面上可以邀请软件供应商为其建立离职员工信息反馈系统,具体应依据新生代员工的特性规划系统板块,同时也可根据离职员工性别、行业等条件设置检索条目,便于信息的分类、汇总以及分析。该系统不仅可以反映员工的最新工作动态、离职后应聘信息、就业履历和申请的就业岗位等内容,还可以记录每次离职员工聚会、培训、邮件、面谈的信息概要。

三是加强非正式联系。非正式联系一般是通过聚餐、集体旅游等形式,由企业相关部门领导与其进行交流,或在节假日期间、员工生日以及企业年会时,组织老员工与离职员工共同度过,这有利于员工感到"家"的温暖。在加深与离职新生代农民工感情的同时,还可以准确了解其目前就业信息,寻找机会与其重新建立起雇用关系。同时,企业应鼓励离职员工为企业提出宝贵建议,积极与他们进行沟通,使其深刻感受到企业的诚意,并愿意成为企业的挚友。

第十节　基于减少用工的民营中小企业
生产流程优化创新路径

近年来,人口增长率的降低导致了中国在今后很长的一段时间内都可能存在劳动力供小于求的严峻局面,民营中小企业用工缺口已经逐渐显现。而当前中国民营中小企业的发展不少还是以低技术水平和外延扩张为特征,生产技术和装备水平相对比较落后,技术创新能力严重不足,存在的障碍和问题较多,进而引发的企业用工规模较大,经济效益偏低的问题尤为突出。那么应该如何改变这种状况呢?企业通过进行技术创新,用高度现代化、自动化的机器设备代替人工,才可以逐步减少对劳动力的过度依赖,缓解目前企业用工不足的问题。因此,压缩企业用工规模的"一揽子"企业生产流程优化创新计划势在必行。

一、引进自动化生产设备

在全球开放市场的竞争格局下,科技给制造业带来了高效的生产工具。民营中小企业使用自动化的生产设备成为提高生产效率和降低用工数量的有效途径,尤其是在进行简单重复工作的流水线,自动化的生产设备能极大地提高劳动生产率,提升产品品质,缩短生产周期,进而达到减少用工的目的。因此,一是要通过增加自动化设备的使用以减少用工量。与传统人工相比,通过使用自动化设备可以避免因工人休息而造成的停工,通过设定程序自动化设备可以全天候工作,极大地增加了企业的生产时长,从而减少了对人力的投入,进而达到了减少用工量的目的。例如:2016 年,全球最大的代工企业富士康宣布其在昆山的工厂已经装备了超过 4 万台机器人,它们被布置在企业的各个生产线中,因此工厂决定裁员 6 万人。目前富士康每年在企业中增加上万台机器人参与生产。机器人的使用提高了富士康的组装效率,同时,机器人又不会"喊累",可以一天 24 小时持续工作,节省了大量的人工成本;而东莞市的广正模具塑胶有限公司从几年前就开始购买自动化设备和进行技术改造,设备总投入达 200 万元。虽然每台自动化设备的价格在 10 万—20 万元不等,但每台自动化设备可节省 1—1.5 个左右的人力,公司每年可节省 5 万元左右,人力、物力节省了 30%,而产能却提升了 1 倍,而且安全系数大幅度提高;二是要通过自动化设备代替企业的简单重复工作来减少用工量。通过自动化设备的使用可以代替人工进行绝大多数简单重复工作,自动化设备通过设定相应的程序,能比人工更快的速度、更精准的操作来完成工作。因而自动化设备相比人工有更大的优势,可以起到代替人工,进而减少用工的作用。例如东莞市的厚街镇制鞋行业,通过积极实施自动化生产,在喷胶、打初、贴底等多个环节用机器人代替手工操作,每条生产线可节约 30%—40% 的人工,这极大地提高了劳动生产效率,降低了劳动生产强度,同时也减少了企业的用工量。可见,民营中小企业提高制造机械化程度是简化用工规模最有效也是最直接的方式。但是,由于民营中小企业融资较难,无法在短时间内筹集大量资金是阻碍企业更新机器设备的根源。所以,在尽量不占用企业较大资金量的前提下能够使企业提高机械化水平成为减少用工量的关键。因此,建议民营中小企业可采取分批次、分步骤的战略,完成企业机械化、自动化的更新工作。在企业通过自动化减少用工量的过程中,应逐步淘汰掉老旧生产设备,并通过引进自动化生产设备,采用新技术、新工艺来减少企业用工量,以"机械化换人,自动化减人",最后完成全面的机械化、自动化改造,使企业成为现代化的机械化、自动化工厂,进而达到减少用工量的目的。①

---

① 柳浩:《探讨提高机械自动化水平的有效途径》,《建材与装饰》2016 年第 45 期。

二、提高自动化设备操作水平

自动化设备操作人员的操作水平是制约机械自动化水平的关键因素。机械自动化水平依赖于控制系统程序的完善程度,产品生产在一定程度上依赖技术人员的操作水平,因此提高技术人员的操作水平,才能更好地提高自动化设备的工作效率。因此,可以通过以下方式来提高技术人员的操作水平:一是要通过建立员工长效培训机制来减少用工量。通过建立长效培训机制来培育高水平技术人才,在企业转型升级过程中,通过培训员工来提高员工的技术操作水平。可引入网络培训或在线教育为员工提供再教育平台,促使其接受新知识、新技术。通过对员工的技能培训和学习,提高其操作水平,从而企业减少用工量。例如:河南省辉县春燕服饰厂积极邀请辉县市劳动就业局对本企业的员工进行职业技能培训,有效地提高了员工的技能水平和对机器的熟练操作能力,进而使得该厂在产量不断增长的情况下,原有的员工就能完成生产任务,从而避免了随着企业生产规模的扩大而持续地招聘员工的情况;二是要通过引进高水平人才带动工人提高技术水平来减少用工量。在企业转型升级过程中,高水平技术人才能够很快地接手工作,并且高水平技术人才还能发挥传帮带的作用,以先进带动落后、优秀带动平庸,通过员工之间的相互学习,提高员工的整体水平,从而达到通过引进先进员工,带动企业原有员工提高操作水平的目的,进而在企业规模扩大,产量提升的情况下,仍不需要大量招募新的员工,最终达到节约用工量的目的。民营中小企业在提高企业自动化操作水平时,应坚持以建设自身长效培训机制为主,引进相关人才为辅,积极培育自己本身的人才,建设企业自身的人才培训机制,从而促进企业的长远发展。

三、实现生产流程准时化和均衡化

著名管理学家泰勒曾提出科学管理理论,提出工作定额与标准化的理论,并指出通过制定有科学依据的工人的"合理的日工作量"并使工人掌握标准化的操作方法,使用标准化的工具、机器和材料并使作业环境标准化,进而实现生产流程的准时化与标准化,进而达到以最少的人工,实现企业最大效益的目的。中小企业可以通过内部生产流程的准时化与均衡化,合理地规划生产流程,精简生产工艺,进而减少不必要的人力物力的浪费,从而达到减少用工量的目标。因此,企业可以通过以下方法来实现减少用工量的目的:一是要通过生产流程准时化来减少用工量。它强调在恰当的时候生产适当数量的产品,所有生产活动必须产生效益。生产过程中通过对材料、设备等进行有效利用,严格遵照客户的交货期限组织资源进行生产制造,从而提高了工作效率,减少了用工量。例如:常德烟草机械有限责任公司在生产制造环节积极导入精益理念,实行工序准时化管理,去除生产工序中不必要的工序,并且以客户交货期为基础,严格规范生产时间,通过对生产材料与设备在使用时间上的合理规划,使机械设备的使用率大大提升,进而提高了生产效率,在精简企业员工数量的情况下,依然取得了良好的经济效益;二是要通过生产流程均衡化来减少用工量。均衡化生产方式保证各生产部门之间、各道生产工序之间均衡化管理,工序之间的生产能力达到有效均衡,减少不必要的人工浪费。民营中小企业在进行生产流程创新时,要借鉴成功企业的相关经验,做好实地调研工作,同时不能照搬照抄其他企业的现成经验,应对其他企业的经验加以总结创新,从而找到适合本企业的模式。①

四、优化生产工序与人员配置

很多民营中小企业对于各生产工序的合理性以及相应工序的员工配置比例没有做到有效安排,这就极有可能出现重复劳动或劳动力分配不均的现象。因此,企业需要做到以下几点:一是要通过优化生产工序来减少用工量。民营中小企业管理层应当明确各工段及工序的生产任务和目标,进行权责细分,在简化合并相似工序的同时,在各工序内部实行员工多样化配置,从而保证各生产部门之间、各道加工工序之间的生产能力进行高效衔接,减少不必要的人工浪费。如青岛重工集团通过优化生产流程程序,提高对各事业部转工效率,对生产人员进行了明确分工,使各工段人员责任明确,进一步优化了生产流程,使各工序生产流程更加顺畅,各类订单生产的同步性完工节点更加准确,使生产效率得到了明显的提高,同时还减少了一部分操作工人的数量;二是要通过

① 李斯晨:《精益生产方式及生产流程再造在中小企业中的应用研究——以"上海繁宝"企业为例》,《中小企业管理与科技(中旬刊)》2015年第1期。

合理配置人员来减少用工。在人员配置方面,坚持总量控制、岗位需要、末位淘汰的原则,根据企业员工日常行为表现、工作表现、思想表现以及身体状况进行企业员工内部优化,淘汰落后员工,保留愿意与企业共发展的优秀员工,并对临时性、辅助性岗位进行外包,减少企业直接编制用工,善用企业人才。通过对生产流程中各工序进行简化以及人员的合理配置,可以提升工作效率,高效分配工作,从而减少企业用工量,实现人员最优配置。

五、打造"智能化工厂"的运行模式

"智能化工厂"是集企业资源规划系统、应用链管理系统、实时数据库监控、现场指挥系统于一身的生产管理系统。智能化工厂不仅仅可以提高单个工序或流程的生产效率,还可以将各个工序进行有效的衔接,进而在整体上提高企业的运行效率,从而可以优化生产环节,减少用工规模。2015 年 5 月由国务院发布了《中国制造 2025》,在这个纲领中,国家将智能化工厂的建立放在了重要的位置。实现从传统生产模式到智能化生产模式的生产跳跃,对于民营中小企业的企业员工和高层领导来说,无疑是一个巨大的挑战。因此,企业需要做到以下几点:一是要厘清当前与长远利益的关系。民营中小企业在建设智能工厂的过程中前期的投入会很大,但是后期的收益会更大,能否厘清现实利益与长远利益的关系,将智能工厂的实施坚持下去,这对于企业而言至关重要;二是要通过逐步建设智能化工厂来减少用工。因此,民营中小企业要对其业务流程具有整体性认识,以减少用工量为导向,然后根据智能工厂的要求进行企业自身规划,以适应企业自身的发展。民营中小企业在进行智能化工厂建设中,不一定非要一蹴而就,可依据自身的现有财力物力,在不影响生产经营的情况下逐步进行工程自动化智能化改造,可按照从非核心生产线到核心生产线的改造流程来进行智能化改造。同时在改造资金方面企业一方面要舍得进行投资,敢于尝试;另一方面可采取银行贷款融资等方式来进行智能化改造。

第十三章 研究结论与研究展望

第一节 研究结论

（一）新生代农民工的就业偏好在一定程度上加大了民营中小企业的用工缺口。我国民营中小企业在数量上占有绝对优势，但其仅仅是在数量上超过了大型企业，而其无论是管理理念还是管理制度都尚待完善。不少民营中小企业只顾追求经济利益的最大化，把员工当作一种劳动工具加以控制和使用。而对于新生代农民工而言，他们在就业选择上，更偏好选择在大型企业、外资企业工作，也更加希望在薪酬福利、培训、管理环境、企业文化以及职业生涯管理等方面更具竞争力的企业去就业，而不太愿意到在这些方面都比较差的民营中小企业工作。即使他们选择了在民营中小企业就业，其稳定性也很差。这就在一定程度上加大了民营中小企业的用工缺口。因此，制定并选择最合适的用工管理制度和用工管理模式就是当前亟须解决的问题。

（二）新生代农民工的鲜明特征给民营中小企业的用工管理带来了极大的管理难度。新生代农民工受其特殊成长背景因素的影响，使得这个群体在工作中表现出与老一代农民工截然不同的群体特征。像"加薪"这种传统的激励手段对新生代农民工的效用正在递减，他们对于工作的要求越来越高，培训环境、管理环境以及工作和生活愉悦度等都已经成为影响新生代农民工择业的重要因素。另外，新生代农民工自身还存在着鲜明的特征，如受教育程度较高、思维敏捷、朝气蓬勃、做事果断等等。这些群体特征对于民营中小企业的用工管理来说是极大的挑战，能否将这种挑战转变为企业发展动力，这主要取决于民营中小企业能否采用适合新生代农民工的有效用工管理方式。

(三)民营中小企业要尽快地适应新生代农民工的特征及时调整其用工管理制度体系。未来民营中小企业的用工策略需更加注重新生代农民工的就业偏好特征。在劳动力供给持续减少、企业用工需求不断增大和新老农民工就业更替的趋势下,民营中小企业为保证自身的用工需求,就必须在新生代农民工更加关注的诉求点上下足功夫。相对大型企业而言,民营中小企业在用工管理上有其独有的特征,在优化用工方案上受到的制约因素较多。因此,在设计用工管理模式时,要在考虑民营中小企业特点的基础上,设计出能够吸引并留住新生代农民工的用工管理方案,以此促进民营中小企业的长远发展。

(四)各级政府、行业协会也要为民营中小企业和新生代农民工提供全方位的服务。政府作为政策的制定者和制度的监督实施者,对于促进民营中小企业做好对新生代农民工的管理工作具有重要的指导意义。政府要通过不断修订政策,对新生代农民工给予更多政策支持和保障,这将有助于增强新生代农民工的社会归属感。同时,为了有效降低民营中小企业新生代农民工的高离职率,更好地管理好新生代农民工,促进中小企业健康发展,除了企业要采取必要的措施外,作为中小企业的服务组织机构,作为本行业中企业整体利益的代言人,作为促进行业内企业获得更好发展的"维护者",中小企业行业协会也应采取一系列措施,例如建立诚信档案、组织企业联合培训、创建行业联合用工平台和联合创建配套设施等,这将更有利于协助民营中小企业加强对新生代农民工的有效管理。

(五)民营中小企业要从招聘、薪酬福利、培训、管理环境、企业文化、职业生涯管理以及工作环境、离职管理、生产流程优化管理等维度上创新其管理策略。当前,新生代农民工不仅对工资、福利有一定的要求,对于培训、管理环境、工作环境等方方面面都提出了更高的要求。民营中小企业原有的用工管理模式已经表现出明显的不适应性,在管理新生代农民工时遇到了很大的困境。因此,民营中小企业必须要认真探究新生代农民工的就业偏好和诉求,结合民营中小企业自身的实际情况,适时改变传统的用工管理模式,并在实践中不断地加以完善,以便更好地管理好新生代农民工,满足企业的用工需求。

第二节 研究展望

本书通过大量统计数据,深入分析了当前新生代农民工的就业偏好,探讨了民营中小企业用工管理中存在的问题,利用实证分析整理出人力资源管理6个板块均对我国新生代农民工的满意度有着显著的影响,并提出了民营中小企业可以基于新生代农民工在招聘、培训、薪酬、管理环境、企业文化以及职业生涯规划6个方面就业选择偏好,针对性地提出了相应的管理对策。因此,本书基本完成了预期的研究目标。但是,仍然存在一些关键问题需要在今后加以进一步的研究。这主要表现在以下几个方面:

一、本书主要采用的是2014—2015年的新生代农民工就业偏好及民营中小企业在用工管理方面的数据,而随着时代的发展,新生代农民工在就业偏好及民营中小企业用工管理方面也会发生相应的变化。这就需要在今后的研究中动态关注与持续跟踪新生代农民工就业偏好的变化,以便更好地挖掘民营中小企业新生代农民工用工管理的内在规律。因此,在未来的研究中,可以进一步强化这方面的研究。

二、在课题组两年间所做的调研过程中,与许多民营中小企业的管理者建立了密切的联系,他们希望将本书的最终成果应用到本企业的具体实践中。因此,本书的最终成果也将送到相关的民营中小企业,使企业管理者能够根据本企业的具体实际,有选择地将部分对策建议应用到本企业新生代农民工的用工管理实践中;同时课题组将会收集企业具体应用的实际效果和反馈建议,并将其进行整理和归纳,之后再进行新一轮的调研和研究,以不断修正和完善本书的研究成果,从而为中国的民营中小企业设计出更加有效的新生代民工用工管理策略。

三、2018年,"00"后新生代农民工首次大规模进入中国劳动力市场,而"00"后与"80后""90后"又会存在一些不同的个人特征和职业特征,继而可能会表现出与"80后""90后"不同的就业偏好特征。而这些就业偏好特征的变化就必然要求民营中小企业与时俱进,采取针对"00后"新生代农民工的用工管理策略。因此,课题组将密切关注"00后"新生代农民工所表现出的就业偏好特征,深入到民营中企业做广泛的实地调研和访谈,以进一步提高研究成果的实效性,从而为民营中小企业设计包括"00后"新生代农民工在内的新生代农民工用工管理路径。所以,本书要持续关注在中国劳动力市场不断变化的背景下民营中小企业用工管理的动态优化路径,这也是本书需要进一步研究的重要方向。

图表索引

参 考 文 献

1. 著作类

布雷奥赫:《人力资源管理》,经济管理出版社 2006 年版。

陈维政、余凯成、程文文:《人力资源管理与开发高级教程》,高等教育出版社 2004 年版。

丹尼尔·戈尔曼:《情商 4——领导你人生高度的领导情商》,中信出版社 2014 年版。

泓露沛霖:《最有效的员工激励术》,中国商业出版社 2012 年版。

杰弗·里梅洛:《战略人力资源管理》,中国劳动社会保障出版社 2004 年版。

解进强、史春祥:《薪酬管理实务(第二版)》,机械工业出版社 2011 年版。

廖泉文:《招聘与录用》,中国人民大学出版社 2010 年版。

马欣川:《人才测评:基于胜任力的探索》,北京邮电大学出版社 2008 年版。

齐善鸿:《第一次做人力资源经理》,中国经济出版社 2003 年版。

乔治·T.米尔科维奇:《薪酬管理》,中国人民大学出版社 2008 年版。

万玺:《招聘管理》,科学出版社 2016 年版。

王延臣:《班组长人员管理》,中国铁道出版社 2014 年版。

吴志明:《员工招聘与选拔实务手册》,机械工业出版社 2003 年版。

殷晓莉:《85 后、90 后员工的心理及管理》,中国劳动社会保障出版社 2013 年版。

银浦:《管人的 18 个大原则和 180 个小技巧》,北京工业大学出版社 2013 年版。

远鸣:《把招聘做到极致》,中华工商联合出版社 2014 年版。

张德:《人力资源开发与管理(第二版)》,清华大学出版社 2001 年版。

郑君:《80、90 后员工应该这样管》,中国财富出版社 2012 年版。

周红云：《新生代农民工培训：技术与策略》，中国劳动社会保障出版社 2013 年版。

周红云：《员工培训：技术与策略》，中国劳动社会保障出版社 2013 年版。

Adler, *International Dimentions of Organizations Behaior*, Boston: PWS-Kent Publishing, 1991.

Barnett Adrienne, *Catch Them If You Can*, *Building Career Pathways for Millennials in Science Centers/Museums*, John F.Kennedy University, 2011.

Blake Robert R., Mouton Jane S., *Management Grid Theory*, Gulf Pub.

Drueker Peter, *The Handbook of Employee Benefits*, Amacom, 2011.

Hersey Paul, Blanchard Ken, *He Power of Moral Management*, William Morrow, 1988.

Herzberg Fredrick, *Incentive Factors of Work*, World Press, 1959.

Holland John, *Career Decision-making*, Hopkins University Press, 1959.

Iles, *Managing Staff Selection and Assessment*, Buckingham: Open University Press, 1999.

Joseph, *Human Resource Management*, The Prentiee Hall, 2005.

Lazear Edward, *Strategy Human Resource Management*, Printiee-Hall international, Inc., 2002.

Martochi Joseph, *Strategic salary*, *Human resource management*, Social Science Academic Press, 2002.

Mayo George Elton, *Social problems of industrial civilization*, Wolters Kluwer, 1945.

Parsons Frank, *Choosing an Occupation*, America, Boston Vocational Bureau, 1909.

Schein, Edgar H., *Organizational Culture and Leadership*, San Francisco: Jossey-Bass, 1985.

Schein, E.H., *Caree Dynamics*, America, MIT, 1978.

2. 期刊论文类

毕先萍、杨敏：《青年农民工就业流动的特征及影响研究》，《当代青年研究》2008 年第 4 期。

曹科岩：《新生代农民工就业质量分析及对策》，《当代青年研究》2017 年第 3 期。

陈洪杰：《中小企业员工培训的问题与对策》，《中国管理信息化》2017 年第 10 期。

陈辉：《我国中小企业文化建设中存在的问题及解决措施研究》，《人力资源管理》2017 年第 8 期。

陈靖莲：《浅析中小企业文化建设误区及改进对策》，《北极光》2015 年第 9 期。

陈丽贞：《90 后新生代员工管理激励探析》，《现代营销（下旬刊）》2017 年第 3 期。

陈星博：《区隔与阻断：青年农民工的"问题化"倾向——对我国城市流动人口社会转型过程问题的思考》，《当代青年研究》2003 年第 4 期。

陈英峰：《加强企业文化建设 促进企业健康发展》,《经济师》2016年第5期。

陈莹莹：《企业文化对新生代员工工作满意度影响研究》2013年湖北大学硕士论文。

承友明：《论上下级关系的沟通与协调》,《安徽农学通报》2007年第1期。

程建岗：《管好新生代员工,赢得竞争主动》,《人力资源》2010年第9期。

程延园：《世界视阈下的和谐劳动关系调整机制》,《中国人民大学学报》2011年第5期。

崔元丽,董瑞兴：《论我国中小企业如何构建自身的企业文化》,《改革与开放》2010年第14期。

戴荣里：《农民工薪酬文化与企业文化》,《中外企业文化》2018年第1期。

邓伟秀：《以科学发展观推进农民工管理创新》,《肇庆学院学报》2005年第4期。

刁颖奇、马晓琳、梅云：《对中小企业文化建设误区的认识及对策》,《现代经济信息》2009年第23期。

丁志慧、黎东升：《新生代农民工就业稳定性影响因素研究》,《长江大学学报(自科版)》2016年第3期。

东方：《现代企业怎样留住人才》,《改革与开放》2002年第4期。

董碧水：《新生代农民工融入城市存四大困境》,《中国青年报》2011年10月16日。

董海军：《镜像中的新生代农民工》,《中国青年研究》2006年第4期。

董杰、梁志民：《新生代农民工的个体特征分析——基于对江西省的调查数据》,《农村经济与科技》2015年第11期。

窦德强、薛磊：《兰州市中小企业新生代农民工管理策略研究》,《全国商情(理论研究)》2014年第9期。

窦德强、薛磊：《我国中小企业新生代农民工离职原因及解决对策》,《晋中学院学报》2014年第4期。

杜书云、张广宇：《农民工代际差异问题调查与思考》,《农村经济》2008年第2期。

方婷婷：《政府支持下的企业联盟办学模式》,2008年华东师范大学硕士论文。

方为加：《大力培育感恩文化,推动企业跨越发展——对四川明星电缆股份有限公司企业文化建设的调查》,《中共乐山市委党校学报》2012年第4期。

冯菲菲、刘建涛、史春林：《农民工文化观念的代际差异研究》,《广西社会科学》2013年第2期。

傅红、周贺、段万春、刘梦琼：《企业文化变革对新生代员工工作压力影响的实证研究》,《昆明理工大学学报(自然科学版)》2015年第6期。

盖万军：《浅析新生代农民工的职业福利设计——基于人本管理视角》,《时代金融》2018年第5期。

甘满堂：《社会学的"内卷化"理论与城市农民工问题》,《福州大学学报(哲学社会科学版)》2005年第1期。

高春景:《中小企业农民工职业培训需求研究》,《国土资源高等职业教育研究》2009年第1期。

高山艳:《新生代农民工职业培训的困境及制度障碍分析——基于河南省四市的调查》,《职业技术教育》2013年第28期。

高晓芹、郝占刚:《中小企业员工职业生涯管理现状调查研究——基于烟台市中小企业调查数据分析》,《山东工商学院学报》2009年第3期。

高莹:《新生代农民工劳动权益及法律保护》,《安徽农业学》2011年第29期。

龚文渊.:《中小民营企业员工招聘探析——以三和公司为例》,《人才资源开发》2016年第10期。

郭保伟:《民营企业文化建设探析》,《商场现代化》2014年第17期。

郭冬生:《不可忽视民营中小企业的员工过度流动》,《企业导报》2004年第11期。

郭明顺、王玉:《新生代农民工就业培训需求现状与对策——基于辽宁省的调查》,《高等农业教育》2012年第5期。

郭淑贞:《新生代农民工职业发展路径探究》,《陕西理工学院学报(社会科学版)》2011年第2期。

韩健:《促进新生代流动人口就业精准化的财政政策研究》,《长白学刊》2018年第2期。

韩军:《中国城市化进程中农民工社会保障问题研究》,2006年西南交通大学硕士论文。

韩俊等:《中国农民工问题总体趋势:观测"十二五"》,《改革》2010年第8期。

韩琳:《浅谈新生代农民工的薪酬激励问题》,《经营管理者》2016年第35期。

韩远:《"民工荒"背景下新生代农民工离职原因分析及对策》,《价值工程》2015年第26期。

何建华:《广东省产业升级背景下新生代农民工职业培训路径分析》,《江西农业学报》2015年第8期。

何瑞鑫、傅慧芳:《新生代农民工的价值观变迁》,《青年探索》2005年第6期。

何瑞鑫、傅慧芳:《新生代农民工的价值观变迁》,《山东省青年管理干部学院学报》2005年第6期。

何卫平:《新生代农民工职业发展内卷化倾向及选择性城市融入——以新生代青年农民工H为个案的研究》,《西华师范大学学报(哲学社会科学版)》2013年第3期。

何亦名、王翠先、黄秋萍:《珠三角新生代农民工就业趋势与就业质量调查分析》,《青年探索》2012年第1期。

和震、李晨:《破解新生代农民工高培训意愿与低培训率的困局——从人力资本特征与企业培训角度分析》,《教育研究》2013 年第 2 期。

贺翔:《宽带薪酬在中小民营企业中的适用性分析》,《上海企业》2006 年第 12 期。

洪建玲:《谈中小企业员工职业生涯发展》,《华东经济管理》2001 年第 3 期。

胡类明、许海燕:《武汉市新生代农民工职业培训实证研究》,《职教论坛》2016 年第 12 期。

胡远华、柯慧飞:《区域吸引新生代农民工就业的影响因素研究——基于浙江省杭州市的实证》,《中国软科学》2013 年第 9 期。

黄建荣、李国梁:《新生代农民工职业发展的自我干预策略:困境与能力培育》,《学术论坛》2017 年第 5 期。

黄莉芳、王芳、王爱华、徐立霞:《新生代农民工服务业就业及其影响因素》,《西北人口》2018 年第 2 期。

黄立洪、星艳铃、刘飞翔:《后金融危机时代下农民工职业选择实证研究——以福建省厦门市为例》,《山西农业大学学报(社会科学版)》2010 年第 2 期。

黄睿:《员工职业生涯规划对构建中小企业培训体系的影响》,《中国管理信息化》2015 年第 10 期。

黄跃辉:《关于企业人力资源管理与企业文化》,《经济与管理研究》2005 年第 11 期。

贾惠棱、李维刚:《中小企业人力资源薪酬管理存在的问题及解决路径》,《中国商论》2017 年第 12 期。

贾冀南、刘文京:《构建福利管理体系解决民企用工难》,《中华工商时报》2015 年 4 月 17 日。

贾冀南、张琦、高素英:《民营中小企业新生代农民工工作环境满意度研究——基于结构方程模型的研究》,《调研世界》2016 年第 6 期。

江昭:《新生代农民工社会流动问题研究》,2014 年陕西师范大学硕士论文。

姜英:《迁安市钢铁企业新生代农民工职业发展调查研究》,2017 年河北科技师范学院硕士论文。

蒋福容:《从领导者与下属关系谈领导激励》,《商业文化(学术版)》2007 年第 8 期。

解永庆、缪杨兵、曹广忠:《农民工就业空间选择及留城意愿代际差异分析》,《城市发展研究》2014 年第 4 期。

金深帆、吴泳涛、程铭达:《新生代农民工工资差异程度的实证分析——基于成都市的调研数据》,《农村经济与科技》2018 年第 1 期。

孔丹丹:《我国中小企业员工培训存在的问题及对策研究》,《现代商业》2017 年第 23 期。

赖艳:《为小企业新员工职业生涯管理建言》,《中小企业管理与科技(上旬刊)》2008 年第 10 期。

勒伟:《城镇化进程中新生代农民工就业培训问题研究》,《成人教育》2016 年第 8 期。

雷丽丹:《企业人力资源薪酬管理》,《中外企业家》2014 年第 11 期。

黎宇东:《论马斯洛自我实现理论及其管理学意义》,2011 年华中师范大学硕士论文。

李贵成:《民工荒视域下新生代农民工职业技能培训研究》,《学习论坛》2014 年第 9 期。

李国富:《新生代员工差别化人力资源管理策略研究》,《安徽科技学院学报》2012 年第 1 期。

李健:《制造领域新生代农民工职业发展研究》,2017 年河北科技师范学院硕士论文。

李健:《制造领域新生代农民工职业发展研究——以秦皇岛地区两企业为例》2017 年河北科技师范学院硕士论文。

李捷、段新:《我国青年农民工职业发展对策分析》,《襄樊学院学报》2009 年第 12 期。

李静静:《浅议构建以人文本的企业文化》,《市场论坛》2008 年第 11 期。

李娟:《新生代农民工就业观调查——以浙中地区为例》,《金华职业技术学院学报》2010 年第 1 期。

李觉:《"90"后农民工培训内容需求分析》,《科技经济市场》2014 年第 10 期。

李群、卢锐、杨东涛、陈郁炜:《基于整体公平感调节视角下的就业能力与留任意向关系研究——以"持学历"新生代农民工群体为样本》,《软科学》2015 年第 9 期。

李斯晨:《精益生产方式及生产流程再造在中小企业中的应用研究——以"上海繁宝"企业为例》,《中小企业管理与科技(中旬刊)》2015 年第 1 期。李松:《新生代农民工教育培训策略》,《中国成人教育》2014 年第 23 期。

李万山:《中小企业基层员工流失的成因及其对策探讨》,《中国外资》2013 年第 15 期。

李欣欣:《我国个体经济的发展现状》,《理论前沿》1992 年第 15 期。

李秀晖:《企业员工关系管理相关问题探讨》,《人才资源开发》2014 年第 22 期。

李旭峰、张娟:《新生代农民工的文化生活现状调查及对策研究——以黄河三角洲地区为例》,《内蒙古科技与经济》2016 年第 18 期。

李学灵:《安徽农民工外出就业选择行为分析》,《现代经济信息》2016 年第 5 期。

李勋华、杨亚丽:《新生代农民工职业发展影响因素实证研究——基于重庆地区的经验数据》,《职业技术教育》2014 年第 16 期。

李亚青、吴联灿、申曙光:《企业社会保险福利对农民工流动性的影响——来自广东珠三角地区的证据》,《中国农村经济》2012 年第 9 期。

李燕萍、杨婷、潘亚娟、徐嘉:《包容性领导的构建与实施——基于新生代员工管理视角》,《中国人力资源开发》2012 年第 3 期。

李友俊、张睿涵:《基于胜任力模型的石油企业招聘管理》,《油气田地面工程》2013 年第 5 期。

李召旭:《企业文化融入职业院校新生代农民工培训的思考与实践》,《广东农工商职业技术学院学报》2013 年第 2 期。

李哲:《KB 公司员工关系管理中沟通问题研究》,2005 年西北大学硕士论文。

李镇江:《家长式领导对新生代员工建言行为的影响:领导成员交换与中庸思维的作用》,2016 年华南理工大学硕士论文。

李志远、朱建文:《解决"三农"问题重在农民教育》,《农业经济问题》2004 年第 7 期。

廉晓梅:《试析人口流动对地区间经济协调发展的影响》,《人口学刊》2002 年第 4 期。

梁冬青:《提高企业文化执行力的探讨》,《经济师》2010 年第 12 期。

林惠珠:《中小企业招聘工作存在的问题及其对策》,《劳动保障世界》2018 年第 3 期。

林侃、陈文经、李玲玲:《生产淡旺季,用工可调剂》,《福建日报》2014 年 5 月 16 日。

林旖旎:《新生代农民工职业技能培训参与意愿影响因素研究》,2017 年广东财经大学硕士论文。

林泽炎等:《2012—2013 年中国民营经济发展报 No:10(2012～2013)》,社会科学文献出版社 2013 年版。

刘宝臣:《论科技型中小企业科技人才供给体系的构建》,《西藏科技》2015 年第 11 期。

刘传江、程建林:《第二代农民工市民化:现状分析与进程测度》,《人口研究》2008 年第 5 期。

刘翠英:《浅析中小企业人力资源战略管理之道》,《科技资讯》2015 年第 23 期。

刘方媛:《基于"推—拉"力理论的农民工"候鸟式"流动就业研究》,《广东农业科学》2010 年第 5 期。

刘芳、张翌鸣:《农民工对职业教育的需求分析》,《中国职业技术教育》2008 年第 36 期。

刘凤香:《工作场所代际差异研究述评及整体模型构建》,《外国经济与管理》2010 年第 1 期。

刘奉越:《农民工培训的障碍因素及对策分析》,《成人教育》2009 年第 2 期。

刘记红:《中小企业员工职业生涯规划的设计》,《人才资源开发》2008 年第 4 期。

刘继红、李敏:《心理契约履行与情绪耗竭的关系研究》,《广东商学院学报》2011 年第 5 期。

刘锦红:《中国民营上市公司治理研究》,2009 年四川大学博士论文。

刘可为:《对农民工问题的调查与思考》,《中国青年研究》2006 年第 1 期。

刘平、姜长云:《我国农民工培训需求调查与思考》,《上海经济研究》2005 年第 9 期。

刘向阳:《企业新生代员工管理问题研究——以 P 公司 80 后员工的人力资源管理为例》,《价值工程》2013 年第 5 期。

刘欣、吴文艳、许晓娟、吴小玉:《浅析中小型企业"90 后"员工高离职率的原因及对策》,《企业导报》2016 年第 1 期。

刘艳磊:《新生代农民工教育培训问题研究——以山东省滨州市为例》,2011 年西南大学硕士论文。

刘兆洪:《民营经济信贷支持问题分析》,《中国民营科技与经济》2005 年第 8 期。

刘忠:《论我国民营中小企业的文化建设》,2013 年华中师范大学硕士论文。

柳浩:《探讨提高机械自动化水平的有效途径》,《建材与装饰》2016 年第 45 期。

柳亚飞:《新生代农民工职业培训问题研究》,2015 年辽宁大学硕士论文。

柳延恒:《从再次流动看新生代农民工职业流动方向:水平、向下抑或向上——基于主动流动方式视角》,《农业技术经济》2014 年第 10 期。

卢悦宇:《中山市城市管理中行政执法的问题与对策》,2009 年中山大学硕士论文。

鲁银梭、李文川:《职业发展视角的新生代农民工心理资本开发》,《职教论坛》2013 年第 18 期。

陆林玲、朱红艳、史良红、徐育聪:《新生代农民工的就业影响因素研究——以江苏省南京市为例》,《农村经济与科技》2011 年第 5 期。

吕效华:《经济欠发达地区新生代农民工就业区域选择研究》,《中国青年研究》2014 年第 5 期。

罗锋、黄丽:《人力资本因素对新生代农民工非农收入水平的影响——来自珠江三角洲的经验证据》,《中国农村观察》2011 年第 1 期。

罗先智:《新生代农民工薪酬公平问题研究——基于劳动力市场分割理论》,《吉林工商学院学报》2012 年第 3 期。

马雪松:《从"盲流"到产业工人——农民工的三十年》,《企业经济》2008 年第 5 期。

倪良新:《中小企业学习抑制与中小企业大学构建》,《滁州学院学报》2014 年第 2 期。

潘涛、张伯生:《上海市新生代农民工养老保险研究——基于上海市松江区实证分析》,《劳动保障世界》2011 年第 5 期。

彭静、周文英:《私企对"新生代"农民工管理的对策思考》,《中国民营科技与经济》2006 年第 10 期。

彭鹏、朱峰、陈慧敏:《新疆乌鲁木齐市新生代农民工就业状况调查与分析》,《劳动保障世界》2016 年第 6 期。

蒲晓芳:《变革型领导对新生代知识型员工创新行为的影响研究》,2015 年山东大学硕士论文。

齐群伟:《企业人才招聘有效性分析》,《中国市场》2009 年第 31 期。

钱士茹、赵斌斌:《真实型领导与新生代员工工作绩效的关系研究》,《青年探索》2016 年第 3 期。

乔仁洁、于金翠:《对当前我国农民工培训的思考》,《职教论坛》2007 年第 1 期。

秦梦华：《中小企业文化建设的现状及构建方略研究》，《现代管理科学》2003 年第 11 期。

秦娜、范晓东：《现代企业劳动工资及其薪酬管理研究》，《河北企业》2016 年第 4 期。

饶惠霞：《企业招聘管理中的法律风险及其规避》，《特区经济》2012 年第 7 期。

任畅：《JY 公司员工培训管理优化方案研究》，2017 年郑州大学硕士论文。

申颖昊、陈红媛：《新生代农民工对企业管理的挑战及对策研究综述》，《中国商贸》2013 年第 18 期。

沈小琴：《影响薪酬设计的相关因素分析》，《湖南经济管理干部学院学报》2005 年第 4 期。

沈宇飞：《浅谈新形势下企业文化在新员工入职培训中的应用》，《科学大众（科学教育）》2016 年第 7 期。

石宏伟、尹昕：《新生代农民工的教育培训问题探析》，《改革与开放》2015 年第 1 期。

时怡雯：《新生代农民工的社会公平感研究：职业流动与相对经济地位的影响》，《同济大学学报（社会科学版）》2018 年第 1 期。

苏晨：《国有外贸企业 SH 公司薪酬体系研究》，2006 年西北大学硕士论文。

苏华、肖坤梅：《论"80"后员工的工作特点及管理》，《当代青年研究》2008 年第 4 期。

苏丽锋、孟大虎：《强关系还是弱关系：大学生就业中的社会资本利用》，《华中师范大学学报（人文社会科学版）》2013 年第 5 期。

孙春晓：《我国私营企业发展的制度创新研究》，2003 年江苏大学硕士论文。

孙航：《新生代向中小企业这样走来》，《人力资源》2012 年第 8 期。

谭诗亭：《领导风格对新生代员工工作嵌入的影响研究》，2014 年湖南师范大学硕士论文。

汤爽爽、冯建喜：《新生代农村流动人口内部生活满意度差异研究——以江苏省为例》，《人口与经济》2016 年第 3 期。

汤晓丹：《中小企业薪酬设计的制约因素探讨》，《法制与经济（下旬）》2010 年第 4 期。

唐踔：《对我国新生代农民工市民化问题的几点思考》，《江西农业大学学报（社会科学版）》2010 年第 2 期。

唐凯麟、姜珂：《"用工荒"的伦理审视——对中小企业新生代农民工管理困境的分析》，《湖南师范大学社会科学学报》2015 年第 4 期。

田立博、赵宝柱、付晓娜：《从就业状况看新生代农民工职业发展》，《成人教育》2016 年第 1 期。

佟文英：《人力资源区域流动对西部大开发战略的影响》，《中南民族大学学报（人文社会科学版）》2003 年第 2 期。

汪传艳：《农民工参加教育培训意愿的影响因素分析——基于东莞市的调查》，《青年研究》2013 年第 2 期。

汪士钦:《发挥薪酬杠杆作用提高人力效率》,《人才资源开发》2016 年第 12 期。

王超恩、符平、敬志勇:《农民工职业流动的代际差异及其影响因素》,《中国农村观察》2013 年第 5 期。

王成辽:《新生代农民工培训供给需求与培训意愿综合关系实证研究——对深圳新生代农民工教育培训的调查》,《中国劳动关系学院学报》2011 年第 2 期。

王春超:《农民工流动就业决策行为的影响因素——珠江三角洲地区农民工就业调查研究》,《华中师范大学学报(人文社会科学版)》2011 年第 2 期。

王春光:《新生代农村流动人口的社会认同与城乡融合的关系》,《社会学研究》2001 年第 3 期。

王殿伟:《中小企业人员招聘问题与对策研究》,《现代商业》2015 年第 3 期。

王琳玮:《新生代农民工职业培训质量提升的困境与突围》,《经济研究导刊》2016 年第 24 期。

王培华:《供给侧结构性改革背景下新生代农民工职业规划问题研究》,《武汉商学院学报》2016 年第 6 期。

王强、王树娟、娄玉花:《中小企业对新生代农民工需求及培训意愿调查》,《中国成人教育》2014 年第 20 期。

王荣:《新生代农民工市民化下中小企业人力资源成本管理研究》,《会计之友》2016 年第 12 期。

王世官、黄莉花等:《上海新生代农民工培训的特点与规律研究》,《农民科技培训》2012 年第 12 期。

王舜华:《浅论中小企业员工职业生涯规划管理》,《河北企业》2010 年第 9 期。

王献强:《浅谈企业管理中管理者与员工有效沟通的技巧》,《低碳世界》2018 年第 2 期。

王晓玲:《中小型家族企业存在的问题及原因分析》,《大陆桥视野》2005 年第 2 期。

王新芳、王晓华、董莉丽:《中小科技企业人才流失的风险分析》,《新西部(理论版)》2016 年第 10 期。

王兴周:《结构转型、期望值与工作满意——对民工荒成因及对策的新视角》,《南方人口》2006 年第 2 期。

王堰琦:《领导风格对新生代员工冲突的影响研究》,2015 年东北师范大学硕士论文。

王玉宝:《新生代农民工教育培训的困境及对策》,《中国成人教育》2010 年第 20 期。

王正中:《"民工荒"现象与新生代农民工的理性选择》,《理论学刊》2006 年第 9 期。

王志浩:《农民工流动就业的区域选择:模型与实证》,《统计与决策》2007 年第 8 期。

王志祥:《中州移动公司上下级信任关系的调查研究》,2008 年北京邮电大学硕士论文王重鸣、刘小平:《中西方文化背景下的组织承诺及其形成》,《外国经济与管理》2002年第1期。

魏国华:《中小民营企业员工福利存在的问题及对策研究》,《经营者》2013年第1期。

魏琪:《论工程类企业员工职业生涯规划》,《经营管理者》2016年第23期。

魏双勤:《中国私企,出路何在?》,《企业家天地月刊》1999年第12期。

魏锁焕:《科技型中小企业中层管理人员薪酬激励机制改进研究》,《全国流通经济》2017年第26期。

魏旭江:《中小企业文化建设探析》,《中小企业管理与科技(下旬刊)》2010年第4期。

吴超:《真诚型领导对新生代员工工作绩效的作用机制研究》,2013年华南理工大学硕士论文。

吴怀鹏:《刍议网络经济下企业文化建设》,《现代商业》2007年第17期。

吴晋雯:《影响薪酬体系建立的企业内部因素分析》,《商场现代化》2008年第3期。

吴鲁平、俞晓程、闫晓鹏、郑丹娘:《城市青年农民工的弱势特征及其后果——对1997—2002年43篇学术论文的文献综述》,《中国青年研究》2004年第9期。

吴培冠:《人力资本流动对区域经济增长差异之影响》,《中山大学学报(社会科学版)》2009年第5期。

吴琼:《河北省新生代农民工职业技能培训探究》,《合作经济与科技》2018年第2期。

吴三清:《员工诚信档案的应用分析》,《广东商学院学报》2003年第4期。

吴熹:《中小企业文化创新与技术创新研究》,2012年成都理工大学硕士论文。

吴政:《我国中小企业文化建设问题研究》,2004年河海大学硕士论文。

伍晓奕:《新生代员工的特点与管理对策》,《中国人力资源开发》2007年第2期。

西沉:《上下级关系对立现象的成因透析》,《领导科学》2012年第36期。

夏长宝:《新型就业歧视:学校层次与毕业生身份的强关系逻辑——基于三本院校毕业生的访谈分析》,《扬州大学学报(高教研究版)》2016年第3期。

夏晶、王婉娟、夏季:《新生代农民工幸福感的影响因素分析》,《湖北工业大学学报》2010年第6期。

谢金山:《中小企业领导风格评价》,2002年浙江大学硕士论文。

谢小蓉、王征:《广东新生代民工荒的根源与对策》,《华中农业大学学报(社会科学版)》2006年第4期。

谢勇:《基于人力资本和社会资本视角的农民工就业境况研究——以南京市为例》,《中国农村观察》2015年第5期。

谢玉华、陈佳:《新生代员工参与需求对领导风格偏好的影响》,《管理学报》2014年第9期。

熊光清:《新生代农民工社会排斥问题分析——基于五省市的实地调查》,《学习与探索》2014 年第 6 期。

徐建平:《融入企业文化培养高素质人才》,《中国高等教育》2008 年第 20 期。

徐鹏:《新生代农民工垂直流动问题研究》,2012 年四川省社会科学院硕士论文。

徐卫:《新生代农民工职业培训研究》,2014 年武汉大学博士论文。

徐晓军、张华:《下岗职工再就业中的弱关系运用:强关系失效下的替代选择》,《社会保障研究》2010 年第 2 期。

徐宗琪:《试论农民工城市就业的渠道与路径》,《现代经济信息》2016 年第 7 期。

许经勇:《剖析我国农村劳动力转移阶段性特征》,《厦门特区党校学报》2013 年第 2 期。

许涛:《农民工工作满意度的影响因素分析》,《南方人口》2008 年第 3 期。

许颖、刁婕、赵翠红:《浅析个人所得税在公司薪酬设计中的应用》,《商场现代化》2007 年第 28 期。

许志强:《柔性管理从心关怀》,《中国石油石化》2009 年第 8 期。

闫爱敏:《中小企业新员工职业生涯管理策略研究》,《中小企业管理与科技(上旬刊)》2015 年第 2 期。

闫新燕:《新生代员工法律意识觉醒对企业管理的启示》,《经营与管理》2014 年第 12 期。

杨芳:《探究新生代员工人力资源管理的问题及对策》,《商场现代化》2016 年第 20 期。

杨富云:《新生代员工人力资源管理的问题及对策》,《中国商贸》2011 年第 36 期。

杨红娟、胡静:《日本企业文化对新生代员工忠诚度管理的启示》,《中国商贸》2014 年第 22 期。

杨景鹏:《新生代农民工就业能力提升路径——基于情境领导模型》,《当代经济》2017 年第 19 期。

杨梅:《新生代农民工就业培训模式创新研究》,《产业与科技论坛》2010 年第 6 期。

杨奇峰:《HS 企业员工职业生涯规划与管理研究》,2013 年大连理工大学硕士论文。

杨文京:《中小型企业怎样有效开展招聘工作》,《人才资源开发》2006 年第 4 期。

杨燕绥:《员工福利计划激励员工的杠杆》,《中国社会保障》2003 年第 11 期。

杨雨馨:《中小企业基层员工个人职业生涯规划管理现状调查研究》,《科技信息》2011 年第 7 期。

姚文霞:《试析薪酬管理在人力资源管理中的作用》,《人力资源管理》2015 年第 8 期。

姚小涛、张田、席酉民:《强关系与弱关系:企业成长的社会关系依赖研究》,《管理科学学报》2008 年第 1 期。

姚艳芳:《关于我国中小企业员工职业生涯规划的研究》,《财经界(学术版)》2016 年第 6 期。

姚缘、张广胜:《信息获取与新生代农民工职业流动——基于对大中小城市新生代农民工的调研》,《农业技术经济》2013 年第 9 期。

叶少帅:《论建筑企业的企业文化建设》,《建筑经济》2003 年第 5 期。

易婷:《企业管理关于新生代农民工的挑战和对策研究》,《西部皮革》2017 年第 2 期。

尤秀渊、周靖:《基于企业文化的新员工入职培训计划的制定与实施——以常州恐龙园股份有限公司的实践与反思为例》,《企业改革与管理》2014 年第 22 期。

于冬梅:《企业薪酬体系设计探讨》,《学术交流》2004 年第 4 期。

于伟、秦玉友:《农民工教育培训状况及对策研究》,《东北师大学报(哲学社会科学版)》2007 年第 5 期。

于晓红:《农民工工作满意度的再测度及代际差异分析》,《农业经济》2014 年第 5 期。

余高雅:《新生代员工心理契约与离职倾向关系的实证研究》,《江西社会科学》2015 年第 8 期。

余梦娇:《国有企业影响上下级信任关系的领导行为研究》,2009 年北京邮电大学硕士论文。

余婉文、张燊:《新生代民工人文关怀与和谐劳资关系的构建》,《天津市工会管理干部学院学报》2014 年第 2 期。

余威骁、孙雨燕:《浅析企业对员工进行职业生涯规划管理的重要性》,《企业导报》2015 年第 1 期。

俞建勋:《关爱新生代农民工 培育特色企业文化》,《中国水文化》2014 年第 3 期。

俞林:《新生代农民工市民化进程中职业发展驱动因素研究》,《西安财经学院学报》2018 年第 1 期。

俞烨:《企业文化与新生代农民工城市化问题研究——以福建省福州市为例》,《中共济南市委党校学报》2013 年第 6 期。

袁东升:《新生代农民工的就业困境与政策援助研究》,《农业经济》2015 年第 12 期。

袁兆亿:《产业技术进步与务工群体结构变化探析》,《广东经济》2005 年第 11 期。

岳颖:《国际化背景下薪酬环境扫描与薪酬制度选择》,《经济问题探索》2006 年第 4 期。

曾昭毅、许丹丹:《中小企业如何做好招聘工作》,《中国人力资源开发》2003 年第 9 期。

张波、李开宇、李呈琛:《西部新生代农民工城市就业特征与城市化的政策响应研究》,《西安财经学院学报》2012 年第 5 期。

张达、姚莹:《论企业柔性管理下新生代农民工能动性的激励》,《山西财政税务专科学校学报》2012 年第 2 期。

张鹤:《浅谈我国中小企业招聘面试现状与改进》,《经营管理者》2014 年第 3 期。

张洪迎:《沈阳市新生代农民工培训问题浅析》,《人力资源管理》2016 年第 3 期。

张家瑞:《民营企业领导—员工"关系"对员工工作态度的影响研究》,2011 年西南财经大学硕士论文。

张可:《企业与新生代员工心理契约之构建》,《学术交流》2013 年第 5 期。

张坤、陶裕春:《中小企业以企业文化为导向的人力资源管理体系的构建》,《科技广场》2008 年第 2 期。

张磊:《浅谈民营企业员工的职业生涯规划》,《科技资讯》2012 年第 15 期。

张莉:《中小企业人力资源管理存在的问题及对策分析》,《中国国际财经(中英文)》2018 年第 2 期。

张力:《知识型员工的文化管理》,《铁道运输与经济》2008 年第 1 期。

张敏:《新生代农民工需求变化与广东民营企业人本管理模式构建》,《广东行政学院学报》2007 年第 4 期。

张琪琛、李冰:《心理契约视角下新生代农民工员工关系的构建》,《中外企业家》2015 年第 7 期。

张绮、赵亚楠:《供电企业新进员工职业生涯规划管理策略研究》,《中国电力教育》2014 年第 25 期。

张蕊:《中小企业人力资源招聘管理的实践问题分析研究》,《中国管理信息化》2017 年第 18 期。

张施、林欣怡:《新生代农民工就业偏好调查研究——基于 1752 名新生代农民工的调查》,《前沿》2013 年第 2 期。

张双群、张喜珍:《建筑安全工作存在的问题及对策》,《城乡建设》2002 年第 8 期。

张微:《工资集体谈判制度的设计取向》,2007 年西南财经大学硕士论文。

张娟:《哪条道路通罗马——全国首届职业生涯规划调查》,《职业》2006 年第 6 期。

张向前:《人性假设 H 理论与和谐管理系统》,《江淮论坛》2005 年第 1 期。

张小才:《新生代员工人力资源管理的问题及对策》,《中小企业管理与科技》2012 年第 1 期。

张笑秋:《新生代农民工市民化意愿心理影响因素的理论框架》,《西北农林科技大学学报(社会科学版)》2015 年第 3 期。

张欣:《我国城镇化建设中新生代农民工就业问题探究》,《合作经济与科技》2018 年第 7 期。

张旖:《浅谈中小企业薪酬结构的设计思路》,《人力资源管理》2016 年第 2 期。

张雨、郭正模:《第二代农民工职业生涯规划问题探讨》,《决策咨询通讯》2010 年第 5 期。

张元昭:《宁波市成人高等院校参与新生代农民工培训研究》,2017 年宁波大学硕士论文。

赵金钺:《我国中小企业人才招聘现状分析》,《商业经济》2017 年第 6 期。

赵克诚:《员工关系的影响因素及其对策》,《企业经济》2003 年第 8 期。

赵蒙成:《社会资本对新生代农民工就业质量影响的调查研究——SZ 市新生代农民工的案例研究》,《人口与发展》2016 年第 2 期。

赵勤:《提升辽宁省新生代农民工精神文化生活质量的建议》,《沈阳工程学院学报(社会科学版)》2018 年第 1 期。

赵帅:《中小企业新生代员工职业生涯规划管理策略研究》,《现代营销(下旬刊)》2017 年第 8 期。

甄月桥、朱茹华:《"80 后"大学生与"80 后"农民工就业现象解读》,《山西青年管理干部学院学报》2009 年第 2 期。

郑慧娟:《我国新生代农民工转移、就业的主要特点和趋势》,《农业现代化研究》2011 年第 4 期。

郑岚:《广州市农民工工伤保险问题研究》,2008 年西北大学硕士论文。

郑耀洲:《基于异质性特征的新生代农民工培训研究》,《经济管理》2011 年第 2 期。

周大正:《外褒"心灵鸡汤" 内设"情感氧吧"》,《温州商报》2010 年 6 月 2 日。

周青鹏:《农民工培训与中小企业人才培养》,《湖北广播电视大学学报》2007 年第 1 期。

周霞、张剑、唐中:《"80 后"员工的工作价值观对其工作绩效的直接与间接效应研究》,《生产力研究》2010 年第 9 期。

周小刚、李丽清:《面向新生代农民工培训满意度改进决策的结构方程模型研究》,《中国社会科学院研究生院学报》2013 年第 4 期。

周亚越、俞海山:《员工忠诚的三维因素分析》,《理论月刊》2003 年第 3 期。

朱海伦、谢捷琼:《农民工职业教育培训的市场运作机制》,《职业技术教育》2005 年第 31 期。

朱海雅:《农民工职业倾向与继续教育需求研究》,2007 年华东师范大学硕士论文。

朱明芬:《农民工职业转移特征与影响因素探讨》,《中国农村经济》2007 年第 6 期。

朱正亮、陈珍珠:《中小民营企业招聘效率低下的原因及对策》,《武汉理工大学报(信息与管理工程版)》2007 年第 3 期。

后 记

本书是在 2014 年度国家社会基金项目《新生代农民工就业偏好视阈下的民营中小企业用工管理》(14BGL078)研究成果的基础上修改完成的,它的完成是我和课题组成员三年寒暑刻苦努力的回报,是我多年来的研究成果的结晶。

申报国家社科基金项目是一项非常艰巨的任务,其中的艰辛不言而喻。庆幸的是,在这个过程中得到了我的博士生导师王金营教授的亲自点拨和高素英教授的指点,使我更加的努力去研究和探索关于民营中小企业新生代农民工的用工管理问题。经过艰苦的努力,终于得到了国家社会科学基金的项目立项和资助,这使我的学术研究道路又提高到了一个崭新的层次。

课题立项后的喜悦和兴奋只是暂时的,完成课题的压力使课题组马上进入了艰苦的课题研究阶段。为了保障课题研究的顺利进行,课题组进行了具体的任务分工。由于要研究新生代农民工的就业偏好问题,这就需要深入民营中小企业进行实地调研。两年间,课题组先后深入到北京市、上海市、广东省、浙江省、江苏省、河北省、河南省、安徽省、四川省、贵州省、重庆市等全国 20 多个省市,共获取了新生代农民工有效调查问卷 2300 多份,管理层有效问卷 400 多份,基本掌握了目前民营中小企业新生代农民工用工管理的基本情况,从而为课题的深入研究奠定了坚实的基础数据支持。

在课题研究过程中,课题组不断追踪国内外最新的研究成果,同时利用调研基础数据,共发表了多篇学术论文,其中核心期刊论文 7 篇,其中 CSSCI 论文 3 篇。这表明课题研究成果得到了相关专家的认可。当然,本研究的研究道路远未结束,一方面,本书将送往相关部门和参与调研民营中小企业的相关管理者和受采访的农民工,征求他们对本书的建议,以便更好地进行后续的研究;另一方面,随着00后新生代农民工已经陆续进入中国劳动力市场,而他们或许又会表现出与80后、90后新生代农民工不同的个人特征和工作特征,这就需要紧密追踪他们的就业偏好进行持续研究,从而为民营中小企业提供富有针对性的对策路径,这也是作者今后的研究重点。

在本书的研究过程中,要特别感谢河北大学的王金营教授、河北工程大学的哈明虎教授、河北工业大学的高素英教授,感谢我的同事王彦林教授、顾瑶教授,孙洪哲教授,刘艳华博士,感谢河北工程大学管理工程与商学院的支持,感谢企业界的相江、顾永香、邢磊、陈保九等朋友在调研过程中的大力支持和配合,感谢研究生董航、陈奕木、郑岩、刘文京、张小云、杨丽倩、张琦、于瑞静、江先会、孙思思、孔祥学、赵帅、高宁宁、龚浩、崔志敏、高红艳、陈冠洲、王佳欢、牛颖颖、吴继琛、王力、邢力、李志刚等同学在资料搜集、实地调研和数据整理中的艰苦努力和付出。

感谢国家哲学社会科学规划办公室对于本书出版的支持和资助,感谢河北省哲学社会科学规划办公室在本书研究中的不断支持,感谢人民出版社的雷坤宁编辑为本书的出版付出了辛勤的劳动。在此向他们表达最诚挚的谢意。

贾冀南

2019 年 5 月 21 日晚

于东校区 9 教 502 工作室

责任编辑:雷坤宁
封面设计:林芝玉
责任校对:吕　飞

图书在版编目(CIP)数据

新生代农民工就业偏好视阈下的民营中小企业用工管理研究/贾冀南 著. —
　北京:人民出版社,2019.8
ISBN 978 - 7 - 01 - 021023 - 0

Ⅰ.①新…　Ⅱ.①贾…　Ⅲ.①民营企业-中小企业-人力资源管理-研究-
　中国　Ⅳ.①F279.245

中国版本图书馆 CIP 数据核字(2019)第 138393 号

新生代农民工就业偏好视阈下的民营中小企业用工管理研究
XINSHENGDAI NONGMINGONG JIUYE PIANHAO SHIYU XIA DE MINYING
ZHONGXIAO QIYE YONGGONG GUANLI YANJIU

贾冀南　著

人民出版社 出版发行
(100706　北京市东城区隆福寺街 99 号)

环球东方(北京)印务有限公司印刷　新华书店经销

2019 年 8 月第 1 版　2019 年 8 月北京第 1 次印刷
开本:710 毫米×1000 毫米 1/16　印张:27
字数:442 千字

ISBN 978 - 7 - 01 - 021023 - 0　定价:98.00 元

邮购地址 100706　北京市东城区隆福寺街 99 号
人民东方图书销售中心　电话 (010)65250042　65289539